马克思主义
研究文库

# 马克思主义
# 在广东的早期传播研究

## （1919—1927）

魏法谱　著

SPM 南方出版传媒·广东人民出版社
·广州·

图书在版编目（CIP）数据

马克思主义在广东的早期传播研究：1919—1927 / 魏法谱著 . —广州：
广东人民出版社，2021.12
（马克思主义研究文库）
ISBN 978-7-218-14941-7

Ⅰ . ①马… Ⅱ . ①魏… Ⅲ . ①马克思主义—传播—研究—广
东—1919-1927 Ⅳ . ① D61

中国版本图书馆 CIP 数据核字（2020）第 265622 号

MAKESI ZHUYI ZAI GUANGDONG DE ZAOQI CHUANBO YANJIU（1919—1927）

## 马克思主义在广东的早期传播研究（1919—1927）

魏法谱　著　　　　　　　　　　　　　　　版权所有　翻印必究

出　版　人：肖风华

出版统筹：卢雪华
责任编辑：曾玉寒　伍茗欣
装帧设计：书窗设计工作室
责任技编：吴彦斌　周星奎

出版发行：广东人民出版社
地　　　址：广州市海珠区新港西路 204 号 2 号楼（邮政编码：510300）
电　　　话：（020）85716809（总编室）
传　　　真：（020）85716872
网　　　址：http://www.gdpph.com
印　　　刷：广州市豪威彩色印务有限公司
开　　　本：787mm×1092mm　1/16
印　　　张：23.75　　字　　数：350千
版　　　次：2021年12月第1版
印　　　次：2021年12月第1次印刷
定　　　价：82.00元

如发现印装质量问题，影响阅读，请与出版社（020-85716849）联系调换。
售书热线：020-85716826

# 总　序

马克思主义深刻揭示了自然界、人类社会、人类思维发展的普遍规律，是科学的理论、人民的理论、实践的理论，为人类社会发展进步指明了方向。这一理论，犹如壮丽的日出，照亮了人类探索历史规律和寻求自身解放的道路。在人类思想史上，还没有哪一种理论像马克思主义那样对人类文明进步产生了如此广泛而巨大的影响。无论时代如何变迁，马克思主义依然显示出科学思想的伟力，依然占据着真理和道义的制高点，人类社会仍然生活在马克思所阐明的发展规律之中。

一个民族要走在时代前列，就一刻不能没有理论思维，一刻不能没有思想指引。当今世界正经历百年未有之大变局，我国正处于实现中华民族伟大复兴的关键时期。中华民族要实现伟大复兴，同样一刻也不能没有理论思维和思想指引。马克思主义是我们认识世界、把握规律、追求真理、改造世界的强大思想武器，是党和人民事业不断发展的参天大树之根本，是党和人民不断奋进的万里长河之源泉，是我们党和国家必须始终遵循的指导思想。新时代，我们仍然要学习和实践马克思主义，坚持马克思主义在意识形态领域指导地位的根本制度，确保中华民族伟大复兴的巨轮始终沿着正确航向破浪前行。

理论的生命力在于不断创新。我们党的历史，就是一部不断推进马克思主义中国化的历史，就是一部不断推进理论创新、进行理论创造的历史，推动马克思主义不断发展是中国共产党人的神圣职责。为深入推进马克思主义理论研究、马克思主义经典著作研究、马克思主义中国化研究，特别是当代中国马克思主义、21世纪马克思主义研究，不断赋予马克思主义新的生机和活力，推动马克思主义不断焕发出强大的生命力、创造力、感召力，放射出更加灿烂的真理光芒，引导人们不断深化对共产党执政规律、社会主义建设规律、人类社会发展规律的认识，不断增强"四个意识"、坚定"四个自信"、做到"两个维护"，中共广东省委宣传部理论处组织编写了"马克思主义研究文库"丛书。该套丛书作为一个开放性的文库，将定期集中推出一批有分量、有价值、有影响的马克思主义研究学术著作，通过系列研究成果的出版，解答理论之思，回答实践之问，推进我省马克思主义研究，促进哲学社会科学繁荣发展。

"只要进一步发挥我们的唯物主义论点，并且把它应用于现时代，一个强大的、一切时代中最强大的革命远景就会立即展现在我们面前。"在全面建设社会主义现代化国家新征程中，我们要继续高扬马克思主义伟大旗帜，推动马克思、恩格斯设想的人类社会美好前景不断在广东大地、中国大地生动展现出来。

# 目 录

第二章 书籍报刊：马克思主义在广东早期传播的重要载体

## 第三章　各党派团体、训练班、学校与马克思主义在广东的早期传播

## 第五章 马克思主义在广东早期传播的主要内容

## 第六章　马克思主义在广东早期传播的历史特点与意义

# 导　论

　　马克思主义传播是马克思主义中国化研究的重要内容。近年来，随着马克思主义传播研究的不断深化，马克思主义区域传播研究逐渐成为研究的热点，并取得了不少学术成果。广东作为马克思主义早期传播的重要阵地和基地，其研究虽然取得了不少成果，但仍然不够深入、全面，无法全面反映其历史地位和作用。本节系统梳理了马克思主义在广东的早期传播研究目前已经取得的学术成果，提出了自己的研究目的和研究对象，特别强调了在研究材料的使用、研究视角的创新等方面的创新意义。

## 一、研究缘起

马克思主义在中国的传播是马克思主义中国化的重要前提和基础，因此马克思主义在中国的传播是马克思主义中国化研究的题中应有之义和重要内容之一。马克思主义在中国的传播一直受到学界的关注。早在 20 世纪 60 年代，就有丁守和、殷叙彝编著的《从五四启蒙运动到马克思主义的传播》（三联书店 1963 年版）问世。到了八九十年代，形成了一个热潮，先后有林代昭、潘国华编《马克思主义在中国：从影响的传入到传播》（清华大学出版社 1983 年版），姜义华主编《社会主义学说在中国的初期传播》（复旦大学出版社 1984 年版）等与马克思主义在中国的传播有关的资料选辑出版。中共中央党校科研办公室也发行了《社会主义思想在中国的传播》系列资料选辑（1985 年开始陆续印行）。同时还有陈汉楚著《社会主义在中国的传播和实践》（中国青年出版社 1984 年版），林代昭、潘国华著《社会主义在中国的传播与实践》（北京大学出版社 1991 年版）等专著问世。

近年来，马克思主义在中国的传播研究也有不少新成果，如田子渝等著《马克思主义在中国初期传播史（1918—1922）》（学习出版社 2012 年版）、彭继红著《传播与选择——马克思主义中国化的历程（1899—1921 年）》（湖南师范大学出版社 2001 年版）、郭刚著《中国早期马克思主义的传播——梁启超与西学东渐》（人民出版社 2010 年版），以及反映中国共产党与马克思主义传播、马克思主义大众化关系的著作，如周利生、王钰鑫著《民主革命时期马克思主义大众化研究》（中国社会科学出版社 2017 年版），石劲松著《井冈山时期马克思主义中国化研究》（人民出版社 2017 年版），焦金波著《延安时期马克思主义大众化研究》（广西人民出版社 2014 年版），谭虎娃著《延安时期马克思主义大众化研究》（人民出版社 2014 年版），魏继昆著《延安时期马克思主义大众化研究》（中国社会科学出版社 2015 年版）等，大大拓展了马克思主义传播研究的广度和深度。此外，吕延勤主编《马克思主义在中国早期传播史料长编（1917—1927）》（长江出版社 2016 年版）、康文龙主编《列宁主义在中国早期传播史料长编（1917—1927）》（武汉大学出版社 2018 年版）等资料性汇编的出版，为马克思主义在中国早期传播研究提供了便利。尤其值得一提的是，田子渝主编的《马克思主义在中国早期传播著作选集（1920—1927）》（湖北人民出版社 2018 年版）以及顾海良主编、北京大学《马藏》编纂与研究中心编纂的《马藏》第一部第 1—5 卷（科学出版社 2019 年版）也先后与读者见面。马克思主义在中国早期传播文献的整理出版，为马克思主义早期传播的深入研究提供了更为翔实的资料，显示出马克思主义早期传播研究正逐步成为研究热点。

随着马克思主义传播研究的不断深入，马克思主义区域传播研究也成为学术界关注的问题之一。早在 20 世纪 90 年代初期就出现了周子东等编著的《民主革命时期马克思主义在上海的传播（1898—1949）》（上海社会科学院出版社 1994 年版）等研究专著。近年来，马克思主义区域传播研究不断深入，相关成果不断涌现，出现了诸如黄进华著《马克思主义在中国东北的传播：1900—1931 基于历史学和传播学的视角》（中国社会科学出版社 2012 年版）、《马克思主义在哈尔滨传播的历史经验和现实启示》（中国社会科学出版社 2017 年版），闫化川著《马克思主义是怎样生根中国的——马克思主义在山东早期传播研究》（方志出版社 2017 年版），郭渊著《马克思主义在中国东北的传播与实践》（黑龙江人民出版社 2014 年版）等一系列研究马克思主义在不同地域传播的著作。此外，还有不少硕士、博士学位论文以马克思主义区域传播为选题，说明这一领域的研究正得到越来越多的关注。这些著作和论文从不同角度对马克思主义在不同区域的传播进行研究，推动马克思主义传播研究不断深入。

笔者认为，近代以来始终站在革命前沿的广东，其早期的马克思主义传播研究也应该在马克思主义区域传播研究中占有一席之地。马克思主义在广东的早期传播是马克思主义在中国传播的重要组成部分，得风气之先的广东在传播马克思主义方面作出了突出贡献。马克思主义在广东的传播不仅时间较早，而且不囿于广东一隅，在全国范围内产生了广泛影响。广东是马克思主义在中国早期传播的重要阵地和基地，具有重要历史地位。特别是这一时期国共合作局面的形成，广东成为大革命策源地，马克思主义在广东的传播具备其他省份难以企及的优越条件。除中国共产党外，各团体、组织也都投入到马克思主义在广东的早期传播中，使马克思主义在广东的传播达到了前所未有的深度和广度，成为中国马克思主义传播史上的光辉一页。因此，研究马克思主义在广东的早期传播对于深化广东地方党史和中国马克思主义传播史研究都具有重要意义。

目前，学术界对于马克思主义在广东的早期传播研究取得了不少成果，如对杨匏安、彭湃等推动马克思主义在广东传播相关人物以及部分报刊展开了研究，但相对于广东在中国马克思主义传播史上的地位，研究成果仍然不够丰富，仍有不少值得深入研究和探讨的问题。特别是以往关于马克思主义在广东的早期传播研究较多集中在从五四运动到广东党组织成立这一时期，对广东党组织成立后一直到大革命失败这一时期的马克思主义传播状况关注较少、研究成果不多，缺乏 1919—1927 年间广东马克思主义早期传播总体研究的学术成果。对马克思主义在党、团组织内如何进行有效传播关注不够，对新青年社、广州人民出版社（中国共产党成立后创立的专门出版马克思主义理论著作的出版社）、国光书店等对于推动马克思主义传播的历史作用等问题的研究不多，对黄埔军校、农民运动讲习所等对于传播马克思主义的历史贡献也较少有学者提及。随着研究视野的不断开拓，纪念活动研究逐步成为马克思主义中国化研究和中共党史研究的热点之一，其对于推动马克思主义传播的作用也逐渐得到学界认同。广东是这一时期纪念活动开展次数最多、规模最大、范围最广的地方，马克思纪念、列宁纪念、巴黎公社纪念、五一纪念、十月革命纪念等全面开展，产生了广泛的社会影响，对这一问题的考察也有利于深化马克思主义在广东早期传播的研究，分析马克思主义在广东传播与其他地区传播的异同，更加全面展示马克思主义在中国传播的历史进程。

同时，马克思主义在广东的早期传播研究有利于推动马克思主义区域传播研究的进一步深化。中国各地的经济、社会、文化发展水平参差不齐，马克思主义在中国的传播情况也千差万别，仅从时间维度来研究马克思主义传播无法反映马克思主义在中国传播的全貌。因此，研究马克思主义在广东的早期传播能够为马克思主义区域传播研究提供有益的经验借鉴，推动马克思主义区域传播研究不断深化，进一步丰富马克思主义传播史研究。

再者，马克思主义在广东的早期传播研究能够拓展广东地方党史研究视角，丰富研究内容。一直以来，新民主主义革命时期广东地方党史研究基本是以政治为主，对中国共产党与马克思主义在广东的传播，特别是广东党组织在推动马克思主义在广东传播中所起的作用关注不多，对广东在马克思主义早期传播中的历史地位及其作用的研究更是凤毛麟角。尤其是对 1924—1927 年间马克思主义在广东的传播情况缺乏关注，但正是这一时期，广东成为大革命策源地，马克思主义在广东乃至全国的传播达到了空前高度和水平。无论是中国共产党还是其他团体、组织的重视程度，马克思主义出版物的理论水平和数量，相关报刊的发行种类和数量，以及传播马克思主义的训练班、学校等的数量都达到了前所未有的水平。对这一时期马克思主义在广东的传播研究，有助于从马克思主义传播史的角度重新审视 1919—1927 年的广东历史。

研究这段历史有助于重新认知和肯定广东在马克思主义传播史上的地位和作用。上海、北京等地一直被认为是早期马克思主义传播的重要基地，但是由于近代以来的特殊地位，广东也成为推动马克思主义在中国早期传播的重要基地之一。《新青年》《向导》《中国青年》等一度搬到广东编辑出版发行。新青年社、广州人民出版社、平民书店、国光书店、汕头书店等中国共产党领导的出版机构都在广东创立，出版了大量马克思主义著作，不仅推动了马克思主义在广东的早期传播，而且对马克思主义在全国的传播也起到了促进作用。但这段历史已随着时间推移湮没在历史长河中。长期以来，对广东在推动马克思主义早期传播中的历史地位和作用的认知并不充分、研究成果不多，其历史地位并没有得到学界认同。因此，对这一时期马克思主义在广东的传播研究不仅有利于还原中共党史上的这段重要历史，也有利于重新审视广东在马克思主义传播史上的地位。

## 二、相关概念和研究范围的界定

关于研究地域范围。本文所称广东的范围，不仅包括现广东省所辖范围，同时也包括 1919—1927 年间曾属广东管辖的地方，如海南等地，以及当时受广东党组织领导的香港等地，更加全面展示这一时期马克思主义在广东早期传播的历史。

关于研究对象范围。本文研究对象包括这一时期在广东创刊的传播马克思主义的著作、报纸、刊物，也包括非创刊于广东，但在广东发行的相关著作、报纸、刊物。传播主体也没有局限于中国共产党与青年团，而是包括对马克思主义在广东早期传播起推动作用的所有团体、组织、学校以及各界人士。马克思主义在广东的早期传播是一个较为复杂的历程，不少在这一时期传播马克思主义的团体、组织和个人后来走向了革命的对立面，但不管后来他们的立场如何变化，在这一时期，他们确实为推动马克思主义传播起到了积极作用。因此，必须将其纳入研究范围，以全面如实反映马克思主义在广东的早期传播历程。

关于研究时间范围。本文研究时间集中于 1919—1927 年这一历史时期，并适当向前延伸。选定 1919 年作为起点是因为五四运动是中国近现代史的重大事件，产生了全国范围的影响，促进了思想解放，促使各界群众开始探索救国救民道路。运动中，一批先进青年逐渐脱颖而出，他们追求新思想和救国救民真理。在经过各种思想的反复比较后，最终选择了马克思主义，开始接受与学习马克思主义理论，从而形成马克思主义传播广泛的受众基础。因此，本文研究起点确定为1919年。由于1927年先后爆发了四一二、四一五反革命政变，马克思主义传播环境发生剧变，被迫从公开转为地下，从合法变为非法，1927年成为转变的分水岭。因此，本文研究下限确定为1927年。

关于马克思主义的传播内容。本文关注的马克思主义传播内容，不仅包括马克思主义基本原理，也包括列宁主义基本理论，以及中国共产党人探索中国革命道路所产生的相关理论。马克思主义在广东的早期传播过程中，马克思主义基本原理和列宁主义基本理论是传播重点，同时在传播过程中，中国共产党人已经认识到马克思主义与中国革命实际相结合的重要性，毛泽东等人在这一时期已经开始探索中国革命道路，形成了马克思主义中国化的初步理论形态，也成为马克思主义在广东早期传播的重要内容。

关于马克思主义著作。马克思主义在广东乃至全国的早期传播过程中，除了马克思主义、列宁主义相关原著的翻译出版外，马克思主义和列宁主义阐释著作的翻译出版也是重要方面，而且这部分阐释著作的数量远多于马克思主义和列宁主义原著的数量。有鉴于此，本文除关注马克思主义、列宁主义原著外，对相关阐释著作也进行重点研究。

## 三、研究综述

马克思主义传播研究一直是马克思主义中国化研究、中共党史和中国近现代政治思想史研究的重要课题，取得了丰硕的研究成果。近年来，马克思主义区域传播研究也逐步得到学界的关注，相关专著和论文不断涌现，推动马克思主义区域传播研究持续深化。马克思主义在广东的传播研究虽然还没有专著问世，但 20 世纪 80 年代以来，马克思主义在广东的传播研究仍取得了一系列研究成果。本节拟对马克思主义在广东的早期传播研究情况和相关成果进行述评，希冀在前人研究基础上进一步推动马克思主义在广东的早期传播研究。

### （一）马克思主义在广东早期传播的总体状况研究

中共广东省委党史研究室著《中国共产党广东地方史》第一卷和中共海南省委党史研究室著《中国共产党海南历史》第一卷，都对马克思主义在广东的早期传播情况进行了关注。前者侧重于五四运动后广东的马克思主义传播情况，书中认为杨匏安为马克思主义在广东的传播作出了重要贡献。同时还对苏兆征、彭湃、李春涛以及陈独秀等人传播马克思主义的活动进行了关注，但对大革命时期的马克思主义传播情况几无关注[1]；后者则侧重于大革命时期马克思主义在海南的传播，重点介绍了《新琼崖评论》在传播马克思主义和革命思想方面的作用，肯定了嘉积农工职业学校（后改名为琼崖仲恺农工学校）、琼崖公学等在传播马克思主义方面所做的贡献[2]。

沙东迅在 1983 年就专门撰文对马克思主义在广东的早期传播进行了研究。文中不仅关注推动马克思主义在广东传播的《广东中华新报》《惟民》等报刊，还着重分析了杨匏安、陈独秀、阮啸仙、周其鉴、刘尔崧等人对推动马克思主义传播所作的贡献，关注马克思主义与无政府主义的论战。

---

[1] 中共广东省委党史研究室：《中国共产党广东地方史》第一卷，广东人民出版社1999年版，第36-43页。

[2] 中共海南省委党史研究室：《中国共产党海南历史》第一卷，中共党史出版社2007年版，第26-34页。

作者认为，广东是仅次于北京、上海传播马克思主义最盛、效果最显著的重要地区之一。[①] 但此文对大革命时期马克思主义在广东的传播情况完全没有论及。

### （二）马克思主义在广东早期传播的历史条件研究

有学者认为，马克思主义在广东传播的原因有三个方面：一是广东诞生了第一代产业工人，随着工人斗争的深入，工人们的阶级意识不断增强，成为马克思主义在广东传播的阶级基础。二是广东的地理位置容易受各种思潮的影响，与内地相比，政治环境较为优越，有利于马克思主义传播。三是五四运动后，广东涌现出一批具有初步共产主义思想的先进知识分子，对促进马克思主义的传播起到了积极作用。[②] 也有学者认为，马克思主义能在广东较早传播是因为广东历经重大历史事件的洗礼，是革命家和思想家的摇篮、革命运动的策源地，还是近代工业和工人阶级的诞生地，有利于马克思主义传播。[③] 还有学者指出，马克思主义能在广东传播是由于具有良好的政治环境、一定的经济基础、阶级基础、社会条件和思想文化基础。[④]

### （三）马克思主义在广东早期传播的代表人物研究

马克思主义在广东早期传播的相关人物研究成果较多，既有对群体的研究，也有对个人的研究，出现了不少水平较高的文章，并在一些专著中对此也有涉及。

---

① 沙东迅：《马克思主义在广东的早期传播》，《开放时代》1983 年第 1 期，第 7-11 页。

② 褟倩红：《马克思主义在广东的早期传播》，《学术研究》1991 年第 5 期，第 73-77 页。

③ 成龙、郭丽兰、张伟东：《马克思主义中国化在广东：历史　理论　实践》，北京大学出版社 2012 年版，第 64-72 页。

④ 张贝：《广东马克思主义早期传播研究——以杨匏安、彭湃为个案》，广东海洋大学2018 年硕士论文。

彭继红专门分析了广州共产主义小组与马克思主义在广东的传播，肯定了杨匏安、谭平山、陈公博、谭植棠以及陈独秀对促进马克思主义在广东传播所做的历史贡献。强调指出，广东在马克思主义中国化过程中是一个十分重要的区域。肯定了陈公博等人创办的宣传员养成所对推动马克思主义传播的积极意义，认为杨匏安是最早的马克思主义传播者之一。[①]

此外还有对马克思主义传播群体的研究。赖永生研究了陈公培、鲁易、罗汉在海南传播马克思主义的活动，指出，他们以学校、报刊为阵地，宣传马克思主义。同时，开办工人夜校，向工人传播马克思主义理论。他们还创立嘉积农工职业学校进行马克思主义宣传。[②]刘军花认为，琼崖早期革命知识分子群体在推动琼崖马克思主义传播和马克思主义大众化等方面做出了贡献。他们积极撰写革命文章、创办革命刊物和出版革命书籍宣传马克思主义，同时还深入工厂、农村，宣传马克思主义。[③]宋海婷认为，琼崖早期先进青年通过创办和发行各类革命刊物、创办各类工农学校、建立各类革命团体、建立党的外围群众组织等途径传播马克思主义，并分析了琼崖早期马克思主义传播的经验和特点。[④]

除群体研究外，学术界还对杨匏安、陈独秀、谭平山、彭湃等马克思主义在广东传播的代表人物对推动马克思主义传播所做的贡献展开了研究，取得了不少成果。

### 1. 杨匏安与马克思主义在广东的早期传播

近年来，对华南马克思主义传播第一人杨匏安的研究取得了显著成

---

① 彭继红：《传播与选择——马克思主义中国化的历程（1899—1921）》，湖南师范大学出版社2001年版，第277-282页。

② 赖永生：《留法勤工俭学学生与中共琼崖地方组织的建立》，《今日海南》2001年第5期，第8-10页。

③ 刘军花：《琼崖早期革命知识分子群体研究》，海南大学2012年硕士论文。

④ 宋海婷：《琼崖革命早期先进青年与马克思主义的传播》，《新东方》2017年第2期，第63-66页。

果。很长一段时间以来，杨匏安对马克思主义传播的贡献鲜为人知。20 世纪 60 年代，李坚教授偶然发现了一批关于杨匏安的史料，才使其在华南传播马克思主义所作贡献为学界所悉。陆续出版了一批杨匏安相关史料，1986 年出版《杨匏安文集》，后又补充增编再版。李坚主编的《杨匏安史料与研究》于 1999 年出版。2008 年出版《杨匏安研究文选》。杨匏安的传记也有多本出版[①]，深化了杨匏安研究。

不少论文也对杨匏安传播马克思主义作出的贡献进行了研究。李坚、曾庆榴认为，杨匏安是五四时期华南最早的马克思主义宣传者，是我国马克思主义传播的先驱者之一。[②]李坚还撰文指出，杨匏安是"五四时期最早向广东人民系统地介绍马克思主义的"，《马克斯主义》是"目前所知中国南方最早系统地介绍马克思主义的文章"。[③]曹仲彬、杜艳华同意这一观点，并强调杨匏安是继李大钊之后较早接受和传播马克思主义的。[④]《中国共产党的九十年》中充分肯定杨匏安的历史地位，认为《马克斯主义（一称科学的社会主义）》一文对马克思主义的唯物史观、经济学说和科学社会主义做了相当系统的介绍。[⑤]沈志刚指出，杨匏安宣传马克思主义的态度和热情十分超前，值得大力称颂，并且他在广州开辟了一个除北京、上

---

① 目前杨匏安的传记有陈善光：《杨匏安传》，珠海出版社 2006 年版；叶庆科：《我国传播马克思主义的先驱杨匏安》，珠海出版社 2006 年版；黄明同、张俊尤：《启蒙思想家·革命家——杨匏安》，广东人民出版社 2008 年版；徐惠萍：《中国共产党早期理论家杨匏安》，珠海出版社 2009 年版。

② 李坚、曾庆榴：《记华南地区最早的马克思主义宣传者杨匏安烈士》，《中山大学学报》1981 年第 3 期，第 15–21 页。

③ 李坚：《五四时期马克思主义在广东的传播》，《广东党史研究文集》第 1 册，中共党史出版社 1991 年版，第 33–43 页。

④ 曹仲彬、杜艳华：《杨匏安在传播马克思主义中的历史功绩》，《中共党史研究》1990 年第 1 期，第 15–17 页。

⑤ 中共中央党史研究室：《中国共产党的九十年》，中共党史出版社、党建读物出版社 2016 年版，第 21 页。

海之外的传播马克思主义中心。① 还有学者探讨了杨匏安思想转变历程及其原因，分析了其在马克思主义广东早期传播的理论贡献和实践探索。②

也有学者探讨了杨匏安传播马克思主义的原因。有学者指出，当时广东比较开放的政治环境、地缘特征，社会主义思潮活跃，为杨匏安系统传播马克思主义奠定了良好氛围，杨匏安个人的生活环境对其传播马克思主义起了决定性作用。③ 也有学者认为，杨匏安通过留学日本接触到社会主义学说，实现从激进民主主义者到共产主义者的转变，从而开始传播马克思主义。④ 还有学者认为，杨匏安试图用马克思主义挽救中国是其传播马克思主义的根本原因。⑤

关于杨匏安传播马克思主义的主要内容，学界看法比较一致。杨匏安主要围绕马克思主义最核心的三个部分——唯物史观、阶级斗争学说、剩余价值学说进行研究和传播。⑥ 此外，还有学者分析了杨匏安传播马克思主义的特点，并且众说纷纭。董了认为，杨匏安传播马克思主义有三个方

---

① 沈志刚：《杨匏安在马克思主义传播史上的地位再探讨》，《党史研究与教学》2018 年第 6 期，第 43–53 页。

② 张贝：《广东马克思主义早期传播研究——以杨匏安、彭湃为个案》，广东海洋大学 2018 年硕士论文。

③ 张贝、王爱云：《杨匏安与马克思主义在广东的传播》，《兰台世界》2017 年第 6 期，第 105–108 页；董了：《杨匏安与马克思主义的早期传播及其中国化研究》，湖北大学 2012 年硕士论文。

④ 吴一平：《杨匏安对马克思主义传播的贡献》，哈尔滨工业大学 2013 年硕士论文。

⑤ 谭军：《杨匏安对马克思主义传播的理论与实践探析》，《宜春学院学报》2010 年第 7 期，第 10–13 页。

⑥ 李坚、曾庆榴：《记华南地区最早的马克思主义宣传者杨匏安烈士》，《中山大学学报》1981 年第 3 期，第 15–21 页；曹仲彬、杜艳华：《杨匏安在传播马克思主义中的历史功绩》，《中共党史研究》1990 年第 1 期，第 15–17 页；董了：《杨匏安与马克思主义的早期传播及其中国化研究》，湖北大学 2012 年硕士论文；吴一平：《杨匏安对马克思主义传播的贡献》，哈尔滨工业大学 2013 年硕士论文；谭军、汪云生：《杨匏安对马克思主义思想的传播》，《学理论》2010 年第 20 期，第 8–9 页。

面的特点：传播目的明确，方法得当，效果明显；传播时间较早，数量多，系统性强；在传播过程中逐步坚定自己的信仰。① 还有学者认为，重视在实践中应用马克思主义是杨匏安传播马克思主义的重要特点。② 杨雪芳同意此观点，认为杨匏安注重运用马克思主义对中国国情进行分析，并对改造中国社会问题做了初步探索。③

学界对杨匏安传播马克思主义过程中存在的不足也进行了探讨。有学者认为，杨匏安在传播过程中手段相对单一，传播广度不够，其影响力有限。④ 也有学者认为，由于历史条件所限，杨匏安不能全面系统掌握马克思主义理论，在介绍马克思主义时，存在理解和表达方面的偏差。⑤ 邵小文则指出，杨匏安对马克思主义一些关键性问题的认识存在局限性，对马克思主义理论体系的理解存在问题。⑥ 冯崇义也认为，杨匏安传播马克思主义时，没有站在马克思主义立场上对其他流派的"社会主义"进行总结和批判，同时忽略了唯物辩证法。⑦

曾庆榴对杨匏安《马克斯主义》一文进行了考证。他认为，杨匏安撰写的《马克斯主义》一文与《新青年》第 6 卷第 5 号发表的顾兆熊《马克思学说》、李大钊《我的马克思主义观（上）》、陈启修《马克思的唯物史观与贞操问题》三篇文章具有高度的相似性，杨文与顾、李、陈三文之间有互相对应的关系。但杨文作为华南第一篇系统宣传马克思主义文章的意

---

① 董了：《杨匏安与马克思主义的早期传播及其中国化研究》，湖北大学 2012 年硕士论文。

② 吴一平：《杨匏安对马克思主义传播的贡献》，哈尔滨工业大学 2013 年硕士论文。

③ 杨雪芳：《杨匏安传播马克思主义的特点》，《杨匏安史料与研究》，中共党史出版社，1999 年，第 130–135 页。

④ 董了：《杨匏安与马克思主义的早期传播及其中国化研究》，湖北大学 2012 年硕士论文。

⑤ 吴一平：《杨匏安对马克思主义传播的贡献》，哈尔滨工业大学 2013 年硕士论文。

⑥ 邵小文：《浅析杨匏安马克思主义观的特点及得失》，《理论界》2007 年第 10 期，第 20–21 页。

⑦ 冯崇义：《杨匏安与五四时期的社会思潮》，《杨匏安史料与研究》，中共党史出版社 1999 年版，第 76–86 页。

义并不因此受到影响。[①] 李坚研究了杨匏安和李大钊传播马克思主义的异同，认为杨文的编写直接或间接受过李大钊影响，但在文章体裁方面，李大钊是学院式的，而杨匏安是新闻评论式的。同时，两人据以编写的日文原著各别，李大钊主要参照河上肇的著作，而杨匏安则参考了堺利彦的著作。[②]

### 2. 陈独秀与马克思主义在广东的早期传播

中共广州市委党史研究室编的《陈独秀在广州的创党活动》，收录了陈独秀在广州期间发表的主要文章、讲话以及回忆文章，是研究陈独秀与马克思主义在广东早期传播的重要资料汇编。[③] 此外，石川祯浩在《中国共产党成立史》中对陈独秀在广东传播马克思主义的情况进行了研究，认为广东已经开始建立有效的宣传阵地。[④] 王增智对陈独秀在《广东群报》发表的文章进行了研究，认为陈独秀已经注意运用马克思主义解释中国社会的各种现象。[⑤]

刘子健对陈独秀宣传马克思主义的活动进行了研究，认为陈独秀除调整《广东群报》的报道内容外，还通过演讲宣传马克思主义的教育观、劳动运动、人生观、妇女解放等理论。此外，陈独秀还发表了 40 多篇文章宣传马克思主义理论，并对马克思主义与中国革命实际结合问题进行了探讨。[⑥]

黄振位对陈独秀与无政府主义的论战进行了研究，认为广州是马克思

---

① 曾庆榴：《关于杨匏安〈马克斯主义〉的考证》，《广东社会科学》2002 年第 1 期，第 106–110 页；曾庆榴：《杨匏安的〈马克斯主义〉源于〈新青年〉》，中国共产党创建史研究中心：《中共创建史研究》第 1 辑，上海人民出版社 2016 年版，第 90–98 页。

② 李坚：《寻找失落的先驱——五四新文化运动中的杨匏安》，《杨匏安史料与研究》，中共党史出版社 1999 年版，第 49–62 页。

③ 中共广州市委党史研究室：《陈独秀在广州的创党活动》，广州出版社 2009 年版。

④ ［日］石川祯浩：《中国共产党成立史》，中国社会科学出版社 2006 年版，第 180–188 页。

⑤ 王增智：《马克思主义中国化的早期探索》，人民出版社 2012 年版，第 34–48 页。

⑥ 刘子健：《陈独秀三赴广州对创建中共的贡献》，《中共早期组织在中国革命进程中的地位与作用》，中共党史出版社 2010 年版，第 354–363 页。

主义与无政府主义论战的激烈战场，虽然陈独秀在与无政府主义论战中存在不足，但他进一步宣传了马克思主义关于无产阶级专政和阶级斗争理论，初步划清了马克思主义与无政府主义的界限。[①] 黎尚健对陈独秀等人与区声白的辩论进行了专门研究，指出陈独秀在辩论中对无政府主义者绝对自由、反对集中的观点进行了批判，宣扬了无产阶级专政的国家学说理论，使人们重新认识了马克思主义。[②] 何锦洲、沙东迅对陈独秀与无政府主义论战的主要内容进行了研究，认为双方的争论主要集中在革命前途问题、政府问题、生产和分配问题以及自由、民主、法制问题等。作者认为，反对无政府主义的论战也存在缺点和不足，只是对一些具体问题进行讨论和批评，没有批判无政府主义的本质。[③] 何薇对陈独秀与无政府主义的论战进行了研究，指出这场发端于广东的论战在广东乃至全国都产生了重要影响，马克思主义的影响进一步扩大，为中国共产党的建立提供了思想准备。[④] 王红霞对无政府主义论战内容分析后，认为陈独秀与区声白的观点并不根本对立，在反对绝对自由、进行革命以推翻现存制度等问题上有共同语言。但随着无政府主义自身弊病暴露，双方政治分歧逐渐增大终至分裂。[⑤]

赵旭英认为，陈独秀通过批判无政府主义，为马克思主义在广东的广泛传播扫清了障碍，教育争取了许多广东青年转向马克思主义，为广东党

---

① 黄振位：《试论陈独秀对创建广东党组织的历史作用》，《学术研究》1982 年第 1 期，第 42–49 页。

② 黎尚健：《中共成立前〈广东群报〉关于无政府主义的论战》，《广东教育学院学报》1997 年第 3 期，第 95–98 页。

③ 何锦洲、沙东迅：《广东最初共产党组织之研究》，《学术研究》1980 年第 4 期，第 60–65 页。

④ 何薇：《论中共广东党组织创建与无政府主义的关系》，《广州大学学报（社会科学版）》2001 年第 10 期，第 67–71 页。

⑤ 王红霞：《试论陈独秀和区声白关于无政府主义的论战》，《四川理工学院学报（社会科学版）》2007 年第 3 期，第 68–72 页。

组织的建立做了准备。在他的倡导下，组织成立了马克思主义研究会，帮助广大青年学习探讨马克思主义革命理论。此外，陈独秀还大力宣传妇女解放思想，向工人群众灌输马克思主义，把马克思主义和工人运动结合起来。① 林雄辉则肯定了陈独秀对推动马列著作与革命书籍的出版发行，促进马克思主义传播所作的贡献。②

### 3. 谭平山与马克思主义在广东的早期传播

学界对谭平山与马克思主义传播的研究较多集中在其推动马克思主义在广东早期传播的具体实践方面。何立波、寇冠宇、曹雪立在《论谭平山在广东建党时期的活动和贡献》中指出，在北京求学时期，谭平山就经常把《新青年》《每周评论》《新潮》等进步刊物寄给广东的同学、亲友，向他们宣传马克思主义。他还参与创办《广东群报》《劳动与妇女》，与反马克思主义思潮展开论战。③ 李坚撰文指出，虽然五四时期的谭平山对马克思主义原理的认识不多，但是他抓住了马克思主义要与中国国情相结合这一基本点，因而具有重要地位。④ 游慧冰认为，谭平山主要通过三种方式

---

① 赵旭英：《浅谈陈独秀对广东马克思主义传播的贡献》，《党史文苑》2011 年第 16 期，第 30-31、37 页。

② 林雄辉：《陈独秀对广东共产党早期组织建立的贡献》，《红广角》2015 年第 10 期，第 47-50 页。

③ 何立波、寇冠宇、曹雪立：《论谭平山在广东建党时期的活动和贡献》，《红广角》2015 年第 7 期，第 41-46 页。与此相似的成果还有巫忠：《试论谭平山在"一大"前后的思想和活动》，《佛山大学学报》1992 年第 1 期，第 40-44 页；蔡洛：《谭平山在广东建党中所起的作用》，《广东党史》1996 年第 4 期，第 35 页；向海英、向永红：《浅论谭平山对创建中国共产党的贡献》，《中山大学学报论丛》2001 年第 6 期，第 86-89 页；窦春芳：《试析谭平山在广东共产党组织创建中的历史作用》，《玉林师范学院学报》（哲学社会科学）2012 年第 1 期，第 100-105 页；周著东、王爱云：《谭平山创办报刊对马克思主义在中国传播的影响》，《湖南科技学院学报》2016 年第 11 期，第 42-43 页；欧江：《谭平山与马克思主义中国化的早期探索》，《南昌教育学院学报》2017 年第 2 期，第 6-11 页。

④ 李坚：《五四时期马克思主义在广东的传播》，《广东党史研究文集》第 1 册，中共党史出版社 1991 年版，第 33-43 页。

推动马克思主义传播：邮寄进步书刊、创办《广东群报》、发表文章。[①]

关于谭平山接受和传播马克思主义的主要原因，有学者认为，北京大学的学术氛围对于谭平山创办刊物、宣传新思想都产生了积极影响，五四运动是谭平山向马克思主义靠拢的关键因素。谭平山忧国忧民，关注国家命运，积极参与各种革命活动，逐步接受新思想从而传播马克思主义。[②]

### 4. 彭湃与马克思主义在广东的早期传播

专门研究彭湃与马克思主义在广东传播的成果不多。但在各个版本的《彭湃传》中均对彭湃宣传马克思主义的活动有所涉及，肯定了彭湃通过组织社会主义研究社、创办《新海丰》等传播马克思主义作出的贡献。[③]除此之外，郭呈祥等研究了彭湃传播马克思主义的具体实践，包括向工农群众宣讲马克思主义、举行纪念五一劳动节活动、与反马克思主义的言行进行斗争等。[④]

高茹撰文分析了彭湃从爱国主义者到社会主义者的转变历程，并认为彭湃在传播马克思主义中深刻揭露旧社会的黑暗和罪恶，论证进行社会改革的必要性和必然性，尖锐批驳污蔑社会主义、共产主义是"均富分财""提倡公妻"的谬论，捍卫社会主义学说，还分析了彭湃的马克思主义实践活动。[⑤]张贝探讨了彭湃思想转变的历程及原因，对彭湃在推动马

---

[①] 游慧冰：《浅析谭平山与广东共产党早期组织的创建》，《红广角》2016 年第 4 期，第 25–30 页。

[②] 赵旭英：《浅析谭平山与马克思主义早期传播》，《吕梁学院学报》2017 年第 3 期，第 49–50、60 页。

[③] 根据目前掌握的资料，《彭湃传》有三个版本分别是华南农学院马列主义教研室、广东海丰县红宫纪念馆：《彭湃传》，北京出版社 1984 年版；蔡洛、余炎光、刘林松、罗可群：《彭湃传》，人民出版社 1986 年版；王曼、杨永：《彭湃传》，广东人民出版社 2002 年版。

[④] 郭呈祥、陈锡添、叶洪添：《马克思主义在东江的传播》，《惠阳师专学报（社会科学版）》1990 年第 1 期，第 44–51 页。

[⑤] 高茹：《论马克思主义在广东传播中彭湃的历史功绩》，《企业导报》2010 年第 1 期，第 248–250 页。

克思主义传播中的理论贡献和实践探索进行了重点分析。①

## （四）马克思主义在广东早期传播的渠道和源头研究

禤倩红认为，广东的马克思主义传播渠道主要有四个：一是广东海员方面。主要表现为广东海员知悉十月革命胜利后，在群众中介绍和传播有关十月革命胜利的情况及见闻。二是日本方面。广东不少青年知识分子留学日本，逐渐接受科学社会主义。他们通过各种方式向人们介绍社会主义和马克思主义，宣传十月革命。三是北京、上海方面。广东在北京、上海等地学习的先进知识分子将传播社会主义的杂志寄回广东，宣传介绍马克思主义。同时，北京、上海等地出版的进步书刊也在广东发行。四是苏俄方面。1920年，不少来自俄国的共产主义者相继到广东传播马克思主义，讲述"关于社会主义的道理"。②成龙等人在著作中也认同此观点。③此外，郭呈祥等认为东南亚各国也是广东马克思主义传播的重要渠道。④

## （五）马克思主义在广东早期传播的主要媒介和方式研究

不少学者从不同角度对这一问题进行了研究。禤倩红认为，马克思主义在广东的早期传播的主要方式有三个：创办一系列报刊，建立宣传阵地；加强马列著作和其他革命书籍的出版发行；创建各种机构和社团，作为扩大马克思主义宣传的阵地。⑤

---

① 张贝：《广东马克思主义早期传播研究——以杨匏安、彭湃为个案》，广东海洋大学2018年硕士论文。

② 禤倩红：《马克思主义在广东的早期传播》，《学术研究》1991年第5期，第73—77页。

③ 成龙、郭丽兰、张伟东：《马克思主义中国化在广东：历史　理论　实践》，北京大学出版社2012年版，第73—76页。

④ 郭呈祥、陈锡添、叶洪添：《马克思主义在东江的传播》，《惠阳师专学报（社会科学版）》1990年第1期，第44—51页。

⑤ 禤倩红：《马克思主义在广东的早期传播》，《学术研究》1991年第5期，第73—77页。

不少学者对在广东出版发行的各种传播马克思主义的出版物进行了研究，取得了不少成果：

杨汉卿肯定了《广东群报》等宣传马克思主义的历史功绩，指出《广东群报》确定为广州共产党早期组织的机关报后，以大量篇幅宣传马克思、列宁的学说，介绍国际共产主义运动及国内工人运动状况，连载马克思和列宁的传记。《新青年》自第 8 卷第 6 期起在广州出版，传播马克思主义并开展社会主义问题的讨论和对无政府主义的批判。《劳动与妇女》也参与宣传马克思主义。①

徐信华研究了《劳动者》《中国农民》《犁头》在宣传马克思主义方面的贡献，肯定了《劳动者》在发动工人运动方面作出的贡献，认为它不仅宣传工人运动、介绍苏联工人运动经验，而且引导工人了解十月革命以及苏俄劳农政府领导下的劳动运动、妇女运动和土地政策，向工人们宣传十月革命，鼓励中国工人向苏俄工人学习，组织起来为自己的切身利益而奋斗。②

苏盾探讨了大革命时期中国共产党人在琼崖推动马克思主义大众化的途径和方法，认为运用报纸、刊物、书籍等宣传马克思主义理论是推进马克思主义大众化的主要途径。党员干部亲自宣讲革命理论是推进马克思主义大众化的有力武器，党领导的各种革命实践是马克思主义大众化的重要手段，教育是马克思主义大众化的主要阵地。③刘兴旺、李艳香对杨善集、洪剑雄、徐成章、周士第等 26 位琼崖青年创办的《新琼崖评论》进行了研究，分析了《新琼崖评论》的传播特色和时代价值，认为《新琼崖评论》

① 杨汉卿：《广东共产党早期组织的创建及其革命活动》，《红广角》2015 年第 6 期，第 4-11 页。

② 徐信华：《中国共产党早期报刊研究》，武汉大学 2010 年博士论文。

③ 苏盾：《大革命时期马克思主义在海南大众化的路径》，《竹林里风雷——中共琼崖一大学术研讨会论文选》，中共党史出版社 2009 年版，第 67-74 页。

培养了琼崖人民广阔的革命视野和浓重的历史使命感，唤醒了琼崖人民的生存意识，催生琼崖革命认同。[①]

陈善光就《青年周刊》与马克思主义在广东的传播进行了研究，指出《青年周刊》一开始就把宣传马克思主义作为办报宗旨，《青年周刊》不仅介绍了马克思主义基本原理，还宣传阶级斗争、暴力革命和无产阶级专政等重要理论，初步探索中国革命基本问题，论及武装斗争、统一战线和农民运动等重大理论，及时报道共产国际会议精神，介绍苏维埃政权情况，主张走俄国革命的道路。[②]

除了对报刊研究外，学界对有关团体和机构在马克思主义传播中的作用也进行了研究。

崔修健指出，琼崖仲恺农工学校是传播马克思主义的重要机构，不仅在课程上有共产党宣言、唯物史观、帝国主义浅说等，还通过各种方式传播马克思主义。[③]曾永华对黄埔军校中马克思主义的传播情况进行了研究，认为国共合作为马克思主义传播创造了政治基础，新三民主义与共产主义的契合使马克思主义传播成为可能。共产党员为主的政治教官提供了传播源，政治教学为传播提供了传播载体。[④]

### （六）马克思主义在广东的区域传播研究

马克思主义在广东区域传播研究的成果相对来说比较丰富，对海南、

① 刘兴旺、李艳香：《论〈新琼崖评论〉的传播特色与时代价值》，《旗帜飘扬——中共琼崖第一次代表大会人物研究论文选》，中共党史出版社 2010 年版，第 405-415 页。

② 陈善光：《从〈青年周刊〉看马克思主义在广东的传播》，《广东青运史》1986 年第 6 期，第 31-39 页。

③ 崔修健：《琼崖仲恺农工学校的创建及其历史意义》，《琼崖革命研究论文选》，中共党史资料出版社 1994 年版，第 214-219 页。

④ 曾永华：《国共第一次合作时期马克思主义在黄埔军校传播的"三种向度"探析》，《商》2015 年第 50 期。

东江、南路等地区的马克思主义早期传播进行了重点关注。

早在 20 世纪 80 年代，就有学者对马克思主义在海南的传播状况进行了研究。王朝赞、符世贤认为，从 1921 年开始，马克思主义在海南传播，以徐成章、罗汉、鲁易等人在《琼崖旬报》介绍欧洲社会主义为标志。文中分析了马克思主义在海南早期传播的主要内容，包括十月革命与马克思主义的关系、马克思主义的国家学说、唯物史观等，阐述了当时发生的马克思主义与反马克思主义的斗争，分析了马克思主义在海南的早期实践。[①]程川分析了琼崖早期马克思主义大众化的历史背景与进程，指出琼崖早期革命知识分子是大众化的推进主体，并概括了琼崖早期马克思主义大众化的主要内容、实现路径、历史贡献与启示。[②]

郭呈祥等考察了马克思主义在东江地区的传播情况，认为东南亚各国和广州是马克思主义传入东江的两条重要渠道，潮汕、海丰、紫金、普宁是当时传播的主要阵地。文中还分析了马克思主义传播给东江地区带来的重要影响。[③]

孙淑秋对南路马克思主义传播情况进行了研究，认为大批在外求学的进步知识分子充当了马克思主义传播的桥梁和中介，南路人民反侵略反压迫的光荣传统是马克思主义能够得以传播的社会根基。南路传播马克思主义的主要方式有出版刊物，开办讲习所、培训班，组织进步团体，利用学校、读书会等。文中还分析了马克思主义在南路传播的历史意义。[④]

---

[①] 王朝赞、符世贤：《马克思主义在海南的早期传播》，《海南大学学报（社会科学版）》1985 年第 1 期，第 20–27 页。

[②] 程川：《琼崖革命早期马克思主义大众化研究》，海南大学 2015 年硕士论文。

[③] 郭呈祥、陈锡添、叶洪添：《马克思主义在东江的传播》，《惠阳师专学报（社会科学版）》1990 年第 1 期，第 44–51 页。

[④] 孙淑秋：《马克思主义在南路地区早期传播的主要途径探析》，《红广角》2016 年第 6 期，第 36–40 页。

### （七）马克思主义在广东早期传播的特点研究

根据目前掌握的资料，关于马克思主义在广东早期传播特点的研究不多，主要有以下几个观点：

禤倩红认为，马克思主义在广东早期传播的特点是：广东是传播较早、较广泛深入的地区，较早传播十月革命胜利消息并在报刊上传播马克思主义。在传播中，全面批判无政府主义观点，与广东革命实际相结合，使马克思主义传播更加广泛深入，影响深远。[①] 成龙等认为，来源广泛、传播途径较多，有杰出的理论代表、理论水平较高等是马克思主义在广东传播的特点。[②] 高茹认为，马克思主义在广东早期传播的特点是：与无政府主义思想斗争，较早介绍马克思主义理论等。[③] 张贝指出，马克思主义在广东早期传播的特点有传播主体多元、受众广泛等。[④]

### （八）纪念活动与马克思主义传播研究

纪念活动作为一个全新研究领域逐渐成为研究热点。对此问题的研究，陈金龙教授作出了开创性贡献，他不仅是中共纪念史学研究的最早开拓者，也是研究的集大成者。他于 2017 年出版的专著《中国共产党纪念活动史》围绕中国共产党纪念活动的缘起、类型、方式、历史演进等进行归纳总结，专门阐述了经典作家纪念、十月革命纪念等对马克思主义传播和马克思主义中国化的历史贡献。他认为，纪念活动是马克思主义在中国传播的途径之一。[⑤]

---

① 禤倩红：《马克思主义在广东的早期传播》，《学术研究》1991 年第 5 期，第 73-77 页。

② 成龙、郭丽兰、张伟东：《马克思主义中国化在广东：历史　理论　实践》，北京大学出版社 2012 年版，第 73-88 页。

③ 高茹：《浅析马克思主义在广东早期传播的特点》，《新西部》2010 年第 2 期，第 32-33 页。

④ 张贝：《广东马克思主义早期传播研究——以杨匏安、彭湃为个案》，广东海洋大学 2018 年硕士论文。

⑤ 陈金龙：《中国共产党纪念活动史》，社会科学文献出版社 2017 年版，第 128 页。

纪念活动与马克思主义在中国传播及马克思主义中国化的关系，学界已有较多关注，并取得了不少研究成果。陈金龙指出，中国共产党借助经典作家纪念，诠释了马克思主义的理论本质、来源和构成，阐明了马克思主义的内在关系和基本原理，同时介绍了马克思主义的相关著作，经典作家纪念是马克思主义在中国传播的桥梁和载体。① 李安增、赵付科分析了纪念活动与马克思主义中国化的关系，认为纪念活动为马克思主义中国化提供了强大动力，指明了前进方向，奠定了文本基础，夯实了群众基础。② 严运楼、汪青松指出，纪念活动本身就是马克思主义中国化的重要内容，也是不断谱写马克思主义中国化新篇章的动力。③ 赵付科指出，纪念活动中对马克思列宁主义进行了较为详细的阐释，有力推动了马克思主义中国化。④ 在另一篇文章中，赵付科也提出，中国共产党的纪念活动从不同侧面推动了马克思主义中国化。⑤

也有学者关注了纪念活动与马克思主义大众化的关系。童小彪指出，纪念活动是推动马克思主义大众化的重要途径，在纪念活动中通过符号、仪式和话语三者的相互交织与配合，促使更多的群众了解和信仰马克思主义。⑥ 王良青、王同起认为，纪念活动是早期马克思主义者推进马克思主义大众化采取的一种重要方式，通过纪念活动解释和宣传了马克思主义，

① 陈金龙：《经典作家纪念与马克思主义在中国的传播》，《求索》2017年第9期，第4—10页。

② 李安增、赵付科：《中国共产党的纪念活动与马克思主义中国化》，《马克思主义研究》2009年第11期，第86—91页。

③ 严运楼、汪青松：《马克思主义中国化历程中的马克思纪念活动》，《思想理论教育导刊》2018年第7期，第32—37页。

④ 赵付科：《中共早期纪念活动与马克思主义中国化》，《当代世界与社会主义》2011年第6期，第94—99页。

⑤ 赵付科：《中共纪念活动与马克思主义中国化的历史进程》，《齐鲁学刊》2008年第5期，第77—80页。

⑥ 童小彪：《民主革命时期中共纪念活动与马克思主义大众化》，《长白学刊》2010年第3期，第124—129页。

是马克思主义大众化的前提，将宣传马克思主义与关注劳苦大众生活结合起来，是马克思主义大众化的重要切入点。采取丰富多彩的纪念活动形式是推进马克思主义大众化的关键。①

经典作家纪念与马克思主义传播和马克思主义中国化的关系，也取得了不少研究成果。陈金龙指出，在经典作家纪念中，通过对经典作家生平事业的呈现、精神品格的诠释和历史地位的界定，塑造了经典作家的权威形象，增进了广大民众对经典作家的认知和敬畏，促进了马克思主义在中国的传播。纪念经典作家的过程，也是推动马克思主义中国化的过程。②童小彪、陈金龙分析了经典作家纪念在马克思主义中国化进程中的独特作用，指出在纪念活动中确立了马克思主义与中国实际相结合的原则，并通过各种实践，探索将马克思主义与中国实际相结合，丰富了马克思主义理论宝库，实现了马克思主义中国化的目标追求。③李东明对马克思纪念与马克思主义中国化的关系进行了关注，认为通过马克思纪念，树立了马克思的崇高形象，促进了马克思主义传播的力度，推进了马克思主义中国化。④林绪武认为，对马克思、恩格斯、列宁的纪念传播了马克思主义，也在客观上推进了马克思主义中国化。⑤宋进分析了中国共产党纪念马克思的主要形式，认为通过纪念活动阐释了马克思主义基本原理，推动了马

---

① 王良青、王同起：《早期马克思主义者推进马克思主义大众化研究——以纪念活动为视角》，《辽宁大学学报（哲学社会科学版）》2012 年第 5 期，第 45–50 页。

② 陈金龙：《马克思主义中国化历程中的经典作家纪念》，《中共历史与理论研究》2016 年第 1 辑，社会科学文献出版社 2016 年版，第 1–36 页。

③ 童小彪、陈金龙：《中国共产党的纪念活动与马克思主义中国化——以新民主主义革命时期经典作家纪念活动为中心的考察》，《思想理论教育导刊》2007 年第 11 期，第 40–46 页。

④ 李东明：《中国共产党对马克思的纪念活动及其政治意义》，《江西师范大学学报（哲学社会科学版）》2018 年第 2 期，第 14–19 页。

⑤ 林绪武：《论民主革命时期中共对马克思、恩格斯、列宁的纪念》，《马克思主义研究》2012 年第 11 期，第 54–62 页。

克思主义中国化进程。[①] 赵翀指出，革命导师纪念促进了马克思主义在中国的传播和马克思主义中国化。[②]

国际共产主义运动重要节日纪念与马克思主义传播的关系，也取得了不少研究成果。陈金龙在《中国共产党纪念活动史》中就指出十月革命纪念促进了马克思主义在中国的传播，推动中国共产党人围绕革命动力、革命方式、革命领导权等中国革命的关键问题展开了探索，推进了马克思主义中国化。[③] 张远新、吴素霞指出，十月革命纪念的社会功能之一就是探索中国革命相关问题，而这是推动马克思主义中国化的重要路径之一。[④] 王强、林琳认为，十月革命纪念对推动马克思列宁主义在中国的传播，与中国革命实践相结合实现马克思主义中国化具有一定促进作用。[⑤] 赵付科认为，借助纪念活动对巴黎公社进行宣传，经典作家的著作得到了宣传，总结经验教训，推动了马克思主义传播。[⑥] 束锦指出，巴黎公社纪念是中国共产党传播马克思主义的阵地，纪念活动推动了巴黎公社的认知与传播，同时也是马克思主义中国化和大众化的过程。[⑦] 关于五一纪念与马克思主义传播的关系，许江认为，五一纪念中，阶级斗争和阶级联合是最重要的宣传内容，而这是马克思主义理论的重要组成部分。[⑧] 还有学者认为，

① 宋进：《论中国共产党对马克思诞辰的纪念活动》，《马克思主义理论学科研究》2018年第6期，第157–167页。

② 赵翀：《民主革命时期中国共产党对革命导师纪念活动研究》，武汉大学2019年硕士论文。

③ 陈金龙：《中国共产党纪念活动史》，社会科学文献出版社2017年版，第168页。

④ 张远新、吴素霞：《中国共产党对十月革命的纪念活动回顾》，《毛泽东邓小平理论研究》2017年第4期，第60–68、108页。

⑤ 王强、林琳：《从民国时期期刊文献看十月革命的思想史意义——基于〈民国时期期刊全文数据库（1911—1949）〉的分析》，《党的文献》2017年第6期，第97–108页。

⑥ 赵付科：《民主革命时期的中共报刊对巴黎公社的宣传》，《中国石油大学学报（社会科学版）》2015年第1期，第50–55页。

⑦ 束锦：《中国共产党对巴黎公社的认知与传播（1920—1927）》，《学海》2015年第6期，第18–24页。

⑧ 许江：《中共"五一"纪念话语建构及政治功能分析（1921—1949）》，《延安大学学报（社会科学版）》2018年第4期，第16–23页。

五一纪念的开展推动了马克思主义传播，为马克思主义传播与工人运动的结合找到了立足点，同时培养了一批马克思主义传播主体，提供了宽松适宜的环境。但也存在一定的不利影响，造成马克思主义在中国的传播中产生了一定偏差。

综上所述，马克思主义在广东的早期传播虽然取得了一些成果，但仍有进一步研究的空间，特别是大革命时期马克思主义的传播情况、纪念活动与马克思主义在广东的传播关系等问题值得进一步探讨。

## 四、创新点、研究方法与不足

### （一）论文可能的创新之处

研究内容的创新。目前，尽管学术界有对马克思主义在广东、海南分别传播的研究，但大多分散于各省的地方党史著作或论文中。有的论文虽然冠以马克思主义在广东的传播研究，但实际是研究马克思主义在广东早期传播中作出贡献的代表人物，学界尚无研究1919—1927年马克思主义在广东的早期传播整体情况的专著。因此，将这一时期马克思主义在广东的早期传播情况作为一个整体进行审视，进而研究马克思主义在广东的早期传播情况，全面展示马克思主义在广东的早期传播的历程和相关人物所作历史贡献，分析大革命时期以农民运动讲习所和黄埔军校等为代表的学校对传播马克思主义所作历史贡献，诠释广东在推动马克思主义在中国早期传播中的重要地位和历史贡献等，具有一定的学术价值。

材料使用方面的创新。充分利用近年来出版和发行的新材料，如《红藏》《黄埔军校史料汇编》《马克思主义在中国早期传播著作选集（1920—1927）》等影印材料，同时尽可能利用广东省档案馆、中山图书馆、中山大学图书馆等馆藏的一批较少人关注、与马克思主义传播有关的书籍、报纸、刊物等一手材料。为避免资料选集中可能存在的错误，能找到一手材料的，尽量利用原版的一手材料，少用资料选集。力图利用丰富翔实的材料对马克思主义在广东的早期传播情况进行研究，全面分析马克思主义在广东早期传播的主要途径、方式，概括马克思主义在广东早期传播的主要内容，更加全面地展示马克思主义在广东的早期传播情况。

研究方法的创新。综合利用跨学科多角度研究的新范式，在翔实的资料基础上，综合运用历史学、传播学、文献学、版本学等多学科的理论和方法，研究马克思主义在广东的早期传播情况以及广东在推动马克思主义在中国早期传播中所发挥的重要作用。做到史论结合、借史引论、以论鉴史，并进行必要的分析和评述，分析阐明马克思主义在广东早期传播的主要特点。同时，根据传播方式的不同，将马克思主义在广东的早期传播进程进行归纳分类，并以此为主线，统领论文的谋篇布局，进而对马克思主义在广东的早期传播进行综合分析与研究。

研究视角的创新。将纪念活动作为马克思主义传播的重要传播方式引入到马克思主义在广东的早期传播研究中。研究这一时期广东的马克思纪念、列宁纪念、巴黎公社纪念、五一纪念、十月革命纪念活动开展情况以及其与马克思主义在广东的早期传播之间的关系，更加全面展示这一时期马克思主义在广东早期传播的历程。

## （二）研究方法

文献研究法。通过搜集整理和研究马克思主义在广东早期传播有关的各种现存档案文献资料，包括刊物、报纸、书籍等，构建和重现这一时期马克思主义在广东早期传播的历程，肯定各个党派、组织、团体所创办的刊物、报纸以及发行的书籍对促进马克思主义在广东早期传播中所发挥的重要作用，进而分析马克思主义在广东早期传播的主要内容和特点。

历史研究法。从马克思主义在广东早期传播的背景出发，在对相关人物与事件的分析中，探讨马克思主义在广东传播的历史必然性，全方位展示马克思主义在广东早期传播的路径和载体，并以此为重点对马克思主义在广东早期传播的历程进行全面分析。对马克思主义在广东早期传播的相关问题，如历史背景、历史地位等进行重新梳理和定位。

比较研究法。利用比较法分析马克思主义在广东的早期传播与北京、上海等地马克思主义传播的异同，探讨马克思主义在广东早期传播的历史特点和其独特的历史地位，进而探寻马克思主义在广东早期传播的规律和经验，总结其对于当前推进马克思主义大众化的借鉴和启示。

传播学、文献学、版本学研究方法。综合利用传播学、文献学、版本学等相关学科的理论和知识，分析马克思主义在广东早期传播的历程。利用传播学的有关知识分析传播主体、接受传播的对象和传播过程，以此对马克思主义在广东的早期传播进行分析研究。同时利用文献学、版本学等知识对在广东出版的相关马克思主义理论书籍的版本进行探讨，进而阐明广东在推进马克思主义在中国早期传播中的历史贡献。

### （三）不足之处

档案文献资料的搜集无法做到齐全。由于这段历史相对比较久远，特别是随着时间的推移，自然和人为原因，使得档案文献资料流失和损毁在所难免，这给书稿资料的搜集带来了一定困难。尽管在资料搜集过程中贯彻了"能收尽收"的原则，但仍有不少档案文献资料无法查到，未能体现在论文中，留下了些许遗憾。

综合利用各学科知识的水平有待提高。马克思主义传播是一个涵盖范围很广的选题，涉及历史学、文献学、传播学、版本学等多个学科的理论知识。由于笔者的知识结构与储备相对不足，对某些领域的理论知识涉及较少，无法做到"了然于胸"，因此在论文撰写中涉及某些学科领域的理论时，难以做到全面把握和利用，导致没能对每个学科面面俱到、均衡用力。

# 第一章

# 马克思主义在广东早期传播的历史背景与条件

马克思主义在广东的传播与马克思主义在全国的传播一样具有深刻的历史背景与条件。广东作为近代以来重要的对外通商口岸，一直是东西方文化的碰撞和交汇地，民风开放，善于接受新思想、新文化。加上广东华侨众多，源自广东的海员也遍布四大洋，各国人员往来与信息交流频繁，有利于广东人民了解世界形势的新变化，从而得风气之先，使广东"人文荟萃，凡百事业，均能先人看鞭"①。新文化运动和五四运动的兴起进行了思想启蒙，为马克思主义传播做了舆论准备。同时，广东一直是孙中山领导革命的大本营，后来又成为国共合作的重要基地和大革命的策源地，由于国共合作局面的形成，特别是在中国共产党的领导推动下，工人、农民、学生运动蓬勃发展，为马克思主义传播奠定了实践基础。先进知识分子群体的形成，为马克思主义传播提供了主体条件。这一时期，马克思主义传播成为题中应有之义，马克思主义在广东的早期传播具备了良好条件，并达到了前所未有的高度。

① 谭夏声：《广东新文化事业之前途》，《广东群报》1920年10月19日。

## 第一节　广东的思想启蒙与准备

马克思主义在广东的早期传播有着较为充分的思想启蒙与准备。新文化运动和五四运动在广东的影响推动了思想解放和新思想、新文化的传播，推动了广东人民的觉醒，促使广东人民更多关注国家前途和命运，探索救亡图存道路。对十月革命的关注加深了广东人民对马克思主义的了解，拓宽了视野和思路，从而为马克思主义在广东的早期传播提供了有利的舆论环境。

### 一、新文化运动在广东的影响

1915 年 9 月，陈独秀创办《青年杂志》（后改名为《新青年》），掀起了新文化运动的大幕。很快，新文化运动席卷全国，宣传新思想成为国内潮流。尽管当时有人评述广东"新文化运动那桩事，更加赶别省不上"①，"新文化事业黯然无光"②，新文化运动中，广东"没有什么刊物的响应，确找不到一个纯粹的刊物，像《新青年》《新潮》或《少年中国》等，专为新文化运动做宣传和鼓吹的工作的"③，但广东作为"平民思想比较上实在发达"④之地，在新文化运动的大潮中，来自北京、上海等地的新思想、新

---

① 陈公博：《筹办群报缘起》，《广东群报》1920 年 10 月 19 日。

② 谭夏声：《广东新文化事业之前途》，《广东群报》1920 年 10 月 19 日。

③ 谭卓垣：《广州定期刊物的调查（1827—1934）》，《岭南学报》1935 年 8 月第 4 卷第 3 期，第 1-91 页。

④ 陈公博：《筹办群报缘起》，《广东群报》1920 年 10 月 19 日。

文化仍然对广东产生了深远影响。外地出版的各种宣传新思想的杂志，如《青年杂志》《新潮》《解放与改造》等都有在广东发行。《青年杂志》自第 1 卷第 2 号开始就在广东发行，包括广州、汕头、嘉应州三地。随后不断增加代派处。<sup>①</sup>《新潮》也在广州设有高等师范学校学生贸易部、共和编译分局两个代卖处。<sup>②</sup>《解放与改造》从第 1 卷第 3 号起就在香港设有两个寄售处<sup>③</sup>，从第 7 号起就直接在广州设了民风周刊社、高等师范学校学生贸易部以及江山岭西街 3 号童效先三个代派所<sup>④</sup>。《政衡》在广东的代派处则有广州光东书局、高等师范学校学生贸易部、汕头共和编译局三家。<sup>⑤</sup> 这些杂志在广东的发行无疑促进了新文化运动在广东的影响。特别是随着五四运动的爆发，两股力量交汇，新思想、新文化也开始在南粤大地生根发芽，广东的新文化运动也逐渐走向活跃，宣传新思想、新文化的刊物如雨后春笋般不断涌现，形成了沛然莫御的新的社会思潮运动。

这一时期，广东本地也涌现出不少宣传新思想的报刊：《惟民》《爱国星期报》《新学生》《劳动者》《劳动与妇女》《广东中华新报》《新民国报》《广东群报》《五七国耻报》《大同日报》《琼崖旬报》以及《民风日刊》（后因经济关系改为周刊）等等。这些报刊本着"人类精神，终必应社会之环境，以变迁其思想"的宗旨，又看到新思想、新文化"传于中邦，理非偶然，势所必至"<sup>⑥</sup>的必然趋势，因此致力于新思想、新文化的传播，受到好评。当时就有人对这类报刊进行了高度评价："专门提倡社会知识，用干净灵敏的头脑，评判一切学理事实，字字珠玑，真是广州出版界的光

---

① 《各埠代派处》，《青年杂志》1915 年 10 月 15 日第 1 卷第 2 号。

② 《新潮》1919 年 10 月 30 日第 2 卷第 1 号。

③ 《解放与改造》1919 年 1 月 1 日第 1 卷第 3 号。

④ 《解放与改造》1919 年 12 月 1 日第 1 卷第 7 号。

⑤ 《本志各埠代派处》，《政衡》1920 年 4 月 1 日第 1 卷第 2 号。

⑥ 《传达新思想机关》，《广东中华新报》1919 年 10 月 8 日。

荣。"① 除了报刊外，广东也开始效仿北京、上海的做法，公开演讲新思想、新文化，并成为广东传播新思想、新文化的重要途径之一，广东省教育会就曾邀请章君行演讲《新思潮与调和》②，胡汉民也曾到广东高等师范学校演讲唯物史观。

民族独立和解放离不开精神解放。新思想、新文化的传播打破了旧思想的禁锢和藩篱，人们开始追求独立思考，重视精神和思想的自由。曾有人撰文指出思想言论自由的重要意义："大凡健全发达之社会，其最要条件，厥为自由言论之流行。自由言论一物，恰如呼吸器官之在人身，是官一有窒碍，失其职司，将必全身血液积滞，尽失其新陈代谢之机能，而其人去死亡之境已不甚远。呼吸既窒，直一陈死人耳，遑论生机，遑言活动，国家社会亦然，时时刻刻不能无公意表示，不能无公意流行"。"必待言论自由经若干时间通透流行之后，然后成立一群众公意"，"即可断言此言论自由之精诂也"。"此其思想专制、言论专制之祸且甚于政治专制百倍。吾国习于专制，此毒深中人心，予诚恐将来亡中国者，必此恶习也"。③ 在这一思想影响下，民主与科学的宣传开始深入人心，人民开始批判传统的封建思想、三纲五常，提倡社会改造和教育改革，宣扬劳工神圣，关注妇女解放，并逐渐成为社会热点，许多报刊围绕这些问题展开了讨论，促进了新思想、新文化的进一步传播。

不少无政府主义者也在广州等地积极活动，他们通过各种方式宣传无政府主义相关理论，客观上揭露了封建制度的种种罪恶，抨击了军阀、专制统治的黑暗，在一些知识分子、青年学生和工人中产生了一定影响，成为广东新文化运动中的一个现象。无政府主义者的活动对于促进马克思主

---

① 紫枫：《报界闲评》，《爱国星期报》1919 年 8 月 17 日第 7 号，第 29-30 页。

② 《广东中华新报》1919 年 12 月 12 日。

③ 《三公司风潮之观察与批评》，《广东中华新报》1919 年 10 月 28 日、29 日、30 日、11 月 1 日。

义在广东的早期传播产生了一定的积极作用。

关于新文化运动在广东的影响，时人曾撰文指出，自欧战结束后，欧美的新潮流，如猛风疾雨一阵阵来到东方，于是亚洲大陆就有了"德谟克拉西"、马克思、恩格斯、克鲁泡特金、巴枯宁的种子。这些新潮流"蓬蓬勃勃""一日千里"，大有"沛然莫之能御"之势，中国麻木不仁的社会渐渐活动，大梦未醒的国民也渐渐觉悟，这在中国文化史上开了一个新纪年。[①] 新文化运动在广东的开展推动了思想解放和新思想、新文化的传播，也为马克思主义在广东的早期传播提供了有利的思想舆论环境。

## 二、五四运动在广东的影响

1919 年 5 月 4 日，五四运动爆发。广东各大报纸都以显著标题大篇幅报道北京学生运动情况。当五四运动消息传到广东后，五四运动烈火迅速燃遍南粤大地。广东各界纷纷开展各种活动表示响应，投入到反帝爱国运动的洪流中。中华国难同志会广东总部、广东外交后援会、广东中华民国策进永久和平会、广东高等学校同学会、广东中等学生会、肇庆学生救国会等团体先后发出支援北京学生爱国运动的通电，提出惩办卖国贼、收回青岛等主张。广州参众两院也发出通电要求释放学生、严惩国贼。[②] 这些都充分反映了广东人民对五四运动的支持。

1919 年 5 月 11 日，广州国民外交后援会为声援北京学生运动，联合各界在东园召开国民大会，各界纷纷赴会，学生最为踊跃，参加会议人数有 10 万之众（一说数万人），"诚空前未有之大会"。众人纷纷演说，群情愤慨。大会演说结束后，与会群众分 99 队游行，并赴军政府请愿，要求

---

① 陈国运：《敬告新文化运动者》，《新学生》1920 年 2 月 15 日第 1 卷第 3 号。

② 《五四爱国运动档案资料》，中国社会科学出版社 1980 年版，第 232-233 页。

取消"二十一条"及一切不平等条约、惩办卖国贼、释放被捕学生等。游行群众手执小旗，上书"还我青岛""誓诛国贼"等语，沿途向各界群众宣传。①广东教育界则于 5 月 18 日在九曜坊省教育会举行会议，决议致电声援北京学生，并通知各学校开展运动。5 月 24 日，广东省会学生联合会发出宣言，决定 25 日在高等师范学校举行学生大会，邀请全体学生参加，讨论救国问题。②当天赴会者有 50 多所学校的 5000 余人，众人相继演说，并作出致电巴黎和会力争青岛、取消各种密约、举行各校学生游行等 10 项决议。5 月 26 日，各界学生在高等师范学校开会追悼郭钦光烈士，各学校踊跃参加，声势浩大，推动了五四爱国运动不断深入。

5 月 29 日，广州学界再次举行联合大游行，以"唤起社会之国家观念，及购用国货之决心"，参加游行的学生人数不下二三万人。游行队伍手持白旗，上书"还我青岛""不买劣货"等字样，沿途派送传单，得到各界群众的热烈欢迎。③

虽然广东省教育会召集省会中学以上各学校校长开会，认为广东没有罢课必要，但各校热心学生为声援北京、上海、天津各地学生，决定紧随北京步伐举行罢课。④6 月 17 日开始，广东公医学专门学校、广东省立监狱专门学校、珠江中学、广东女子职业传习所、广东公立农业专门学校等相继罢课，其余各校也纷纷罢课。⑤6 月 17 日，广东中等以上学校学生联合会（简称"中上学联"）宣告成立。广东公立法政学校、广东省立第一甲种工业学校、广东光华医药专门学校等 30 余所学校学生参加，张启荣为会长，张殿邦、周其鉴、阮啸仙等为各部负责人。中上学联成立后专门

① 《五四时期广东爱国运动资料选辑》，1964 年印行，第 3-4 页。

② 《我粤学生奋起救国之宣言》，《广东中华新报》1919 年 5 月 24 日。

③ 《五四时期广东爱国运动资料选辑》，1964 年印行，第 1-2 页。

④ 《五四运动粤学界罢课评议》，《五四时期广东爱国运动资料选辑》，1964 年印行，第 47 页。

⑤ 《五四时期广东爱国运动资料选辑》，1964 年印行，第 19 页。

成立了演讲部，连日派出队员到各地进行演讲，宣讲勿忘国耻、抵制日货等。同时组织各属演讲员到各处演讲，高雷、琼崖、阳江、潮梅、西江、北江、佛山、台山等地都有专人演讲。①

5月底，广东在五四运动的影响下开始了抵制日货的行动。中上学联有计划地派出检查队，分批按段前往各商店进行检查，还成立国货陈列所，教人分辨国货、日货。随后，抵制日货成为广东一大风潮。广州、汕头、佛山、东莞、江门、潮州、海南都发生了大规模的抵制日货活动，与贩卖日货的各公司和店铺展开了激烈斗争。

7月10日，广州各界再次在东园召开国民大会，参加者万余人，由上海代表演讲，并宣布对内、对外办法及电文，随后赴军政府请愿。在没有得到满意答复之后，游行群众千余人再次到军政府呼吁，并分数千人到总商会要求全体罢市。在众人的压力之下，总商会决定分派传单，于11日起一致决议全体罢市。②

这一系列活动教育和团结了各界群众，促进了各界群众的觉醒，也推动了五四运动在广东的影响不断深入。在广州爱国运动的影响和推动下，广东各地也纷纷起来进行了大规模的爱国运动。罗定于5月28日举行国民大会，各学校学生200多人、商团数千人参加，由学生负责演讲，并在会后组织游行，沿途分派传单。随后组织演讲会，由学生演讲爱国救国等问题。③东莞各学校全体学生也自6月4日开始多次游行，宣扬勿忘国耻、振兴国货。随后成立东莞学生联合会，并派员每周日分赴各地演讲。新会学生救国联合会也举行了游行，并到各处演讲。④梅县学生联合会发出通

①《学生救国之进行》，《广东中华新报》1919年6月26日；《组织演讲队四大队》，《广东中华新报》1919年7月21日。

②《国民大会及游街秩序》，《邑垣开国民大会纪闻》，《广东中华新报》1919年7月10日；《各界人民向军政府请愿》，《五四时期广东爱国运动资料选辑》，1964年印行，第47—49页。

③《震撼全粤之抵制潮》，《广东中华新报》1919年6月10日。

④《再接再厉之爱国运动》，《广东中华新报》1919年6月11日。

电，要求严惩卖国贼、争回青岛、不要在和约上签字。①三水学生救国联合会组织游行并演讲，参加者"几达万人"。6月11日，台山、韶关等地都举行了大规模的爱国运动。

五四运动爆发后，《公言日报》在汕头率先发行号外进行报道，在潮汕各地引起强烈反响。《公言日报》还辟专栏"神州义愤"，报道全国及潮汕各地反帝反封建的爱国运动，并发表短评，鼓励潮汕青年学生的爱国行为。②6月24日，潮州学生救国联合会成立，金山、韩师等30余校参加。③肇庆各学校组织肇庆学生联合会，积极响应五四运动。④海南各地学生也纷纷起来响应五四运动。5月18日，各地学生在琼崖中学召开学生代表大会，成立琼崖十三属学生联合会。随后举行追悼郭钦光烈士大会。文昌、嘉积等地青年学生纷纷响应，五四运动的影响在琼崖不断深入。

五四时期，广东还出版了不少刊物宣传新思想。广东公立医药专门学校编辑出版《五七国耻报》，广受读者欢迎。广东省会学生联合会7月出版《广东省会学生联合会旬报》（10月改名为《广东省会学生联合会月报》），宣传全民族联合起来救国的主张。中上学联则编辑出版《雪耻周报》，在学生中"表扬精神、鼓吹民气"。⑤1919年6月创办的《爱国星期报》，从创刊就关注社会主义，曾转载《星期评论》关于社会主义的文章。⑥

广东的爱国学生运动前后持续了两年之久，成为全国反帝反封建爱国运动的一个重要组成部分，对广东人民的觉醒起到重要的启蒙作用，使广

---

① 《五四时期广东爱国运动资料选辑》，1964年印行，第9页。

② 曾旭波：《汕头埠老报馆》，暨南大学出版社2016年版，第78页。

③ 《潮汕路局殴伤学生代表》，《广东中华新报》1919年7月2日；《五四时期广东爱国运动资料选辑》，1964年印行，第11页。

④ 范步遥、邝肇星：《"五四"时期的肇庆学生运动》，《肇庆市地方史专辑》，1985年印行，第9页。

⑤ 《中等以上学生联合会来函》，《广东中华新报》1919年6月26日。

⑥ 季陶：《社会主义与两性问题》，《爱国星期报》1919年7月20日第3号，第5-7页。

东人民更多关注国家前途和命运，探索救亡图存道路，为马克思主义在广东的早期传播提供了有利条件。

## 三、十月革命对广东的影响

1917 年 11 月 7 日（俄历 10 月 25 日），俄国十月革命爆发，这一消息随即传遍全世界。广东虽然地处华南一隅，但广东的报刊对十月革命反应十分迅速，积极报道十月革命相关消息，使广东人民很快知悉俄国十月革命胜利的消息及有关方面的情况。

根据已掌握的资料显示，1917 年 11 月 23 日，也就是俄国十月革命爆发后的第 16 天，《广东中华新报》就开始关注十月革命，并以《俄国京都又大乱》《俄人废政府以兵》《俄都已归过激党》《俄国之废弃商约》等为标题，报道了俄国十月革命的消息。其中，《俄国京都又大乱》中说："8 日俄都守卫军参谋部与劳兵会共起骚动，入夜益危，革命军队勿从政府命令，并遮断各处桥梁，禁止电车来往，其政府只藉新卫军之力以为警护。"[1]《俄都已归过激党》中说："俄京已为过激党（即列宁领导的布尔什维克党）占领，内阁全部阁员均被捕。"[2] 在《俄国之废弃商约》中报道了俄国政府尽欲废弃与诸外国所订现行条约的消息。[3]11 月 30 日，在《国际大事记》栏目中以《祈麟士欲复入内阁》为题报道了十月革命的消息，称"俄前内阁祈麟士（即克伦斯基）被过激派推倒"。[4] 此后又对十月革命进行了连续关注。12 月 1 日，刊登报道《俄国内难尚未已》。[5]12 月 4 日，以《过

---

[1]《俄国京都又大乱》，《中华新报选辑》，1964 年印行，第 3 页。

[2]《俄都已归过激党》，《中华新报选辑》，1964 年印行，第 3 页。

[3]《俄国之废弃商约》，《中华新报选辑》，1964 年印行，第 3 页。

[4]《祈麟士欲复入内阁》，《中华新报选辑》，1964 年印行，第 1 页。

[5]《俄国内难尚未已》，《中华新报选辑》，1964 年印行，第 1 页。

激派胜利之外说》的标题，报道称"俄国过激派已完全掌握俄都及莫斯科之支配权"。12月8日，又报道称"俄前内阁总理祈麟士已完全失败，将政权委之于临时政府之手"①，"英美两国不肯承认俄国过激派黎仁（即列宁）所组织之政府"等有关十月革命的报道。②12月28日，《广东中华新报》以《过激派之俄国》的标题，报道称俄国苏维埃政府"现在势力愈盛，地位日益巩固……将来或可统一全国云"。同日，还发表了题为《李宁胜利之原因》的述评。该文指出克伦斯基失败、列宁领导的苏维埃政府能够成功的三方面原因：一、克氏失败，人望全去；二、过激派主张停战议和，最合一般兵士、人民之希望；三、其主张之共产主义，最得平民劳动者之欢心。该报赞扬列宁的功绩道：露西亚（即俄罗斯）之有李宁（即列宁），而历史上顿增一种异彩。③

随着五四运动的开展，十月革命宣传在广东掀起了新一轮热潮。从单纯新闻报道转移到了深层次的论述和阐释，开始关注十月革命后俄国的社会制度，注意考察十月革命与中国革命的关系，"以俄为师"，推动中国革命的发展，借鉴十月革命胜利经验。

高振霄、刘伯垂等人创办的《惟民》周刊也对十月革命进行了关注。《惟民》第1卷第4、5号连续转载了《俄国波尔失委克之新写真》一文，文中介绍了十月革命后俄国的经济、政治、内政、司法、教育、外交等各方面情况，批评了各种关于波尔失委克（即布尔什维克）的不确消息。文中还指出，目睹"'共产主义'之成绩及消费公社之便利，亦不能不渐表赞成矣"。④《列宁教育的设施》一文介绍了十月革命之后的俄国教育，指

①《俄国势力之消长》，《中华新报选辑》，1964年印行，第2页。

②《英美不认黎仁政府》，《中华新报选辑》，1964年印行，第2页。

③转引自叶文益：《广东革命报刊史（1919—1949）》，中共党史出版社2001年版，第19页。

④《俄国波尔失委克之新写真》，《惟民》1919年8月31日第1卷第4号，第28—31页；《俄国波尔失委克之新写真》（续），《惟民》1919年9月7日第1卷第5号，第25—29页。

出列宁领导的政府对于教育事业"颇为留意",并且教育是"政绩最著者"。十月革命后的俄国教育打破了旧时的贵族教育,任何人可以自由入学,学费"一律不取"。重视各种专门人才的使用,强调如果不解决这个问题,社会主义建设事业"更属无望"。①《广东教育会杂志》《劳动者》等刊物对于十月革命后的俄国土地问题等进行了关注。这些无疑有利于广东人民了解十月革命后俄国的真实情况,进一步认识和了解十月革命的性质,提高对十月革命和社会主义的认同,进而将之用于中国。冯自由就指出,十月革命是"我国人近来趋向社会主义的第二原因"②。

《广东群报》自创刊之后就开始关注十月革命,并连续发表文章,指出:11月7日这一天就是"共产党得志的那一天,也就是为二十世纪的世界革命开一个先例的那一天。再说一句,就是资本主义灭亡,社会主义实现的那一天"。《广东群报》中的不少文章还分析了十月革命的性质和意义,以及对中国革命的借鉴意义,认为:"李宁的理想,是以社会主义实现为目的","布尔什维克在目的上,是纯然马克思主义,又是纯然社会主义","中国底情形简直和俄国一样","中国现在需要改造,已迫不及待了","(俄国)共产党的方法,可以当做一种过渡时代的手段,适用于中国"。③

《青年周刊》也对十月革命进行了关注,登载了1922年广东社会主义青年团成立大会上的演说词。其中,不少演说词公开提出要向俄国学习,以俄为师,"效法俄国",指出中国边境与俄国最为接近,中国的民族性有许多点和俄国人相同。因此,中国革命应当效法俄国,更容易成功。还有人提出,中国革命步调倾向于俄国,革命就会成功。④

---

① 《列宁教育的设施》,《惟民》1919年8月24日第1卷第3号,第25—26页。

② 冯自由:《社会主义与中国》,社会主义研究所1920年版,第13页。

③ 转引自叶文益:《广东革命报刊史(1919—1949)》,中共党史出版社2001年版,第20页。

④ 《青年周刊》1922年3月22日第4号,转引自《青年周刊》,广东人民出版社1986年版,第63—72页。

　　十月革命是人类历史上划时代的事件，给正在苦闷中摸索、在黑暗里奋斗的中国先进知识分子展示了一条崭新的救国救民之路。它第一次把马克思主义从理论变成现实，这对与俄国国情相似的中国具有特殊意义，吸引中国广大知识分子关注十月革命、关注十月革命的指导思想马克思主义。对十月革命的报道和关注也促进了广东人民对十月革命和马克思主义的了解，拓宽了视野和思路，促进了新的觉醒，从而为马克思主义在广东的早期传播进一步扫清了障碍。

## 第二节 广东先进知识分子群体的形成

马克思主义在广东的早期传播离不开传播者群体这一主体条件，离不开具有马克思主义理论知识的广大先进知识分子。这一时期，广东形成了一个比较庞大的先进知识分子群体，他们很多人有留学经历，并在留学中逐步接触和信仰马克思主义，成为马克思主义在广东早期传播的中坚力量。尤其是国共合作之后，广东成为大革命策源地的特殊条件，促使全国各地的马克思主义传播人才会聚广东，他们与广东本土先进知识分子一道形成了马克思主义在广东早期传播的主体，成为推动马克思主义在广东早期传播的重要力量。

### 一、广东本土先进知识分子群体的形成

马克思主义在广东的早期传播中，广东本土先进知识分子群体无疑发挥了重要作用。这类知识分子群体大体可以分为三大类：一是海外留学的先进知识分子群体，二是省外求学的先进知识分子群体，三是本地求学的先进知识分子群体。他们都在推动马克思主义传播中发挥了重要作用。

广东一直以来都是相对比较开放的地区，比较容易接受外来文化，得益于广州长期以来的通商口岸的历史地位和华侨众多的原因，在留学救国思想的影响下，广东学子出国留学在当时非常盛行。由于文化相近，日本成为不少广东学子出国留学的首选。杨匏安、彭湃等人都曾留学日本。彭湃在日本时就与日本社会主义者多有接触，逐渐接受马克思主义。杨匏安

也是在日本留学回国后，开始关注马克思主义，并在广东宣传介绍马克思主义。除日本外，欧洲也是当时广东学子留学的目的地之一。熊锐就先后到法国和德国留学，并熟练掌握了德语等外语。杨善集也曾到苏联留学。

在外求学的如谭平山、陈公博、谭植棠等人，他们都是北京大学的学生，在求学期间开始走上马克思主义道路。回到广东后，他们在陈独秀的影响下，开始建立党的早期组织，推动马克思主义在广东的早期传播。《广东群报》就是在谭平山等三人的努力下创办的，被誉为"文化运动的中心、世界消息的总汇、改造社会的前驱"[1]，成为广东马克思主义早期传播的重要阵地之一。此外，李春蕃先后在上海沪江大学、上海大学求学，并成长为这一时期推动马克思主义在广东早期传播的代表人物。

而一直在本地求学的知识分子，他们在五四新文化运动中接受思想洗礼，在党的早期组织的影响下，逐步接受马克思主义，从而走上马克思主义道路，并致力于马克思主义传播。阮啸仙、刘尔崧、黄学增、蓝裕业、郭瘦真等人是其中的杰出代表。如黄学增曾发表《读宫俊先生国民党和共产党的关系以后》一文。[2]

广东本土先进知识分子群体通过留学、在外求学、本地求学等不同途径逐渐接受了马克思主义信仰，成为推动马克思主义在广东早期传播的中坚力量。在他们的努力下，马克思主义在广东的早期传播日新月异，广东也成为推动马克思主义在中国早期传播的重要基地。

## 二、各地先进知识分子在广东的聚合

马克思主义在广东的早期传播中，除了广东本土的先进知识分子外，

---

[1]《新青年》1921 年 6 月 1 日第 9 卷第 2 号。

[2] 转引自《黄学增研究史料》，广东人民出版社 1997 年版，第 92-94 页。

当时的广东还聚集了来自全国各地的先进知识分子，特别是随着国共合作局面的形成，中国共产党内绝大部分理论家都曾来到广东，各地先进知识分子在广东的聚合成为推动马克思主义在广东早期传播的重要力量，也是广东能够在马克思主义在中国早期传播史上占有一席之地的重要保障。

早在 1920 年，陈独秀就应邀南下，就任广东教育委员会委员长，他来广东之后，多次应邀演讲马克思主义。而在这一时期，李大钊、瞿秋白、恽代英、萧楚女、蔡和森、邓中夏、熊雄、毛泽东、周恩来、李季、张太雷、刘伯垂、施存统、李求实、杨嗣震、彭述之、任卓宣等一大批党内理论家都来到广东从事革命活动。此外，还有不少苏联和共产国际代表在广东活动。他们在广东通过演讲、授课、编辑出版相关书籍、撰写理论文章等方式传播马克思主义，弥补了广东本地马克思主义理论人才的相对不足，增加了马克思主义传播主体的力量，提高了理论水平。李大钊、瞿秋白等人多次在广东进行演讲，传播马克思主义。恽代英在黄埔军校任职期间，编辑了不少教材，从不同方面传播马克思主义。萧楚女不但在黄埔军校任职，还在农民运动讲习所任理论教员。毛泽东担任第六届农民运动讲习所所长期间，不断加深对中国革命问题的思考，探索将马克思主义基本原理与中国革命实际相结合。他们在广东的活动，为推动马克思主义在广东的早期传播起到了重要作用。

马克思主义在广东的早期传播之所以能够在全国占有一席之地，离不开他们所作出的重要贡献。正是在他们的共同努力下，广东才能充分利用相对开放的政治环境，通过出版马克思主义著作、创办发行各种报刊等方式传播马克思主义，使广东成为仅次于北京、上海的早期马克思主义传播基地。

## 第三节 广东革命运动的实践积累

马克思主义传播离不开传播对象这一客体条件，广东工人运动、农民运动和学生运动的发展为马克思主义在广东的传播准备了广泛的受众，马克思主义传播又促进了广东工人运动、农民运动和学生运动的不断进步。

### 一、广东工人运动的发展

广东工人运动的发展为马克思主义早期传播提供了客体条件。广东党的早期组织从建立之日起就非常注重在工人群众中传播马克思主义，谭植棠等人曾在陈独秀的指示下，创办机器工人补习学校。[①]随着广东党组织的建立，广东工人运动更取得了长足发展，马克思主义的早期传播逐步与工人运动紧密结合起来。

1845年，英国人柯拜就在广州黄埔设立船坞，延揽中国人做工，从而诞生了广东最早的一批产业工人。随着外国资本在广东各地设厂数量的增多，广东工人数量不断增加。从19世纪末开始，广东民族资本和官办的近代企业不断出现，进一步增加了广东工人的数量。特别是甲午战争结束到第一次世界大战这一时期，广东轻、重工业得到了较大规模的发展，日用品、航运等产业发展迅速，带动了工人阶级队伍的不断壮大。据目前

---

① 谭天度：《回忆广东的"五四"运动与共产主义小组的建立》，《"一大"前后的广东党组织》，1981年印行，第142–143页。

掌握的有限资料显示，1917 年广东有矿工 283023 人[①]，虽然统计方法不够科学（统计按人一日一工计算），但也反映出当时广东工人已为数不少。五四运动后，广州出现了现代工会组织，成为新式工会的先驱，当时成立了 26 个工会，1920 年增加到 130 个。[②]1921 年一年时间，广州新成立的工会组织就有 32 个。[③]1921 年，广州为举行五一纪念而召开筹备大会，有80 余工会参加了筹备大会。[④]1921 年 6 月，《广东群报》连载了《广州全市工会之总调查》，由于《广东群报》保存并不完整，目前仅能看到三次连载内容，根据这一不完全统计，当时广州有工会 90 个，工人总数 78424人。[⑤]同年 6 月，根据有关报道显示，工会总会在册的广州工人团体有 28行，工人人数 12 万人左右。[⑥]省港各工会在 6 月 22 日召开的工团大会，到会者有 60 个工会的代表，代表省会百余个工会。[⑦]这些都充分说明广州工人数量之庞大。1921 年 4 月，广州市总工团开幕，显示工人开始走上联合的道路。[⑧]

中国共产党成立后，把领导工人运动作为重要工作，广东工人团体也更加迅速发展。1922 年的五一纪念中，广州有 200 多个工团参加，人数10 万人以上。1923 年 9 月，根据统计，广州工人总数约有 15 万人。[⑨]1925年，据不完全统计，广州有工会 104 个。[⑩]到了 1926 年，广州工会数增加

---

① 王清彬等：《第一次中国劳动年鉴》，北平社会调查部 1928 年版，第 22 页。

② 王清彬等：《第一次中国劳动年鉴》，北平社会调查部 1928 年版，第二编第 6 页；陈达：《中国劳工问题》，商务印书馆 1929 年出版，第 99 页。

③ 《广州一年来之劳工运动》，《广东群报》1921 年 5 月 1 日增刊，第 5 页。

④ 《庆祝劳动节之筹备》，《广东群报》1921 年 3 月 22 日。

⑤ 《广州全市工会之总调查》，《广东群报》1921 年 6 月 7、9、10 日。

⑥ 《工团总会报册选举团体与人数》，《广东群报》1921 年 6 月 20 日。

⑦ 《省港各工团大会纪事》，《广东群报》1921 年 6 月 23 日。

⑧ 《广州市总工团开幕》，《广东群报》1921 年 4 月 4 日。

⑨ 《广州民国日报》1923 年 9 月 25 日。

⑩ 《广东早期工人运动历史资料选编》，广东人民出版社 2015 年版，第 63–64 页。

到 191 个，会员 19.5 万人，广东其他各地总计 111200 人，沙面有工人 5 万人。香港 119 个工会，会员 207140 人。① 根据广州市市政厅社会调查股报告，1926 年 10 月，广州有工会 280 个，会员 290600 余人。② 12 月，刘尔崧在国民党广东省第二次全省代表大会上的报告则说，广州共有工会 239 个，工人 23 万人，其中属于广州工人代表大会的有 210 多个，19.8 万人。③

除广州外，广东各地的工人数量也为数不少。佛山 1918 年仅陶瓷工人就有 1 万余人。④ 1919 年，汕头成立缝业工会，到了 1925 年发展到 17 个工会，会员 7165 人。⑤ 1922 年 3 月，琼崖工人互助社成立。⑥ 1926 年 5 月，汕头召开第一次工人代表大会，会员人数有 1.7 万人⑦，不久就增加到 2 万余人⑧。1921 年的五一节，潮州举行庆祝活动，参加活动的工会 25 个，工人万余人。⑨ 1926 年 5 月，雷州成立工会 11 个。⑩ 1926 年 7 月，惠州成立工会 30 个，会员近万人。1926 年，潮安有工会 38 个，工人 1.1 万多人。⑪ 可见，广东工人数量的增长十分迅速。到了 1926 年，根据不完全统计，广东全省有工会 737 个，工人 466532 人。⑫

1925 年 6 月，省港大罢工爆发。在广东党组织的领导下，马克思主义传播与工人运动实现了更加密切的结合。不仅在《工人之路特号》上发表

---

① 王清彬等：《第一次中国劳动年鉴》，北平社会调查部 1928 年版，第二编第 30 页。

② 王清彬等：《第一次中国劳动年鉴》，北平社会调查部 1928 年版，第二编第 72-73 页。

③《广东早期工人运动历史资料选编》，广东人民出版社 2015 年版，第 24 页。

④《天声日报》1918 年 6 月 15 日。

⑤ 萧冠英：《六十年来之岭东纪略》，中华工学会 1925 年版，第 145-146 页。

⑥《广东早期工人运动历史资料选编》，广东人民出版社 2015 年版，第 119 页。

⑦《广东早期工人运动历史资料选编》，广东人民出版社 2015 年版，第 24 页。

⑧《汕头工人运动之趋势》，《工人之路特号》1926 年 10 月 23 日第 472 期。

⑨《潮州庆祝劳动节》，《广东群报》1921 年 5 月 9 日。

⑩《团雷州特支给团中央信》，《广东革命历史文件汇集（群团文件）一九二六（二）》甲 5，1983 年 8 月印行，第 205 页。

⑪《工人之路特号》1926 年 9 月 14 日第 436 期。

⑫《广东早期工人运动历史资料选编》，广东人民出版社 2015 年版，第 48 页。

传播马克思主义的文章，还成立劳动学院等专门学校系统讲授马克思主义理论，促进了马克思主义传播。工人运动的蓬勃发展成为马克思主义在广东传播的实践基础。

## 二、广东农民运动的发展

"全国农民运动之最先兴起者为革命策源地之广东"[①]。自彭湃在海陆丰从事农民运动开始，广东的农民运动就遥遥领先于全国其他地方。在中国共产党的推动下，广州先后举办了 6 届农民运动讲习所，毕业生大多成为国民党中央农民部的特派员，被派往各地开展农民运动，促进了广东农民运动的蓬勃发展。农民协会数量不断增加，参加农会的人数也逐步增多。广东还连续召开两次全省农民大会，进一步促进了农民运动的发展。

在彭湃的领导下，海丰最先组织了六人农会。1922 年 9 月，成立赤山约农会，帮助农民争取合法权益。随着农会规模不断扩大，1923 年 1 月 1 日，海丰总农会正式成立，会员有 2 万户，人数 10 万人。随后，惠来、惠阳、紫金等县农民纷纷组织起来，海丰总农会改组为惠州农民联合会，不久又成立广东省农会。组织扩展到海丰、陆丰、惠阳、紫金、惠来、普宁 6 个县，总户数 26800 户，农会会员人数 13.4 万人。农民运动的发展引起了海丰县当局的警觉，进而引发七五农潮，农民运动陷入低潮。国共合作正式形成之后，农民运动得到空前的发展机会。到了 1925 年五一节举行第一次全省农民代表大会，广东有 22 个县成立了县级农会，有组织的农民人数 18 万人以上[②]，在此基础上，成立了广东省农会。

在广东省农会的主持下，广东的农民运动得到进一步发展。1925 年

---

① 王清彬等：《第一次中国劳动年鉴》，北平社会调查部 1928 年版，第二编第 124 页。

② 《广东省农民一年来之奋斗报告大纲》，《中国农民》1926 年 7 月第 6、7 期，第 1-19 页。

10 月召开农民部特派员大会时，广东成立了县级农会的县份达到 40 个，农会会员 46.5 万人。① 不久，成立了 6 个农民办事处：潮梅海陆丰办事处、惠州办事处、西江办事处、南路办事处、北江办事处、琼崖办事处。② 到了 1926 年召开第二次全省农民代表大会时，广东全省 66 个县建立了县级农会组织，占全省总县数的 2/3，农会会员 626457 人③，不久发展到 665441 人④。到了 1926 年 11 月底，全省有县农会 73 个，农会会员 70 万人，远远高于其他省份。⑤

实践产生理论。广东农民运动的蓬勃发展为马克思主义传播提供了受众，促进了马克思主义在乡间的传播和大众化，也推动了中国共产党人对农民问题的关注和农民运动理论的发展，农民运动讲习所成为传播马克思主义的重要阵地之一，陈独秀、毛泽东等都对农民运动进行了关注。特别是毛泽东，在这一时期他不仅主编了农民运动丛书，而且撰写了《中国农民中各阶级的分析及其对于革命的态度》《国民革命与农民运动》等文章，不仅推动了马克思和列宁主义关于农民问题理论的传播，而且推动了马克思主义中国化的历史进程。广东农民运动的发展成为马克思主义在广东早期传播和马克思主义中国化的实践基础。

## 三、广东学生运动的发展

广东学生运动的发展与马克思主义传播相辅相成，马克思主义在学生

---

① 罗绮园：《一年来之广东农民运动》，《黄埔潮》1927 年 1 月 7 日第 24、25 期，第 72—87 页。

② 罗绮园：《会务总报告》，《中国农民》1926 年 7 月第 6、7 期，第 1—49 页。

③ 罗绮园：《广东第二次全省农民代表大会之经过及结果》，《中国农民》1926 年 7 月第 6、7 期，第 1—11 页。

④ 王清彬等：《第一次中国劳动年鉴》，北平社会调查部 1928 年版，第二编第 125 页。

⑤ 任卓宣：《一年来之工农运动》，《黄埔潮》1927 年 1 月 7 日第 24、25 期，第 54—61 页。

中的传播产生了一批初步接受共产主义思想的先进知识分子，而他们又带头撰文传播马克思主义，进一步促进了马克思主义在广东的早期传播。

广东的学生运动发展较早，早在五四运动之前的 1918 年 6 月 5 日，广州就成立了广东省会学生联合会，包括高等师范学校等 23 所学校，积极开展反帝爱国运动。五四运动爆发之后，爱国学生纷纷加入到运动之中，使得广东爱国学生运动得到蓬勃发展。五四运动时期，还成立了广东中等以上学校学生联合会。这两个学生组织成为五四运动时期广州学生的核心组织。

广东党、团组织成立后，对学生运动倾注了很多心血。阮啸仙在给团中央的报告中指出："在粤目前，仍在青年学生，因粤为手工业多，工厂青年工人甚少。"[1] 因此，决定在"根本上未完全整理以前"，做学生普遍的运动，组织"新学生社"成为学生运动的重要途径。为打开广东青年运动的局面，1923 年 6 月 17 日，作为团的外围组织的广东新学生社正式成立，阮啸仙担任社长，成立时有社员 118 人，遍及甲工、高师等广州 10 所学校。[2] 同时，创办《新学生》半月刊作为社的机关刊物。1924 年 11 月，广东新学生社组织已发展到全省各地以至广西和福建，共有 10 多个分社，3000 多人。[3] 在此基础上，团广东区委决定把广东新学生社改组扩大，并将广东新学生社改名为新学生社。新学生社的成立促进了广东学生运动的发展。

同时，鉴于"广州学生联合会精神涣散——无组织，无训练，不能担

①《啸仙致存统信——关于广东团的组织状况及其任务问题》，《广东革命历史文件汇集（群团文件）一九二二年——一九二四年》甲 1，1983 年 4 月印行，第 63 页。

②《啸仙致存统信——关于团的调查统计表和新学生社成立事》，《广东革命历史文件汇集（群团文件）一九二二年——一九二四年》甲 1，1983 年 4 月印行，第 78 页。

③ 沈宝同：《广州学生运动的过去现在及将来》，《广东学生运动史料选编（1923—1927）》，1980 年印行，第 267 页。

任各种青年工作"①，在广东党、团组织的领导下，1924 年 3 月 30 日，广州学生联合会开会进行改组。新的广州学生联合会以新学生社社员为骨干，组织形式由评议制改为执行委员会制。新学生社的杨石魂、周文雍等人组成新的广州学生联合会的核心。大会发表改组宣言，指出："处在今日双重压迫底下的同胞们，唯有全体联合起来，实行国民革命，打倒帝国主义，打倒军阀，建立真正民主完全独立国家，才是中华民族的生路。"②1926 年 4 月，广东全省学生联合会也宣告成立，沈宝同、杜式哲等 9 人当选为第一届执行委员。③广州学生联合会改组和广东全省学生联合会的成立，为广东党、团组织领导学生运动争取到一个重要的活动阵地，促使学生走上革命道路，也为马克思主义传播提供了阵地。

学生运动的发展对马克思主义传播的推动作用十分显著。马林在给共产国际执委会的报告中就指出，广州、海丰等地的学生会组织热心探讨着无政府主义以及社会主义理论。④由此可见，学生组织对于传播马克思主义具有重要作用。

在团广东区委的领导下，广东学生运动取得了长足发展，越来越多的学生参与到国民革命中去。广东团组织积极在学生中通过成立社会科学研究会、组织公开演讲等方式传播马克思主义⑤，吸引了广大学生加入团组织，不少新学生社的成员也加入团组织，系统接受马克思主义，从而实现

---

① 《阮啸仙关于团粤区一年来的工作概况和经验》，《广东革命历史文件汇集（群团文件）一九二二年——一九二四年》甲 1，1983 年 4 月印行，第 383 页。

② 《粤学生会改组宣言》，《上海民国日报》1924 年 5 月 4 日。

③ 《广东全省学联会委员已选出》，《工人之路特号》1926 年 4 月 22 日第 298 期。

④ 马林：《马林给共产国际执委会的报告》，《马林在中国的有关资料》（增订本），人民出版社 1984 年版，第 15 页。

⑤ 《社会主义青年团粤区代表大会决议案》，《广东区党、团研究史料（1921—1926）》，广东人民出版社 1983 年版，第 95 页；《团广州地委学生运动委员会报告》，《广东学生运动史料选编（1923—1927）》，1980 年印行，第 82—83 页。

了马克思主义传播与团组织壮大的良性互动。广东学生运动的发展成为马克思主义在广东早期传播的重要实践基础。

广东工人运动、农民运动和学生运动的迅速发展为马克思主义传播提供了广泛受众，使马克思主义传播与工人运动、农民运动和学生运动紧密结合起来，相得益彰，广东革命运动的实践积累加速了马克思主义的传播进程，马克思主义传播也促进了广东革命形势的不断高涨。

## 第四节　广东相对开放的政治环境和发达的舆论媒体

马克思主义在广东的早期传播离不开两大重要前提：一是广东相对开放的政治环境，二是广东发达的舆论媒体。正是这两个重要前提的存在，使马克思主义传播能够迅速开展，并且畅通无阻。马克思主义在广东的传播成就突出也与此密切相关。

### 一、广东相对开放的政治环境

马克思主义在广东的传播与广东开放的政治环境密不可分。"广东通商最早，风气最开，其能通外事知内情者，所在而有"。广东相对开放的政治环境是全国其他地方无法比拟的巨大优势。马克思主义传入中国之后，一度被视为"洪水猛兽"，特别是在北洋政府控制地区，马克思主义传播受到很大阻力。而广东作为祖国的南大门，从鸦片战争以来就一直引领中国的革命潮流，勇立潮头。无论是戊戌变法还是辛亥革命，近代以来争取民族独立和国家富强的历次斗争中，广东都没有缺席，并且发挥了重要作用。特别是随着孙中山先后三次在广东建立革命政权，广东革命氛围日益浓厚，政治环境开放，各种新思想、新文化得以在广东大地传播开来。

中国共产党成立后，将推动马克思主义在中国的传播作为自己的历史使命。中国共产党充分利用广东相对开放的政治环境优势，将新青年社南迁广州，并在广州创办了人民出版社，出版马克思主义理论著作。特别是随着国共合作正式形成，广东成为大革命策源地，为马克思主义在广东的传播提供了更加开放、安全的政治环境。对比当时国内其他地方，没有一地能有广东如此开放的政治环境。即使上海坐拥外国租界的便利，也多次发生因共产党人散发传单而被拘捕的事件，李启汉还曾因为罢工被判监禁3个月。[①] 在长沙，因为游行示威而导致黄爱和庞人铨二人被杀。[②] 中共中央创办的上海书店也于1926年2月被查封。而有的地方，邮寄马克思主义书籍也非常危险。特别是在北方，部分省份的马克思主义宣传品完全无法寄到，山东、安徽等地经常发生因检查邮件而导致党员被捕牺牲的事件。[③]

这些危险在广东都不存在。广东当时的政治环境相对开放，十分有利于马克思主义传播。马林在给共产国际的报告中，曾提及广州比较开放的政治环境："我们在广州有充分的行动自由，而且只能在这里公开举行党的代表大会和劳动大会"[④]，"中国虽疆土辽阔，但广州是南方唯一可以举行大型会议的城市"，"党的中央委员会就在广州，因为他们可以在这里合法地工作"[⑤]。任卓宣也指出："一出广东界，那一个地方许你们做革命言论底

---

[①] 《中共中央执委会书记陈独秀给共产国际的报告》，《中共中央政治报告选辑（1922—1926）》，中共中央党校出版社1981年版，第6页。

[②] 《中共中央执委会书记陈独秀给共产国际的报告》，《中共中央政治报告选辑（1922—1926）》，中共中央党校出版社1981年版，第7页。

[③]《中央局报告》，《中共中央政治报告选辑（1922—1926）》，中共中央党校出版社1981年版，第85页。

[④]《致共产国际执行委员会、红色工会国际、共产国际执行委员会东方部和东方部远东局——关于中国形势和1923年5月15日至31日期间的工作报告》，《共产国际、联共（布）与中国革命文献资料选辑（1917—1925）》第2册，北京图书馆出版社1997年版，第455页。

[⑤]《致红色工会国际书记处赫勒尔的信》，《马林与第一次国共合作》，光明日报出版社1989年版，第181–182页。

宣传，农人工人底组织和活动。"① 省港罢工委员会也肯定了广东政治环境的优越，指出，广东很早就是国民党革命的根据地，政治上总比较别处自由一点，人民比较可以公开活动。② 沈宝同也认为："广州是国民政府统治下的，当然对于人民的集会结社言论，比较中国任何地方为自由。"③ 赖先声撰文指出，广州是革命政府所在地，各种运动都可以自由发展。广州的革命政府不但不摧残各种运动，而且有相当的保护，所以工人运动、农民运动、军士运动都有发展的趋势。④

在这种良好的政治大环境下，广东的各种革命活动都能够公开举行，马克思主义传播也顺理成章。马克思纪念、列宁纪念、巴黎公社纪念、五一纪念、十月革命纪念等不仅在全省范围内公开举行，还有大规模的群众游行活动，提高了群众对马克思主义理论的认同，并成为广东马克思主义传播的重要途径之一。在公共场合公开举行马克思主义演讲，在广东各地也畅通无阻。黄埔军校、农民运动讲习所等都能公开讲授马克思主义。不仅如此，马克思主义理论著作也能在广东公开发行。平民书社、国光书店、广州书店、汕头书店、丁卜书局（又称丁卜图书社）以及与国民党渊源颇深的民智书局等都公开出版、翻印并售卖马克思主义书籍。上海书店也在广州设有发行机构。这些都为推动马克思主义在广东乃至全国的传播提供了便利。

---

① 任卓宣：《在国民革命中之民众底作用》，《人民周刊》1926 年 9 月 8 日第 20、21 期，第 17–21 页。

② 中华全国总工会、省港罢工委员会教育宣传委员会：《中国农民运动》，1926 年印行。

③ 沈宝同：《广州学生运动的过去现在及将来》，《广东学生运动史料选编（1923—1927）》，1980 年印行，第 269 页。

④ 赖先声：《广州学生运动之一斑》，《广东青年运动历史资料》第 3 册，1988 年印行，第 383 页。

## 二、广东发达的舆论媒体

广东舆论媒体的繁荣发达是马克思主义在广东广泛传播的重要前提。马克思主义传播离不开文本这一传播的重要载体。由于广东是和西方文化接触较早的地方，广东特别是广州成为中国杂志发祥地，早在 1827 年就有外文杂志在广州刊行，到了 1833 年出现了第一种中文杂志。[①] 据统计，1912 年前后，广东仅报馆就有 40 家左右。[②] 而随着五四新文化运动在广东的开展和国共合作局面的形成，创办报刊在广东蔚然成风，广东的革命报刊出现了井喷式的增长，中共中央、团中央、广东党团组织、工农商学兵各界都出版了大量报刊，为马克思主义传播提供了重要前提。

除了广东党的早期组织、广东党组织及团组织创办的报刊，如《广东群报》《劳动与妇女》《青年周刊》《人民周刊》《少年先锋》《我们的生活》等外，中共中央和团中央的杂志《新青年》《向导》《中国青年》等都曾迁至广东出版。农民运动方面的杂志，如《中国农民》《农民运动》《犁头》《农工运动》等不断涌现。工人运动方面的报刊，如《青年农工》《工人之路特号》等也纷纷与读者见面。青年学生运动方面，《新学生》《香港学生》《广东青年》《广州青年》等杂志都在广州创刊。国民党方面也在这一时期发行了大量刊物，如《国民革命》等。广东各部队和军校出版发行的报刊也成为这一时期广东一道亮丽风景，黄埔军校以及其他军校、国民革命军各军政治部都发行过自己的报刊。据统计，1925—1927 年间，仅军旅报刊就达到 30 多种。[③] 广州的各个学校、学校中的各个团体、各地留省社团都出版了不少刊物，如《新琼崖评论》等。这些报刊中很多都发表过关于马

---

① 谭卓垣：《广州定期刊物的调查（1827—1934）》，《岭南学报》1935 年 8 月第 4 卷第 3 期，第 1-91 页。

②《广东省志·新闻志》，广东人民出版社 2000 年版，第 31 页。

③《广东省志·新闻志》，广东人民出版社 2000 年版，第 50 页。

克思列宁主义的理论文章，成为推动马克思主义在广东早期传播的重要文本载体。

除广州外，广东各地的报刊也如雨后春笋般纷纷涌现。1926年，仅汕头就有公言日报馆、大岭东日报馆、天声日报馆等14家。[①] 此外，汕头还有《死战》三日刊、《革命周报》等刊物先后创刊，揭阳则出版有《揭中校刊》。[②] 这一时期，海南也有《琼岛日报》《琼崖日报》《琼崖旬报》《新琼岛报》《琼崖民国日报》等报纸相继创刊。此外，《赤心周刊》《琼崖青年》等刊物也先后出版。[③] 在国共双方的共同努力下，《广州民国日报》《高州民国日报》《雷州民国日报》《岭东民国日报》《两阳民国日报》等报纸也都纷纷与读者见面。其中有不少文章在不同程度上涉及了马克思主义理论。这些报刊的出现为马克思主义在广东的传播提供了重要的载体，成为马克思主义在广东早期传播的前提条件。

① 《党特别委员调查汕头党务之报告》，《广州民国日报》1926年1月13日。
② 李德之：《潮汕革命报刊、书店简况》，《广东党史资料》第23辑，广东人民出版社1993年版，第372–377页。
③ 《民国初期至大革命时期的报刊》，《海南省志·报业志》，南海出版公司1997年版，第10–21页。

# 本章小结

综上所述，马克思主义在广东的早期传播具有深刻的历史背景和比较优越的社会条件。广东近代以来就是东西文化的交汇地，善于接受新思想。随着新文化运动在广东的蓬勃发展，各种宣传新思想、新文化的报刊如潮水般涌入广东，促进了思想解放。随后，广东也出现了一批宣传新思想、新文化的报刊，促使新思想、新文化在广东的影响持续深入，从而为马克思主义在广东的早期传播提供了有利的思想环境。同时，五四运动影响在广东的全面铺开也教育了各界群众，点燃了各界的爱国热情，各界群众开始关注国家前途和命运，特别是广大学生成为运动的主力，他们在运动中开始逐步探索救亡救国的道路，追求新思想，从而为马克思主义在广东的早期传播提供了有利条件。

十月革命爆发后，广东不少报刊都对十月革命进行了关注，并随着五四新文化运动的开展，开始注意到了十月革命爆发的深层次原因和对于中国革命的借鉴意义，使广大群众进一步了解十月革命的性质，加深对马克思主义和十月革命的认同。

广东先进知识分子群体的形成为马克思主义在广东的早期传播提供了主体条件。一方面，广东本土的先进知识分子通过留学、在外求学等方式接受了马克思主义，树立了共产主义信仰，开始翻译马克思主义著作，撰写马克思主义文章，推动马克思主义传播。另一方面，各地先进知识分子在广东的聚合弥补了广东马克思主义理论人才的不足。中国共产党内绝大部分理论家都在这一时期来到广东，成为推动马克思主义传播的重要力量。

与此同时，广东还有充分的革命运动的实践积累。随着广东工人运动的发展和工人力量的不断壮大，广东工人组织也随之形成并不断壮大。广东农民运动也在这一时期一枝独秀，农会组织遍布全省 60 多个县，有组织的农民 70 多万人。学生运动也发展迅速，成立了新学生社，改组广州学生联合会，建立广东全省学生联合会，促进了学生运动的发展。这些共同构成了马克思主义在广东早期传播的重要受众基础。

广东相对开放的政治环境和发达的舆论媒体为马克思主义在广东的早期传播提供了重要前提。由于广东比较开放的政治环境和发达的舆论媒体，马克思主义在广东的早期传播得以公开进行，广东这一时期出版发行了大量的马克思主义理论著作，报刊也公开刊登马克思主义理论文章。通过公开演讲、纪念活动以及授课等方式传播马克思主义都能够在广东畅行无阻。

第二章

# 书籍报刊：马克思主义在广东早期传播的重要载体

马克思主义在广东的早期传播中，各种书籍、报纸及刊物无疑是其中最重要的媒介，对于推动马克思主义传播无疑起到重要作用。广东成立了多家出版机构，出版了大量马克思主义理论著作，同时还有大量的报纸和刊物创刊，广东以外出版的书籍、报纸及刊物也在广东广泛发行，它们都在马克思主义传播中扮演了重要角色。书籍、报纸及刊物成为推动马克思主义在广东早期传播的最重要也是最广泛应用的载体。

## 第一节　各种报纸对马克思主义在广东早期传播的推动

马克思主义在广东的早期传播中，当时重要媒体之一的报纸无疑发挥了重要作用。由于广东较为开放的政治环境，新闻出版业繁荣昌盛，为马克思主义传播提供了便利。辛亥革命，尤其是五四运动之后，广东各地报纸开始关注马克思主义，并发表马克思主义的译作和文章。1924 年 1 月，国共合作正式形成，广东各党派和团体的报纸都对传播马克思主义倾注了不少心血，发表了一批传播马克思主义的译作和文章，拓展了马克思主义在广东传播的广度，推动了马克思主义理论影响不断扩大。

报纸在广东的发行具有悠久的历史，但报纸与马克思主义在广东的传播发生直接联系则出现得较晚。根据目前掌握的资料显示，1912 年的《民生日报》就刊登了不少宣传马克思主义的文章。这份报纸的发行人为陈德芸，编辑人为陈仲伟。[①] 他们都是同盟会成员，因此《民生日报》属于同盟会系统的报纸。《民生日报》从 1912 年 9 月 20 日开始一直到 10 月 24 日，在《译论》栏目中连载了由陈振飞翻译、标题为《绅士与平民阶级之争斗》的文章[②]，这实际上是《共产党宣言》第一部分的译文。邱捷教授认为，陈振飞的这篇译文是中国本土最早的《共产党宣言》选译本，陈振飞是第一位姓名可考的把《共产党宣言》翻译成中文的中国人，广东是社会主义学

---

① 《民生日报》1912 年 5 月 6 日。

② 《民生日报》1912 年 9 月 20 日、21 日、23 日，10 月 10 日、17 日、19 日、24 日。

说在中国早期传播的重要地区之一。① 此外，《民生日报》还刊登了与社会主义有关的文章 30 多篇，其中有《社会主义之定义》②《万国社会党大会史略》③ 等。诚然，这一时期的马克思主义在广东的传播还处于启蒙阶段，远非后来传播广度和深度可比，但它成功开启了马克思主义在广东传播的大幕，成为马克思主义在广东传播的肇端。

## 一、《广东中华新报》与马克思主义传播

五四运动后，广东的报纸开始更多关注马克思主义，有意识地集中发表马克思主义文章，促进了马克思主义传播。这些报纸中最杰出的代表无疑是《广东中华新报》。

《广东中华新报》于 1916 年 10 月创刊④，系一份与政学系关系密切的报纸。社长荣挺公、编辑人陈萝生、发行人高铁德。杨匏安在该报任编辑时，编译撰写了不少马克思主义方面的文章。1919 年 10 月 18 日至 28 日，杨匏安在《广东中华新报》发表了《社会主义》一文，介绍了近世各种社会主义思潮，其中用四分之一的篇幅初步介绍了马克思的科学社会主义理论。他在文中指出，马克思的《资本论》是"社会主义圣典"，科学社会主义理论在近世社会主义中"尤占重要之地位"。⑤

不久，杨匏安以"匏庵"为笔名在《世界学说》栏目中，发表了《马克斯主义（一称科学的社会主义）》一文，从 1919 年 11 月 11 日至 12 月 4

① 邱捷：《1912 年广州的〈共产党宣言〉选译本研究》，《广东党史与文献研究》2017 年第 6 期，第 5-12 页。

② 《民生日报》1912 年 9 月 3、4 日。

③ 《民生日报》1912 年 9 月 6、11 日。

④ 邓警亚：《关于清末民初至抗战前广州报业两篇史料的补充订正》，《广东文史资料》第 21 辑，1965 年印行，第 191 页。

⑤ 《广东中华新报》1919 年 10 月 27 日。

日，连载了 19 天。文中，杨匏安开篇就指出，"自马克斯氏出，从来之社会主义，于理论及实际上，皆顿失其光辉"，"马氏以唯物的史观为经，以革命思想为维，加之在英法观察经济状态之所得，遂构成一种意境的内容为主之世界观，此其所以称为科学的社会主义也"。[①] 他在文章中还对马克思主义的唯物史观、阶级斗争、剩余价值学说等理论进行了阐释。杨匏安指出，马克思提倡唯物史观以后，"举凡社会的科学，皆顿改其面目"。唯物史观有两个要点：一是人类生产机关的总和形成社会经济的构造，从而构成社会基础。一切道德、法律、政治、宗教、经济、艺术等现象皆随经济构造的变化而变化。二是生产力与社会关系有密切关系，生产力一有变动，社会关系必随之而变。关于阶级斗争理论，杨匏安指出，阶级是经济利害相反的两方，一方压迫掠夺，一方被压迫掠夺。不同社会形态，阶级斗争形态也不同。阶级斗争将随着资本主义生产方法的消灭而告终。关于剩余价值学说，杨匏安分析了其来源和资本主义生产方法的缺陷，指出，只有夺取政权，实现生产工具国有，摆脱资本家羁绊，实现经济自由，才能解决社会经济矛盾。[②] 这篇文章的发表奠定了杨匏安在马克思主义在华南地区早期传播史，乃至马克思主义在中国传播史上的历史地位。

## 二、《广东群报》与马克思主义传播

《广东群报》作为广东创办的一份地方性报纸和广东党组织的机关报，在传播新思想、宣传新文化、传播马克思主义方面作出了重要贡献。《新青年》称《广东群报》是"中国南部文化运动的总枢纽，是介绍世界劳动消息的总机关，是在广州资本制度下奋斗的一个孤独子，是广东十年来恶

---

① 《广东中华新报》1919 年 11 月 11 日。

② 《广东中华新报》1919 年 11 月 11 日、13 日、14 日、15 日、17 日、18 日、19 日、20 日、21 日、22 日、26 日、28 日，29 日，12 月 3 日、4 日。

浊沉霾空气里面的一线曙光"，是"文化运动的中心、世界消息的总汇、改造社会的前驱"。[①]《广东群报》于 1920 年 10 月 19 日（一说 20 日）在广州正式创刊，每期印 1000 份左右。[②] 广东党组织成立后，《广东群报》成为"党的宣传工作的正式机关报"。毕业于北京大学的陈公博、谭平山、谭植棠等为主要创办人。有资料显示，吴康实际上也是创办人之一。[③] 陈公博担任总编辑，谭平山负责编辑新闻，谭植棠负责编辑副刊。[④] 根据陈公博的回忆，陈秋霖和陈雁声后来也加入《广东群报》担任编辑。[⑤] 此外，梁一余和陈磊也在《广东群报》工作过。[⑥] 因此，《广东群报》编辑部可以说是各个党派的混合体，除陈公博、谭平山、谭植棠后来加入中国共产党外，陈秋霖和陈雁声是国民党员，梁一余则是无政府主义者。对此，陈公博也曾回忆说，"群报的阵营就相当复杂"。[⑦]

《广东群报》的创办得到陈独秀的大力支持。陈独秀专门在《广东群报》创刊号发表《敬告广州青年》一文，希望"诸君讲求社会需要的科学"，"切切实实研究社会实际问题底解决方法"，并希望广大青年"做贫苦劳动者底朋友"。[⑧]

《广东群报》自创立之日就将传播马克思主义作为己任。谭植棠在《最危险的——续出的顽固党》一文中，鲜明表达了要"信仰社会主义"和

---

① 《新青年》1921 年 6 月 1 日第 9 卷第 2 号。

② 谭天度：《忆广东的"五四"运动与共产主义小组的建立》，《五四运动在广州资料选编》，1984 年印行，第 61 页。

③ 转引自曾庆榴：《关于〈广东群报〉》，载《国民革命与广州》，广州出版社 2011 年版，第 72-78 页。

④ 《广州共产党的报告》，《建党以来重要文献选编（1921—1919）》第一册，中央文献出版社 2011 年版，第 17 页。

⑤ 陈公博：《我与共产党》，《"一大"前后的广东党组织》，1981 年印行，第 87-88 页。

⑥ 《重印克鲁泡特金的思想通告》，《广东群报》1921 年 1 月 5 日；《广东省立宣讲员养成所同学录》，《紫金文史》第 10 辑，1992 年印行，第 54 页。

⑦ 陈公博：《我与共产党》，《"一大"前后的广东党组织》，1981 年印行，第 107 页。

⑧ 《敬告广州青年》，《广东群报选辑》，1964 年印行，第 2 页。

"实行社会革命"的主张，指出，"社会主义已成为人类的信仰，而这种信仰，已由空想地步，进到了实现的地步"，并号召广大青年"快要信仰社会主义，去实行社会的革命"。① 在这一思想指导下，《广东群报》除撰写马克思主义理论文章外，还积极转载《共产党》月刊、《觉悟》等刊物发表的马克思主义文章，同时刊登马克思主义方面的译作。通过刊发这些文章，传播了马克思主义基本原理和列宁主义基本理论。《广东群报》还对国际共产主义运动和十月革命后的俄国状况高度关注，积极宣传马克思主义在俄国的实践情况，介绍俄国的先进经验，开展反对无政府主义的论战，并为马克思主义适合中国国情积极辩护。

积极传播马克思主义基本原理。《广东群报》围绕马克思主义的主要观点进行传播。关于马克思的经济学说。《广东群报》发表的陈独秀在公立法政学校演讲的《社会主义批评》中就指出，马克思以后的社会主义是科学的、客观的，是建设在经济上面的。介绍了社会主义在生产和分配方面的主要理论，指出，只有社会主义的生产分配方法，才能避免资本主义种种弊端。②《广东群报》还连载了李大钊在北京马克思学说研究会演讲的《马克思的经济学说》，介绍了剩余价值理论及其重要意义。③ 寿华在《社会主义与经济问题》中分析了社会主义生产问题、所有制问题、分配问题的相关理论。④《我们为什么主张共产主义？》一文也明确指出，在共产主义制度下，按劳分配、生产资料国有才能避免生产的无序状态。⑤

关于唯物史观。陈公博《中国历史上的社会革命》一文用唯物史观分析了中国历史，论述了经济革命在政治和社会革命中的重要性，提出"历

---

① 《最危险的——续出的顽固党》，《广东群报》1921 年 1 月 1 日增刊。

② 《广东群报》1921 年 1 月 18 日。

③ 《广东群报》1922 年 3 月 8 日开始连载。

④ 《广东群报》1922 年 4 月 4、5、7、10 日。

⑤ 《广东群报》1921 年 6 月 29 日。

朝衰乱无不基于经济的变动"。① 施存统《理智和感情底矛盾》一文进一步指出，马克思学说最重要的原理有三点：唯物史观、阶级斗争、剩余价值。三者中，以唯物史观为"骨子"。离开唯物史观，阶级斗争和剩余价值都无法理解。马克思主义以唯物史观为根底，撇开唯物史观，就不能称其为马克思主义。唯物史观的根本要义是，社会组织的改变是由于社会物质生产力进步和生产方法更新。换句话说，社会经济组织是社会组织的基础。有一定的经济组织，就产生一定的社会组织。②

关于阶级斗争。谭平山《万国庆祝声中我们中国劳动界的鏖战声》一文提出，"劳资两面的利益，是阶级冲突的，是万不能调协的"，"劳动阶级与资本阶级是势不两立"。③《阶级竞争》一文强调，阶级斗争有史以来就已经存在。有两种阶级存在就会有冲突。阶级斗争形式随着社会经济状况而变化，资本主义社会中阶级斗争就表现为劳资斗争，斗争是无国界的。工人联合起来斗争是唯一自卫利器。④ 陈望道《罢工底伦理的评判》一文对阶级斗争有更详细的说明。阶级斗争是"掠夺与被掠夺""驾驭与被驾驭""弱者对强者"的阶级斗争。他还特别强调，阶级斗争要"顽强地、热烈地主张"。⑤

关于无产阶级专政。周佛海《我们为什么主张共产主义？》一文指出，共产主义是以无产阶级专政为原则的，只有无产阶级专政才能防止旧阶级复辟，铲除旧社会的根本，除掉资产阶级的一切势力。⑥ 李达《社会革命之商榷》一文也提出，革命第一步推翻资产阶级政权，使无产阶级取得统治地位，实行无产阶级专政，用政权力量夺取一切资本，把一切生产工具

① 《广东群报》1921 年 6 月 23、29 日。

② 《广东群报》1921 年 4 月 1 日。

③ 《万国庆祝声中我们中国劳动界的鏖战声》，《广东群报选辑》，1964 年印行，第 33 页。

④ 《阶级竞争》，《广东群报选辑》，1964 年印行，第 90—92 页。

⑤ 《罢工底伦理的评判》，《广东群报选辑》，1964 年印行，第 40 页。

⑥ 《广东群报》1921 年 6 月 28 日。

集中到无产阶级国家手中。① 施存统《第四阶级独裁政治底研究》一文解释了无产阶级专政的意义。② 在《我们要怎么样干社会革命？》一文中，他指出无产阶级专政是完成社会革命，达到共产主义的手段。他还列举了无产阶级专政 17 个方面的好处。③《共产主义与无政府主义及议会派之比较》一文也认为，无产阶级专政，即工人掌握管理国家的权力，压制资产阶级和地主。无产阶级专政只有进行社会革命，用革命打破资产阶级统治。只有无产阶级专政才能保证工农的执政地位，才能实现共产主义。④

积极传播列宁主义基本理论。十月革命后的俄国取得的伟大成就对当时国人产生了很大影响。同为相对落后的国家，为什么俄国能在十月革命后取得如此伟大的成绩？在此影响下，《广东群报》对十月革命后的俄国进行了全方位关注。不仅设立了"华俄通信""莫斯科通信""俄国特别通讯""洛斯德电讯"等专栏，还发表了大量列宁的演讲和文章，传播列宁主义基本理论。如列宁的《俄罗斯的新问题》（震瀛译）。这篇文章是列宁在俄共（布）第九次代表大会上的演说，介绍了十月革命后俄国各方面的建设经验以及列宁的相关理论。⑤ 还转载了瞿秋白的《共产主义之人间化》相关系列报道，对俄共（布）第十次代表大会进行了专门报道，介绍了列宁关于民族问题、外交问题的理论。⑥ 作霖翻译的《列宁之国家的资本主义谈》介绍了列宁的国家资本主义理论，即不禁绝资本主义，但引导它到国家资本主义道路。⑦ 冯菊坡《俄罗斯的新经济政策》一文介绍了新

① 《广东群报》1921 年 1 月 21 日。

② 《广东群报》1921 年 7 月 29 日。

③ 《广东群报》1921 年 9 月 5、8 日。

④ 《共产主义与无政府主义及议会派之比较》，《广东群报选辑》，1964 年印行，第 59—70 页。

⑤ 《广东群报》1921 年 1 月 5、6、7、10、11 日。

⑥ 《广东群报》1921 年 7 月 9 日、8 月 7 日。

⑦ 《广东群报》1921 年 7 月 19 日。

经济政策的主要理论。[①]《列宁之新经济论文》也论述了新经济政策的主要观点[②]，介绍了自由交易法，并指出这是新经济政策的要点，鼓励维持协作事业，中小企业也要维持并不妨碍其自由贸易等[③]。《列宁最近之演说词》介绍了列宁关于经济和农民政策相关理论。[④]《广东群报》还从1922年1月起全文连载布哈林著、太柳译《共产党底计划》。此书是人民出版社康民尼斯特（即共产主义）丛书第一种，共19章，反映了列宁在俄国社会主义建设各方面的理论，包括工农关系、工业和工业管理、银行、分配原则、贸易等。

介绍马克思和列宁的生平事迹。《广东群报》认为"经济方面予以重大影响首推德国马克斯底学说"[⑤]，因此决定连载美国人 John Spargo 著、陈公博译《马克斯底一生及其事业》。陈公博指出，主义或学说与马克思个人的历史、环境、地位、性情等很有关系，如果不去注意，那么他的主义如何发生终不明了[⑥]。全书共14章，不仅涉及马克思生平，还包括《共产党宣言》《资本论》的部分内容。《广东群报》还从1922年4月11日开始全文转载山川均著、张亮（即施存统）译《列宁传》。此书是人民出版社列宁全书第四种，共16章，比较全面地再现了列宁为领导俄国革命鞠躬尽瘁、死而后已的革命一生。这两本书的连载有利于广大读者了解马克思、列宁生平进而了解马克思主义和列宁主义相关内容。

为马克思主义适合中国国情积极辩护。针对当时盛行的中国工业不发达、不能实行社会主义、只有资本主义才能发展工业的谬论，陈秋霖《社会主义与中国》一文指出，不能因为要发展工业就排斥社会主义，也不能

---

① 《广东群报》1922年3月25日。

② 《广东群报》1921年6月3日。

③ 《广东群报》1921年6月27日。

④ 《广东群报》1921年7月2日。

⑤ 《广东群报》1921年1月3日。

⑥ 《政衡》1920年4月1日第1卷第2号，第1页。

因为工业未发达就排斥社会主义、欢迎资本主义。社会主义不是排斥工业，而是要开发实业，有发展工业的手段。俄国就是社会主义发展工业的一个很好证明。①李达《社会革命之商榷》一文反驳了中国没有阶级分化、不必实行社会主义的观点，指出中国的农民阶级、工人阶级不仅存在，而且受到本国和外国资本的剥削和压迫，并且"所受的悲惨，比欧美日本的无产阶级所受的还要大"。②《苏维埃制度与中国》批驳了苏维埃制度不适合中国的言论。③

介绍十月革命后的俄国情形。《广东群报》对十月革命后的俄国情形进行了全方位关注，政治、经济、文化等都成为报道重点，冀以俄国经验为中国革命提供经验借鉴。《俄国共产政府成立三周年纪念》一文认为，中国与俄国情况相似，应该学习俄国的革命经验。④《广东群报》先后发表了《苏维埃之劳工妇女》《劳农治下之西伯利亚》《苏维埃俄罗斯管辖勘察加》《劳动俄国之建设事业》《俄罗斯苏维埃之选举与组织》《俄罗斯苏维埃之工律》《劳农政府对内外政策之两面》《苏维埃俄国的教育事业》《俄国公众教育的进步》《苏俄之新教育制》《俄罗斯之社会维持问题谈》《新俄罗斯之生产事业》《新俄注重科学之设施》《苏维埃俄罗斯之工业联合会》《劳农俄国经济政策》《新俄建设事业之一斑》《俄共产党宣传机关之组织》《俄国最近农业之状况》《苏维埃俄国底新农制度》《苏维埃俄国底工人组织》《俄国贸易之过去与现在》《俄罗斯的新经济政策》等文章。让读者对十月革命后俄国的政治、经济、教育、社会等各方面情形有进一步了解，对俄国实行的社会主义制度和马克思主义指导思想产生共鸣，从而为马克思主义传播奠定基础。

---

① 《广东群报》1921 年 1 月 27 日。
② 《广东群报》1921 年 1 月 29 日。
③ 《广东群报》1921 年 1 月 20 日。
④ 《广东群报》1921 年 1 月 29 日。

## 三、《工人之路特号》与马克思主义传播

《工人之路》原是中华全国总工会筹备出版并全国发行的定期周刊，后因省港大罢工爆发，为领导省港大罢工，以"特号"形式出版，名称变为《工人之路特号》，成为日报。原定 1925 年 5 月 31 日出版，因为罢工，迟至 6 月 24 日才正式出版。《工人之路特号》是"工人运动的指南针"，由中华全国总工会省港罢工委员会出版，邓中夏担任主编，主笔先后有郭瘦真、蓝裕业、李时英，副主笔罗伯良。初时仅印 1000 份，随着罢工斗争的发展，印数很快达到 1 万份以上。①《工人之路特号》主要登载罢工消息及省港罢工委员会文告，也刊登省港及各地反抗帝国主义运动消息，还辟有"短评""吼声"诸栏，发表本会各社团反帝国主义之意见与批评，保证罢工运动的正确指导。②《工人之路特号》在省港罢工运动中成为中国共产党领导广大工人与英帝国主义及国内敌人作斗争的强大武器，也是指导省港大罢工取得胜利的重要武器，是第一次国内革命战争时期党领导的工人报刊中出版最久的一份日报。同时，由于编辑人员主要是共产党人，因此《工人之路特号》也发表了不少马克思主义理论文章。

介绍苏联情况。介绍苏联情况是《工人之路特号》传播马克思主义的主要方式之一。十月革命后的俄国，是当时世界上唯一一个社会主义国家，成为无数共产党人向往的地方。因此，通过广泛介绍苏联情况和建设成就，引起广大群众对领导苏联取得骄绩的共产党及其指导理论——马克思主义和列宁主义的认同，马克思主义更加深入人心。

《工人之路特号》特别关注苏联经济情况，先后登载的斯大林两份报告都是围绕苏联经济。在《列宁逝世后二周年之国际政治经济状况》一文

---

① 郭瘦真：《"六二三"反帝示威与〈工人之路〉特刊的创刊》，《广东文史资料存稿选编》第 3 卷，广东人民出版社 2005 年版，第 538 页。

② 《工人之路特号》1925 年 7 月 1 日第 8 期。

中介绍了苏联工业发展成就，以及农民政策与农民的情况；在《苏联经济状况与其应行政策》一文中更全面展示了苏联的经济政策、工农业生产、国内外贸易、经济结构变化等方面所取得的成就。此外，还有《赖可夫报告苏联经济近况》《苏俄之经济发展》《苏俄经济情形》《十月革命后的工农》等。除关注苏联经济外，还关注苏联工人生活状况、女工状况、红军状况、文化建设等。通过介绍，引起广大工人对苏联生活的向往，引发共鸣，促使他们进一步了解苏联的指导理论——马克思主义和列宁主义。

关于马克思主义基本理论知识的介绍。《工人之路特号》非常关注马克思主义基本理论的介绍。考虑到大部分工人文化水平一般，《工人之路特号》专门开辟"新名词浅释"专栏，解释马克思主义相关知识。比如，什么是阶级？什么是阶级斗争？[1] 还有什么是剩余价值、什么是共产主义等，都尽量用通俗的语言进行解释，有利于加深广大工人对马克思主义知识的了解。瞿秋白在劳动学院演讲《什么是共产主义》后，听讲工人当时提出了 27 个问题。因瞿秋白生病住院无法作答，所以由任卓宣负责解答。《工人之路特号》认为这 27 个问题对广大工人来说具有普遍指导意义，因此决定在《工人之路特号》上发表，一天发表一个或两个问题与答案，以便广大工人学习和研究。[2] 这 27 个问题主要包括阶级是怎样划分的、共产主义是怎样的、共产党的历史与政策、社会主义与三民主义和国家主义的区别等。《工人之路特号》登载的这些问题的答案，促进了广大工人对社会主义和共产主义认识的深入。

《工人之路特号》还利用各种纪念活动，推动马克思主义传播。《工人之路特号》在马克思主义经典作家纪念、国际共产主义运动重要人物和重大历史事件纪念中，发表了大量文章，让广大工人群众在了解相关人物和

---

① 《工人之路特号》1925 年 11 月 3 日第 132 期。
② 《工人之路特号》1926 年 9 月 10 日第 432 期。

历史中，逐步认同马克思主义，促进马克思主义传播。1926年是马克思诞辰 108 周年，《工人之路特号》发表了蓝裕业的《马克思纪念日之感想》和邓中夏的《怎样纪念五五》，同时，还发表了一首脍炙人口的歌曲《五五颂词》，将马克思主义理论关键词以歌曲形式展示出来，推动马克思主义深入人心。[①] 列宁逝世 2 周年时，《工人之路特号》专门发行"李列纪念特号"，发表了《纪念列宁与李卜克内西的宣传大纲》，高度肯定列宁主义对于世界革命及殖民地半殖民地解放运动起到的推动作用。[②] 蓝裕业在《列宁不死》一文中，赞扬列宁"是马克思主义真正的信徒，把马克思主义，实际应用在一切革命上去，更把马克思主义扩大，运用在一切新条件上去"。[③] 列宁逝世 3 周年时，《工人之路特号》再次发行"纪念李列特号"。在《纪念列宁的意义》的社论中指出，"列宁主义更为打倒帝国主义的唯一武器，我们今日纪念列宁，应该明了纪念的意义，更应该执着列宁主义的武器，打倒一切帝国主义"。[④]

1926年五一纪念中，《工人之路特号》发行"五一纪念特刊"。在《纪念五一节》一文中提出，工人阶级最后胜利是根本推翻资本主义制度，建立劳动平民的政府，达到全人类解放，取得政权，消灭阶级，实现马克思主义主张的世界革命。[⑤] 邓中夏在《中国职工运动中五一节的意义》一文中直接提出，阶级斗争是我们完全解放的大道，这是我们五一纪念的真正意义。[⑥] 十月革命纪念中，《工人之路特号》发行"十月革命特号"，发表了《伟大的列宁》《十月革命后的苏联农工》等文章，号召全体工人用列

① 《工人之路特号》1926 年 5 月 5 日第 310 期。

② 《工人之路特号》1926 年 1 月 20 日第 207 期。

③ 《工人之路特号》1926 年 1 月 21 日第 208 期。

④ 《工人之路特号》1927 年 1 月 21 日第 553 期。

⑤ 《工人之路特号》1926 年 5 月 1 日第 307 期。

⑥ 《工人之路特号》1926 年 5 月 3 日第 308 期。

宁主义作为武器，向着十月革命大道前进。① 巴黎公社纪念中，《工人之路特号》发行"巴黎公社纪念号"，发表了《各界纪念巴黎公社会致团体函》②《广东各界纪念巴黎公社宣传大纲》③《巴黎公社与中国革命运动》《我们为什么纪念巴黎公社》④ 等文章，肯定无产阶级的历史地位，总结巴黎公社的经验教训及对中国革命的借鉴意义。

## 四、《陆安日刊》《岭东民国日报》与马克思主义传播

《陆安日刊》《岭东民国日报》名义上都是国民党党报，《陆安日刊》是国民党海丰县党部的党报，《岭东民国日报》是国民党潮梅海陆丰之主要党报⑤，但实际主要由共产党人担任编辑。在他们的努力下，这两份报纸在传播马克思主义方面作出了积极贡献。

《陆安日刊》创刊于1921年8月3日，原为反动报纸，当时主要编辑可能是陈秋霖。⑥ 曾刊登题为《借教育以宣传社会主义之谬妄》等文章，攻击彭湃等人在海丰的革命活动。彭湃也曾以《赤心周刊》为阵地，与其进行论战。⑦ 第一次东征后，陈炯明势力退出海陆丰，海丰建立了国民党海丰县党部。1925年3月3日，国民党海丰县党部举行第一次会议，谭平山在会议上提出"《陆安日刊》收归党办案"，得到与会代表的赞同，决

---

① 《工人之路特号》1925年11月7日第135期。

② 《工人之路特号》1926年3月15日第260期。

③ 《工人之路特号》1926年3月16日第261期。

④ 《工人之路特号》1926年3月18日第263期。

⑤ 《令饬购阅岭东民国日报》，《岭东民国日报》1926年1月25日，载《周恩来在潮汕》，中央文献出版社2004年版，第311页。

⑥ 杨国雄：《香港战前报业》，三联书店（香港）有限公司2013年版，第186页。

⑦ 《海陆丰农民运动》，《海陆丰革命史料（1920—1927）》第1辑，广东人民出版社1986年版，第187页。

定将《陆安日刊》收归国民党海丰县党部办理。李谷珍担任编辑主任，新生、彭湃、陈飞担任编辑员，黄梦灼担任营业部经理，[①] 后增加吴焕棠为编辑员 [②]。为"博采邑文起见"，《陆安日刊》还招聘义务访员。[③]《陆安日刊》经费每月由县党部给予补助费370元[④]，主要栏目有国内外本邑新闻、撰述、时论、党声、名著、杂著等 [⑤]。《陆安日刊》在宣传国民革命、促进工农运动发展的同时，也传播马克思主义。不仅连载长篇《告农民书》，还发表杨嗣震的《孙中山经济学说与马克斯主义之关系》[⑥]以及《社会主义之研究》，并连续报道杨嗣震与陈天择的论战，廓清了马克思主义相关概念。[⑦]《陆安日刊》还发行了"劳动纪念号"[⑧] 和"马孙两氏纪念号"[⑨]，阐述马克思主义理论。

《岭东民国日报》于1926年1月20日创刊。被誉为"岭东报界之明星"，其宗旨为指示国民革命之途径。[⑩]《岭东民国日报》得到时任东征军总政治部主任周恩来的大力支持，在他的关心下，仅开办费一项便给了1万元，每月经费3000元。[⑪]《岭东民国日报》由李春涛担任社长，广东区委派丁愿担任编辑[⑫]，李春蕃担任副总编。《岭东民国日报》每日出报连副刊4张，"销千

① 《陆安日刊》1925年3月19日。

② 《陆安日刊》1925年3月20日。

③ 《陆安日刊》1925年3月21日。

④ 《陆安日刊》1925年3月24日。

⑤ 《陆安日刊》1925年3月19日。

⑥ 杨嗣震：《孙中山经济学说与马克斯主义之关系》，《陆安日刊》1925年4月27日。

⑦ 《陆安日刊》1925年4月29日、30日、5月7日、8日。

⑧ 《陆安日刊》1925年5月1日。

⑨ 《陆安日刊》1925年5月5日。

⑩ 《金中周刊》1926年1月18日第115期。

⑪ 《国民党广东省党部执行委员会监察委员会第28次会议录》，1926年5月8日，载《彭湃研究史料》上，中央党校出版社2007年版，第268页。

⑫ 《团粤区委组字报告（第二号）》，《广东革命历史文件汇集（群团文件）一九二五（二）》甲3，1983年7月印行，第190页。

余份"。① 副刊有 8 种，原定星期一发行《革命》副刊②，但《岭东民国日报》并没有严格遵从这一规定，如《革命》第 16 期就是在星期二出版的③。

《革命》刊登了不少马克思主义著作，如马克思的《一八四八年六月巴黎无产阶级之失败》④（今译《六月革命》）、列宁的《国家与革命》和《唯物史观与马克斯》等⑤，由李春蕃翻译后发表在《革命》上。值得一提的是，《革命》上发表的《国家与革命》是列宁《国家与革命》的第一个中译本全文⑥（也有说法称《革命》只连载了第 1 章第 1、2 两节⑦）。此外，《革命》还转载了《政治周报》第 4 期上刊登的毛泽东的文章《国民党右派分离的原因及其对于革命前途的影响》。⑧李春蕃还发表《研究列宁主义书目》，介绍列宁相关著作。⑨

## 五、《广州民国日报》与马克思主义传播

《广州民国日报》于 1923 年 6 月创刊。1924 年 7 月 15 日起由国民党

---

① 《国民党广东省党部执行委员会监察委员会第 28 次会议录》，1926 年 5 月 8 日，载《彭湃研究史料》上，中央党校出版社 2007 年版，第 268 页。

② 《金中周刊》1926 年 1 月 18 日第 115 期。

③ 《岭东民国日报》副刊《革命》，1926 年 9 月 28 日。

④ 《岭东民国日报》副刊《革命》，1926 年 12 月 29 日，转引自《马克思恩格斯著作中译文综录》，书目文献出版社 1983 年版，第 1125 页。

⑤ 《岭东民国日报》1927 年 1 月 5 日，1926 年 12 月 24 日第 3 卷第 3 期，转引自《中国出版史料补编》，中华书局 1957 年版，第 455 页；列宁著作在中国：1919—1992 年文献调研报告》，书目文献出版社 1995 年版，第 305 页。

⑥ 张静庐辑注：《中国现代出版史料》甲编，中华书局 1954 年版，第 115 期。

⑦ 《列宁著作在中国：1919—1992 年文献调研报告》，书目文献出版社 1995 年版，第 305 页。

⑧ 《岭东民国日报》1926 年 1 月 30 日，转引自江铁军：《岭东民国日报》，载《广东党史资料》第 18 辑，广东人民出版社 1991 年版，第 296 页。

⑨ 陈汉初：《大革命时期中国共产党创立的震东社会科学院》，中共中央党史研究室编：《中共党史资料》第 36 辑，中共党史资料出版社 1990 年版，第 254 页。

广州特别市党部接管，10 月又收归国民党中央宣传部，是当时广州发行量最大的报纸。由于国共合作局面形成，《广州民国日报》也发表了不少马克思主义方面的文章，借助《广州民国日报》庞大的发行网络，推动了马克思主义在广东的早期传播。

《广州民国日报》发表了不少共产党人撰写的马克思主义理论文章，从不同角度宣传了马克思主义理论观点。这些文章篇目如下表：

| 文章名称 | 作者 | 日期 |
| --- | --- | --- |
| 《革命运动中的教育问题》 | 恽代英 | 1924 年 8 月 21—29 日 |
| 《中国革命的基本势力》 | 恽代英 | 1924 年 9 月 15—19 日 |
| 《世界弱小民族解放运动的近状》 | 萧楚女 | 1924 年 9 月 20 日 |
| 《帝国主义与中国》 | 子云 | 1924 年 9 月 24 日 |
| 《十月革命》 | 郑超麟 | 1924 年 11 月 21 日 |
| 《军阀封建政治崩溃趋势之唯物的观察》 | 萧楚女 | 1926 年 2 月 19 日 |
| 《国民革命与阶级斗争》 | 黄居仁 | 1926 年 3 月 10、11 日 |
| 《对阶级斗争的一般误解》 | 童炳荣 | 1926 年 3 月 11 日 |
| 《世界革命与民族革命之关系》 | 陈铁军、李天民 | 1926 年 9 月 21 日 |
| 《孙文主义与马克思主义》 | 施存统 | 1927 年 1 月 14 日 |

除了共产党人的理论文章外，《广州民国日报》也发表了不少其他党派宣传马克思主义的文章。这些文章篇目如下表：

| 文章名称 | 作者 | 日期 |
| --- | --- | --- |
| 《经济的帝国主义》 | 昌群 | 1924 年 9 月 19 日 |
| 《由国家主义到社会主义》 | 廖仲恺 | 1925 年 5 月 18 日 |
| 《社会进化与国家主义之必然摧毁》 | 谢秉琼 | 1926 年 1 月 6 日 |
| 《孙文主义者与阶级争斗》 | 刘伯伦 | 1926 年 2 月 25 日 |
| 《怎样解决我们生活的悲哀》 | 亚领 | 1926 年 4 月 16 日 |
| 《合作主义和劳动问题》 | 陈友琴 | 1926 年 6 月 9 日 |

除了上述文章外，《广州民国日报》还发表了不少译作，也传播了马克思主义原理和列宁主义相关理论。主要文章如下表：

| 文章名称 | 译者 | 日期 |
| --- | --- | --- |
| 《社会革命中马克思主义者的概念》 | 沈至精 | 1926 年 6 月 4 日 |
| 《资本主义稳定的研究》 | 吉庵 | 1926 年 12 月 27 日 |
| 《新经济政策与世界革命》 | 吉庵 | 1927 年 1 月 5 日 |
| 《社会主义挈要》 | 施宪民 | 1927 年 1 月 7 日 |

《广州民国日报》还积极关注苏俄状况，发表了不少反映十月革命后的苏俄经济和社会状况的文章，有助于人们对苏俄真实情况有深入了解，消除对苏俄的种种误解，为马克思主义传播提供便利。此外，《广州民国日报》还发行"巴黎公社纪念特刊""李列纪念特刊"等，对促进马克思主义传播起到积极作用。主要文章如下表：

| 文章名称 | 作（译）者 | 日期 |
| --- | --- | --- |
| 《列宁之死与苏俄》 | 劳人 | 1924 年 4 月 14 日 |
| 《苏俄共产党之大刷新》 | — | 1924 年 4 月 15 日 |
| 《劳农俄国新劳动法全文》 | 祖培 | 1924 年 4 月 30 日 |
| 《苏俄近状纪略》 | 自芳 | 1924 年 5 月 21 日 |
| 《劳农俄国之现状及新总理之政绩》 | 自芳 | 1924 年 6 月 26 日 |
| 《苏俄近况》 | 鸣銮 | 1926 年 12 月 16 日 |
| 《列宁精神与赤俄先天的生命》 | 郭祖勒 | 1924 年 11 月 22 日 |
| 《赤色帝国主义——苏俄之成绩》 | 王克欧 | 1926 年 3 月 3 日 |
| 《关于新俄罗斯妇女的考察》 | 刘侃元 | 1926 年 10 月 22 日 |
| 《俄国是不是向后转到资本主义去了呢？》 | 古有成 | 1926 年 11 月 30 日 |

综上所述，这一时期，报纸作为重要媒体，相对来说发行范围更广，在推动马克思主义在广东的早期传播中发挥了至关重要的作用。各个派别

的报纸都参与到马克思主义传播中，《广东群报》和《工人之路特号》更是成绩斐然。《民生日报》《广东中华新报》等逐步开启了马克思主义在广东传播的大幕，以国共合作面目出现的《陆安日刊》《岭东民国日报》《广州民国日报》等也都在传播马克思主义中发挥了独特作用。当然，除上述报纸外，这一时期，广东还有一些报纸如《新民国报》《琼崖旬报》《高州民国日报》以及其他各类报纸等，都对马克思主义在广东的早期传播起到一定推动作用，它们共同组成了广东马克思主义传播的重要阵地。

**各种刊物对马克思主义在广东早期传播的贡献**

　　各种刊物是马克思主义在广东传播的另一个重要渠道，引起各界极大反响。这些刊物从不同程度和多个方面对马克思主义理论进行了论述。除广东党、团组织发行的各种刊物外，中共中央、团中央及各地党组织发行的刊物也在这一时期大量涌入广东。其他党派、组织、团体发行的各种刊物也在广东全面开花，有力推动了马克思主义在广东的早期传播。

## 一、广东党的早期组织、广东党组织和团组织创办的刊物与马克思主义在广东的传播

### （一）《劳动与妇女》与马克思主义传播

　　《劳动与妇女》是广东党的早期组织于 1921 年 2 月 13 日创办的一份杂志。撰稿人主要有沈玄庐、陈独秀、谭平山、陈公博、刘伯垂等。该刊作为党的早期组织的刊物传播新思想、新文化，并在推动马克思主义传播中发挥了一定作用。《劳动与妇女》连载了刘伯垂译《无产阶级论》[①]，发表了沈玄庐的《阶级觉悟》[②]，对马克思主义理论有所涉及。同时，《劳动与妇女》还关注工人运动和妇女运动，宣传劳动解放和妇女解放，批驳攻击社会主义的种种谬论。

---

① 《劳动与妇女》1921 年 3 月 20 日、27 日、4 月 3 日第 6、7、8 期。
② 《劳动与妇女》1921 年 3 月 13 日第 5 期。

### （二）《青年周刊》与马克思主义传播

《青年周刊》是广东社会主义青年团的机关刊物，于 1922 年 2 月 26 日创刊。主要编辑人员有杨匏安、阮啸仙、郭瘦真等。杨匏安在《青年周刊》的创刊宣言中指出："我们最膺服马克思主义！因为他的经济学说，能把资本制度应当崩坏的纯经济的纯机械的历程阐明。他的革命的无产阶级学说，就是指示我们实现社会主义的实际道路。"杨匏安还提出，要注重劳工运动，促进无产阶级觉悟。注重农民运动，联合农民进行普遍的群众运动，使无产阶级取得支配地位。注重军队运动，联合他们从事阶级斗争。[①]尽管这些思想火花缺乏深入分析，但对于探索中国革命道路仍然具有积极意义。

《青年周刊》连载了杨匏安的《马克斯主义浅说》。这篇文章更加详尽介绍了马克思主义的唯物史观、阶级斗争、剩余价值学说，让广大群众深入了解马克思主义。[②]此外，《青年周刊》还发表了阮啸仙的《社会主义与军人》[③]，谢英伯的《马克斯纪念日的感想》，郭瘦真的《政权不应该要的吗？》[④]《解释治樵君对于共产党的主张的怀疑》[⑤]《无产阶级与耶教》[⑥]，以及西比（即 CP，中国共产党的音译）的《政治革命》《马克斯派的伦理

[①] 杨匏安：《宣言》，《青年周刊》创刊号，1922 年 2 月 26 日，转引自《青年周刊》，广东人民出版社 1986 年版，第 2-5 页。

[②] 杨匏安：《马克斯主义浅说》，《青年周刊》第 4-7 号，1922 年 3 月 22 日、26 日、4 月 2 日、9 日，转引自《青年周刊》，广东人民出版社 1986 年版，第 59-61、84-86、109-112、134-136 页。

[③]《青年周刊》1922 年 3 月 7 日第 2 号，转引自《青年周刊》，广东人民出版社 1986 年版，第 9-11 页。

[④]《青年周刊》1922 年 3 月 12 日第 3 号，转引自《青年周刊》，广东人民出版社 1986 年版，第 35-36 页。

[⑤]《青年周刊》1922 年 3 月 26 日第 5 号，转引自《青年周刊》，广东人民出版社 1986 年版，第 96-102 页。

[⑥]《青年周刊》1922 年 4 月 9 日第 7 号，转引自《青年周刊》，广东人民出版社 1986 年版，第 151-153 页。

学说》① 等文章，从不同角度阐释了马克思主义相关理论。

### （三）《人民周刊》与马克思主义传播

《人民周刊》是中共广东区委的机关刊物，于 1926 年 2 月 7 日正式出版，国光书店发行。由张太雷担任主编，后由任卓宣负责。分售处除广州、汕头、潮州之外，还有北京、长沙、宁波、武昌、福州、开封、香港、宜昌、芜湖、嘉兴、杭州、济南、西安、太原、重庆、上海、云南、梧州等地。②《人民周刊》每期发行 2 万余份，仍供不应求。为此，人民周刊社决定将第 1—26 期翻印，装成"汇刊"发行。③《人民周刊》在《本刊宣言》中提出，其使命是给反帝国主义运动、民族运动以理论与策略上的指导。对于妨害反帝国主义运动的理论与政策驳正之，以免淆乱人民之观听。唤起工农群众参加民族运动并指导工农阶级组织之发展。④ 为此，《人民周刊》在传播马克思主义理论方面也作出了不少贡献。

《人民周刊》先后发表了张国焘的《"阶级"与"斗争"的误用》、任卓宣的《在国民革命中之民众底作用》、斯大林的《俄国之经济状况》（KL 抄译）、周恩来的《国民革命及国民革命势力的团结》、断云翻译的《俄国生产底组织及管理》、尹常的《列宁与国民革命》、邓中夏的《工钱与物价》等与马克思主义密切相关的文章。

为了更全面传播马克思主义，《人民周刊》决定从第 26 期起进行改版，专门增加"专载纯理论之副刊半张"⑤，相当于马克思主义理论专刊，发表了不少马克思主义理论文章。在第 27 期增刊第一号上，发表了西比的《中

---

① 《青年周刊》1922 年 4 月 16 日第 8 号，转引自《青年周刊》，广东人民出版社 1986 年版，第 160–164 页。

② 《人民周刊》1926 年 2 月 24 日第 3 期，第 23 页。

③ 《人民周刊二版优待办法》，《人民周刊》1926 年 12 月 11 日第 34 期。

④ 《人民周刊》1926 年 2 月 7 日第 1 期，第 1 页。

⑤ 《本刊改版启事》，《人民周刊》1926 年 10 月 5 日第 25 期，第 20 页。

国为什么发生共产党？》，任卓宣的《什么是共产主义？》，马丽英（即李春蕃）的《评汤译〈列宁主义之理论及实施〉》。① 在第 29 期增刊第二号上，发表了西比的《中国共产党为什么要干民族革命运动》（即《中国共产党是什么？》之第三章），毕耳的《马克斯底根本概念》，英格士（即恩格斯）原著、李春蕃抄译的《共产主义原理》。② 在第 32 期增刊第四号上，发表了尹常的《社会主义史绪论》，英格士原著、李春蕃抄译的《共产主义原理》。③ 第 33 期增刊发表了桂生翻译的《马克斯主义之三大要素》，尹常的《空想的社会批评家》，英格士原著，李春蕃抄译的《共产主义原理》。④ 第 36 期增刊发表了尹常的《空想的社会批评家》。⑤ 从第 40 期开始，《人民周刊》取消增刊，将其合并于《少年先锋》。⑥ 这些文章的发表无疑有力促进了马克思主义传播。

人民周刊社还发行人民周刊社丛书，先后出版《"中国国民革命运动"及其策略》⑦《中国民族运动与劳动阶级》⑧《我们现在为什么争斗》⑨ 等书。此外，人民周刊社还公布四种丛书出版预告，准备发行社会科学丛书、国际问题丛书、列宁丛书、中华全国总工会丛书。其中有布哈林著《唯物史观论》、杜洛斯基著《英国到何处去？》、斯达林（即斯大林）著《列宁主义概论》、罗佐夫斯基著《国际职工运动》等，并指出"以上各种丛书均自本年（1927 年）一月起，陆续出版特此预告"。⑩

① 《广州民国日报》1926 年 10 月 21 日。

② 《人民周刊》1926 年 10 月 29 日第 29 期增刊第二号，第 5—6 页。

③ 《广州民国日报》1926 年 11 月 29 日；《人民周刊》1926 年 11 月第 32 期。

④ 《广州民国日报》1926 年 12 月 7 日。

⑤ 《广州民国日报》1926 年 12 月 31 日。

⑥ 《人民周刊》1927 年 1 月 30 日第 40 期，第 4 页。

⑦ 《人民周刊》1926 年 4 月 13 日第 9 期，第 15 页。

⑧ 《人民周刊》1926 年 6 月 28 日第 15 期，第 16 页。

⑨ 《人民周刊》1927 年 1 月 30 日第 40 期，第 4 页。

⑩ 《人民周刊》1926 年 12 月 30 日第 36 期，第 4 页。

### （四）《少年先锋》与马克思主义传播

《少年先锋》是团广东区委的机关刊物，于 1926 年 9 月 1 日创刊，国光书店发行。由团广东区委宣传部部长李求实担任主编。《少年先锋》共发行 19 期，1927 年 4 月 1 日终刊。《少年先锋》第 1 卷第 1 期就印了 8000 册，但"尚不敷分配"，到了第 2 卷第 18 期就发行了 1.3 万册，可见其受欢迎程度。① 为此，《少年先锋》还发行了"汇刊"，包括第 1 卷第 1—12 期的全部刊物，并计划出版一本共产主义入门书籍《共产主义》，但因故可能没有出版。② 代售处主要有广州国光书店、丁卜书局、东山书店、商业书局、民智书局、共和书局、文明书局、培英图书印刷公司，梧州的苍梧书社，琼州的中华书局、平民书社，汕头的汕头书店，潮州的青年书店、中华书局，武汉的长江书店、武汉书社，长沙的文化书社。③ 可见其影响远远超出了广东一省范围，在全国范围内有一定影响。作为大革命时期广东团组织的重要刊物，《少年先锋》在马克思主义传播方面作出了贡献。

《少年先锋》发表了一批介绍马克思主义和列宁主义的文章。《少年先锋》直接译载了马克思著作，如第 2 卷第 18 期曾登载马克思所著《法兰西内战》中的附录一，即一声翻译的《巴黎公社失败后》；也登载了不少列宁的著作，如第 2 卷第 15 期发表的《列宁论帝国主义侵略中国》，摘译自列宁的《中国的战争》，第 16 期发表了列宁的《妇女底解放》。《少年先锋》还在多期刊物上发表了列宁语录。《少年先锋》对斯大林的著作也有涉及，在"怎样干？"专栏中翻译发表了斯大林《论列宁主义基础》的一些片段，并刊登了斯大林的《山鹰》《列宁的谦退》《胜利之后》3 篇文章，

---

① 《中国青年》1926 年第 141 期；《编辑室通信》，《少年先锋》1927 年 3 月 21 日第 2 卷第 18 期。

② 《怎样开始研究共产主义》，《少年先锋》1926 年 12 月 21 日第 1 卷第 12 期。

③ 《少年先锋》1927 年 3 月 21 日第 2 卷第 18 期。

这 3 篇文章是斯大林《论列宁》中的三节。

除马克思、列宁等人的文章外，《少年先锋》也发表了不少阐释马克思主义理论的文章。主要有：李春蕃的《怎样研究社会科学？》，任卓宣的《十月革命与廿世纪底思潮》《马克思主义底要点》《列宁主义大意》《革命与阶级争斗》《什么才是革命理论》，等等。

在《我们的话》中，编辑部针对读者提出的共产主义理论介绍过少的问题，提出要系统介绍理论，满足读者要求。① 为此，《少年先锋》专门开辟"革命名词解释"专栏，对马克思主义各种专有名词解释后择要发表。并计划"集为专书"，定名《赤色小词典》。在第 2 卷第 19 期对"巴黎公社"和"血的星期"进行了解释，以此推动马克思主义理论知识的普及。② 此外，《少年先锋》还发表了不少介绍苏俄情况的文章。

除了发表相关理论文章外，《少年先锋》还积极引导广大青年学习马克思主义。连续多期在封底发表了《革命青年必读的书十二种》，包括《新社会观》《共产主义的 ABC》《陈独秀先生讲演录》《唯物史观》《共产党宣言》《中国共产党五年来之政治主张》《中国革命问题论文集》《反戴季陶的国民革命观》《向导》《中国青年》《人民周刊》《少年先锋》等。③ 第 2 卷第 14 期所转载的恽代英发表在《中国青年》（第 6 卷第 23 号，总第 148 期，1927 年 1 月 1 日出版）上的文章《计划一九二七年的工作》也介绍了不少传播马克思主义理论的小册子，包括《资本主义浅说》《帝国主义浅说》《帝国主义》《社会进化简史》《社会进化史》《向导汇刊 1234 集》《马克思主义浅说》《列宁主义概论》《苏俄研究》《国际社会运动小史》等，希望广大青年学习马克思主义，提高理论水平。此外，《少年先锋》对《中国青年》《向导》《人民周刊》等刊物也进行过专门介绍。

---

① 《少年先锋》1927 年 2 月 11 日第 2 卷第 14 期。

② 《少年先锋》1927 年 4 月 1 日第 2 卷第 19 期。

③ 《少年先锋》1927 年 2 月 21 日第 2 卷第 15 期。

《少年先锋》还设立"读者问答"专栏，解答广大读者对马克思主义理论的各种疑惑。如第 1 卷第 10 期发表《进步呢，抑退呢？——共产社会中生活的讨论》，第 1 卷第 11 期发表《"苏维埃"是什么？——答罗霜君》，解释苏维埃问题。同时还给读者指出进一步研究所要看的书目，有李达的《劳农俄国研究》、汤澄波的《列宁主义之理论与实践》《新青年》等。[①] 在《怎样开始研究共产主义》一文中，以通信方式介绍如何研究共产主义的问题。[②] 此外，还有《共产主义革命观——致鄂阳兄》《共产社会实现的时期》《关于共产主义的两个问题——答海波先生》《历史重心及其他问题》[③] 等一系列与马克思主义理论密切相关的通信，解答读者疑问的同时也传播了马克思主义理论。

### （五）《新学生》与马克思主义传播

《新学生》是阮啸仙领导创立的学生组织新学生社的机关刊物。[④] 新学生社是团的外围组织，创立目的是公开开展普遍的学生运动。早在创立新学生社之前，负责团组织工作的阮啸仙就提出要办《新学生》，以推进国民革命。[⑤]《新学生》在积极推动广大青年学生参加革命的同时，也对促进马克思主义传播起到一定作用。

《新学生》于 1923 年 7 月 1 日正式创刊，前 36 期为半月刊，后因刘杨叛乱，被迫停刊。1925 年 7 月复刊后改为旬刊，发行 4 期后停刊。撰稿人主要有刘尔崧、冯菊坡、杨石魂、郭寿华、周其鉴、蓝裕业、赖玉润以及笔名为曙晖、章明、菊英等人，绝大多数是党、团员。《新学生》的发

---

① 《少年先锋》1926 年 12 月 11 日第 1 卷第 11 期。

② 《少年先锋》1926 年 12 月 21 日第 1 卷第 12 期。

③ 《少年先锋》1927 年 3 月 21 日第 2 卷第 18 期。

④ 《团粤区委报告（第二号）——区执委分工》，《广东青年运动历史资料》第 1 册，1986 年印行，第 77 页。

⑤ 广东省档案馆、广东青运史研究委员会办公室：《新学生社史料》，1983 年印行，第 1 页。

行范围遍布全国，除广州、香港之外，上海、北京、杭州、成都、南京、济南、长沙、太原、武汉、云南等地以及各省的学生联合会都设有《新学生》的发售处，其影响可以说遍布全国。

《新学生》发表的《纪念创造界的马克思》一文，对马克思主义的三大组成部分——唯物史观、剩余价值、阶级斗争进行了介绍，认为这是马克思"在社会科学中有最大的发明"，并认为"他的学说就是无产阶级革命的经典"，给我们以知识的新工具——唯物史观，打破资本制度分配的"迷儿"——经济学说，并且指示我们将来的社会——社会主义。[①]

《新学生》在宣传马克思主义的同时非常注重反击非马克思主义观点。知依在《驳田桐关于社会主义意见书并忠告田先生》一文中，根据马克思主义基本原理，驳斥了时任国会议员田桐在《关于社会主义意见书》中提出的把中国的"疏财仗义""急公好义""朋友有通财之义"几句成语说成是"社会主义伦理"和"社会主义实践伦理"的谬论，称之为"乞儿社会主义"。[②]H.E.在《太戈尔的思想和中国》中指出，"太老先生的思想，不能救中国只会杀中国，若果太老先生的思想弥漫了中国，中国就会要永劫不复，任帝国主义的鱼肉了"。同时还批评了把杜威、罗素、杜里舒和泰戈尔都当作"知识之仓库"，而"饥不择食"的举动，认为这无疑是"饮鸩止渴，以毒充饥"。[③]《新学生》对列宁主义理论也进行了介绍，发表了《列宁与民族自决论与世界革命》等文章。

---

① 《广东青年运动历史资料》第 6 册，1989 年印行，第 228 页。

② 《新学生》1923 年 10 月 1、16 日第 7、8 期。

③ 《新学生》1924 年 7 月 1 日第 23 期。

## 二、中共中央、团中央所办刊物在广东的发行与马克思主义在广东的传播

### （一）《新青年》在广东的发行、南迁与马克思主义传播

《新青年》（原名《青年杂志》，1915 年 9 月 15 日创刊）是近代以来一份具有深远影响的杂志，在新文化运动中发挥了举足轻重的作用。《新青年》最初以宣传新思想、新文化为主，后在李大钊、陈独秀等人的努力下，开始传播马克思主义。中国共产党成立之后，正式将《新青年》定位为"学理的马克思主义的研究宣传机关"①，为"中国无产阶级革命的罗针"②。而《新青年》也不负众望，成为这一时期马克思主义传播的重要阵地。《新青年》的前身《青年杂志》从第 1 卷第 2 号起就在广东有发售，后来从第 8 卷第 6 号起直接搬到广州出版发行，直到终刊。③《新青年》在广东的发行有力推动了马克思主义传播。

《新青年》从第 6 卷第 5 号开始关注马克思主义，发表了顾兆熊的《马克思学说》、渊泉的《马克思的唯物史观》、李大钊的《我的马克思主义观（上）》等文章。此后，《新青年》逐步增加马克思主义理论宣传力度，发表了大量关于马克思主义和列宁主义理论的文章。这些文章大体可以分为以下几类：

第一类是介绍马克思主义理论的文章。主要有：李大钊的《由经济上解释中国近代思想变动的原因》《唯物史观在现代史学上的价值》，周佛海的《马克斯的资本论》《生产方法之历史的观察》《实行社会主义与发展实业》《从资本主义组织到社会主义组织底两条路——进化与革命》《社会之现在

---

① 《教育宣传委员会组织法》，《中国共产党宣传工作文献选编（1915—1937）》，学习出版社 1996 年版，第 555 页。

② 《〈新青年〉之新宣言》，《新青年》1923 年 6 月 15 日季刊第 1 期，第 1–6 页。

③ 《青年杂志》1915 年 10 月 15 日第 1 卷第 2 号。

与将来——社会主义经济组织与资本主义经济组织之比较的研究》，蒋侠僧的《唯物史观对于人类社会历史发展的解释》，蒲列哈诺夫著《辩证法与逻辑》（郑超麟译），阿多那斯基著《马克思主义辩证法底几个规律》（石夫节译），施存统的《马克思底共产主义》《第四阶级解放呢？全人类解放呢？》，陈独秀的《马克思学说》《科学与人生观序》，贝尔原著《马克思学说之两节》（赭选译），河上肇著《马克思主义上所谓过渡期》（光亮译），李季的《马克思传及其学说自序》《社会主义与中国》，李达的《马克思派社会主义》《马克思还原》，蒋光赤的《经济形式与社会关系之变迁》，山川均著《从科学的社会主义到行动的社会主义》（李达译），列德莱著《社会主义之思潮及运动》（李季译），高一涵的《共产主义历史上的变迁》，山川均著《社会主义国家与劳动组合》（周佛海译），洛若夫斯基的《共产主义之于劳工运动》，华尔嘉的《世界革命中之农民问题》（亦农编译），《共产主义之文化运动》（溪涢译），等等。

第二类是介绍列宁主义理论的文章。主要有：列宁的《民族自决》（震瀛译）《俄罗斯革命之五年》《殖民地及半殖民地职工运动问题之题要》（以上为陈独秀译），屈维它（即瞿秋白）的《自民治主义至社会主义》《东方文化与世界革命》，蒋侠僧的《无产阶级革命与文化》，腊狄客著《列宁论》（张秋人译），一鸿的《东方问题之题要》，梨亚荫诺夫著《马克思与俄罗斯共产党》（罗忍译），布哈林著《社会主义的社会之基本条件和新经济政策》（尹宽译），Lenine原著《无产阶级政治》（成舍我译），《列宁底妇人解放论》（李达转译），瞿秋白的《世界的社会改造与共产国际》，永钊的《共产国际第四次大会统观》，李达的《评第四国际》，等等。

第三类是关于马克思主义的讨论文章。主要有：陈独秀的《关于社会主义的讨论》《下品的无政府党》《社会主义批评》《答张君劢及梁任公》，李达的《讨论社会主义并质梁任公》，区声白、陈独秀的《讨论无政府主义》，新凯的《共产主义与基尔特社会主义》《再论共产主义与基尔特社会主义——答张东荪与徐六几》，施存统的《读新凯先生底〈共产主义与基尔特社会主义〉》，瞿秋白的《评罗素之社会主义观》，等等。

此外，《新青年》还发表了不少介绍苏联状况的文章，促进人民对十月革命之后苏俄的了解。《新青年》还发行"列宁号"等特号，发表了一批列宁主义的理论文章，此部分内容将在后文详述。《新青年》发表的这些文章促进了马克思主义传播，也为广东党组织的建立和发展壮大，以及国共合作局面的形成和广东大革命策源地的形成奠定了思想基础。

### （二）《前锋》在广东的创办与马克思主义传播

《前锋》创刊于 1923 年 7 月 1 日，是中共中央的机关刊物，被中共中央定位为"中国及世界的政治经济的研究宣传机关"①。由瞿秋白担任主编，陈独秀等人都曾在《前锋》上发表文章。《前锋》虽然只出版了 3 期，但其在分析中国革命问题、探索中国革命道路、推动马克思主义中国化方面作出了显著贡献。其中以陈独秀的《中国农民问题》《中国国民革命与社会各阶级》和瞿秋白的《帝国主义侵略中国之各种方式》《中国之资产阶级的发展》最为突出。

陈独秀在《中国农民问题》中指出，农民是国民革命之一种伟大的潜势力，中国革命不可漠视农民问题。他对中国地主与农民各阶层进行了认真分析，并分为十等，研究各个阶层的地位及其革命态度。他提出，发动农民运动的方法主要是教育宣传和组织农民进行实际运动。② 这些思想的提出，为中国共产党人继续探索农民问题奠定了基础。

陈独秀在《中国国民革命与社会各阶级》中指出，各阶级联合起来对外谋经济独立、对内谋政治自由是半殖民地革命的特征。陈独秀分析了中

---

① 《教育宣传委员会组织法》，《中国共产党宣传工作文献选编（1915—1937）》，学习出版社 1996 年版，第 555 页。

② 《前锋》1923 年 7 月 1 日第 1 期，第 51—57 页。

国各阶级的革命态度，认为资产阶级容易动摇是其经济地位决定的，但中国革命不能轻视资产阶级。农民占中国总人口之大多数，自然是国民革命之伟大的势力，中国革命若不得农民之加入，终不能成为一个大的民众革命。无产阶级是革命主力军，只有无产阶级才能够实现无产阶级革命的胜利，因此工人阶级更是"重要的分子"。陈独秀论述了统一战线的重要性，指出，中国社会各阶级都处在国际资本帝国主义及本国军阀严酷的压迫之下，因此各阶级合作的国民革命是目前的需要，中国须有"各阶级群起合作的大革命"，才能够实现国家独立和统一。[①] 这些思想的提出，对探索中国革命道路具有重要的借鉴意义。

在《帝国主义侵略中国之各种方式》一文中，瞿秋白对列宁的帝国主义理论进行了介绍。他提出，中国革命要与世界无产阶级和各殖民地劳动平民携手，"用一切方法，从最强的着眼"，共同颠覆所有帝国主义和军阀，"方能得世界经济的发达，人类文明的再造"。这实际是列宁东方革命理论的观点。[②]

在《中国之资产阶级的发展》中，瞿秋白对革命统一战线理论进行了说明。他提出，无产阶级要联合小资产阶级，督促资产阶级，与世界无产阶级携手，促成伟大的世界革命，彻底颠覆帝国主义。[③]

### （三）《向导》在广东的发行、出版与马克思主义传播

1922 年中共二大决定出版中共中央机关刊物《向导》。1922 年 9 月 13 日《向导》在上海正式创刊，1927 年 7 月 18 日停刊，共出版 201 期。《向导》发行量开始为几千份，后增加到两三万份，最高达 10 万余份。《向导》从第 1 期开始就在广东发行，分售处设在广州昌兴马路 28 号。1923 年 4

---

① 《前锋》1923 年 12 月 1 日第 2 期，第 1-9 页。

② 《前锋》1923 年 7 月 1 日第 1 期，第 40-50 页。

③ 《前锋》1923 年 7 月 1 日第 1 期，第 23-39 页。

月 18 日发行的第 21 期，除北京外，发行通讯处增加了广州昌兴新街（即昌兴马路）28 号三楼本社。1925 年 6 月 6 日第 117 期开始，分售处除丁卜图书馆外，增加了国光书店，此外还有汕头书店、潮州青年书店、香港萃文书房等分售处。①1925 年 8 月 23 日第 126 期开始，国光书店成为《向导》的发行通信特约订阅处之一。1926 年 4 月 23 日第 150 期开始，国光书店成为《向导》唯一的发行部、编辑部和通信处，一直到第 180 期编辑部搬到武汉为止。此外，《向导》还利用广东相对开放的政治环境，在《广州民国日报》等报刊上刊发图书广告，登载刊物主要目录，以扩大影响，提高销量。

《向导》尽管被中共中央定位为"国内外时事的批评宣传机关"②，但也发表了不少与马克思主义理论及与马克思主义中国化密切相关的文章，推动了马克思主义传播。《向导》发表的关于马克思主义和列宁主义理论的主要文章如下：关于马克思主义理论的文章有李大钊的《"今日"派之所谓马克思主义》，列宁著、郑超麟译的《马克思主义与暴动》，瞿秋白的《中国之革命的五月与马克思主义》，周佛海的《英国劳动党成功之经济的说明及其与社会主义之关系》等；关于列宁主义理论的文章有彭述之的《十月革命与列宁主义》《列宁主义是否不适合于中国的所谓"国情"？》，瞿秋白的《苏联宪法与共产主义》《十月革命与弱小民族》《列宁主义与中国的国民革命》《第三国际与远东民族问题》，郑超麟的《无产阶级政党与职工会》《十月革命、列宁主义和弱小民族的解放运动》，陈独秀的《十月革命与中国民族解放运动》，魏琴（即维经斯基）的《列宁论东方民族的解放运动》等。关于中国革命道路探索和马克思主义中国化的文章有陈独秀的《资产阶级的革命与革命的资产阶级》《革命与武力》《无产阶级与民族

---

① 《向导》1927 年 1 月 6 日第 181 期。

② 《教育宣传委员会组织法》，《中国共产党宣传工作文献选编（1915—1937）》，学习出版社 1996 年版，第 555 页。

运动》，蔡和森的《中国革命运动与国际之关系》，彭述之的《目前革命中的联合战线问题》等。这些文章从不同角度传播了马克思主义和列宁主义理论的内容，并探索适合中国国情的革命道路，推动马克思主义中国化。

此外，《向导》还设有"读者互动"专栏，发表了《介绍马克思主义著作之重要》《对于阶级争斗之一个疑问》《社会革命成功以后》《共产社会是退化的社会？》等文章，解答广大读者和群众对这些问题的疑惑，从而推动马克思主义大众化。

### （四）《先驱》在广东的发行与马克思主义传播

《先驱》由团北京地方组织创办，后改为团中央的机关刊物。1922年1月15日《先驱》创刊，共发行25期。刘仁静、邓中夏、施存统、蔡和森、寄吾等先后担任主编。《先驱》在广东也有发行，苏新甫还曾专门致信邓中夏，就推销《先驱》一事进行商议。[1]广东团组织给团中央的文件中，也多次就《先驱》的发行问题进行说明。《先驱》作为团中央的机关刊物，虽存在时间不长，但也发表了一些传播马克思主义的文章，如 G.S. 的《第三国际对民族问题和殖民地问题所采的原则》、仁任的《革命与社会主义》、重远的《共产主义与无政府主义》、李特的《俄国的新经济政策》、励冰的《共产党宣言的后序》、敬云的《共产主义运动在中国的意义》、碧悟的《农民运动》等。

### （五）《中国青年》在广东的发行、出版与马克思主义传播

《先驱》停刊后，团中央创办了《中国青年》，1923年10月20日作为"一般青年运动的机关"[2]刊物出版发行。恽代英、林育南、萧楚女、李

---

① 《新甫致中夏信——关于推销〈先驱〉事》，《广东革命历史文件汇集（群团文件）一九二二年——一九二四年》甲1，1983年印行，第94页。

② 《教育宣传委员会组织法》，《中国共产党宣传工作文献选编（1915—1937）》，学习出版社1996年版，第556页。

秋实先后担任主编，邓中夏、任弼时、刘仁静等人都曾参加编辑工作。

《中国青年》从创刊就在广东发行，后来一度搬到广州进行编辑、出版、发行等全部工作。第100期开始，由国光书店进行翻印。[①] 第106期开始，国光书店成为通讯处。第109期起又设发行通讯处，广东有国光书店和汕头东征军总指挥部黄锦辉两处。第114期开始，发行通讯处改为国光书店，汕头书店也曾作为发行通讯处。第121期开始，直接标明发行及编辑通信处第一个就是国光书店。第126期开始，《中国青年》正式迁至广州，发行部、编辑部、通信处标明为广州国光书店李义君。在广州编辑至第144期，从第145、146期开始，发行部和编辑部搬到了武汉，通信处也改为汉口长江书店，但仍在广州、香港、汕头、潮州等地发行，广东省内的分售处有广州丁卜书报社、香港萃文书坊、汕头书店、潮州青年书社。除了公开的分售处，广东团组织还通过各种方式将《中国青年》送到各级团组织手中。

《中国青年》既有"特刊"或"特号"集中传播马克思主义，也有不定期发表的各种单篇文章进行介绍。这些文章分为如下几类：关于马克思主义理论的文章主要有FM的《纠正对于马克思学说的一种误解》，亚枯匿夫著《社会主义与共产主义》（黄镜译），任弼时的《马克思主义概略》，华少峰的《再论共产主义并质董贞柯》，正庸的《共产主义者关于民族革命的理论》《唯物史观与国民革命》，明志的《国民革命与阶级斗争》，硕夫的《十月革命与马克思主义》，秋人译的《社会科学在实用上的重要》等。关于列宁主义理论的文章主要有一峰的《帝国主义浅说》，任弼时的《列宁主义的要义》，郑超麟的《十月革命与列宁》《列宁主义——指导中国民族革命的理论》《列宁主义与无产阶级教育》，斯达林（即斯大林）著《列宁主义的理论和实际》（谷二译）。列宁的3篇译文：《列宁主义的革命战术》

---

① 《一百期以后的本刊》，《中国青年》1925年11月7日第101期，第1-2页。

（子云译）、《民族问题的根本观点》（王宽译）、《论党的出版物与文学》（一声译）等。此外，还有部分探索中国革命道路的文章，如敬云的《中国革命之前途》、毛泽东的《中国社会各阶级的分析》等。

《中国青年》还通过编辑书目、刊登广告等形式宣传介绍马克思主义和列宁主义的书籍。《中国青年》先后发表了几个关于马克思主义理论的书目。冰冰（即袁玉冰）① 在《一个马克思学说的书目》中颇为详细地介绍了《陈独秀先生讲演录》《社会主义讨论集》《社会主义史》《近世经济思想史论》《欧洲政治思潮小史》《马克思学说概要》《马克思派社会主义》《马克思主义与达尔文主义》《社会经济丛刊》《共产党宣言》《唯物史观浅释》《唯物史观解说》《经济史观》《阶级争斗》《共产党底计划》《俄国共产党党纲》《第三国际议案及宣言》《资本论入门》《工钱劳动与资本》《价值价格与利润》《马克思经济学说》《马克思经济学原理》《社会科学讲义》等 23 本马克思主义书籍，对每本书的基本内容都做了详细介绍，包括作者、发行书店，甚至价目等都没有遗漏。不久，又发表施存统的《略谈研究社会科学》一文，也介绍了研究马克思主义应看的 23 种中文书籍的书目，并说明了每本书针对的主要问题，并按重要性进行排序。主要有《马克思主义与达尔文主义》《马克思学说概要》《共产党宣言》《唯物史观浅释》《唯物史观解说》《人生哲学与唯物史观》《资本论入门》《工钱劳动与资本》《价值价格及利润》《马克思经济学说》《马克思经济学原理》《共产党计划》《俄国共产党党纲》《阶级争斗》《第三国际议案及宣言》《国际劳动运动中之紧要时事问题》《劳农会之建设》《劳农俄国研究》《俄国革命记实》《列宁传》《共产党礼拜六》《社会主义讨论集》《社会经济丛刊》。施存统还提出了不建议读的书目，主要有《近世经济思想史论》《马克思派社会主义》《经济史观》3 本。② 恽代英也在多期杂志上介绍过《社会问题总览》《社会

① 《中国青年》1924 年 3 月 29 日第 24 期，第 3–11 页。

② 《中国青年》1924 年 4 月 12 日第 26 期，第 4–8 页。

问题详解》《社会问题概观》<sup>①</sup>等书。

此外，《中国青年》还发表过《革命青年必读的书十种》，包括《新社会观》《共产主义的 ABC》《陈独秀先生演讲录》《唯物史观》《共产党宣言》《中国共产党五年来之政治主张》《中国革命问题论文集》《向导汇刊》《中国青年汇刊》。<sup>②</sup>《中国青年》还通过广告介绍了《社会组织与社会革命》《经济学大纲》《农民问题》《马克斯主义者的列宁》《列宁主义概论》《共产主义 ABC 问题及附注》《无产阶级之哲学唯物论》《资本主义的稳定与无产阶级革命》《俄国共产党党史》《马克思主义论民族问题》等传播马克思主义理论的相关书籍。

除中共中央和团中央在广东发行的刊物外，各地党组织创办的刊物也在广东发行。如上海党的早期组织于 1920 年 11 月 7 日创办的《共产党》月刊就在广东公开发行，并在《新青年》和《广东群报》上刊登广告，代售所在广州双门底共和书局。<sup>③</sup>广州人民出版社和广东群报社也曾代售《共产党》月刊。<sup>④</sup>《共产党》月刊虽然仅发行 6 期，但发表了不少传播马克思主义的文章，如无懈（即周佛海）的《俄国共产政府成立三周年纪念》，胡炎（即李达）的《第三国际党（即国际共产党）大会的缘起》，列宁的《俄罗斯的新问题》（震寰译）、《列宁的著作一览表》（第 1 号），江春（即李达）的《社会革命底商榷》，P. 生（即沈雁冰）译《共产主义是什么意思》（第 2 号），P. 生的《自治运动与社会革命》，霍格松的《共产党的出发点》（P. 生译）、《将死的第二国际和将兴的第三国际》（第 3 号），江春的《无政府主义之解剖》，无懈的《我们为什么主张共产主义？》，列宁著、P. 生译《国家与革命》（第 4 号），无懈的《夺取政权》，CT（即施存统）的《我们要

---

① 《中国青年》1923 年 12 月 8 日第 8 期，第 10—14 页。

② 《中国青年》1926 年 12 月 6 日第 144 期。

③ 《新青年》1921 年 6 月 1 日第 9 卷第 2 号。

④ 《广东群报》1921 年 1 月 19 日、1922 年 3 月 31 日。

怎么样干社会革命？》，均的《劳农制度研究》(第5号)，朗生译《资本主义世界和共产党的世界联盟》(第6号)等。这些文章多篇为《广东群报》转载，如《俄国共产政府成立三周年纪念》《俄罗斯的新问题》《社会革命底商榷》《无政府主义之解剖》等。

1924年4月27日创刊的中国共产党北方区党组织机关报《政治生活》，在广东有广州丁卜图书馆、广东大学、汕头书局、香港萃文书坊4个分售处。①《政治生活》发表了不少传播马克思主义的文章，如《列宁的智慧》(第11期)、《共产主义与共产党》(第40期)、《共产主义者的民族问题》(第44期)、《共产主义果不适宜于中国么？》(第47期)、《马克思与中国》(第49期)、《中国民族运动与劳动阶级》(第58期)、李大钊的《土地与农民》(第62期)、赵世炎的《列宁主义之理论与实际》、希祖的《列宁主义与马克思主义》《列宁主义与新经济政策》(第65期)、《阶级斗争与国民革命》、《共产主义与中国革命运动》(第67期)、《共产党宣言原序三篇》(第68期)、李大钊的《马克思的中国民族革命观》(第76期)等。

## 三、农民运动系列刊物与马克思主义传播

农民运动自海陆丰肇始以来，广东农民运动一直领先于全国。为指导广东及全国农民运动，国民党中央农民部、广东省农民协会重视创办刊物进行宣传。这些刊物尽管以国民党中央农民部或广东省农民协会的名义主办，但实际上很多文章出自共产党人之手。这些文章对中国农民问题进行初步探讨，推动了相关问题研究不断深入。

《中国农民》是国民党中央农民部出版的刊物，于1926年1月1日创

---

① 《政治生活》1925年12月30日第62期。

刊。《中国农民》发表过不少研究农民问题的文章，其中包括毛泽东的《中国农民中各阶级的分析及其对于革命的态度》《中国社会各阶级的分析》，谭平山的《国民革命中的农民问题》《农村的政治斗争》，罗绮园的《国民革命与农民运动之关系》，彭湃的《海丰农民运动报告》①，彭公达的《农民的敌人及敌人的基础》，于树德的《农村合作概论》②，佐野学著、刘伯垂译的《社会革命与农民运动》，邹敬芳的《中国农民的过去现在及将来》《社会主义与农业问题》③，李大钊的《土地与农民》④，罗佐夫斯基的《各时期中的农民问题》⑤，陈克文的《中国农民是不是一个阶级》⑥，阮啸仙的《全国农民运动形势及其在国民革命的地位》⑦等。这些文章从不同角度宣传马克思、列宁关于农民问题的理论，分析探讨农民问题，对中国共产党人探索中国革命道路无疑具有积极意义。

除《中国农民》外，这一时期还有《农民运动》《犁头》等刊物出版。《农民运动》也以国民党中央农民部的名义主办，于1926年8月1日创刊，发表过毛泽东的《国民革命与农民运动》⑧、鲍罗廷的《中国革命的根本问题》⑨等文章，分析中国革命与农民运动关系等问题。《犁头》则由广东省农民协会主办，于1926年1月25日创刊，发表过《国际农民会议全体大会告东方各国及全世界各殖民地宣言》等文章，关注农民问题。⑩

这些文章对农民问题和农民运动理论的探讨，不仅促进了马克思主义

①《中国农民》1926年1月1日、2月1日第1、2期。

②《中国农民》1926年3月1日第3期。

③《中国农民》1926年4月1日、5月1日第4、5期。

④《中国农民》1926年5月1日第5期，第1—19页。

⑤《中国农民》1926年10月第8期，第12—27页。

⑥《中国农民》1926年11月第9期，第1—8页。

⑦《中国农民》1926年12月第10期，第26—51页。

⑧《农民运动》1926年9月1日第8期。

⑨《农民运动》1926年10月26日第13期。

⑩《犁头》1926年2月25日第3期，第19—21页。

相关理论的传播，也有利于中国共产党人深入研究中国革命中的农民问题，推动马克思主义中国化的进程。

## 四、军旅报刊的创办与马克思主义传播

军旅报刊的异军突起是这一时期广东宣传阵线的一大亮点。以黄埔军校为主，广东各部队都创办过报刊。据不完全统计，这一时期军旅报刊达30多种。其中有不少刊物都发表过马克思主义和列宁主义文章，有力推动了马克思主义传播。

### （一）黄埔军校系列报刊的创办与马克思主义传播

黄埔军校创办了一大批报刊，如《青年军人》（后改名为《革命军》）、《韩江潮》《中国军人》《黄埔潮》半周刊（国民革命军中央军事政治学校政治部）、《黄埔潮》周刊（黄埔同学会）、《潮潮》《满地红》《黄埔旬刊》（黄埔同学会）、《革命画报》《民众的武力》《血花》，以及报纸《黄埔日刊》，等等。这些很多是由黄埔军校中的共产党人编辑，因此，不少报刊涉及马克思主义和列宁主义相关理论，并对中国革命热点问题进行探索。

黄埔军校特别区党部革命军社出版的《革命军》，曾发表段子中的《农工阶级在中国国民革命运动中之地位》和聂荣臻的《苏联红军的新首领》。[1] 在《革命军》发行的"总理逝世二周年纪念特刊"上还发表了宋丽映的《孙文主义与列宁主义》。[2] 潮州分校政治部出版的《韩江潮》则发表了恽代英的《世界革命与中国革命》、汉鸣的《民族运动中的工农阶级》，并连载了杨嗣震的《社会主义之研究》。[3]

---

① 《革命军》1926年2月20日第10期。
② 《革命军》1927年3月12日"总理逝世二周年纪念特刊"。
③ 《韩江潮》1926年3月12日"纪念总理号"。

　　黄埔同学会出版的《黄埔潮》周刊对列宁主义重点关注。从第 11 期起连载游步瀛及笔名"铁血"等撰写的《孙文主义与列宁主义之比较观》一文，介绍了列宁主义关于历史观、民族问题、无产阶级专政、共产主义、革命策略等理论，强调应重视研究列宁主义。① 还发表了游步瀛的《怎样去巩固反帝国主义的联合战线》② 等探讨中国革命具体问题的文章。

　　《中国军人》为中国青年军人联合会会刊，于 1925 年 2 月 20 日创刊，除广东外在全国 14 个地方发行，巴黎也设有分售处。③《中国军人》曾发表不少马克思主义文章，如第 1、2 号连载一峰的《帝国主义浅说》④，并在第 3 号放上了马克思肖像，称其为"倡导世界革命的马克斯"⑤。此外，还有《中国军人与世界革命》⑥、侠公的《从唯物史观所见之中山先生死的问题》和惠生的《哭中山忆列宁》⑦、明斋的《苏俄十月革命后的反动》和达辛的《国民革命的对象》⑧、洪筠的《五月纪念周中不可忘记之三大伟人——马克斯、列宁、孙中山》⑨、斯他委诺夫的《俄国红军党代表制度》⑩ 等文章，对于人们了解马克思主义和列宁主义相关理论具有一定促进作用。《中国青年军人联合会周刊》也发表了任刚的《革命与农民》、韦义光的《帝国主义是什么？》等传播马克思主义的文章。⑪ 由中央军事政治学校入伍生政

　　①《黄埔潮》第 11 期、第 18 期、第 19 期、第 20 期、第 21 期、第 22、23 期合刊、第 26 期，1926 年 10 月 3 日、11 月 21 日、12 月 12 日、12 月 5 日、12 月 12 日、12 月 26 日、1927 年 1 月 16 日。

　　②《黄埔潮》1926 年 8 月 14 日第 4 期。

　　③《中国军人》1925 年 3 月 12 日第 3 号。

　　④《中国军人》1925 年 2 月 20 日、3 月 2 日第 1、2 号。

　　⑤《中国军人》1925 年 3 月 12 日第 3 号。

　　⑥《中国军人》1925 年 3 月 12 日第 3 号。

　　⑦《中国军人》1925 年 4 月 2 日第 4 号。

　　⑧《中国军人》1925 年 4 月 30 日第 5 号。

　　⑨《中国军人》1925 年 8 月 17 日第 6 号。

　　⑩《中国军人》1925 年第 7 号。

　　⑪《中国青年军人联合会周刊》，1925 年 11 月、1926 年 4 月 5 日第 13、29 期。

治部宣传科创办的《民众的武力》则对"什么是唯物史观""社会主义底意义""国家是怎样起源的"等问题进行了介绍。① 《黄埔旬刊》曾发表苏俊才的《苏维埃制度之研究》。② 《入伍生周刊》曾发表伍生的《五五纪念与中国共产党》。③

这些报刊围绕马克思主义和列宁主义发表的文章有利于传播马克思主义，特别是这些报刊发行范围广，《青年军人》的发行范围就遍布全国 17 个省份之多，《中国军人》也在全国 16 个省份发行，《黄埔潮》周刊的发行范围则有 20 个省，其广泛发行促进了马克思主义在全国的传播。

### （二）其他军队报刊的创办与马克思主义传播

除黄埔军校创办的报刊外，广东的各支部队也纷纷创办自己的报刊。建国粤军创办《建国粤军月刊》（1925 年 1 月 1 日出版），建国攻鄂军创办《人道》（1926 年 1 月 1 日出版），建国滇军干部学校发行《新军人》④，国民革命军第一军创办《突击》、第二军创办《革命》半月刊、第三军创办《国民革命军》⑤、第四军创办《军声》⑥、第五军创办《五军旬刊》、第六军创办《奋斗》周刊、总司令部海军处政治部则出版《前进》周刊等。其中有不少刊物刊登传播马克思主义和列宁主义文章，如《建国粤军月刊》第 2 期刊登萧广业译《列宁先生史略》⑦，《人道》发表《苏俄"军队之根本大计"》⑧。尤其值得一提的是，《革命》半月刊曾发表毛泽东的《中国社会各

---

① 《民众的武力》1926 年 12 月 30 日、1927 年 2 月第 4、5 期。

② 《黄埔旬刊》1926 年 10 月 10 日第 1 期。

③ 《入伍生周刊》1926 年 5 月 14 日第 2 期。

④ 谭卓垣：《广州定期刊物的调查（1827—1934）》，《岭南学报》1935 年 8 月第 4 卷第 3 期，第 1–91 页。

⑤ 转引自叶文益：《广东革命报刊史》，广东人民出版社 2001 年版，第 149 页。

⑥ 《广州民国日报》1926 年 12 月 25 日。

⑦ 《建国粤军月刊》1925 年 2 月 1 日第 2 期。

⑧ 《人道》1926 年 1 月 1 日第 1 期。

阶级的分析》、罗介夫的《苏俄革命成功的研究》和《苏俄经济发展的近况》等文章。[1]毛泽东的《中国社会各阶级的分析》是目前已知的最早版本。第二军军官学校政治部创办的《先锋半月刊》则发表方维夏的《国民革命与阶级争斗》、李六如的《何谓剩余价值》等文章。[2]《前进》周刊也对马克思主义传播有所贡献，曾出版"列宁纪念号"对列宁主义理论进行比较详细的阐述，并对巴黎公社进行关注。[3]这部分内容将在后文详述。

### （三）其他组织、团体创办的刊物与马克思主义传播

广东其他各组织、团体及学校出版的刊物也在推动马克思主义传播中有所贡献。

广东高等师范学校新学生社早在1920年1月15日创办的《新学生》就连载胡汉民演讲的《伦理与唯物史观》，对于促进唯物史观传播具有推动作用。[4]《广东法政学报》也先后发表《社会主义纲要》[5]、《从经济变化到现在的社会主义》[6]等文章。广东公立法政专门学校群声学社出版的《群声》宣扬社会主义，研究农民问题。[7]国民党广大特别党部出版的《革命生活》曾连载曾济宽的《马克思K.Marx地租论与其他学说之比较》。[8]广东大学出版的《社会评论》曾发表周佛海的《高一涵君译唯物史观公式中的几个小错误》等文章。[9]梅县学生互助社出版的《互助半月刊》曾发表李久友

---

[1] 《革命》1925年12月1日第4期。

[2] 《先锋半月刊》1926年第3期，第1—6、43—49页。

[3] 《前进》周刊1927年2、4月第11、16期。

[4] 《新学生》1920年2月15日、4月1日第1卷第3、4号。

[5] 《广东法政学报》第1期，广告载《新青年》1921年5月1日第9卷第1号。

[6] 《广东法政学报》第4期，广告载《广东群报》1922年3月3日。

[7] 谭卓垣：《广州定期刊物的调查（1827—1934）》，《岭南学报》1935年8月第4卷第3期，第1—91页。

[8] 《革命生活》1926年5月25日第8期，第2—5页。

[9] 《社会评论》1925年6月5日第14期，第10—11页。

的《劳动家与资本家》《五一劳动与中国无产阶级》等文章。[①]《金中周刊》曾连载《我们为什么要讲社会主义》[②]，并发表了《世界进化与阶级斗争》[③]等传播马克思主义的文章。广州特别市执行委员会青年部出版的《青年月刊》发表了署名为承元的译作《科学中社会主义共产主义无政府主义》等文章。[④] 这些刊物虽然不及《人民周刊》《少年先锋》等影响大，但也在一定程度上反映了广东各界对马克思主义传播的关注，促进了各界群众对马克思主义的关注和了解。

综上所述，无论是广东党的早期组织、广东党组织及团组织创办的刊物，还是中共中央、团中央在广东发行的刊物，农民运动系列刊物，以及军旅系列报刊和其他各组织、团体发行的刊物等，对马克思主义在广东的传播起到了推动作用。在肯定中国共产党人所创办刊物对推动马克思主义传播作用的同时，对其他党派和团体创办的刊物也不应忽视，它们共同构成了这一时期广东马克思主义传播的重要阵地。

---

① 《互助半月刊》1926 年 6 月 1 日第 24 期，第 7–9、83–90 页。
② 《金中周刊》1922 年 12 月 17 日第 7 期。
③ 《金中周刊》1925 年 10 月 11 日第 102 期。
④ 《青年月刊》1926 年 3 月 15 日第 1 期，第 60–76 页。

## 第三节 | 马克思主义理论著作的出版发行促进马克思主义在广东的早期传播

马克思主义传播离不开马克思主义理论著作的出版。相对于报刊发表的传播马克思主义的短小文章，深入系统阐释马克思主义理论的专著也在广东纷纷出版。中共中央在广东先后创办新青年社、人民出版社、平民书社，广东党组织也先后创办国光书店、汕头书店等书店，出版了大量马克思主义理论专著。除党组织创办的书店外，省港罢工委员会、农民运动讲习所、黄埔军校等也出版了不少马克思主义理论书籍。广东如此大规模、公开合法出版马克思主义理论著作在当时国内其他地方是无法想象的，这对促进马克思主义在广东乃至全国的传播都起到了难以估量的作用。

### 一、广州人民出版社的创办与马克思主义传播

#### （一）广州人民出版社在广州创办的历史考察

1921 年 7 月召开的中共一大选举陈独秀、张国焘、李达组成中央局，陈独秀任中央局书记，李达任宣传主任。会议决议开展"反复灌输共产主义"的工作，以此为指导，加强马克思主义宣传成为中国共产党成立后的一项重要工作，规定"一切杂志、日报、字典百科全书及宣传册均由中央

执行委员会或临时中央执行委员会的控制"①。为加强马克思主义宣传，中共中央于 1921 年八九月间创办人民出版社，李达担任负责人，负责马克思主义理论书籍的编辑、校对和发行工作。

关于人民出版社的历史，李达回忆道："本年秋季，在上海还成立了'人民出版社'（社址在南成都路辅德里 625 号），准备出版马克思全书十五种，列宁全书十四种，共产主义者（康民尼斯特）丛书十一种，其他九种，但在这一年内，只出版了十五种，如：《第三国际议案及宣言》《国家与革命》《共产党宣言》《苏维埃论》《共产党星期六》《哥达纲领批判》等书。'人民出版社'由我主持，并兼编辑、校对和发行工作，社址实际在上海，因为是秘密出版的，所以把社址填写为'广州昌兴马路'。"②

实际上，李达的回忆是不准确的。陈有和就认为，"人民出版社这时实际上分为了两部分，人民出版社的编辑部、出版部是在上海，由李达秘密主持，而发行部设在广州，这是公开的"③。任武雄也持同样的观点，指出人民出版社的编辑部是在上海，由李达主持，这是秘密的；出版发行部主要是在广州，这是公开的。广州人民出版社并非子虚乌有。人民出版社分设两处，各司其职。④

人民出版社确实有设在广州，这是毋庸置疑的。人民出版社出版的马克思主义理论著作，如《工钱劳动与资本》《讨论进行计划书》《俄国共产党党纲》《共产党礼拜六》《劳农政府之成功与困难》等都附有《人民出版社通告》。通告中明确提醒购书者说，"购读者请直接寄函本社接洽"，落款为"广州昌兴马路二十六号人民出版社启"。《新青年》第 9 卷第 5 号刊

---

① 《中共首次亮相国际政治舞台档案资料集》，上海人民出版社 2016 年版，第 161 页。

② 李达：《中国共产党的发起和第一次、第二次代表大会经过的回忆》，李忠杰、段东升主编：《中国共产党第一次全国代表大会档案文献选编》，中共党史出版社 2015 年版，第 108 页。

③ 陈有和：《中共"二大"与人民出版社》，《出版发行研究》2012 年第 11 期，第 39-42 页。

④ 任武雄：《李达主持的早期人民出版社到底设于何处？》，曾长秋、吕芳文、李仲凡主编：《湖南党史人物研究　学术卷》第一辑，湖南人民出版社 2008 年版，第 423-427 页。

登的《人民出版社通告》也是如此。《新青年》刊登的《共产党》月刊出版广告，发售处为广州昌兴新街（即昌兴马路）人民出版社和双门底蒙学书局。《新青年》第 9 卷第 5 号刊登的人民出版社《新书出版》广告，明确指出总发行所是在广州昌兴马路人民出版社。《新青年》第 9 卷第 6 号登载的人民出版社《出版新书》广告，也标明这些书由广州昌兴马路人民出版社发行。

除《新青年》外，当时党、团组织发行的其他杂志在刊登的相关广告中，都标明发行处或发售处是广州人民出版社。《青年周刊》第 2 号的《介绍书报》中介绍了《共产宣言》《工钱劳动与资本》《共产党计划》《俄国共产党党纲》《国际劳动运动中之紧要时事问题》5 本书，明确指出"以上各种都在昌兴街（即昌兴马路）人民出版社发售"。[①]《青年周刊》第 5 号的《介绍新书》中也明确"以上各书都在广州昌兴新街（即昌兴马路）二十六号楼上人民出版社发售"。[②]《先驱》所载《人民出版社通告》也标明"总发行所广州昌兴新街（即昌兴马路）二十六号人民出版社"。[③]《广东群报》也连续刊登人民出版社《新书出版》广告，除标明总发行处是广州昌兴马路 26 号人民出版社之外，还曾在 1922 年 5 月发表过一个特别提示："敬启者，本年五月五日马克思纪念册，本社有存，愿阅者——随时到本社来取，倘路远及外埠不便来取的，请来函写明地址，每本寄费附邮票一分，即可照寄。此布。"[④]这充分证明人民出版社在广州是真实存在的。

1922 年 5 月 24 日《广东群报》刊登的《努力周刊》广告以及《妇女

---

① 《介绍书报》，《青年周刊》1922 年 3 月 7 日第 2 号，转引自《青年周刊》，广东人民出版社 1986 年版，第 31 页。

② 《介绍新书》，《青年周刊》1922 年 3 月 26 日第 5 号，转引自《青年周刊》，广东人民出版社 1986 年版，第 105–106 页。

③ 《先驱》1922 年 5 月 15 日第 8 号。

④ 《广东群报》1922 年 5 月 19、23、24、26、29、30 日。

声》第 9 期广告，都标明它们由昌兴马路新青年社经售（代售）。[1] 新青年社出版的《社会主义讨论集》也曾刊登《人民出版社最近出版的新书》广告，指出"总发行所广州昌兴马路 28 号"。[2] 这说明不是由新青年社代行人民出版社职能，新青年社与人民出版社是并存的。

除上述证据外，人民出版社在广州设立也有充分的历史文献佐证。一个是蔡和森的《中国共产党史的发展》，这是 1925 年 10 月蔡和森赴莫斯科参加共产国际执委会第六次扩大会议时，应邀到莫斯科东方大学中共旅莫支部作的报告。在报告中，蔡和森明确提出："人民出版社，设在广东为我党言论机关，出版了很多书籍，对思想上有很大的影响。"[3] 另一个是蔡和森 1926 年 2 月 10 日给共产国际的报告。蔡和森在《关于中国共产党的组织和党内生活向共产国际的报告》中提到："在第二次代表大会前，我们在广州成立了人民出版社，出版了一些小册子，……我们撤销了在广州的这个出版社，把它迁移到上海。"[4] 蔡和森的报告显然比 30 多年后李达的回忆更权威，蔡和森明确指出，人民出版社设在广东，并且出版了马克思主义和列宁主义书籍，产生了很大影响。这说明位于广州的人民出版社不仅存在，并且在出版马克思主义理论著作中发挥了重要作用。

团中央相关文件也为人民出版社确有设在广州提供了依据。1922 年 7 月 7 日，团中央执行委员会第十二次会议召开。在决议中指出了常德社会主义青年团存在的五种错误，其中之一是"团员中之学生，才可至少须看广州人民出版社出版之各种书籍"[5]。由于当时，党、团组织界限并不明显，团中央不可能不知道人民出版社有无设在广州，而决议明确提到"广州人

---

① 《广东群报》1922 年 5 月 24 日。

② 新青年社编辑部：《社会主义讨论集》，新青年社 1922 年 9 月版。

③ 蔡和森：《蔡和森的十二篇文章》，人民出版社 1980 年版，第 20 页。

④ 《中央档案馆丛刊》1987 年 4 月 1 日第 2 期，第 19–50 页。

⑤ 《中国社会主义青年团一大及其筹备会议和第一届团中央执委会会议记录》，《党的文献》2012 年第 1 期，第 3–35 页。

民出版社出版之各种书籍"，如果广州人民出版社是虚构的、不存在，团中央不会在文件中专门强调广州人民出版社。因此，这更充分证明广州人民出版社是实际存在的，而不是虚假编造出来的。

综上所述，这些材料充分证明人民出版社在广州确实有真实的门店和地址。在资讯不发达的年代，在报刊上刊登广告无疑是最有效的宣传手段，如果当时广州没有人民出版社的存在，读者就无法联系购买相关出版物，马克思主义报刊和书籍的发行无从谈起，必然导致马克思主义宣传工作无法顺利进行。因此，人民出版社在广州真实存在，并且承担了马克思主义理论著作的发行工作，有力促进了马克思主义和列宁主义在广东乃至全国的早期传播。

### （二）广州人民出版社出版的马克思主义理论著作

人民出版社马克思主义著作出版计划到底是多少本？长期以来，学界都根据《新青年》第 9 卷第 5 号的《人民出版社通告》认为，人民出版社计划是：出版马克思全书 15 种，即《马克思传》《工钱劳动与资本》《价值价格与利润》《哥达纲领批判》《共产党宣言》《法兰西内乱》《资本论》《剩余价值论》《经济学批评》《革命与反革命》《自由贸易论》《神圣家族》《哲学之贫乏》《犹太人问题》《历史法学派之哲学的宣言》；列宁全书 14 种，即《列宁传》《国家与革命》《劳农会之建设》《无产阶级革命》《现在的重要工作》《劳工专政与宪法会议选举》《讨论进行计划书》《写给美国工人的一封信》《劳农政府之效果与困难》《共产主义左派的幼稚病》《帝国主义，资本主义的末局》《第二国际之崩坏》《共产党星期六》《列宁文集》；康民尼斯特丛书 11 种，即《共产党计划》《俄国共产党党纲》《共产主义与无政府主义》《世界革命计划》《共产主义入门》《共产主义》《创造的革命》《到权力之路》《第三国际议案及宣言》《共产主义与恐怖主义》《国际劳动运动中之重要时事问题》；其他9种，即《空想的与学科的社会主义》①和《马克思学说理论的体系》《伦理与唯物史观》《简易经济学》《多数党底理论》《俄国革命记实》《多数党与世界和平》《马克思经济学》《家庭之起原》。②

但实际上，根据笔者目前所掌握的资料，这个计划并不齐全。1922年4月出版的《第三国际议案及宣言》所载《人民出版社通告》显示，康民尼斯特丛书增加了2种，即《共产主义与妇女》《俄国革命与社会革命》；其他类别也增加了《李卜克内西纪念》《太平洋会议与吾人之态度》《劳农俄国问答》3种。③同时，根据登载在《新青年》第9卷第6号的人民出版社《出版新书》广告，其他类别里还有《劳动运动史》《两个工人谈话》二书，虽然没在上述计划，但已出版。④1922年5月30日《广东群报》上的人民出版社《新书出版》广告中，把《阶级斗争》也作为其出版的著作之一，但未标明具体属于哪一类别。这样综合分析，人民出版社的出版计划应为马克思全书15种，列宁全书14种，康民尼斯特丛书13种，其他14种，未知类别1种。

很显然，这个出版计划并没有完成。那广州人民出版社到底出版了多少书？陈独秀在1922年6月给共产国际的报告中提到人民出版社出版了12本书：马克思全书2种：《Communist Manifesto》（即《共产党宣言》）、《Lohn Arbeit und Kapital》（即《工钱劳动与资本》）；列宁全书5种：《Lenin's life》（即《列宁传》）、《Soviet at Work》（即《劳农会之建设》）、《讨论进行计划书》《Erfolge und Schwierigkeiten der Sowjetmacht》（即《劳农政府之成功与困难》）、《共产党礼拜六》；康民尼斯特丛书5种：《共产党计划》《俄国共产党党纲》《国际劳动运动中之重要时事问题》《第三国际议案及宣言》

---

① 原文如此，应为《空想的与科学的社会主义》，笔者注。

② 《新青年》1921年9月1日第9卷第5号。

③ 《第三国际议案及宣言》，人民出版社1922年4月版。

④ 《新青年》1922年7月1日第9卷第6号。

《Trosky's From October to Brest Litovisk》（即《俄国革命记实》），各印 3000本。[1] 陈独秀的报告将属于其他类别的《俄国革命记实》放到了康民尼斯特丛书中。综合 1922 年 4 月出版的《第三国际议案及宣言》所载《人民出版社通告》、《新青年》第 9 卷第 6 号的人民出版社《出版新书》广告、《青年周刊》第 5 号的《介绍新书》、1922 年 5 月 30 日的《广东群报》等可以看出，当时出版了马克思全书 4 种（含印刷中），即《共产党宣言》《资本论入门》《工钱劳动与资本》和《哥达纲领批判》（印刷中）；列宁全书 7种（含印刷中），即《列宁传》《劳农会之建设》《讨论进行计划书》《劳农政府之成功与困难》《共产党礼拜六》和《国家与革命》（印刷中）、《现在的重要工作》（印刷中）；康民尼斯特丛书 4 种，即《共产党计划》《俄国共产党党纲》《第三国际议案及宣言》《国际劳动运动中之重要时事问题》；其他 5 种，即《李卜克内西纪念》《太平洋会议与吾人之态度》《俄国革命记实》《劳动运动史》《两个工人谈话》；未知类别 1 种，即《阶级斗争》。

根据《前锋》第 2 期所载《新青年社出版书报目录》、新青年社出版的《社会主义讨论集》所载《人民出版社最近出版的新书》显示，印刷中的书都没有正式出版，因此广州人民出版社出版的书有：马克思全书 3 种，即《共产党宣言》《工钱劳动与资本》和《资本论入门》（即《马格斯资本论入门》）[2]；列宁全书 5 种，即《劳农会之建设》《讨论进行计划书》《共产党礼拜六》《劳农政府之成功与困难》《列宁传》；康民尼斯特丛书 4 种，即《共产党底计划》《俄国共产党党纲》《国际劳动运动中之重要时事问题》《第三国际议案及宣言》；其他 5 种，即《李卜克内西纪念》《太平洋会议与吾人之态度》《俄国革命记实》《劳动运动史》《两个工人谈话》；未知类别 1 种，即《阶级斗争》。

① 陈独秀：《中共中央执委会书记陈独秀给共产国际的报告》，李忠杰、段东升主编：《中国共产党第一次全国代表大会档案文献选编》，中共党史出版社 2015 年版，第 39—40 页。

② 《先驱》1922 年 4 月 15 日第 6 号。

广州人民出版社尽管存在时间不长，但这些著作的出版对于促进马克思主义传播起到了重要作用，这是中国马克思主义传播史上第一次大规模、有计划、有系统地传播马克思主义的伟大尝试，为以后马克思主义传播的持续开展提供了经验借鉴，对中国革命的迅猛发展起到了推动作用。

## 二、新青年社南迁广州与马克思主义传播

1921 年 2 月 11 日，新青年社被上海法租界巡捕房封闭，被迫迁至广州继续出版。但这在客观上无疑对促进马克思主义在广东的早期传播大有裨益。《新青年》从第 8 卷第 6 号起在广州出版，新青年社搬到广州后继续出版新青年丛书，包括《社会主义史》（第一种，克卡朴著，李季译）、《社会主义讨论集》（第二种）、《哲学问题》（第三种，罗素著，黄凌霜译）、《到自由之路》（第五种，罗素著，李季、黄凌霜、雁冰译）、《欧洲和议后之经济》（第六种，坎斯著，陶孟和、沈性仁译）、《工团主义》（第七种，哈列著，李季译）、《阶级争斗》（第八种，柯祖基著，恽代英译）等，总发行所设在广州昌兴马路 28 号新青年社。此外，还有《俄罗斯研究》（第四种），但不知为何并没有出版。[①] 新青年社还在《新青年》《前锋》等杂志刊发广告，以扩大影响。[②] 尽管新青年丛书中有些书不是纯马克思主义的，但这些书在广东的出版发行对于推动马克思主义传播仍然起到了积极作用。

除出版《新青年》杂志和新青年丛书外，新青年社还负责马克思主义著作的发行工作，原人民出版社出版的马克思全书、列宁全书、康民尼斯特丛书以及《精神讲话一斑》《京汉工人流血记》等都由新青年社负责发行。

---

① 新青年社编辑部：《社会主义讨论集》，新青年社 1922 年 9 月版。

② 《新青年》1921 年 4 月 1 日第 8 卷第 6 期；《前锋》1923 年 7 月 1 日第 1 期。

《前锋》《向导汇刊》《共产党》等杂志也由新青年社发行。[①]新青年社还连续在《新青年》刊登《新青年社——举行大廉价》《新青年书报目录》等广告，以扩大知名度，引起读者关注。

## 三、平民书社的创办与马克思主义传播

由于人民出版社与新青年社合并而停止活动，为适应广东革命宣传工作的需要，1923 年底，中共中央在广州成立了平民书社。社址起初设在广州昌兴马路 28 号，后迁到司后街 45 号。平民书社在一段时间内负责发行中共中央的机关刊物《新青年》季刊和《前锋》杂志，《新青年》季刊第 1、2 期都是平民书社编辑出版的。[②]平民书社还出版了一系列马克思主义理论著作，如《共产党宣言》《陈独秀先生讲演录》[③]《新社会观》[④] 等，这些著作都多次再版。《共产党宣言》的历史地位及其对促进马克思主义传播的作用毋庸讳言。在《陈独秀先生讲演录》一书中，陈独秀解释了为什么相信社会主义、相信何种社会主义以及社会主义如何在中国开始进行等三个方面的问题，解释对社会主义的各种疑问。

## 四、国光书店的创办与马克思主义传播

除中共中央在广东创办的书店外，广东地方党组织在这一时期也创办了多家出版机构，比较知名的当属国光书店和汕头书店等，它们出版了一批马克思主义理论著作，有力推动了马克思主义在广东乃至全国的早期传播。

---

① 《新青年》1923 年 6 月 15 日季刊第 1 期；《新青年》1925 年 4 月 22 日第 1 号。

② 《新青年》1923 年 6 月 15 日季刊第 1 期；《新青年》1923 年 12 月 20 日季刊第 2 期。

③ 《陈独秀先生讲演录》，平民书社 1924 年 11 月第三版。

④ 郭范仑科著、王伊维译、瞿秋白校：《新社会观》，平民书社 1925 年 6 月印行。

　　1924 年秋，广东区委在周恩来、陈延年、张太雷等人的领导下成立了广东区委宣传部直接掌握的出版机构——国光书店。店址初设在广州昌兴马路 26 号，后因业务不断扩大，迁至永汉北路财政厅前。为方便印刷马克思主义书籍，国光书店建立了自己的印刷厂。

　　国光书店由黄国梁担任经理。[1] 其他工作人员，根据饶卫华回忆，萧隽英曾在国光书店工作过。[2]《向导》第 126 期的发行通信特约订阅处以及《中国青年》第 126 期的发行部、编辑部、通信处分别是国光书店黄正、李义，这说明二人也是国光书店工作人员。但这两个名字是真名还是化名，由于资料缺乏，目前难以确定，有待进一步考证。

　　国光书店成立后，不仅出版和翻印了大量马克思主义理论著作，还积极做好相关书籍的发售和报刊的发行、销售工作。国光书店分售处有 4 个：汕头书店、广州东山商店、琼州平民书店、梧州苍梧书社，后来扩展到全国各大书坊。[3]

　　根据已知资料，国光书店最早出版的可确定具体月份的图书为 1925 年 3 月出版的《唯物史观浅释》。

　　由于资料不全，很难确切弄清国光书店具体出版了哪些马克思主义著作。根据目前所掌握的材料，国光书店出版的马克思主义理论著作如下表：

| 序号 | 书名 | 作（译）者 | 出版时间 |
|---|---|---|---|
| 1 | 《唯物史观浅释》 | 刘宜之 | 1925 年 3 月 |
| 2 | 《共产党宣言》 | 马克思、昂格士著，陈望道译 | 1925 年 4 月 |

---

[1] 中共广东省委党史资料征集委员会、中共广东省委党史研究委员会办公室编：《广东党史资料》第 1 辑，广东人民出版社 1983 年版，第 96 页。

[2]《中国共产党在广东地区建党初期情况点滴》，《广州文史资料选辑》第 17 辑，广东人民出版社 1979 年版，第 20 页。

[3] 中国青年社编辑：《帝国主义浅说》，国光书店 1926 年 11 月第三版。

（续上表）

| 序号 | 书名 | 作（译）者 | 出版时间 |
|---|---|---|---|
| 3 | 《共产党宣言》 | 马克斯、昂格士著，陈望道译 | 1926 年 4 月 |
| 4 | 《新社会观》 | 郭连甫著、王伊维译 | 1925 年 7 月 |
| 5 | 《马克思主义浅说》 | 一峰、辟世 | 1925 年 9 月 |
| 6 | 《社会进化简史》 | 张伯简编 | 1925 年 11 月 |
| 7 | 《马克思学说》 | 陈独秀 | 1925 年 |
| 8 | 《资本制度浅说》 | 山川均著、施存统译 | 1926 年 1 月 |
| 9 | 《阶级争斗》 | 柯祖基著、恽代英译 | 1926 年 4 月 |
| 10 | 《中国民族运动与劳动阶级》 | 赫莱尔著、东篱译 | 1926 年 6 月 |
| 11 | 《社会主义讨论集》 | 新青年社编辑部 | 1926 年 7 月 |
| 12 | 《帝国主义讲授大纲》 | 萧楚女 | 1926 年 8 月 1 日 |
| 13 | 《社会主义讲授大纲》 | 萧楚女 | 1926 年 9 月 15 日 |
| 14 | 《海丰农民运动》 | 彭湃 | 1926 年 10 月 |
| 15 | 《帝国主义浅说》 | 一峰、辟世 | 1926 年 11 月 |
| 16 | 《精神讲话一斑》 | 林修梅 | 1926 年 |
| 17 | 《工钱劳动与资本》 | 马克思著、袁让译 | 1926 年 |
| 18 | 《帝国主义侵略中国史》 | 于树德 | 1927 年 1 月 |
| 19 | 《共产主义问答》 | 任卓宣 | 1927 年 3 月 |
| 20 | 《政治常识》 | 省港罢工委员会教育宣传委员会编 | 1927 年 3 月 |
| 21 | 《中国民族革命运动史》 | 恽代英 | 1927 年 3 月 |
| 22 | 《唯物史观论》 | 布哈林著、熊锐译 | 1927 年 3 月 |

　　除出版马克思主义理论著作外，国光书店还是马克思主义理论著作的重要销售渠道，对推动马克思主义在广东传播的作用不言而喻。根据目前掌握的资料，国光书店出售的马克思主义理论著作主要有：《共产主义的ABC》（新青年社丛书之一种）、《中国革命问题论文集》（新青年社丛书之

一种）、《不平等条约》（向导丛书第一种）、《中国关税问题》（向导丛书第二种）、《反戴季陶的国民革命观》（向导丛书第三种）、《社会科学概论》《陈独秀演讲录》《新社会观》《显微镜下之醒狮派》（中国青年社丛书第六种）、《省港罢工概观》《世界职工运动》①、《两个工人谈话》《罢工与东征》《精神谈话》《共产主义与共产党》《评中西文化观》②《帝国主义讲授大纲》《唯物史观》③《农民运动须知》④《农民问题》《中国共产党五年来之政治主张》⑤《我们现在为什么争斗？》⑥、《中国革命问题论文集》（上下二册）、《各时代经济元素表》《少年共产国际》《京汉工人流血记》《青年工人问题》《将来之妇女》《青年平民读本》⑦《列宁主义之理论及实施》⑧《世界职工运动》⑨《工团主义》《哲学问题》⑩等。

人民出版社原来出版的马克思全书包括《资本论入门》（即《马格斯资本论入门》）等，列宁全书包括《劳农会之建设》《讨论进行计划书》《共产党礼拜六》《列宁传》《劳农政府之成功与困难》等，康民尼斯特丛书包括《共产党底计划》《俄国共产党党纲》《国际劳动运动中之重要时事问题》《第三国际议案及宣言》等，以及《劳动运动史》《俄国革命记实》等，也由国光书店销售。⑪此外，人民周刊社还曾出版人民周刊丛书，包括社会

---

① 《国光书店经售各书》，中国青年社编辑：《帝国主义浅说》，国光书店 1926 年 11 月第三版。

② 《国光书店经售各书》，张伯简编：《社会进化简史》，国光书店 1925 年 11 月出版。

③ 《介绍书报》，《疾呼》1926 年 11 月 30 日第 13 期。

④ 《介绍书报》，《疾呼》1926 年 12 月 15 日第 14 期。

⑤ 《新青年》1926 年 5 月 25 日不定期刊第 4 号。

⑥ 《广州民国日报》1927 年 1 月 4 日。

⑦ 《新青年社书报目录》，《新青年》1926 年 7 月 25 日不定期刊第 5 号。

⑧ 《广州民国日报》1926 年 10 月 21 日。

⑨ 《广州民国日报》1926 年 11 月 22 日。

⑩ 《共产党宣言》，国光书社 1925 年 4 月版。

⑪ 新青年社编辑部：《社会主义讨论集》，新青年社 1922 年版。

科学丛书、国际问题丛书、列宁丛书、中华全国总工会丛书4个系列，出版的书已知的有《中国民族革命运动及其策略》等，都由国光书店负责发行。[①] 当然，国光书店售卖的马克思主义著作肯定不止这些，但通过这些书目我们可窥豹一斑，了解国光书店在推动马克思主义在广东早期传播中所扮演的重要角色。

除做好马克思主义理论书籍的发售工作外，国光书店还积极做好相关刊物的发行和销售工作。根据目前掌握的材料，中共中央主办的《向导》《前锋》、团中央主办的《中国青年》、中共广东区委主办的《人民周刊》、团广东区委机关刊物《少年先锋》[②]、新学生社发行的《新学生》、国民党中央农民部编辑的《中国农民》，以及《中国军人》《现代评论》[③]《犁头》《国民周刊》《农民运动》[④]《黄埔潮》等都由国光书店销售。此外，《新青年》月刊、《新青年》季刊、《向导汇刊》《中国青年汇刊》《社会科学讲义》（1—5集）等也都由国光书店销售。[⑤] 广东区委学生运动委员会的机关刊物《做什么？》也由国光书店负责发行。向导丛书也由国光书店总代售。[⑥] 除做好销售工作外，为加快刊物发行，减少邮寄导致的延迟和宣传上的不便，经中共中央批准，《向导》和《中国青年》由国光书店翻印。[⑦]

为提高书店知名度，提高马克思主义著作的影响力，国光书店还进行了大规模广告宣传。当时国光书店出版印刷的各种书，如《共产党宣言》《社会主义讨论集》《帝国主义浅说》《社会进化简史》《新社会观》等都附

① 《四种丛书出版预告》，《我们现在为什么争斗》，人民周刊社1926年12月版。

② 《中国青年》1926年第141期。

③ 张伯简编：《社会进化简史》，国光书店1925年11月版。

④ 《介绍书报》，《疾呼》1926年11月30日第13期。

⑤ 《新青年社书报目录》，《新青年》1926年7月25日不定期刊第5号。

⑥ 《新青年》1926年7月25日不定期刊第5号。

⑦ 《团广州地委给团中央的信》，《广东革命历史文件汇集（群团文件）一九二五（二）》甲3，1983年7月印行，第21页。

有当时所售各书的广告，仅在《共产党宣言》一书中附后的广告中就有《共产主义初步》《共产党宣言》等 23 种书籍和杂志。[①] 此外，还相继在《广州民国日报》《人民周刊》《少年先锋》《疾呼》等报刊上刊登广告，从而提高书店知名度，促进马克思主义著作销售。

## 五、汕头书店的创办与马克思主义传播

汕头书店是在汕头党、团组织的领导下，由吴渭鸿等人于 1925 年 3 月创办，专办"一切上海书店和民智书局等有关系之书籍"。为此，杨石魂还专门就代售上海书店图书事宜致信团中央，商量代售办法。[②]1925 年 9 月 24 日，汕头书店遭刘志陆封闭。[③] 第二次东征之后，在周恩来的关心指导下，汕头书店恢复，在售卖马克思主义书籍的同时，也发售宣传国民革命的刊物，成为"专卖本党（指国民党）及共产主义书籍"的书店。[④] 汕头党、团员的理论学习书籍都在汕头书店购买。[⑤] 汕头书店除销售上海书店、国光书店出版的马克思主义书籍外，还代售《新青年》《向导》《中国青年》《人民周刊》《少年先锋》《中国农民》等杂志，并在《岭东民国日报》刊登书报广告。[⑥] 同时，汕头书店翻印了不少马克思主义理论著作，

---

① 《共产党宣言》，国光书社 1925 年 4 月版。

② 《杨石魂致团中央信询问去上海定购书籍手续》，《广东革命历史文件汇集（群团文件）一九二五（一）》甲 2，1983 年 7 月印行，第 130–131 页。

③ 《团汕头地委给团中央的报告——关于粤军逮捕辛乐民和汕头政治形势问题》，《团汕头地委关于第二次团员大会经过报告》，《广东革命历史文件汇集（群团文件）一九二五（二）》甲 3，1983 年 7 月印行，第 58 页。

④ 《广州民国日报》1926 年 1 月 13 日。

⑤ 《团汕头地委关于第二次团员大会经过报告》，《广东革命历史文件汇集（群团文件）一九二五（二）》甲 3，1983 年 7 月印行，第 336 页。

⑥ 《岭东民国日报》1926 年 2 月 3 日。

毛泽东的《中国社会各阶级的分析》①和陈独秀的《共产主义与共产党》②等都曾由汕头书店翻印。此外，有资料显示，《中国共产党五年来之政治主张》也曾由汕头书店翻印。③因此，汕头书店是潮汕地区马克思主义传播的重要阵地，为推动马克思主义传播作出了贡献。汕头书店还是汕头党、团组织活动的重要基地之一，1925年的马克思纪念活动中，汕头党、团组织就曾在汕头书店召集马克思纪念会，演讲马克思主义及其学说。④

除上述书店外，这一时期还有广州书店，发行过《共产主义与共产党》⑤等马克思主义著作。

## 六、其他各种机构的马克思主义理论出版物与马克思主义传播

黄埔军校、农民运动讲习所等也出版了一批马克思主义书籍。黄埔军校在政治部工作的共产党人的领导下，出版过不少马克思主义理论方面的教材，如恽代英的《国民革命》（政治讲义第2种），王懋廷的《帝国主义》（政治讲义丛刊第3种），杨道腴的《经济学概要》（政治讲义第4种），恽代英的《政治学概论》（政治讲义丛刊第5种），恽代英的《中国国民党与农民运动》（政治讲义第6种），汤澄波编纂、恽代英审定《各国革命运动概论》（政治讲义第7种），廖划平的《社会进化史》（政治讲义第9种）、萧楚女的《社会科学概论》（政治讲义第10种）、《帝国主义侵略中国史》（政

---

① 毛泽东：《中国社会各阶级的分析》，汕头书店1927年4月版。

② 陈独秀：《共产主义与共产党》，汕头书店1926年11月版。

③ 李德之：《潮汕革命报刊、书店简况》，中共广东省委党史研究室编：《广东党史资料》第23辑，广东人民出版社1993年版，第374页。

④《团汕头地委其清的报告——关于五月第一周纪念活动、市党部选举和援助"沪案"情况》，《广东革命历史文件汇集（群团文件）一九二五（二）》甲3，1983年7月印行，第251-252页。

⑤ 陈独秀：《共产主义与共产党》，广州书店1925年版。

治讲义第 13 种）等。此外，中央军事政治学校潮州分校也出版了不少讲义。这些教材很多都是参考马克思主义相关理论著作编写的，如杨道腴的《经济学概要》一书参考了陈溥贤译《马克斯经济学说》、周佛海著《社会主义概论》、李汉俊译《马格斯资本论入门》等著作；[1] 王懋廷的《帝国主义》一书参考了《共产主义的 ABC》《社会主义之思潮及其运动》等著作[2]。除各种讲义之外，黄埔军校还出版有政治丛书，包括《政治问答集（一）》（政治丛书第 5 种）等。[3] 这些书的出版对于推动马克思主义传播起到了积极作用，并产生了很大的社会影响。

农民运动讲习所也出版了一批马克思主义理论著作。在毛泽东主持下，农民运动讲习所制定了 52 种"农民问题丛刊"出版计划，目前已知实际出版了 26 种。其中与马克思主义密切相关的有：《湖南农民运动目前的策略》（第 8 种）、《农民合作概论》（第 9 种）、《列宁与农民》（第 10 种）、《农民国际》（第 11 种）、《俄国农民与革命》（第 12 种）、《中国农民问题研究》（第 13 种）、《土地与农民》（第 14 种）、《苏俄之农业政策》（第 15 种）、《社会革命与农民运动》（第 16 种）、《广东农民运动概述》（第 18 种）、《海丰农民运动报告》（第 19 种）等。[4] 此外，国民党中央农民部也出版了丛书，包括《农民国际》《农民运动须知》《农民合作概论》《社会主义与农业问题》[5] 等，这些书籍的出版对于马克思主义理论特别是农民问题理论的传播起到了推动作用。

广州丁卜书局也发行了部分马克思主义理论著作，如郎擎霄著《革命原理》就由丁卜书局发行。广东区委也曾通过丁卜书局发行《陈独秀先生

① 杨道腴：《经济学概要》，黄埔军校 1926 年 9 月印行。

② 王懋廷：《帝国主义》，黄埔军校 1926 年 9 月印行。

③ 《政治问答集（一）》，黄埔军校 1927 年 2 月印行。

④ 《第六届农民运动讲习所办理经过》，《中国农民》1926 年 11 月第 9 期，第 1–10 页。

⑤ 《本部工作报告概要》，《中国农民》1926 年 11 月第 9 期，第 1–16 页。

演讲集》。一些学校也出版过马克思主义书籍，如汤澄波翻译的《列宁主义之理论及实施》就由广东国民大学发行。国民党中央宣传部也发行过一些马克思主义理论著作，如朱则翻译的《帝国主义之政策的基础》等。

## 七、各地马克思主义理论书籍在广东的发行与马克思主义在广东的传播

除广东省内出版发行的马克思主义著作外，各地发行的马克思主义理论书籍也大量涌入广东。如党组织领导的上海书店以及商务印书馆、民智书局等发行的马克思主义书籍，都在广东得以发行。

上海书店作为党领导的马克思主义理论书籍出版机构，出版了大量马克思主义著作，在中国马克思主义传播史上具有重要地位。上海书店在广州设有专门的代售点，负责销售工作。[①] 国光书店等也大量翻印上海书店出版的马克思主义著作。

商务印书馆在这一时期也是推动马克思主义传播的重要机构。商务印书馆曾发行"共学社丛书""新时代丛书""世界丛书""马克思研究丛书"等，这些书通过在广州、潮州等地的商务印书馆分馆得以在广东各地发行。

此外，民智书局在这一时期也发行了一批马克思主义理论书籍，如胡汉民的《唯物史观与伦理之研究》，朱枕薪的《俄罗斯之妇女》《朱执信集》等。民智书局还在《广州民国日报》发出了列宁的《国家与革命》出版预告，称"此书现在排印中，不日将出版"，但不知是否出版。[②] 民智书局专门在广州设立了分店销售相关书籍。中华书局也有《社会问题概观》《社

---

① 蔡和森：《关于中国共产党的组织和党内生活向共产国际的报告》，《中央档案馆丛刊》1987 年 4 月 1 日第 2 期，第 19—50 页。

② 《广州民国日报》1926 年 5 月 11 日。

会问题总览》等推动马克思主义传播的译著出版，通过广州、汕头、潮州等地的分售处发行。

　　诚然，由于资料不全，马克思主义在广东早期传播的著作肯定不止这些，还有许多其他书籍也对马克思主义传播起到了推动作用。但是通过上述这些著作，我们可以看到它们在推动马克思主义传播中发挥的显著作用。马克思主义传播离不开相关著作的出版，广东相对开放的政治环境给了马克思主义著作出版和发行的便利，而这些著作在广东的出版发行有力促进了马克思主义在广东的早期传播。

# 本章小结

综上所述，由于广东相对开放的政治环境，传播马克思主义的理论著作、报纸、刊物大量出版发行，有力推动了马克思主义在广东的早期传播。这一时期，广东发行的报纸，如《民生日报》《广东中华新报》《广东群报》《工人之路特号》以及《陆安日刊》《岭东民国日报》《广州民国日报》等都发表了大量马克思主义和列宁主义理论文章。这些报纸既有广东党组织创办的，也有国民党创办但中国共产党人参与了编辑工作的。马克思、列宁的译作、相关阐释文章的发表，推动了马克思主义和列宁主义相关理论的传播。同时，批判了各种非马克思主义观点，为马克思主义传播扫清了障碍。

各种刊物的发行也有助于马克思主义在广东的传播。广东党、团组织发行了不少刊物，如《青年周刊》《人民周刊》《少年先锋》《我们的生活》《新学生》等。中共中央、团中央的刊物如《新青年》《向导》《中国青年》等也在广东发行，并一度搬到广东编辑出版。其他各种团体、组织、军队在这一时期都发行了大批刊物，其中有不少刊登了马克思主义和列宁主义理论文章，不仅有译作，也有大量阐释性文章，成为马克思主义传播的重要阵地。

马克思主义理论著作的出版推动马克思主义在广东的早期传播。这一时期，在中国共产党的领导下，广东先后成立了新青年社、广州人民出版社、平民书社、国光书店、汕头书店等，出版发行了一大批传播马克思主义理论的书籍，形成了一个马克思主义理论著作出版的高潮。其中既有马克思、列宁原著的翻译出版，也有国内外阐释著作的出版。农民运动讲习所、黄埔军校等也发行了一批推动马克思主义传播的著作。中共中央创办的上海书店以及商务印书馆、民智书局等出版的马克思主义理论著作也在广东各地发行。

马克思主义在广东的早期传播中，马克思主义著作与报纸、刊物互相补充、互相配合，相得益彰，它们在广东共同构成了一个比较完备的马克思主义传播网，有力推动了马克思主义传播。

# 第三章

# 各党派团体、训练班、学校与马克思主义在广东的早期传播

　　马克思主义在广东的早期传播中，各党派团体、训练班与学校等也发挥了重要作用。广东党、团组织除在工农群众及学生中传播马克思主义、推动马克思主义大众化外，还积极通过组织内部学习，举办培训班、党校，在广大党员和团员中传播马克思主义。这一时期，农民运动讲习所、黄埔军校以及在国共合作下开办的各种训练班，如劳动学院、政治训练班等，其不少课程涉及马克思主义理论内容，它们在推动马克思主义在广东的早期传播中发挥了重要作用。

微信扫码，立即获取

☆ PPT总结分享
☆ 更多延伸阅读资源

## 第一节 广东党、团组织对马克思主义在广东的 早期传播的推动

马克思主义在广东早期传播的方式多种多样。通过内部学习、训练班、党校等传播马克思主义是其中行之有效的方式。广东从党的早期组织建立开始就注重利用这些方式推动马克思主义传播，并以此为党组织的建立奠定思想和组织基础。随着广东革命形势不断发展，特别是国共合作局面形成后，广东党、团组织更加重视以内部学习、训练班等方式提高党员和团员的马克思主义理论水平。利用各种时机在党员和团员内部进行马克思主义训练，并向广大工人、农民、青年学生宣传马克思主义，同时举办各种训练班集中培训党和团员，提高他们的马克思主义理论水平。在推动革命形势不断向前发展的同时，也促进了马克思主义传播。

## 一、广东党、团组织成立前后与马克思主义传播

1920 年 12 月，陈独秀应邀到广州后不久就创办了广东省立宣讲员养成所，旨在宣传马克思主义，培养革命人才。

1921 年 6 月 20 日，《广东群报》刊登了《宣讲员养成所定期开学》的报道，由陈公博担任所长，并由广东省教育委员会通令各县遴选学员到所学习。《广东群报》连续登载了《广东省立宣讲员养成所招生广告》，以扩大宣讲员养成所的影响力。经过选拔，养成所录取专门班 70 人，通俗班

76 人。① 谭植棠担任专门班主任，余锡恩担任通俗班主任，规定专门班 1 年毕业，通俗班 6 个月毕业。广东省立宣讲员养成所实际上成为广东党的早期组织传播马克思主义、培养理论和宣传干部的一所学校。课程主要有反帝反封建、社会主义、群众运动、阶级斗争、宣传的方式方法等。② 根据《广东省立宣讲员养成所同学录》所载，第一期专门班毕业 79 人，通俗班毕业 80 人。③ 养成所学员大部分来自省内，部分来自邻近的广西等地，其中有不少人如黄学增、刘琴西等后来都加入中国共产党，并在随后的革命中发挥了重要作用。

此外，广东党、团组织非常重视对马克思主义理论的研究。广东党组织成立不久，就建立了 80 余人的马克思主义研究会，其中 20% 是法律系的学生，20% 是高等、中等院校的学生，其余的人是各种政治小组和编辑小组的成员。④ 广东团组织则创办了广东社会主义讨论会，"专讨论马克斯主义及关于马克斯主义之各种问题，以至如何应用于中国社会改造为宗旨"，规定了详细的讨论方法，以促进马克思主义在青年团员中的传播。⑤ 彭湃也在海丰创办社会主义研究社。⑥

## 二、大革命时期广东党、团组织与马克思主义传播

1924 年第一次国共合作正式形成，广东革命形势日渐高涨。广东党、

---

① 《省立宣讲所考取两班新生》，《广东群报》1921 年 8 月 12 日。

② 谭天度：《关于广东党组织成立的回忆》，《"一大"前后广东的党组织》，1981 年印行，第 116 页。

③ 紫金县政协文史委员会：《紫金文史》第 10 辑，1992 年印行，第 52—63 页。

④ 《广州共产党的报告》，《广东革命历史文件汇集（中共广东区委文件）一九二一年——一九二六》甲 6，1983 年 9 月印行，第 3 页。

⑤ 《广东社会主义讨论会简章草案》，《青年周刊》1922 年 3 月 7 日第 2 号，转引自《青年周刊》，广东人民出版社 1986 年版，第 16—19 页。

⑥ 郭德宏：《彭湃年谱》，中共中央党校出版社 2007 年版，第 46 页。

团组织充分利用这一时机通过各种途径提高党、团员的理论水平，积极促进马克思主义传播。广东党、团组织认识到了训练教育对党、团员的重要性以及推动马克思主义传播的重要作用，认为"一个革命的团体，想使它组织严密，纪律严明，而且日渐扩大，必须使它的分子能够在思想方面，明了团体的主义及临时发生的各种问题之策略"。[①] 同时还指出，作为一个马克思共产主义者，对马克思共产主义虽不能完全了解，亦须"使团员知其大概"。[②] 为此，广东党、团组织在训练教育党、团员以及马克思主义大众化方面做了不少工作，推动了马克思主义传播。

### （一）通过内部学习提高党、团员的马克思主义理论水平

广东区委要求每个支部必须照章每周开会一次，认为这是"一件最紧要的事情"，并且每次支部会议都要分出专门时间讨论马克思主义。讨论内容以区委宣传部每周所发讨论大纲和宣传大纲为主，也可以讨论《向导》《人民周刊》《我们的生活》上的重要文章。讨论方法是：宣传干部提前准备好讨论题目，在会上报告。报告后，由大家提出问题，互相讨论，讨论后由宣传干部作结论。[③]

团广东区委也对马克思主义研究学习提出要求，专门制定《团粤区委关于支部或小组的训练工作计划》，要求支部或小组每周开常会一次，注意主义和政策研究、训练，每名团员都应加强主义研究和讨论，还列出了需要研究的书目，其中大部分都是马克思主义理论书籍，如《陈独秀先生讲演录》《社会主义浅说》《社会科学概论》《新社会观》《资本制度浅说》《马克思主义与达尔文主义》《马克思主义浅说》《马克思学说概要》《共产

---

① 《团粤区委关于内部组织、训练与教育提案》，《广东革命历史文件汇集（群团文件）一九二五（一）》甲2，1983年7月印行，第58页。

② 《团广州地委组织部报告（第一号）》，《广东革命历史文件汇集（群团文件）一九二五（一）》甲2，1983年7月印行，第167页。

③ 《教育工作底方法》，《我们的生活》1926年11月30日第4号。

主义初步》《共产党宣言》《帝国主义浅说》《阶级斗争》《唯物史观》《唯物史观浅释》等。对研究学习的步骤与做法也有具体要求，即支部或小组开会时，指定同志先作总报告，再由各同志加以补充，同时须提出问题讨论，吸引同志进行研究。①

团广州地委规定，各支部要制定马克思主义讨论提纲，交各支部讨论，并派人到本区域支部联席会议上作政治或主义的报告。②开支部会议时，按照理论水平高低，由参加者提出关于主义的理论进行讨论或解释。唯物史观、阶级斗争、政治问题、劳动运动问题等均要在各支部会议时进行解释，"使团员知其大概"。③团广州地委还规定每月至少须召集本支部团员作马克思主义演讲一次，使各团员对其有根本的认识。④在此基础上，团广州地委进一步规定，学校支部要系统讨论"共产主义初步"，其他支部要系统讨论"马克思主义浅说"。区、地委员和各负责重要工作的同志，则共同组织讨论会，专门讨论马克思主义原理等内容。⑤

1925 年 8 月，团广州地委专门组织教育训练委员会，"以便专力主持教育训练的进行计划"。规定每周由组织部负责起草训练提纲，教育训练委员会通过后召集支部书记联席会议解释。支部书记听讲后将训练提纲带回，召开支部会议时，将提纲内各题逐条讨论，逐次发言，并将结果写成报告。每次开会时，地委须派一人参加指导。"什么是共产主义""什么是

---

① 《团粤区委关于支部或小组的训练工作计划》，《广东革命历史文件汇集（群团文件）一九二六（一）》甲 4，1983 年 8 月印行，第 237–238 页。

② 《团广州地委一月份的计划》，《广东革命历史文件汇集（群团文件）一九二五（一）》甲 2，1983 年 7 月印行，第 82 页。

③ 《团广州地委组织报告（第一号）》，《广东革命历史文件汇集（群团文件）一九二五（一）》甲 2，1983 年 7 月印行，第 167–168 页。

④ 《团广州地委报告（第十八号）——关于组织团花县地委经过的情形》，《广东革命历史文件汇集（群团文件）一九二五（一）》甲 2，1983 年 7 月印行，第 330 页。

⑤ 《团广州地委特字报告（第二号）——地委分工和理论学习情况》，《广东革命历史文件汇集（群团文件）一九二六（一）》甲 4，1983 年 8 月印行，第 160 页。

阶级斗争""参加民族革命问题"等都要进行专门讨论，以推动马克思主义理论普及和传播。[1]

团汕头地委规定每周日开演讲会，专作政治报告和主义上之演讲。[2]团陆丰特支、团南雄特支、团东莞地委经常就"什么是共产主义"等问题开展讨论会，或利用开会时间开展训练。江门、会城团组织利用召开全体大会的时机，组织"各同志互讨论本校组织和党义"。[3]团顺德支部开会训练各团员，"演讲主义"，并解释"共产主义与共产党"等题目。[4]团甲工支部规定，如不出席支部会议，一次者罚演讲一次，二次者除罚演讲外，还要由书记提出关于主义、政策及《团刊》上的问题，使其解答，督促团员加强马克思主义理论学习。[5]

### （二）利用各种机会公开演讲传播马克思主义

除加强党、团组织内部马克思主义学习和教育外，广东党、团组织还利用各种机会对外公开宣讲马克思主义。团广东区委明确提出要组织演讲队，公开演讲宣传马克思主义。[6]广东区委也曾派人在省港罢工工人中召集"比较明白"的人，公开演讲共产主义、工人阶级与共产党等问

---

[1]《团广州地委特别报告（第六号）》，《广东革命历史文件汇集（群团文件）一九二五（一）》甲2，1983年7月印行，第339页。

[2]《团汕头地委关于第二次团员大会经过报告》，《广东革命历史文件汇集（群团文件）一九二五（二）》甲3，1983年7月印行，第336页。

[3]《徐辉给团中央的报告》，《广东革命历史文件汇集（群团文件）一九二二年——一九二四年》甲1，1983年4月印行，第54页。

[4]《团顺德支部会议报告表（第三号）》，《广东革命历史文件汇集（群团文件）一九二五（二）》甲3，1983年7月印行，第299页；《团顺德地委报告》，《广东革命历史文件汇集（群团文件）一九二六（一）》甲4，1983年8月印行，第247页。

[5]《广州地方团的组织情况》，《广东革命历史文件汇集（群团文件）一九二五（一）》甲2，1983年7月印行，第36页。

[6]《团粤区委给团中央的报告——十二月份工作情况和一月份工作计划》，《广东革命历史文件汇集（群团文件）一九二六（一）》甲4，1983年8月印行，第11页。

题。①1926年4月27日，大夏大学举行离校同学联欢会，广东党、团组织都派代表参加，由黄居仁演讲，并回答学生们"共产主义在中国如何实行""国民革命中何以要有CP、CY"两个问题，"结果很得群众信仰"。②

团广州地委还组织固定演讲队，以备各种集会时去演讲。③1926年1月15日，新学生社举行社员大会，团广州地委派代表出席演讲列宁主义，并公开征求团员。④团东莞地委也在学生联合会及莞中学生会等组织中举办"学术演讲会""社会科学研究社"等，讨论马克思主义。⑤团广州地委学生运动委员会还派人到新学生社演讲革命学生与共产主义，"结果亦颇有成绩"。演讲之后还选定"国民革命与阶级斗争""共产党与国民革命""共产主义与中国"三个题目，由团组织做出讨论提纲，交新学生社各支部讨论，用新学生总社名义出席进行解释，以宣传马克思主义。⑥

团海丰支部经常在农工集会时宣传无产阶级专政学说。⑦团新会支部也在工人开会和罢工时，半公开宣扬马克思主义。⑧团顺德支部利用俱乐

① 《团广州地委组织部工作报告》，《广东革命历史文件汇集（群团文件）一九二六（一）》甲4，1983年8月印行，第18页。

② 《团粤区委给团中央的报告》，《广东革命历史文件汇集（群团文件）一九二六（一）》甲4，1983年8月印行，第379页。

③ 《团广州地委一月份的计划》，《广东革命历史文件汇集（群团文件）一九二五（二）》甲3，1983年7月印行，第82页。

④ 《团广州地委给团中央的总报告》，《广东革命历史文件汇集（群团文件）一九二六（一）》甲4，1983年8月印行，第141页。

⑤ 《团东莞地委给团中央的报告（第一号）》，《广东革命历史文件汇集（群团文件）一九二六（一）》甲4，1983年8月印行，第334页。

⑥ 《团广州地委学生运动委员会报告》，《广东革命历史文件汇集（群团文件）一九二五（二）》甲3，1983年7月印行，第356页；《团粤区委给团中央的报告——十二月份工作情况和一月份工作计划》，《广东革命历史文件汇集（群团文件）一九二六（一）》甲4，1983年8月印行，第11页。

⑦ 《团海丰连渊的报告》，《广东革命历史文件汇集（群团文件）一九二五（二）》甲3，1983年7月印行，第284–285页。

⑧ 《团新会支部十一月份总报告》，《广东革命历史文件汇集（群团文件）一九二五（二）》甲3，1983年7月印行，第285页。

部名义召集工人、农民公开演讲马克思主义，并到各工会、农会中去演讲。[①]团香港特委利用新学生社香港分社开会的机会，进行关于共产主义问题的讨论，主要有阶级斗争与国民革命、共产主义等内容，还向一般群众进行略带共产主义色彩的演讲。[②]团花县地委在农会开幕或开常会时，派人公开演讲关于"我们的主义"。[③]团汕头地委由学联组织宣传委员会召集演讲会，演讲马克思主义。[④]

### （三）举办训练班促进马克思主义传播

除组织内部学习外，广东党、团组织还积极按照中共中央要求举办各种形式的训练班、党校等，通过集中培训向党、团员宣传党的方针政策，提高他们的马克思主义理论水平和从事实际革命的能力，客观上促进了马克思主义在广东的传播。

中共中央对通过党校进行党内教育、培养人才非常重视。早在 1924 年 5 月，中共中央制定的《党内组织及宣传教育问题议决案》就指出："党内教育的问题非常重要，而且要急于设立党校养成指导人才。"[⑤]1925 年 1 月，中共四大通过的《对于宣传工作之议决案》更进一步指出："有设立党校有系统地教育党员，或各校临时讲演讨论会，增进党员相互间对于主义的深切认识之必要。"[⑥]1925 年 10 月，中共中央制定《宣传问题议决案》，

---

① 《团顺德支部会议报告表（第三号）》，《广东革命历史文件汇集（群团文件）一九二五（二）》甲 3，1983 年 7 月印行，第 299 页。

② 《团香港特委关于教育宣传工作情况的报告》，《广东革命历史文件汇集（群团文件）一九二六（一）》甲 4，1983 年 8 月印行，第 68–70 页。

③ 《团花县地委给团中央的报告》，《广东革命历史文件汇集（群团文件）一九二六（一）》甲 4，1983 年 8 月印行，第 114 页。

④ 《团汕头地委给团中央的报告（第一号）》，《广东革命历史文件汇集（群团文件）一九二六（二）》甲 5，1983 年 8 月印行，第 73 页。

⑤ 《建党以来重要文献选编（1921—1949）》第二册，中央文献出版社 2011 年版，第 74 页。

⑥ 《建党以来重要文献选编（1921—1949）》第二册，中央文献出版社 2011 年版，第 257 页。

提出开办各地党校是一种重要工作，党校形式有两种：一是各地委之下的普通党校，造成群众的鼓动员。这种党校应当是工人的，期限最多一月或一个半月。二是区委之下的高级党校，教育政治水平较高的同志和已经有工作经验的同志，造就能够办党的、能够做"负责任"工作的人才，毕业期限不超三个月。[①] 不久，中共中央专门发出《中央通告第六十八号》，对成立党校问题提出"务要实行"。[②] 同时，积极编印训练材料，以帮助各地教育训练工作。1925 年 10 月，团广东区委一次就收到罗亦农主讲的"阶级斗争与政党"200 份、"党的组织问题"200 份。[③]

遵照中共中央要求，广东区委对建立党校或训练班训练党员、传播马克思主义高度重视，并要求各地组织训练班[④]，由广东区委宣传部负责课程计划及教育训练材料的编印[⑤]。时任广东区委秘书陈延年为解决训练班教材问题，还专门写信给在莫斯科东方大学留学的陈乔年、王若飞等人，希望他们将东方大学的教材、课程记录等托人带到广东使用。[⑥]

经与国际代表商定，广东区委 1925 年 1 月在广州东山正式成立党校训练党、团员，时间 3 个月，每晚上课 2 小时，于 1 月 20 日开学，人数约 20～30 人。[⑦]1925 年 6 月，省港大罢工开始后，为建立党在罢工斗争

---

① 《建党以来重要文献选编（1921—1949）》第二册，中央文献出版社 2011 年版，第 529–530 页。

② 《中国共产党宣传工作文献选编：1915—1937》，学习出版社，1996 年，第 670–671 页。

③ 《团粤区委报告（第三号）》，《广东革命历史文件汇集（群团文件）一九二五（二）》甲 3，1983 年 7 月印行，第 66 页。

④ 《团粤区委给团中央的报告——十二月份工作情况和一月份工作计划》，《广东革命历史文件汇集（群团文件）一九二六（一）》甲 4，1983 年 8 月印行，第 11 页。

⑤ 《党校状况》，《我们的生活》1926 年 9 月第 1 号。

⑥ 《陈延年致乔年、若飞、一飞、罗觉同志信》，《广东革命历史文件汇集（群团文件）一九二五（一）》甲 2，1983 年 7 月印行，第 9–12 页。

⑦ 《团广州地委宣传部报告——关于团员教育与训练，出版刊物，国民运动，群众运动等情况》，《广东革命历史文件汇集（群团文件）一九二五（一）》甲 2，1983 年 7 月印行，第 42 页；《团广州地委特别报告（第六号）》，同上，第 339 页。

中的领导核心，培养基层工作人员，广东区委还在农民运动讲习所开设了工人训练班，由陈延年主持。[①]11 月，广东区委组织了一个特别训练班，时间一星期。[②]1926 年 6 月，广东区委与团广东区委合作创办了一间党校，训练内部人才，教员由广东区委委员担任，每天最少上课 4 小时，其余时间则分派参加各支部会议或复习。时间一个月，招生 40 人，由地方、特支派出"比较明白"、参加过实际工作的同志参加，其中团员 1/4。后又选出广州各支部书记及负责同志 40 多人旁听。结束后，派回各地负责内部教育训练工作。不久，又合作办理了一个妇女训练班，共 20 小时课程。[③]

1926 年 9 月 20 日，中共中央专门提出要求，"沪、粤、湘、鄂四区都须设立普通党校以养成党的及职工运动的下级干部人才"。[④]实际上，广东区委在中央提出要求之前就已经于 9 月 1 日设立了党校。广东区委鉴于本区党员文化程度低下，客观工作需要非常迫切，"特设党校一所，以培养党底工作人材"。第一期 60 人，参加者为广州各支部同志，内分两班，第一班每周 2 次，每次上课 3 小时，第二班每周 3 次，每次上课 3 小时，以两个月为一期。功课分理论、党、政治及工作四个方面，四个方面之下，各分功课若干门，"皆做支部工作所必需之知识，应有尽有"。[⑤]广东区委所办的这所党校一直坚持办到 1926 年 12 月"尚未中断"。[⑥]

---

①《陈延年致乔年、若飞、一飞、罗觉同志信》，《广东革命历史文件汇集（群团文件）一九二五（一）》甲 2，1983 年 7 月印行，第 9–12 页。

②《团广州地委关于十一月份宣传工作状况的报告》，《广东革命历史文件汇集（群团文件）一九二五（二）》甲 3，1983 年 7 月印行，第 218 页。

③《团广东区委给团中央的报告（第二号）》，《广东革命历史文件汇集（群团文件）一九二六（二）》甲 5，1983 年 8 月印行，第 236 页；《团广东区委关于九个月来工作的总报告》，同上，第 304–305 页。

④《中央局报告》，《中共中央政治报告选辑（1922—1926）》，中共中央党校出版社 1981 年版，第 91 页。

⑤《党校状况》，《我们的生活》1926 年 9 月第 1 号，第 18 页。

⑥《中央局报告（十、十一月份）》，《中共中央政治报告选辑（1922—1926）》，中共中央党校出版社 1981 年版，第 84 页。

　　1925 年 7 月 8 日，团广州地委开办特别训练班，在每周三、周六上午 9 时至 11 时上课，主任教授为来杰，并请罗觉、陈延年、张太雷、邓中夏等人担任授课。主要课程有 CP（即中国共产党）与 CY（即中国共产主义青年团）、少年国际、第三国际、怎样做学生运动和学生运动在中国民族革命上的意义、怎样做青年工农运动等。同时，为防止一般同志因演讲太长，不能完全注意，还特将演讲笔记汇集付印分发各同志。①

　　为进一步加强党、团员教育，团广州地委组织教育训练委员会负责教育训练，并于 1925 年 12 月初开设训练班，分为甲、乙两班。甲班为各支部书记、干事、小组组长及负责重要工作的同志，乙班则为新加入的同志。期限为一星期，甲班有 42 人，乙班有 78 人。②团广东区委给予协助并提供训练材料。③1925 年 12 月 22 日，团广东地委还派刘锦汉到花县组织训练班，原计划分甲、乙、丙三班，因时间紧迫，人数只有预期一半，主要课程有什么是 CY、怎样去训练同志等。④1925 年 12 月，香港特委由于组织扩大很快，也组织两个训练班，分 A、B 两班，A 班是训练中坚分子，时间一周，每天 2 小时，课程有何为共产主义与共产主义青年团等，B 班是训练一般新同志。⑤1926 年 1 月，中共潮梅特委与团汕头地委联合

────────────

　　①《团广州地委特别报告（第六号）——关于郭寿华的错误、团员训练班、海丰成立地方团等问题》，《广东革命历史文件汇集（群团文件）一九二五（一）》甲 2，1983 年 7 月印行，第 338–339 页。

　　②《团广州地委宣传部工作报告——十二月份教育训练和"反段"示威运动情况》，《广东革命历史文件汇集（群团文件）一九二六（一）》甲 4，1983 年 8 月印行，第 4 页。

　　③《团粤区委给团中央的报告——十二月份工作情况和一月份工作计划》，《广东革命历史文件汇集（群团文件）一九二六（一）》甲 4，1983 年 8 月印行，第 10 页。

　　④《团花县地委报告（第十四号）》，《广东革命历史文件汇集（群团文件）一九二五（二）》甲 3，1983 年 7 月印行，第 358–359 页。

　　⑤《团粤区委总报告——各地方、各特别支部的概况》，《广东革命历史文件汇集（群团文件）一九二六（一）》甲 4，1983 年 8 月印行，第 45 页；《团香港特委关于教育宣传工作情况的报告》，同上，第 68–69 页。

举办特别训练班，训练比较进步的党、团员。汕头党、团员共计 30 人参加培训。赖玉润主讲"党的组织问题""中国共产党的政策""怎样做个共产党员""青年运动"，周恩来主讲"世界大势""中国政局"，彭湃主讲"农民运动"，杨石魂主讲"职工运动"，刘锦汉主讲"怎样去训练同志"等。[①]同月，广州地委举行为期 10 天的短期训练班，目的是使团员"对于团体有的初步的认识"，新入团团员 90 余人（一说 100 人）参加。[②]

　　1926 年 2 月，团广东区委鉴于过去 5 个月虽有训练但尚未产生中坚分子，在得到广东区委同意后，团广东区委专门制定了 3 个月的训练计划大纲，分期训练中坚分子。第一阶段训练区、地委、特委负责同志，第二阶段训练支部书记、组长及活动分子，第三阶段训练一般同志。[③]其中，用半个月时间训练区委负责同志，每日由理论经验丰富的同志授课。又挑选 40 个"比较明白"而且参加过实际工作的同志，以及各支部书记、干事、部委委员等组织一间两个半月的团校，由党、团负责任的同志每隔一天去上课，理论上的报告占 40%，实际工作的报告占 60%。各部委还在各该部之下举办普通训练班，除东部训练班三四十人外，其余各部委均有 60 人以上，时期大致以一星期为限，结果颇有成效，"各同志在团体智识上确有多少增加"。[④]

　　1926 年 3 月，团广东区委在举办第一期训练班的基础上，再次举办训

---

　　① 《团汕头地委给团粤区委的报告（第一号）——地委改组和组织教育情况》，《广东革命历史文件汇集（群团文件）一九二六（一）》甲 4，1983 年 8 月印行，第 100-110 页。

　　② 《团广州地委特字报告（第一号）——地委成员变动及分工情况》，《广东革命历史文件汇集（群团文件）一九二六（一）》甲 4，1983 年 8 月印行，第 50 页；《团广州地委给团中央的总报告——关于组织、宣传、学运工作情况》，同上，第 142 页。

　　③ 《团粤区委给团中央第一号报告——区委改组和各地的工作情况》，《广东革命历史文件汇集（群团文件）一九二六（一）》甲 4，1983 年 8 月印行，第 200 页。

　　④ 《团广东区委关于九个月来工作的总报告》，《广东革命历史文件汇集（群团文件）一九二六（二）》甲 5，1983 年 8 月印行，第 295-297 页。

练班，要求学员条件为：能退学出来做工的、思想明白、能活动的。课程有熊锐主讲"什么是共产主义"，黄平主讲"最近国际的形势和 CP 的势力"，邓中夏主讲"职工运动"，阮啸仙主讲"农民运动"，杨善集主讲"部委、支部书记、小组组长及中坚分子的作用""技术工作"，穆青主讲"一般工作应注意之点"。时间 4 周，每周 3 天，每天讲两小时，共有约 100 人参加。还邀请黄居仁等到训练班作报告。[①] 团陆丰特支也组织 CY 与 CP 训练班，授课内容有"什么是共产主义""阶级与党""阶级与知识""共产主义者关于民族革命的理论""俄国共产党的组织"等。[②]1926 年 4 月，团东莞地委举办训练班，由李耀先、莫萃华、黄国器、李本立负责授课。[③]1926 年 4 月 22—23 日，惠州党、团组织举办训练班，骆景先、林宝良担任授课教师，课程有"共产主义与共产党"、"学生为什么参加国民革命"等。[④]1926 年 5 月，团汕头地委也举办特别训练班，人数 30 人，时间约 10 天。训练班主要内容有"主义教育""内部组织教育""政治教育""群众运动教育"，由赖玉润、杨石魂、刘锦汉、伍治之负责授课。[⑤] 后因各种原因，训练班只举行了 1 天，参加人数 20 人。[⑥]

团广东区委还利用各种时机举办临时训练班，宣传马克思主义。1926

———————

① 《团粤区委通告（广字第二号）——开办第二期训练班》，《广东革命历史文件汇集（群团文件）一九二六（一）》甲 4，1983 年 8 月印行，第 211–213 页。

② 《团陆丰特支五月份工作报告》，《广东革命历史文件汇集（群团文件）一九二六（二）》甲 5，1983 年 8 月印行，第 145 页。

③ 《团东莞地委给团中央的报告（第一号）——地委扩大会议和组织宣传情况》，《广东革命历史文件汇集（群团文件）一九二六（一）》甲 4，1983 年 8 月印行，第 333 页。

④ 《团惠州支部会议记录》，《广东革命历史文件汇集　一九二三年——一九二六（二）》乙 1，1985 年 1 月印行，第 201 页。

⑤ 《团汕头地委给团中央的报告（第一号）——工作情况和今后工作计划》，《广东革命历史文件汇集（群团文件）一九二六（二）》甲 5，1983 年 8 月印行，第 73 页。

⑥ 《团汕头地委五月份工作报告（第二号）》，《广东革命历史文件汇集（群团文件）一九二六（二）》甲 5，1983 年 8 月印行，第 139 页。

年 4 月，全省学联代表大会闭会后，团广东区委就给各地与会代表举办临时训练班，主讲"什么是共产主义"等 4 个题目。[①] 不久，团广东区委又为因政变大部分离开海丰的团员在广州组织特别训练班，总共 36 人。[②]1926 年 6 月，团广东区委举办东山训练班，共上课 20 小时。[③]

除上述训练班外，汕头党组织设立的震东社会科学院在搞好马列主义著作的翻译、研究、宣传的同时，还着力于培养党的社会科学人才。1926 年 9 月，该院举办高级社会科学班，招收初中毕业或有同等学力者 50 人。设有基本科学、社会、经济、政治、历史、其他社会科学、社会主义、帝国主义、民众运动 9 个讲座共 62 讲。其中社会主义讲座设社会主义、社会主义史、马克思主义、唯物史观、资本论入门、列宁主义、新经济政策等 7 讲；帝国主义讲座设帝国主义、帝国主义史、殖民政策、帝国主义与中国 4 讲；民众运动讲座设农民运动、工人运动、商人运动、学生运动等。[④]

综上所述，广东党、团组织在推动马克思主义在广东的早期传播方面功勋卓著，除发行刊物、报纸、书籍推动马克思主义传播外，还积极通过组织内部学习，创办训练班、党校等方式推动马克思主义在党、团组织中的传播，并通过演讲等方式推动马克思主义大众化，为广东成为大革命策源地和革命高潮的到来奠定了重要基础。

---

① 《团粤区委宣传部四月份工作报告》，《广东革命历史文件汇集（群团文件）一九二六（一）》甲 4，1983 年 8 月印行，第 371-372 页。

② 《团粤区委给团中央的报告》，《广东革命历史文件汇集（群团文件）一九二五（二）》甲 3，1983 年 7 月印行，第 78 页。

③ 《团广东区委给团中央的报告（第二号）》，《广东革命历史文件汇集（群团文件）一九二六（二）》甲 5，1983 年 8 月印行，第 236 页。

④ 转引自陈汉初：《大革命时期中国共产党创立的震东社会科学院》，《中共党史资料》第 36 辑，中共党史资料出版社 1990 年版，第 254-258 页。

## 第二节　农民运动讲习讲所促进马克思主义在广东的早期传播

农民运动讲习所（以下简称"农讲所"）无疑是这一时期传播马克思主义的重要阵地之一。由于农讲所大部分教员为共产党人，农讲所不仅在课程中贯穿马克思主义理论，而且编辑出版了一批传播马克思主义的教材，推动了马克思主义中国化相关问题，尤其是对农民问题的探索。

### 一、农讲所的创办

农讲所是大革命时期为"欲唤起农民觉悟和提高其利益"[①] 而设立的专门培养农民运动人才的机构。1924 年 6 月 30 日，国民党中央第三十九次会议正式通过《农民运动第一步实施方案》，决定"组织农民运动讲习所，以一个月为讲习期间；讲习完毕后，选充为农民特派员"[②]。7 月 3 日，第一届农讲所正式开学。农讲所共举办 6 届，共毕业学员 797 人（含第四届 25 名旁听生）。[③] 担任过农讲所主任（所长）的都是共产党员，分别是：彭湃（第一、五届主任）、罗绮园（第二届主任）、阮啸仙（第三届主任）、谭植棠（第四届主任）、毛泽东（第六届所长）。农讲所的创立为大革命时

---

① 《广州农民运动讲习所资料选编》，人民出版社 1987 年版，第 4 页。

② 《广州农民运动讲习所资料选编》，人民出版社 1987 年版，第 2 页。

③ 《中国共产党干部教育研究资料丛书》第三辑，中国人民大学出版社 1989 年版，第 4–5 页。

期农民运动的蓬勃发展提供了重要保障。同时，由于大量共产党人在农讲所担任教员，农讲所在课程设置上融入大量马克思主义理论知识，促进了马克思主义在农讲所学员中的传播，也有利于农民运动中的马克思主义大众化。

## 二、农讲所的教员组成与课程设置

农讲所的教员大部分是共产党人，还有苏联顾问。根据目前所掌握资料，第一届教员中有彭湃、谭平山、阮啸仙、罗绮园、鲍罗廷、佛朗克、加仑等；第二届教员有罗绮园、谭平山、阮啸仙、彭湃、罗以夫等；第三届教员有阮啸仙、陈延年、彭湃、谭植棠、鲍罗廷、马马也夫、加仑等；第四届教员有谭植棠、阮啸仙、彭湃等；第五届教员有彭湃、毛泽东、罗绮园、阮啸仙、谭平山、鲍罗廷、马马也夫、马迈夫、饶来杰等；第六届教员阵容更加庞大，有毛泽东、萧楚女、彭述之、陈启修、恽代英、李立三、罗绮园、周其鉴、周恩来、安体诚、于树德、张秋人、黄焯华、李一纯等。[①]大多数教员都具有较高马克思主义理论素养，保证了马克思主义课程的理论水平。

六届农讲所中，马克思主义课程占很大比重，并随着时间推移，不断增加马克思主义课程比重，理论水平也不断提高。第一届农讲所时，鲍罗廷就主讲了"十月社会主义革命概况以及当前军阀割据的背景"[②]，让广大学员了解苏联十月革命历史；第三届关于马克思主义的课程有政治经济学、什么是帝国主义，以及马马也夫主讲"社会发展史"、罗以夫主讲"苏联

---

① 《中国农民》1926 年 11 月第 9 期，第 2-3 页。

② 《广州农民运动讲习所资料选编》，人民出版社 1987 年版，第 286 页。

革命史"等①；第四届关于马克思主义的课程有马克思的剩余价值学说②、马列主义浅说，以及熊锐主讲"唯物史观"、谭植棠主讲"共产主义与共产党"、任卓宣主讲"国民革命与世界革命"③等；第五届有饶来杰主讲"社会进化史"、马马也夫主讲"帝国主义"④、马迈夫主讲"政治经济学"⑤、阮啸仙主讲"社会问题与社会主义"⑥等。此外，还有"什么是帝国主义""各国革命史""社会学浅说""政治经济学之浅释""世界农民运动史略及其现势""中国工人运动及工人状况"等。⑦

到了毛泽东担任所长的第六届农讲所，在前五届的基础上，马克思主义理论课程设置更加丰富，教学形式更加多样。在 25 门课程中，马克思主义相关课程有：毛泽东主讲"中国农民问题"，萧楚女主讲"帝国主义""社会问题与社会主义"，陈启修主讲"苏俄状况"，李立三主讲"中国职工运动"，彭湃主讲"海丰及东江农运状况"，张秋人主讲"各国革命史"等。⑧

这些课程中，不少是以马克思主义为指导进行的。比如萧楚女主讲"帝国主义"的主要教材《帝国主义讲授大纲》，是以唯物史观分析人类历史发展进程，以政治经济学的观点分析资本主义生产制度及其存在的问题，特别围绕资本主义的兴起、发展以及资本主义国家间存在的种种矛盾和问题进行了详细阐述。他还介绍了苏联的政治经济状况和世界无产阶级革命情况。最后指出资本主义必然灭亡，社会主义和无产阶级革命必然胜利的历史发展趋势。⑨而在"社会问题与社会主义"一课的教材《社会

---

① 《广州农民运动讲习所资料选编》，人民出版社 1987 年版，第 293 页。

② 《广州农民运动讲习所资料选编》，人民出版社 1987 年版，第 295 页。

③ 《广州农民运动讲习所资料选编》，人民出版社 1987 年版，第 296 页。

④ 《广州农民运动讲习所资料选编》，人民出版社 1987 年版，第 297 页。

⑤ 《广州农民运动讲习所资料选编》，人民出版社 1987 年版，第 309 页。

⑥ 《在广州农民运动讲习所的日子及其它》，《诸城文史资料》第 10 辑，1988 年印行，第 28 页。

⑦ 《中国农民》1926 年 2 月 1 日第 2 期，第 3–5 页。

⑧ 《中国农民》1926 年 11 月第 9 期，第 2–3 页。

⑨ 《萧楚女文存》，中共党史出版社 1998 年版，第 433–587 页。

主义概要讲义大纲》中，萧楚女以唯物史观为指导，分析了资本主义发展历程和必然存在的危机，介绍了社会主义从空想到科学社会主义的产生历程，以及国际共产主义运动历史。讲稿中，萧楚女还专门介绍了列宁主义理论，如东方革命理论和新经济政策等。他还对共产主义的实现方式进行了介绍，并对为什么要研究社会主义以及共产主义在伦理、道德、哲学等方面的价值进行了介绍。①

毛泽东主讲"中国社会各阶级的分析"，运用阶级分析法，对"谁是我们的敌人？谁是我们的朋友？"这一问题进行了认真分析，指出一切勾结帝国主义的军阀官僚、买办阶级、大地主等构成的大资产阶级是真正的敌人，一切小资产阶级、半无产阶级、无产阶级乃是我们真正的朋友，中产阶级的右翼是我们的敌人，左翼则要争取当作"我们的朋友"。同时揭示了各阶级在中国的经济地位、政治态度及其相互关系，初步阐明了中国新民主主义革命的基本思想，并对中国新民主主义革命的对象、动力、领导权和性质、同盟军、前途等一系列理论问题进行了初步探索，推动了马克思主义中国化。②

除常规课程外，第六届农讲所还专门由萧楚女和毛泽东负责"指导学生为上堂以外之理论研究"，并分发专门图书供学员学习。主要有《帝国主义之政策的结果》《帝国主义浅说》《资本制度浅说》《社会进化简史》《列宁与农民》《俄国农民与革命》《农民国际》《苏俄之农业政策》等。在读书之前，由专任教师列出问题，然后学员带着问题看书并作答。再由专任教师挑出标准答案，让学员对照标准答案自行修改错误，从而提高学员们的理论研究水平。这些书从不同角度阐述马克思主义，有利于学员们学习马克思主义，提高马克思主义水平。③ 萧楚女还针对学员提出的马克思主

① 《萧楚女文存》，中共党史出版社 1998 年版，第 594–597 页。

② 毛泽东：《中国社会各阶级的分析》，《中国农民》1926 年 2 月 1 日第 2 期，第 1–13 页。

③ 《中国农民》1926 年 11 月第 9 期，第 4–6 页。

义的相关问题，如唯物论与唯物史观、阶级斗争、共产主义等进行解答。①

此外，农讲所还要求学员利用课余时间阅读《共产党宣言》《资本论入门》《工钱劳动与资本》《共产主义的ABC》等与马克思主义理论相关的著作。②

## 三、农民问题丛刊的出版对马克思主义传播的促进

为加强农讲所教学工作，针对"说到研究农民问题，便感觉太缺乏材料"③的问题，毛泽东还主持出版农民问题丛刊，计划52种，后来因为各种原因没有出齐，只出了26种。其中一部分是宣传马克思主义或苏联社会主义建设相关经验的，如《农民合作概论》《列宁与农民》《农民国际》《俄国农民与革命》《苏俄之农业政策》《社会革命与农民运动》等。④

在《列宁与农民》中，谢文锦详细介绍了列宁1893—1923年间关于农民问题的重要论述和相关理论。列宁高度重视农民问题，高度评价农民在无产阶级革命中的重要作用，"我们若没有农民是无论何时俱不能达到共产主义"。谢文锦认为，列宁农民问题理论对中国革命具有重要意义。⑤《农民国际》详细介绍了国际共产主义运动中农民国际的相关情况和所发挥的作用，有利于广大学员了解国际共产主义运动状况。《俄国农民与革命》中收录的《俄国农民与革命》《俄国的农民》两篇文章，详细介绍了俄国十月革命前农民所遭受的种种剥削和压迫以及十月革命后实行的一系列有利于农民的政策。《苏俄之农业政策》说明了十月革命后俄国的土地

---

① 《广州农民运动讲习所资料选编》，人民出版社1987年版，第157-162页。

② 《中国共产党干部教育研究资料丛书》第三辑，中国人民大学出版社1989年版，第9页。

③ 《农民运动》1926年9月21日第8期。

④ 《中国农民》1926年11月第9期，第7-10页。

⑤ 《新青年》1925年4月22日第1号，第109-118页。

分配政策以及农业的社会主义化、农业的合作化、社会化等问题，有利于人们更加了解俄国农业政策。[①]《社会革命与农民运动》论述了社会主义与农民运动的关系，提出农民在社会主义革命中具有重要作用，需要发动广大农民投入到革命中。同时还详细阐释了社会主义下发展农业等问题。[②]

这套丛书的出版有利于广大学员从各方面了解马克思、列宁农民问题的相关理论，不仅有利于促进马克思主义传播，也有利于将相关理论与中国实际相结合，推动马克思主义中国化。

总之，农讲所在培养农民运动干部方面贡献突出的同时，在推动马克思主义传播方面也做出了一定贡献。不仅在广大学员中传播了马克思主义，还通过出版丛书扩大马克思主义传播范围。

---

① 《广州农民运动讲习所资料选编》，人民出版社 1987 年版，第 172–177 页。

② 《中国农民》1926 年 5 月 1 日第 5 期，第 1–10 页。

## 第三节　黄埔军校对马克思主义在广东的早期传播的贡献

陆军军官学校（后改名为中央军事政治学校），是大革命时期国共合作的产物。在苏联援助和中国共产党帮助下，孙中山设校址于广州黄埔岛，通称黄埔军校，以培养军事人才。黄埔军校最大特色是实行军事与政治并重的方针，设立政治部，在学生中实行政治教育。黄埔军校政治部历届主任、副主任大多由共产党人担任，政治部许多工作人员也是共产党员。因此，黄埔军校政治教育中贯穿着马克思主义理论，推动了马克思主义在黄埔军校的传播，吸引了一批学生加入中国共产党，为后来的武装斗争积累了力量。

### 一、共产党人为主的黄埔军校政治部的形成

1924 年 6 月 20 日，戴季陶被任命为黄埔军校政治部主任，张申府被任命为副主任。[①] 但不久，张申府因兼顾国立广东大学教职去职，戴季陶则出走上海。邵元冲被任命为政治部代主任，但很快邵元冲又随孙中山北上，周恩来出任政治部副主任兼政治教官。1924 年 11 月下旬，周恩来接任政治部主任。1925 年 2 月，周恩来随军东征后，一度由卜士奇代理政治部主任。由于卜士奇此时还担任苏俄顾问翻译，未能到校就职任事，乃由

---

① 《广州民国日报》1924 年 6 月 21 日。

包惠僧于 1925 年 5 月代理政治部主任。7 月，校、军分立，汪精卫和邵力子被分别任命为政治部正、副主任。9 月，因汪精卫被任命为党代表，无法兼顾，10 月又任命邵力子为政治部主任，鲁易为政治部副主任。随后，邵力子因事赴上海，政治部工作实际由鲁易主持。1925 年底，鲁易调任第一军第三师党代表，由熊雄任政治部副主任。1926 年 1 月 21 日，陆军军官学校改名为中央军事政治学校。2 月 1 日，邵力子和熊雄被分别任命为政治部正、副主任。[①] 邵力子自 1926 年奉派赴俄后，一切部务由副主任熊雄代理至 1927 年四一二反革命政变爆发。[②] 但熊雄所写《一年来本校之政治工作》一文中，熊雄说他自 1926 年 1 月东征结束后出任政治部主任。[③] 无论熊雄是否担任过政治部的正主任，他一直实际主持政治部工作。

在历届政治部主任的领导下，政治部工作不断完善，机构不断扩充。最初，政治部只有两位担任记录的书记员，没有具体组织，每星期有人来军校演讲。周恩来担任主任之后，增加工作人员，部内分指导、编纂、秘书三股。随着学校与党军分立，政治部也按照军委会政治训练部的组织状况进行改组和扩大，正、副主任下设秘书，秘书下设宣传、组织两科。到 1926 年 1 月，全部职员 20 余人。在熊雄的努力下，1927 年 1 月，政治部职员达 70 余人，专任政治教官 10 余人，临时政治教官亦有 10 余人。[④]

除政治部正、副主任外，政治主任教官也主要由共产党员担任，政治教官中也有不少人是共产党员。1926 年 1 月 19 日，留学德国的高语罕被任命为黄埔军校政治主任教官，但随后就因为中山舰事件被罢免。[⑤] 5 月上旬，恽代英到黄埔军校接任政治主任教官。[⑥] 恽代英北上武汉后，由孙

---

① 《黄埔军校史稿》第 7 册，档案出版社 1989 年版，第 269 页。

② 《黄埔军校史稿》第 7 册，档案出版社 1989 年版，第 293 页。

③ 熊雄：《一年来本校之政治工作》，《过去之一九二六》，1927 年版。

④ 《一年来的中央军事政治学校》，《黄埔潮》1927 年 1 月 7 日第 24、25 期，第 97-103 页。

⑤ 王军：《高语罕年谱》，黄山书社 2012 年版，第 110 页。

⑥ 李良明、钟德涛：《恽代英年谱》，华中师范大学出版社 2006 年版，第 294 页。

炳文接任政治主任教官。此外，还有多位共产党员先后在政治部任职，其中，聂荣臻任政治部秘书[①]，杨其纲也曾担任秘书。[②] 王逸常任政治部指导股股长，洪剑雄任政治部编纂股股长，黄鳌任政治部秘书股股长，袁也烈任政治部干事（后任宣传科科员），傅维钰任政治部编纂员，卢德铭任政治部组织科科员。还有杨浦泉、李汉藩、饶来杰、胡允恭、欧阳继修、苏怡、罗懋琪、张鸿沉、宋云彬、李逸民、尹伯休等也在政治部任职；政治教官主要有施存统、于树德、安体诚、陈启修、萧楚女、熊锐、张秋人、王懋廷等，韩麟符曾任军官政治研究班主任教官。

## 二、黄埔军校政治课程设置与马克思主义传播

随着政治部逐步健全，黄埔军校的政治工作也不断完善。周恩来担任政治部主任后，就出版《士兵之友壁报》，发给学生。举行学生政治讨论，并制定政治训练计划。讲演因教官缺乏，平均每周只举行一次。[③]

东征进行时，第三期入伍生入校。在包惠僧的主持下，政治部增加人员，重新组织，加强政治训练，出版了《革命之声壁报》。鲁易主持工作期间，扩大政治部，正、副主任下设秘书，秘书下设宣传、组织两科。出版《黄埔潮》半周刊，政治问答、政治讨论每星期讨论一次。[④] 到第四期学生入学时，随着政治部不断完善，黄埔军校政治教育也逐步完善并走上正轨。政治部制定了比较详细的《教育大纲草案》，改变了黄埔军校政治教育"为客观条件所限，尚无系统的政治教育，只有零碎的政治讨论会"[⑤]

---

① 《聂荣臻回忆录》，解放军出版社 2007 年版，第 35 页。

② 《黄埔军校史稿》第 7 册，档案出版社 1989 年版，第 269 页。

③ 《黄埔军校史料（续编）1924—1927》，广东人民出版社 1994 年版，第 471 页。

④ 《黄埔军校史料（续编）1924—1927》，广东人民出版社 1994 年版，第 472—473 页。

⑤ 《一年来的中央军事政治学校》，《黄埔潮》1927 年 1 月 7 日第 24、25 期，第 97–103 页。

的局面。聘请了常任政治教官三四人定期演讲。同时扩充《壁报》和《黄埔潮》半周刊内容，编辑小册子，严格举行政治问答、政治讨论及各种政治检查。从此，黄埔军校政治教育日臻完善。[①] 特别是政治课程的设置，不少都与马克思主义理论有密切关系。对此，1926年7月，中央政治局中国委员会给共产国际的报告中也指出，黄埔军校的政治课程"既有关于军阀制度、帝国主义的课程，也有关于马克思和列宁的课程"。[②]

从第四期学生开始，政治部公布《中央军事政治学校政治教育大纲草案》，规定了政治大队和军官大队必须学习的政治课程。其中政治大队的课程分三期进行，第一期与马克思主义理论相关的课程有：国民革命概论6次、帝国主义8次、世界政治经济状况6次、苏俄研究4次、社会进化史8次、各国革命史8次、社会主义运动6次、社会科学概要6次、政治学概论6次、政治学概要6次、经济政策6次、农民运动4次；第二期与马克思主义理论相关的课程有：帝国主义4次、农村问题研究6次、各国政制比较研究8次、经济政策12次。军官各大队与马克思主义理论相关的课程有：国民革命概论6次、帝国主义8次、世界政治经济状况4次、社会进化史4次、各国革命史8次、政治学概要6次、经济学概论6次、农民运动4次、劳动运动4次。[③]

课程的主要内容在《教授事项草案》中有详细规定："国民革命概论"包括革命之意义、帝国主义对于中国之压迫、军阀买办阶级土豪劣绅对于民众之压迫、被压迫之民众与其反抗运动、各阶级之革命性、世界革命势力与国民革命运动等。"帝国主义"包括国民革命与帝国主义、帝国主义

---

① 《黄埔军校史料（续编）1924—1927》，广东人民出版社1994年版，第473-474页。

② 《中央政治局中国委员会提出的关于中国形势的书面报告》，中共中央党史研究室第一研究部译：《联共（布）、共产国际与中国国民革命运动（1926—1927）》上，北京图书馆出版社1998年版，第332页。

③ 《中央军事政治学校第四期学生毕业纪念册》，《黄埔军校史料汇编》第一辑第17册，广东教育出版社2012年版。

之特征、资本主义制度、资本主义之矛盾、欧战之发生及其影响、世界革命运动、世界革命运动中之民族革命等。"世界政治经济状况"包括各国现行政制比较、世界生产事业概况、财政资本及其影响、各国之政党与其革命运动等。"苏俄研究"包括革命前之政制与革命运动、军事共产时期与新经济政策、苏维埃政府之内政与外交、苏俄之农工与红军等。"社会进化史"包括原始共产社会、奴隶社会、封建社会、资本主义社会、社会主义社会等介绍。"各国革命史"包括俄国革命运动、第三国际及其所领导的革命运动等介绍。"社会主义运动"包括乌托邦社会主义、无政府社会主义与工团主义、基尔特社会主义、共产主义、民生主义与共产主义之关系等。"社会科学概要"包括社会、政治、经济、法律与道德、风俗文化等。"政治学概论"包括政治国家、国体集权与分权、政体、人民参政方式、人民的权利、党等。"经济学概要"包括经济学的概念、生产论、交换论、分配论、消费论、社会主义与资本主义的经济、新旧经济学者的思想、中国现时的经济状况等。"经济政策"包括农业政策、工业政策、商业政策、救济政策等。"中国农民运动概况"主要让学生了解中国农民运动概况、农民协会与农民自卫军、农民运动中的重要问题。"劳动运动"主要包括中国劳动运动状况、工会与工人代表会、劳动运动中的重要问题等内容。[①]

《政治教育各科内容提要》也对政治课程主要内容有明确规定:"帝国主义"须说明现在的帝国主义与十七八世纪以前的帝国主义不同;说明帝国主义变迁和进化历史;分析帝国主义本身不可避免的矛盾和"在他的胎里卵育出来制他死命,掘他坟墓"的新势力。"社会进化史"主要说明生产变迁是社会进化的骨干,使学生明了由自然经济的社会到唯物史观的社

---

① 《中央军事政治学校第四期学生毕业纪念册》,《黄埔军校史料汇编》第一辑第 17 册,广东教育出版社 2012 年版。

会主义的社会是历史必然。"经济思想史"的内容提要是"从原始共产主义的经济思想，到科学的社会主义的经济思想，我们要站在革命的无产阶级的观点上，找出他那经济思想进化的动力。最后以革命的手段消灭社会阶级"。"社会主义"的内容要点有"一定要研究由柏拉图到符离耶（即傅立叶），欧文的空想社会主义，进化到科学的社会主义，马克思主义。站在革命的观点上去分析社会主义进化的原因和结果，并且分析各派社会主义的利害得失"。"经济学"的内容要点是"资本主义是资本的专利，进而为帝国主义。讲授资本主义经济学的矛盾，批评资本主义的国民经济学，主张科学的社会主义的经济学"。

在《中央军事政治学校政治教育大纲草案》的基础上，1926年11月15日政治部正式颁布《政治教育大纲》[1]，并刊登在1926年11月18日出版的《黄埔日刊》第192号，即"本校第五期政治教育工作特号之一"上。《政治教育大纲》中"训练方法课程之分配规定极为完备"，不同兵种规定不同的政治教育科目和时间。[2]规定步炮工兵科学生全部政治科目授课162次，每次70分钟。其中帝国主义6次、世界政治经济状况6次、苏俄研究4次、社会进化史4次、各国革命史8次、社会主义运动6次、政治学概论6次、经济学概论6次、经济政策6次，农民运动4次、劳动运动4次。[3]经理科学生全部政治科目授课122次，每次70分钟。其中帝国主义4次、世界政治经济状况4次、苏俄研究4次、社会进化史4次、各国革命史6次、社会主义运动4次、政治学概论4次、经济学概论4次、经济政策6次、农民运动4次、劳动运动4次。[4]政治科学生全部政治科目授课446次，每次70分钟，并分三期进行授课。第一期与马克思主义理论

---

① 《黄埔军校史稿》第7册，档案出版社1989年版，第282页。

② 《黄埔军校史稿》第7册，档案出版社1989年版，第282页。

③ 《黄埔军校史稿》第7册，档案出版社1989年版，第284页。

④ 《黄埔军校史稿》第7册，档案出版社1989年版，第285-286页。

相关的课程有帝国主义 6 次、世界政治经济状况 6 次、苏俄研究 4 次、社会进化史 4 次、各国革命史 8 次、社会主义运动 6 次、社会科学概要 6 次、政治学概论 6 次、经济学概要 6 次、经济政策 6 次、农民运动 4 次、劳动运动 4 次。第二期与马克思主义理论相关的课程有各国政治比较研究 8 次、各国财政比较研究 6 次、苏俄法治研究 4 次、经济政策 8 次等。①

除日常教学外，黄埔军校还开设附属班（队），包括政治训练班、高级班、军官政治训练班、学生军与军士教导队、学生队、入伍生团等，并制定了相应的政治教育课程。这些课程中也包括马克思主义理论内容。

1925 年 9 月，黄埔军校举办政治训练班，目的是培养政治宣传人才，政治训练纲要包括帝国主义的解剖、社会发展史、各国革命史略等马克思主义有关课程。②

高级班的目的是"毕业于本校及与本校相当之学校者加以深造，养成高级军事人才"。③《高级班教育大纲》中规定的政治教育科目有国民革命概论、世界政治经济状况、社会学概要、社会主义运动、政治学概要、经济学概要、苏俄研究、农民运动、劳动运动、政治讨论、政治测验等。④《高级班教育细则》详细规定了每门政治课程的时间，并指出各项课程要义，包括国民革命与世界革命的要义、中国政治经济状况及世界政治经济的概状、人类社会之起源发达组织活动及理想之解释。⑤

《学生队教育大纲》则区分普通政治教育与专门政治教育。普通政治教育科目有俄国革命、帝国主义、政治经济大要、社会主义。专门政治教

---

① 《黄埔军校史稿》第 7 册，档案出版社 1989 年版，第 284–285 页。

② 《黄埔军校史稿》第 7 册，档案出版社 1989 年版，第 246–247 页。

③ 《黄埔军校史稿》第 7 册，档案出版社 1989 年版，第 297–298 页。

④ 《中央军事政治学校法规》上册，《黄埔军校史料汇编》第一辑第 20 册，广东教育出版社 2012 年版，第 129 页。

⑤ 《中央军事政治学校法规》上册，《黄埔军校史料汇编》第一辑第 20 册，广东教育出版社 2012 年版，第 139–140 页。

育科目有世界革命、帝国主义、社会科学概论、政治学概论、经济学概论、社会进化史、社会主义。①《学生队政治学教育纲领表》详细规定了各科的主要教授内容，其中不少都与马克思主义有密切关系②，并有具体时间分配表。③

《入伍生团教育大纲》《入伍生团教育细则》规定的政治课程主要有世界政治经济状况、帝国主义大要、各国革命史略、社会主义运动、社会学概要、政治学概要、经济学概要、经济政策、苏俄研究、农民运动、劳动运动等。④同时，在《入伍生团教育细则》中规定了政治学各科的教育要领，如"政治经济学大要"主要包括政治问题，如政治是什么？为什么要研究政治及政治重要问题？经济问题，如经济是什么？为什么要研究经济问题？说明经济变迁为一切社会现象变迁的主因等。"帝国主义大要"主要说明近代帝国主义是资本主义最高的形势，由商业资本主义而工业资本主义而财政资本主义而帝国主义，了解帝国主义特征。"各国革命史略"叙述各国革命的异同，成功失败之原因，使各生对革命加深认识。⑤

《学生军教育大纲》规定的政治科目与马克思主义理论相关的有帝国主义、政治大要、经济大要、农民运动、工人运动、社会主义大要等。⑥

---

① 《中央军事政治学校法规》上册，《黄埔军校史料汇编》第一辑第 20 册，广东教育出版社 2012 年版，第 152–154 页。

② 《中央军事政治学校法规》上册，《黄埔军校史料汇编》第一辑第 20 册，广东教育出版社 2012 年版，第 211–216 页。

③ 《中央军事政治学校法规》上册，《黄埔军校史料汇编》第一辑第 20 册，广东教育出版社 2012 年版，第 248–249 页。

④ 《中央军事政治学校法规》上册，《黄埔军校史料汇编》第一辑第 20 册，广东教育出版社 2012 年版，第 326 页。

⑤ 《中央军事政治学校法规》上册，《黄埔军校史料汇编》第一辑第 20 册，广东教育出版社 2012 年版，第 335–336 页。

⑥ 《中央军事政治学校法规》上册，《黄埔军校史料汇编》第一辑第 20 册，广东教育出版社 2012 年版，第 361 页。

此外，还制定《训练士兵工夫教育计划及其纲要》，其中政治教育的科目有国民革命概论 6 次、帝国主义浅说 6 次、农民运动 3 次、工人运动 3 次。同时规定了具体的授课内容："国民革命概论"主要涉及中国被压迫各阶级民众的力量等内容；"帝国主义浅说"主要包括帝国主义的解释、帝国主义发展的过程及其特点、帝国主义崩坏的趋势等内容；"农民运动"主要讲述农民运动的意义、农民与国民革命等；"工人运动"主要讲述劳工运动的历史、工人与国民革命等。[①]

除政治教育课外，政治部的政治考试试题也与马克思主义有关。如第四期学生毕业政治试题中包括：试述民生主义与马克思主义之异同点、试述政治与阶级之关系、资本主义与社会主义经济上根本不同何在、说明经济恐慌的原因、纺织工业与钢铁工业之利害如何不同、何故在 20 世纪会产生出联合世界革命势力之呼声等。显然，这些问题的答案都离不开掌握马克思主义理论。[②]

### 三、发行马克思主义理论相关教材

除通过政治课传播马克思主义外，政治部还设有政治质问箱。凡学生对主义及一切政治经济问题的疑惑，均可投函于质问箱，由主任、教官答复。[③] 还在《黄埔日刊》上设置"政治问答"专栏，由政治教官回答学生在政治方面没有了解的问题，增进政治常识。后来政治部把 1926 年《黄埔日刊》里所载的政治问答内容收集起来，编成《政治问答集》作为政治

---

① 《中央军事政治学校法规》中册，《黄埔军校史料汇编》第一辑第 20 册，广东教育出版社 2012 年版，第 169–171 页。

② 《中央军事政治学校第四期学生毕业纪念册》，《黄埔军校史料汇编》第一辑第 17 册，广东教育出版社 2012 年版。

③ 《上海民国日报》1924 年 6 月 3 日。

丛书第五种出版。这里面都是黄埔学生在政治方面没有了解的问题，提出后，由政治教官如恽代英、萧楚女、廖划平、张秋人等负责解答。全书分为十编。其中第二编是关于马克思列宁的主义政策，第三编是关于各种主义学说，第四编是关于经济政治文化及社会问题，第九编是各种名词之解释。这些问题和答案从不同程度和角度阐释了马克思、列宁主义相关理论，对马克思主义与列宁主义的异同、马克思主义与其他各种社会主义流派的区别、共产主义相关问题等都进行了简明扼要的回答，以促进学生对马克思主义理论的掌握。[①]

除出版《政治问答集》外，黄埔军校还允许学生公开阅读马克思主义方面的书籍。1925年10月30日，时任党代表的汪精卫就发出训令，允许参阅各种关于社会主义、共产主义、马克思主义书籍。[②]政治部专门成立图书馆和书报流通处，"俾便教官学生购阅"[③]。

为方便政治教学，黄埔军校编纂出版政治课程教材，成为推动马克思主义在黄埔军校传播的重要媒介，并在社会上产生了广泛影响，因此黄埔军校成为发行传播马克思主义书籍的阵地之一。政治部因出版印刷刊物颇多，专门组织印刷委员会负责一切印刷刊物[④]，并设立专门的编辑委员会负责编辑各种政治教育丛书，审查修正各种政治出版物。[⑤]1926年11月23日，政治部召开第五期第一次政治工作会议，熊雄报告第四期政治工作概况及第五期工作计划。计划出版讲义20种，各印3万，翻印5种，各印1万；小册子10种，各印4万；丛书10种，各印数万；其他标语、传单、宣言

① 《政治问答集》，1927年1月版。

② 《汪党代表训令》，《黄埔军校史稿》第7册，档案出版社1989年版，第249-250页。

③ 《一年来的中央军事政治学校》，《黄埔潮》1927年1月7日第24、25期，第97-103页。

④ 《黄埔军校史稿》第7册，档案出版社1989年版，第275页。

⑤ 《中央军事政治学校法规》中册，《黄埔军校史料汇编》第一辑第20册，广东教育出版社2012年版，第176页。

亦预计 40 余万。[①]其中,《帝国主义》《经济学概论》《各国革命运动概论》
各印 2 万份,分发本校全体学生研究。[②]这些书不仅在黄埔军校师生中产
生了重要影响,还在社会上产生了深远影响。恽代英发表的《计划 1927
年的工作》一文中,就推荐中央军事政治学校出版的教材给广大青年,学
习马克思主义理论,包括王懋廷编《帝国主义》、廖划平编《社会进化史》、
萧楚女编《帝国主义侵略中国史》、恽代英编《中国国民党与农民运动》、
汤澄波编《中国国民党与劳动运动》、赵文炳编《苏俄研究》。[③]由此可见,
黄埔军校政治部所印教材的社会影响力。

根据目前掌握资料,黄埔军校发行的传播马克思主义理论教材如
下表:

| 序号 | 书名 | 作者 | 所属系列 | 出版时间 |
|------|------|------|----------|----------|
| 1 | 《各国革命史略》 | 邵元冲 | — | 1925 年 8 月 |
| 2 | 《国民革命》 | 恽代英 | 政治讲义第二种 | 1926 年 9 月 |
| 3 | 《帝国主义》 | 王懋廷 | 政治讲义第三种 | 1926 年 9 月 |
| 4 | 《经济学概论》 | 杨道腴 | 政治讲义第四种 | 1926 年 9 月 5 日 |
| 5 | 《中国国民党与农民运动》 | 恽代英 | 政治讲义第六种 | 1926 年 9 月 |
| 6 | 《中国国民党与劳动运动》 | 汤澄波 | 政治讲义第六种 | 1926 年 9 月 |
| 7 | 《各国革命运动概论》 | 汤澄波 | 政治讲义第七种 | 1926 年 9 月 |
| 8 | 《社会进化史》 | 廖划平 | 政治讲义第九种 | 1926 年 9 月 |
| 9 | 《社会科学概论》 | 萧楚女 | 政治讲义第十种 | 未明 |
| 10 | 《帝国主义侵略中国史》 | 萧楚女 | 政治讲义第十三种 | 未明 |
| 11 | 《政治学概论》 | 恽代英 | 政治讲义丛刊第五种 | 1926 年 9 月 |
| 12 | 《政治问答（一）》 | 韩麟符 | 政治训练丛书第一种 | 1927 年 2 月 |

① 《黄埔军校史稿》第 7 册,档案出版社 1989 年版,第 280 页。

② 《黄埔军校史稿》第 7 册,档案出版社 1989 年版,第 291 页。

③ 《计划 1927 年的工作》,《中国青年》1927 年 1 月 1 日第 148 期,第 41—44 页。

（续上表）

| 序号 | 书名 | 作者 | 所属系列 | 出版时间 |
|---|---|---|---|---|
| 13 | 《政治问答集》 | | 政治丛书第五种 | 1927 年 1 月 27 日 |
| 14 | 《苏俄研究》 | 赵文炳 | | |
| 15 | 《苏联近状大纲》 | | | |
| 16 | 《帝国主义集》 | | | |
| 17 | 《国际政治经济状况》 | | | |
| 18 | 《世界进化史》 | | | |
| 19 | 《中国社会发展史》 | | | |

这些教材从不同角度对马克思主义相关理论进行了说明。如邵元冲的《各国革命史略》中，就指出了十月革命的意义，认为十月革命是以无产阶级为本位的，不但是政治革命，而且是经济革命，十月革命以共产主义为中心，共产主义是其灵魂，称赞十月革命"给了世界上一种大刺激"。[①]王懋廷的《帝国主义》以马克思主义观点撰写，并参考列宁的《帝国主义浅说》、布哈林的《共产主义的 ABC》、蔡和森的《社会进化史》、河上肇的《社会组织与社会革命》、列特乐的《社会主义之思潮及其运动》（李季译）等著作，书中分析了帝国主义的主要特征、历史发展以及帝国主义必然崩溃的历史趋势。[②]杨道腴的《经济学概要》参考陈溥贤译《马克斯经济学说》、李培天的《近世经济思想史论》、周佛海的《社会主义概论》、李汉俊译《马格斯资本论入门》等著作，书中介绍了社会主义经济组织的主要特点以及马克思经济学的主要观点，对剩余价值等进行了重点关注，他指出，"马克斯的经济学说在经济思想史上放一异彩，把以前种种学说一扫而空"。[③]恽代英主编的《中国国民党与农民运动》和汤澄波主编的《中国

---

① 邵元冲：《各国革命史略》，新华书局 1925 年 8 月印行。

② 王懋廷：《帝国主义》，黄埔军校 1926 年 9 月印行。

③ 杨道腴：《经济学概要》，黄埔军校 1926 年 9 月印行。

国民党与劳动运动》，指出了农民运动和工人运动在中国革命中的重要地位。在《政治学概论》中，恽代英则分析了社会主义国家的工人罢工问题、共产主义与苏维埃的关系等。[①] 廖划平的《社会进化史》以唯物史观的观点分析了人类历史的各个历史阶段，重点介绍了共产主义社会的生产力、经济制度、分配制度、无产阶级专政问题。[②] 恽代英的《国民革命》对中国革命的对象——帝国主义、军阀、买办阶级、土豪劣绅进行了深入分析，并阐明了商人、资本家、学生、士兵、产业工人、农民在革命中的作用，以及在国民革命中对各阶级应该采取的态度，强调工农联合以及各阶级联合起来在革命中的重要性。[③] 萧楚女的《社会科学概论》研究了资本主义、帝国主义、共产主义的相关问题，介绍了马克思的唯物史观、经济学原理的内容。[④] 韩麟符主编的《政治问答（一）》围绕学生提出的 35 个问题进行了回答，比如共产主义可以适行于中国吗、俄国革命问题、共产党问题等。[⑤]

1927 年四一二反革命政变后，黄埔军校查封了大批马克思主义方面的书籍，由此可见黄埔军校马克思主义书籍的出版数量之巨大。查封书目如下表[⑥]：

| 序号 | 书名 | 数量 |
| --- | --- | --- |
| 1 | 《过去之一九二六年》 | 10333 |
| 2 | 《社会进化史》 | 50 |

---

① 恽代英：《政治学概论》，黄埔军校 1926 年 9 月印行。

② 廖划平：《社会进化史》，黄埔军校 1926 年 10 月印行。

③ 恽代英：《国民革命》，黄埔军校 1926 年 9 月印行。

④ 萧楚女：《社会科学概论》，中央军事政治学校政治部印行。

⑤ 韩麟符：《政治问答（一）》，黄埔军校 1927 年 2 月印行。

⑥ 《政治部清党初期状况》，《黄埔军校史料 1924—1927》，广东人民出版社 1993 年版，第 441 页。

（续上表）

| 序号 | 书名 | 数量 |
|:---:|:---:|:---:|
| 3 | 《社会科学概论》 | 64 |
| 4 | 《苏联近状大纲》 | 894 |
| 5 | 《政治演讲》 | 989 |
| 6 | 《帝国主义侵略中国史》 | 25473 |
| 7 | 《帝国主义》 | 350 |
| 8 | 《政治问答》 | 9957 |
| 9 | 《帝国主义集》 | 13616 |
| 10 | 《国民革命》 | 20 |
| 11 | 《中国国民党与农民运动》 | 5 |
| 总计 | | 61751 |

综上所述，黄埔军校是这一时期推动马克思主义在广东传播的重要力量，通过相关课程和教材，推动了马克思主义在军校中的传播，吸引一大批军校学生加入党，成为日后中国共产党领导武装斗争的重要力量。同时，黄埔军校编著的马克思主义理论书籍还产生了广泛的社会影响，对推动全国范围的马克思主义传播贡献突出。

## 第四节　其他相关训练班与马克思主义在广东的早期传播

这一时期，还有不少训练班对马克思主义在广东的早期传播做出了贡献，如省港罢工委员会就先后组织了劳动学院、宣传学校、宣传训练班等各种训练班。在中国共产党的推动下，国民党也开办了各种类型的训练班、养成所、讲学班等培养革命人才。尽管这些训练班的初衷并不是传播马克思主义，但在授课过程中，众多共产党人如恽代英、毛泽东、张太雷、谭植棠、熊锐、萧楚女等受聘担任授课教师，他们主讲的课程很多与马克思主义理论关系密切，从而推动了马克思主义传播。

### 一、省港罢工委员会相关训练班与马克思主义传播

1925 年 6 月爆发的省港大罢工，在国内外引起巨大反响。省港罢工委员会是领导罢工的"最高指挥机关"①，被称作"工人政府的雏型"②，由苏兆征任正委员长，全面领导省港罢工委员会工作。省港罢工委员会在领导省港大罢工取得胜利的同时，还设立了各种训练班，其课程大多与马克思主义关系密切，以此促进马克思主义在工人群众中的传播，在马克思主义传

① 《工人之路特号》1925 年 7 月 23 日第 29 期。

② 广东哲学社会科学研究所历史研究室：《省港大罢工资料》，广东人民出版社 1980 年版，第 748 页。

播史上留下了浓墨重彩的一笔。

## （一）创办临时宣传学校

为加强罢工运动宣传工作，省港大罢工开始不久，省港罢工委员会就组织了临时宣传学校，由冯菊坡担任校长[①]，1925 年 7 月 1 日开学，学生 30 余人，不久就增加到 300 多人[②]。科目有帝国主义侵略史、中国革命史、劳动运动史、社会运动史、资本制度浅说、各国劳工状况等，由热心劳工运动的人士负责授课。[③] 后来又不断增加课程，主要有工人阶级与政治争斗、工人阶级与经济争斗、赤色职工国际简史及其与东方各国工人运动、世界工人状况、苏俄劳动法与苏俄的国内工人、社会进化历史等。[④]

## （二）创办劳动学院

劳动学院的宗旨是"研究工人运动，养成工会人才"，原定名称为工人运动研究学校。主要课程有世界职工运动、中国职工运动、帝国主义侵略史、世界革命史略、社会主义、农民问题等。[⑤] 后经函商香港、广州各地工会，正式定名为劳动学院。[⑥] 在开学典礼上，教育宣传委员会主任张瑞成指出，劳动学院目的是从世界革命历史实际问题上去追求革命理论，研究目前切要的革命方法，担负民族革命先锋队的作战计划，领导工人群众完成民族革命工作，担负工人阶级自身解放使命的任务。[⑦] 劳动学院被刘少奇和邓中夏称为"工人阶级的最高学府"。

---

① 《工人之路特号》1925 年 7 月 15 日第 21 期。

② 《工人之路特号》1925 年 7 月 18 日第 24 期。

③ 《工人之路特号》1925 年 7 月 2 日第 9 期。

④ 《工人之路特号》1925 年 7 月 18 日第 24 期。

⑤ 《工人之路特号》1926 年 6 月 12 日第 347 期。

⑥ 《工人之路特号》1926 年 6 月 18 日第 352 期。

⑦ 《工人之路特号》1926 年 6 月 30 日第 363 期。

　　第一期劳动学院由邓中夏担任院长，1926 年 6 月 28 日在东园开课。正式学员 256 人，备取学员 40 人，旁听及特别生 180 余人。主要课程有萧楚女主讲"中国政治状况"、熊锐主讲"世界革命史"、谭植棠主讲"帝国主义侵略史"、邓中夏主讲"省港罢工"、黄平主讲"世界职工运动"等。① 后来增加于树德主讲"帝国主义侵略史"、恽代英主讲"中国民族运动史"②，时任黄埔军校政治教官的安体诚主讲"共产主义问题"，后改由广东区委宣传部部长任卓宣负责③。

　　除日常教学外，为加强罢工工人教育，提高其马克思主义理论水平，劳动学院还经常聘请各界人士和社会名流到劳动学院演讲。1926 年 8 月 29 日，劳动学院就邀请了当时被誉为"国内革命巨子，在思想界有极大权威"④ 的瞿秋白到劳动学院演讲《什么是共产主义》一题⑤，促进了马克思主义知识的普及。劳动学院还利用共产国际、赤色职工国际派代表团到广州考察太平洋地区职工运动的机会，邀请代表团成员到劳动学院讲授世界职工运动概况。⑥

　　10 月 6 日，劳动学院第一期学员举行毕业考试。⑦ 随后继续招收第二期学员，10 月 25 日正式上课⑧，学员共计 271 人⑨。主要课程有中国职工运动史、世界职工运动、广东工会问题、中国民族革命运动史、世界革命运动、社会主义、农民运动、省港罢工等，此后又增加了李耀光主讲

---

　　① 《工人之路特号》1926 年 6 月 27 日第 360 期。

　　② 《工人之路特号》1926 年 8 月 16 日第 408 期。

　　③ 中共广东省委党史研究室编：《广东党史资料》第 29 辑，广东人民出版社 1997 年版，第 72 页。

　　④ 《工人之路特号》1926 年 8 月 27 日第 419 期。

　　⑤ 《工人之路特号》1926 年 9 月 10 日第 432 期。

　　⑥ 《中国共产党干部教育研究资料丛书》第三辑，中国人民大学出版社 1989 年版，第 81 页。

　　⑦ 《工人之路特号》1926 年 10 月 2 日第 453 期。

　　⑧ 《工人之路特号》1926 年 10 月 28 日第 475 期。

　　⑨ 《工人之路特号》1926 年 10 月 25 日第 473 期。

"政治常识"等不少与马克思主义相关的课程。[①]

### （三）创办全港罢工委员会速成宣传学校

隶属省港罢工委员会的全港工团委员会创办了全港罢工委员会速成宣传学校，以养成宣传人才，促进工人了解"国民革命之真义及各项主义"。[②]邓中夏担任名誉正校长，苏兆征、黄平担任名誉副校长，正校长为彭月笙。[③]1926 年 3 月 22 日正式开学[④]，6 月 4 日第一期结业。主要课程有阶级斗争、国民革命与阶级斗争、社会进化史、帝国主义、工人阶级与国民革命、中国革命与世界革命、中国职工运动史、农工联合的意义等。[⑤]这些课程与马克思主义密切相关。

此外，省港罢工委员会纠察队于 1925 年 11 月 4 日成立后[⑥]，也积极开展政治训练，每日上课 3 次。主要课程有帝国主义侵略史、世界革命运动史、世界职工运动、政治常识、中国民族运动与劳动阶级、社会进化简史、世界政治状况等。[⑦]职工运动讲习班[⑧]、汕头宣传训练班[⑨]也纷纷创办，它们的课程设置都与马克思主义理论有关。

---

① 《工人之路特号》1926 年 10 月 13 日第 462 期。

② 《工人之路特号》1926 年 3 月 7 日第 252 期。

③ 《工人之路特号》1926 年 3 月 13 日第 258 期。

④ 《工人之路特号》1926 年 3 月 24 日第 269 期。

⑤ 《工人之路特号》1926 年 3 月 19 日第 264 期。

⑥ 《工人之路特号》1925 年 11 月 7 日第 135 期。

⑦ 广东哲学社会科学研究所历史研究室：《省港大罢工资料》，广东人民出版社 1980 年版，第 168 页。

⑧ 《工人之路特号》1925 年 10 月 23 日第 121 期。

⑨ 《工人之路特号》1926 年 6 月 20 日第 354 期。

## 二、其他各类训练班与马克思主义传播

1924 年国共合作开始后，在中国共产党的推动下，国民党也开办了各类训练班、养成所、讲学班等培养革命人才。这些训练班大都由共产党人受聘担任授课教师，因此不少课程都与马克思主义理论关系密切，从而推动了马克思主义大众化。

### （一）各种训练班在广州的创建

1926 年 2 月，为培养青年训育及指导人才，国民党广东省党部决定举办训育员养成所，并发布了《中国国民党广东省青年部训育养成所招生简章》。[①] 4 月 6 日，养成所举行开学典礼[②]，录取 80 人，其中正取生 60 人，备取生 20 人，并欢迎有志青年旁听[③]。养成所的入学考试科目，如"什么是帝国主义""国民革命中的阶级斗争是否可以消磨""为什么要联合苏俄、苏俄是否赤色帝国主义"[④] 等具有鲜明的马克思主义色彩。养成所的主要课程有中国政治经济状况、世界政治经济状况、各国革命史、社会主义史、帝国主义、民族问题、工农运动等。[⑤] 主讲教师有恽代英、熊锐、萧楚女、张太雷、毛泽东、邓中夏等。[⑥] 这些课程与马克思主义理论不无关系。

为培养政治工作人才，1926 年 2 月，国民党中央党部在广州开办中国国民党政治讲习班，时间 4 个月。学员主要是湘军改编为国民革命军第二军后的部分编余军官。开办之时，中共湖南区委选送了一批党员、团员和进步青年共计 382 人到该班学习。林伯渠、毛泽东等积极参与讲习班的

---

① 《广州民国日报》1926 年 2 月 26 日。

② 《广州民国日报》1926 年 4 月 5 日。

③ 《省青年部训育员养成所开学典礼情形》，《广州民国日报》1926 年 4 月 7 日。

④ 《省青年部训育养成所近讯》，《广州民国日报》1926 年 3 月 16 日。

⑤ 《中国国民党广东省青年部训育养成所招生简章》，《广州民国日报》1926 年 2 月 26 日。

⑥ 《青年训育养成所定期开课》，《广州民国日报》1926 年 4 月 1 日。

领导工作。李富春担任班主任，主持日常工作。讲习班的主要课程有张太雷主讲"世界政治经济状况"，邓中夏主讲"职工运动"，萧楚女主讲"社会主义""国际主义与民族问题"，熊锐主讲"帝国主义之由来及其性质"，恽代英主讲"中国政治经济状况"，舒之鉴主讲"各国革命史略"，林祖烈主讲"俄国新经济政策"，毛泽东主讲"农民运动"等。①

1926 年 4 月，原属民政厅的课吏馆改组，改属省政府之下。同时，为了将来实施行政利便计，改组课吏馆委员会，增加科目和新课程，主要有如下课程：社会运动、社会主义研究、合作社研究、苏俄工业及农村组织等。②

1926 年 6 月，国民党广东省青年部组织青年夏令讲学班，目的在于"利用消夏时间，讲究革命理论及经验"③，两次招生共录取 400 多人。1926年 7 月 12 日正式上课，9 月 4 日结束，9 月 8 日举行毕业典礼。④ 这次讲学班邀请了众多共产党人担任教师。恽代英主讲"中国共产党与国民革命"、谭植棠主讲"社会进化史"、张秋人主讲"各国革命史"等。⑤

同月，国民党中央妇女部为推动各省妇女运动的开展，培养妇女运动人才，决定设立妇女运动讲习所。⑥ 招生 50 人，其中广东省 15 人，其他省份 35 人。根据《党立妇女运动讲习所章程》，学期 6 个月。开设课程有世界各国革命史概要、帝国主义侵略史、政治经济学概要等。⑦ 讲习所于

---

① 韶山毛泽东同志纪念馆：《介绍〈中国国民党政治讲习班同学录〉》，《湖南党史通讯》1986 年第 6 期，第 21-23 页。

② 《课吏馆改组之进行》，《广州民国日报》1926 年 4 月 1 日。

③ 《省党部青年部夏令讲学班招生展期》，《广州民国日报》1926 年 6 月 16 日。

④ 《省青年部夏令讲学班启事》，《广州民国日报》1926 年 9 月 7 日。

⑤ 《中国国民党广东省青年一年来工作报告》，《谭植棠研究资料》，广东人民出版社1997 年版，第 249-252 页。

⑥ 《妇女部设立妇女运动讲习所》，《广州民国日报》1926 年 6 月 16 日。

⑦ 《党立妇女运动讲习所章程》，《广州民国日报》1926 年 6 月 19 日。

1927 年 3 月 16 日结束，共培养学员 90 多人。①

　　1926 年 10 月 11 日，省妇女部与中山大学特别党部合办党办妇女运动人员训练所。开设课程有各国革命史、国际问题、帝国主义侵略史、妇女运动、妇女与政治经济之关系、劳动组合运动、农民运动概况、社会问题等共 17 种。其中汤澄波讲授"各国革命史"、熊锐讲授"国际问题"、萧楚女讲授"帝国主义侵略史"等。②广东妇女解放协会为训练一般会员，养成妇女运动人才，开办了妇女运动人员速成班，学期 4 个月，名额 80 人。1927 年 1 月 10 日正式开学。主要课程有社会主义、妇女运动与社会主义、经济学、帝国主义、帝国主义侵略史、政治学概要、社会进化史等③，并聘请邓颖超、任卓宣、熊锐、邓中夏、杨匏安等担任讲师④。

　　1926 年 9 月 28 日，国民党第二十六次政治会议决议通过了《中国国民党农工行政人员讲习所章程》，中央党部决定开办中国国民党农工行政人员讲习所，"养成深明党义与能实现党义之农工行政人才，适应国家之需要"。甘乃光为所长，招生 100 人，3 个月毕业。主要课程有帝国主义各论、中国农工运动史、各国社会运动状况、世界近代政治经济状况、政治学各论、中国近代政治经济状况、经济学各论、中国农民问题概论、中国工人问题概论等。⑤

　　1926 年 2 月，陈公博担任广东大学校长后，指派陈炳权筹备广东大学专修学院，以解决部分公务人员、教师及店员中想读大学而无门可进的迫切要求。所开设学科有苏俄研究、帝国主义、社会主义与马克思学说、十九世纪社会主义思想史等。⑥专修学院利用晚上的时间来上课，聘请萧

---

①《党立妇女运动讲习所毕业》，《广州民国日报》1927 年 3 月 15 日。

②《广州民国日报》1926 年 9 月 24 日、30 日。

③《妇女运动人员速成班开始招生》，《广州民国日报》1926 年 12 月 8 日。

④《妇女运动人员速成班积极进行》，《广州民国日报》1926 年 12 月 14 日。

⑤ 罗家伦主编：《革命文献》第二十辑，中央文物供应社 1978 年影印再版。

⑥《广大专修学院报名之踊跃》，《广州民国日报》1926 年 2 月 22 日。

楚女、毛泽东、恽代英、沈雁冰、高语罕、狄克（苏联人）等数十人到校讲课。[①] 其中萧楚女讲授"十九世纪社会主义思想史"。[②] 专修学院报名时有 3000 多人，因条件所限招收了学生 800 多人。其中正额 600 余人，后又续招候补生 250 人。[③]

此外，国民党广东省党部宣传讲习所附设宣传速成班，期限一个月，招生 60 人。科目包括帝国主义、农工运动、各国革命史等。[④] 还有广州特别市青年训育员养成所，目的是"培植全市青年训育及青年运动指导人才"，名额 80 人。主要课程有恽代英主讲"近代史"、邓中夏主讲"工人运动概况"、于树德主讲"各国革命史"、郭春涛主讲"社会革命"等。[⑤]

国民革命军各支部队也纷纷建立了军官学校，其中不少课程为马克思主义传播提供了便利。第二军军官学校原为 1924 年秋建立的建国湘军讲武堂，1925 年 4 月开学。学员大部分是第二军送来的连、排干部和班长以及从社会上招收的青年学生。第一期学员 383 人，第二期学员 440 人。[⑥] 其中第二期的主要课程有毛泽东主讲"中国农民问题""中国社会各阶级分析"等。[⑦] 此外还有"阶级斗争学说""剩余价值说"等课程。[⑧] 第一军、

---

① 全国政协文史资料委员会编：《文史资料存稿选编》第 24 辑，中国文史出版社 2002 年版，第 221 页。

② 黎显衡：《萧楚女》，广东人民出版社 1982 年版，第 76 页。

③ 《广大专修学院改为试办之不确》，《广州民国日报》1926 年 2 月 25 日。

④ 《广州民国日报》1926 年 9 月 25 日。

⑤ 《广州民国日报》1926 年 10 月 1 日。

⑥ 韶山毛泽东同志纪念馆：《介绍〈国民革命军第二军军官学校第二期同学录〉》，《湖南党史通讯》1985 年第 9 期，第 21-23 页。

⑦ 冯志远：《回忆第二军军官学校》，全国政协文史资料委员会编：《文史资料存稿选编》第 16 辑下册，中国文史出版社 2002 年版，第 918-919 页。

⑧ 韶山毛泽东同志纪念馆：《介绍〈国民革命军第二军军官学校第二期同学录〉》，《湖南党史通讯》1985 年第 9 期，第 21-23 页；《毛泽东文物图集（上）1893—1949》，湘潭大学出版社 2014 年版，第 58 页。

第三军、第五军、第六军也都办有军官学校，但具体课程无从查考。[①]

### （二）广州之外的各种训练班

除了在广州举办各种训练班，广东其他地方也创办了不少训练班。这些训练班大都是以国民党名义举办，但很多是由共产党人担任授课教师。课程设置与马克思主义及中国共产党的政策有密切关系。

在东江。1926 年 8 月，鉴于东江各地农工运动人才缺乏，在广东区委的推动下，东江各属行政委员公署组织了东江各属农工运动宣传员养成所。[②] 罗明担任教务处处长，东江各属行政公署和汕头市各有关党政领导人担任授课教师。1926 年 7 月 18 日正式开学，学期 3 个月，学员 200 余人。主要课程有罗明主讲"中华民族反对帝国主义侵略的革命史"，李义主讲"社会发展史"，彭湃、林甦主讲"中国社会各阶级的分析""农民运动"，杨石魂、陈振韬主讲"工人运动"，赖玉润主讲"国共合作和共产党的建设"，李春涛等也担任养成所教师。[③]

在海陆丰。1925 年 4 月，为培养农民运动指导人才，彭湃在海丰创办了农民运动讲习所。学员 40 余人，彭湃任所长。1925 年 4 月 20 日正式开课，地点在海丰准提阁。[④] 主要课程有彭湃主讲"海丰农民运动史""农民阶级分析""革命人生观"，杨嗣震主讲"社会问题——妇女问题"，李国珍主讲"经济学——剩余价值"。[⑤]

在南路。1926 年，黄学增担任南路农民运动办事处主任期间，创办了梅菉市宣传学校，以广泛宣传同时培养农运人才。主要课程有韩盈讲授

---

① 《各界援助罢工周宣言》，《工人之路特号》1926 年 2 月 6 日第 224 期。

② 《开办东江农工运动讲习所》，《广州民国日报》1926 年 8 月 5 日。

③ 罗明：《罗明回忆录》，福建人民出版社 1991 年版，第 33 页。

④ 《海丰农民运动讲习所开课》，《陆安日刊》1925 年 4 月 23 日。

⑤ 郭德宏：《彭湃年谱》，中共中央党校出版社 2007 年版，第 223 页。

"社会进化史"、杨枝水讲授"农工运动史"。[①]1926 年 4 月，为了培养农运骨干，又在雷州创办雷州宣传讲习所。黄学增、黄杰、杨枝水等授课。学员 60 人，学习时间 3 个月，主要课程有社会进化史、国耻小史、中国革命史等。[②]

在西江。1925 年冬，古应芬在肇庆开办了西江宣传养成所，其目的是为西江各县培训民团骨干。黄锡源任所长，黄秉勋任教导主任。共有学员 120 人，来自西江流域 12 个县。主要课程有黄秉勋讲授"哲学"、郑炯钦讲授"各国革命史"、叶挺讲授"工人运动"、吴济民讲授"阶级斗争"、周其鉴讲授"农民运动"。叶挺还从中挑选 30 多人组织了西江政治研究会，灌输辩证唯物主义和历史唯物主义等马克思主义理论。西江宣传养成所还设有图书室，有《共产党宣言》等马克思主义理论书籍供学员们阅读。养成所于 1926 年初结束，学员们大部分成了当地农运骨干。[③]

在北江。为培训农军骨干，中共北江特委和省农会北江办事处在省农民部支持下，创办了北江农军学校。1926 年 12 月 9 日正式开学。第一期招收学员 97 人，北江特委委员朱云卿任农军学校主任。政治教官都是由中共北江特委和省农会北江办事处卓庆坚、侯凤池、郑大旺、李桃麟、蔡召平、甄博亚等担任。政治课采取听报告的形式进行，政治方面的课程有社会发展史、中国革命与农民问题、工农联盟、世界革命史、农会须知、农会之基本任务、农民运动、农村阶级分析等，借以提高学员对农运重要性的认识。此外，每周有一次时事课，由卓庆坚等根据《向导》《中国青年》《人民周刊》《工人之路特号》《犁头》等刊物的内容讲授。第一期结

① 《南路特别委员会工作状况概述》，《黄学增研究史料》，人民出版社 1997 年版，第 151 页。
② 《团雷州特支给中央的报告》，《广东革命历史文件汇集（群团文件）一九二六（二）》甲 5，1983 年 8 月印行，第 208 页。
③ 雷锡南、慕容栋：《忆西江宣传养成所和西江政治研究会》，李仁夫：《回忆在西江宣传养成所的学习》，《西江地区大革命时期史料选编（二）》，2003 年印行，第 78-79 页。

束后，又紧接着举办第二期，共录取 162 人，不久因四一二反革命政变停办。朱云卿在第一期同学录上的题词就是马克思的名言："劳动阶级的解放是要劳动阶级自己来动手的"。由此可见，马克思主义在北江农军学校的教学中占有一席之地。①

为适应革命形势发展需要，经呈请广东区委和省农会批准，1927 年 1 月，北江还创办了南韶连政治讲习所，名义上是陈嘉佑创办的，实际上由共产党人主持。招收学员 124 人。该所培养学员的目标是提高学员对农运重要性的认识，增强从事农运的决心和信心，掌握开展农运的政策和方法，成为农军中熟悉军事的政工人员。该所选用的教材基本上是参照第六届农民运动讲习所的教学方案编定。课程有中国革命史、世界革命史、社会发展史、帝国主义侵华史、中国革命与农民问题、工农联盟等。②

在海南，全岛有 11 个县先后办起了农民运动训练所。如琼崖高级农民军事政治训练所③、嘉积农工职业学校④、文昌县农民运动讲习所⑤、万宁县农民训练所⑥、陵水农运训练所⑦等，对推动马克思主义的传播起到了积极作用。

---

① 郑拔夫：《北江农军学校始末》，《广东文史资料》第 26 辑，广东人民出版社 1980 年版，第 10–12 页；曾文思：《广东北江农军学校和北江农军团》，《广东党史资料》第 22 辑，广东人民出版社 1993 年版，第 51 页。

② 郑拔夫：《对北江农军学校的姐妹校——南韶连政治讲习所的回忆》，《韶关文史资料》第 18 辑，1992 年印行，第 177–178 页。

③ 王文源：《琼崖高级农民军事政治训练所》，《琼岛怒潮》，解放军出版社 1987 年版，第 38 页。

④ 《琼崖仲恺农工学校》，《琼岛星火》第 9 期，1982 年印行，第 131–134 页。

⑤ 《文昌县农民运动讲习所》，《文昌党史资料》第 5 集，1985 年印行，第 18–23 页。

⑥ 蔡德佳：《万宁县农民训练所》，《琼岛星火》第 22 期，1997 年印行，第 220–223 页。

⑦ 陈敬词：《大革命时期的陵水农运训练所》，《琼岛星火》第 22 期，1997 年印行，第 224–229 页。

# 本章小结

马克思主义在广东的早期传播中，各党派团体与训练班、学校等起到的作用显而易见，通过内部学习和马克思主义理论系统教学，推动了马克思主义传播。

广东党、团组织无疑是推动马克思主义在广东早期传播的重要力量，充分利用各种机会推动马克思主义在党、团组织内部和外部的传播。在党、团组织内部，专门开辟理论学习时间，通过讨论、读书、报告、演讲等方式推动党、团员学习马克思主义，并指定马克思主义学习书目。广东党、团组织还先后开办了各种类型的训练班、党校集中训练党、团员，提高他们的马克思主义理论水平。同时，为推动马克思主义大众化，广东党、团组织还积极利用公开演讲宣传马克思主义，组织演讲队，深入各团体演讲马克思主义。

在推动马克思主义传播的学校中，农民运动讲习所和黄埔军校无疑是其中的佼佼者。农民运动讲习所先后举办6届，历任主任（所长）都是共产党员，不少教员也是共产党人，因此在教学中设置了不少与马克思主义理论有关的课程，还专门组织马克思主义理论研究、阅读马克思主义理论著作，并发行农民问题丛刊，推动马克思主义与农民群众的结合。黄埔军校实行军事与政治并重，专门制定政治教育大纲，根据不同专业设置了不同政治课内容，课程大多与马克思主义和列宁主义有密切关系，所编各种教材也是在马克思主义指导下编写的，对促进马克思主义在军校内的传播的作用毋庸讳言。

　　这一时期，省港罢工委员会以及其他各机关、机构也创办了各种训练班，由于不少共产党人担任教师，在课程设置上非常重视马克思主义理论内容。这些训练班遍布全省各地，有效促进了马克思主义大众化。

第四章

# 纪念活动：马克思主义在广东早期传播的有效途径

　　纪念活动是马克思主义在广东早期传播的有效途径，有力促进了马克思主义大众化。通过纪念活动，不仅介绍了经典作家生平，诠释他们的精神品格，塑造了理论权威形象，增进广大群众对他们的认知与敬畏，并且总结国际共产主义运动重大历史事件的经验教训，从而推进马克思主义传播。特别是随着国共合作局面的形成和大革命的胜利进行，广东各类纪念活动达到高潮，无论是规模、形式还是范围等方面，广东都在全国独树一帜。对此，时在广州的鲁迅也深有感触，他写道："在广州，我觉得纪念和庆祝的盛典似乎特别多，这是当革命的进行和胜利中，一定要有的现象。"① 由此可见，当时作为大革命策源地的广东，其纪念活动之发达程度。

　　纪念活动在广东也有鲜明特征。纪念活动大都是国民党和共产党联合开展，名义上是国民党发起和组织，但宣传、组织等具体工作是由广东党、团组织负责。这样能够利用国民党的旗帜，吸引更多的人关注并参加纪念活动，扩大纪念活动影响。同时也能保证纪念活动能够按照中国共产党的指导方针进行，扩大马克思主义传播。

---

① 鲁迅：《庆祝沪宁克复的那一边》，《鲁迅杂文》，浙江文艺出版社2009年版，第218页。

## 第一节 马克思纪念与马克思主义在广东的早期传播

马克思主义经典作家纪念在广东主要围绕马克思和列宁开展。马克思逝世日、诞辰日都有纪念，列宁则主要围绕逝世日举行纪念。相比较来说，列宁纪念更加隆重，无论是共产党还是国民党都对列宁纪念非常重视，每次纪念都举行盛大集会、游行，并有多种纪念专刊公开发行，从1924年1月21日列宁逝世到大革命失败的1927年连续举行、从未间断。马克思纪念则规模较小，主要是中国共产党组织。马克思和列宁纪念的广泛开展，使得马克思、列宁、马克思主义、列宁主义在广东人民心目中的地位大大提高，同时传播了马克思主义相关理论，从而使学习、服膺马克思主义的人越来越多。

### 一、马克思纪念在广东的缘起与主要形式

根据目前掌握的材料，马克思纪念在广东最早是从1922年3月14日——马克思逝世纪念日开始的。1922年3月9日，广东社会主义青年团第二次会议决定于3月14日在东园召开成立大会，同时举行马克思纪念会。[①]

成立大会暨马克思纪念会有3000人参加。纪念会上，谢英伯宣称纪

---

① 《广东社会主义青年团关于开成立大会的通知》，《青年周刊》1922年3月12日第3号，转引自《青年周刊》，广东人民出版社1986年版，第39页。

念马克思是"因为他是十九世纪科学的社会主义的开山"，并提出，马克思主义博大精深，而其中的两个要点是"非妥协的阶级斗争"和"把政权归还劳动者之手"，现在要赶快研究而且也要把马克思主义实现。[①]谭平山指出，马克思主义有改造社会的能力，但"马氏学说实在高深得很"，因此需要加强研究。[②]广东团组织还在会场散发了马克思学说小册子。[③]

5月5日是马克思诞辰104周年纪念。在中国共产党的领导下，举行了全国范围的马克思纪念，这次纪念在广东达到了空前规模。恰逢此日中国社会主义青年团第一次全国大会在广州召开，同时举行马克思纪念大会。参加者有妇女、学生、工人等，会场还悬挂马克思大幅肖像。[④]1500多人参加了纪念大会。张太雷担任主席，他在致辞中说：纪念马克思，一是因为他是革命的实行家，第一国际的创造家；二是因为他指出革命方法，提出实现共产主义的社会必须经过无产阶级专政，使无产阶级确信资本主义必定崩坏，无产阶级革命必定成功。全体与会代表起立对马克思表示敬意。[⑤]随后，陈独秀、邓中夏、王寒烬、叶纫芳等16人发表演说，历时3个小时，演说均"对于社会主义"透彻无遗。[⑥]其中陈独秀的演讲题目为《马克思的两大精神》。[⑦]

此次马克思纪念中，由中国劳动组合书记部编辑出版了《马克思纪念

---

① 《成立大会演说撮录》，《青年周刊》1922年3月22日第4号，转引自《青年周刊》，广东人民出版社1986年版，第63-72页。

② 《成立大会演说撮录》，《青年周刊》1922年3月22日第4号，转引自《青年周刊》，广东人民出版社1986年版，第63-72页。

③ 《广东社会主义青年团关于开成立大会的通知》，《青年周刊》1922年3月12日第3号，转引自《青年周刊》，广东人民出版社1986年版，第39页。

④ ［苏］C·A·达林：《中国回忆录（1921—1927）》，中国社会科学出版社，1981年，第94页。

⑤ 《中国社会主义青年团一大及其筹备会议和第一届团中央执委会会议记录》，《党的文献》2012年第1期，第3-35页。

⑥ 《广东群报》1922年5月8日。

⑦ 《广东群报》1922年5月23日。

册》，全国共散发 2 万本。[①]纪念册共有 3 篇文章，第 1 篇是《马克思诞生104 周（年）纪念日敬告工人与学生》，第 2 篇是德国威廉·李卜克内西所撰《马克思传》，第 3 篇是陈独秀撰《马克思学说》。封面还刊有马克思的半身像。[②]纪念册在广东也有散发，还将当日未散发完毕的纪念册放在广州人民出版社，让读者自愿取阅，支付邮费还可以寄送。[③]

　　1923 年马克思纪念中，中国社会主义青年团发布了《马克思诞生百零五周年纪念日敬告中国青年》，提出马克思主义是无产阶级革命的唯一指导原理，是推翻资本主义解放无产阶级的唯一武器。中国应运用马克思主义原理改造中国社会，进行无产阶级革命，联合全体被压迫人民向国际资本主义及其走狗军阀进攻。[④]

　　为迎接 1924 年的马克思纪念，中共中央于 4 月 19 日发布《中共中央通告第十三号——关于"五一""五四""五五""五七"之纪念与宣传》，要求须有相当的活动与宣传，集合 CP（即中国共产党）及 SY（即中国社会主义青年团）开纪念会，进行演讲。[⑤]遵照中央要求，广东党、团组织在 5 月 5 日举行马克思纪念会，请时任黄埔军校政治部副主任张申府演讲《从唯物史观观察国民运动》，并组织广大党、团员讨论马克思主义。[⑥]

---

　　① 陈独秀：《中共中央执委会书记陈独秀给共产国际的报告》，李忠杰、段东升主编：《中国共产党第一次全国代表大会档案文献选编》，中共党史出版社 2015 年版，第 39 页。

　　② 马承源主编：《上海文物博物馆志》，上海社会科学院出版社 1997 年版，第 353 页。

　　③《广东群报》1922 年 5 月 17 日。

　　④《先驱》1923 年 5 月 10 日第 17 期。

　　⑤《中共中央通告第十三号——关于"五一""五四""五五""五七"之纪念与宣传》，团中央青运史研究室、中央档案馆：《中共中央青年运动文件选编（一九二一年七月——一九四九年九月）》，中国青年出版社 1988 年版，第 29-30 页。

　　⑥《团广州地委改选和五月第一周纪念活动的情况报告》，《广东革命历史文件汇集一九二三年——一九二六（二）》乙 1，1985 年 1 月印行，第 6 页；《团广州地委报告（第二号）——关于五月份几个纪念日活动的情况》，《广东革命历史文件汇集（群团文件）一九二二年——一九二四年》甲 1，1983 年 4 月印行，第 396 页。

1925 年广东的马克思纪念相对于 1924 年规模大了许多。中共中央发布第三十九号通告，要求各地围绕"五一""五四""五五""五七"四个纪念日开展一系列纪念活动。①《中国青年》也发出纪念马克思的号召，希望"籍五一、五五两个纪念日给落后的思想一个重大的打击，使一般青年看清中国革命的正当途径"。②

按照中央要求，广东党、团组织用广州工人代表会名义发起马克思纪念会。三四百人参加了当晚的纪念会，会上由马也也夫演说。③第二次全国劳动大会也用起立静默 5 分钟的形式进行了马克思 107 周年诞辰纪念。④广东各地党、团组织也开展了形式多样的马克思纪念。团广州地委以新学生社名义举行戏剧表演，并乘机进行马克思公开纪念。团鹤山支部召集全体团员召开纪念会。⑤团汕头地委举行纪念活动宣传马克思主义，到会近千人。当晚还在汕头书店召集新学生社等开会纪念马克思，并演说马克思主义及学说。⑥海丰成立了海丰马孙两氏纪念会，由团海丰支部出面召集各界代表 50 余人在教育局举行公开纪念会。会上首先介绍马克思历史及学说，次由各界代表演讲。⑦香港团组织也举行了纪念活动。中国青年军

---

①《团广州地委组织部报告（第一号）——地委、特项委员会和各地的组织变化和活动情况》，《广东革命历史文件汇集（群团文件）一九二五（二）》甲 3，1983 年 7 月印行，第 166-167 页。

②《预备五月第一周的大运动》，《中国青年》1925 年 4 月 11 日第 74 期，第 1-5 页。

③《团广州地委组织部报告（第一号）——地委、特项委员会和各地的组织变化和活动情况》，《广东革命历史文件汇集（群团文件）一九二五（二）》甲 3，1983 年 7 月印行，第 166 页；《团广州地委宣传报告（第十三号）——五月第一周纪念活动情况》，《广东革命历史文件汇集（群团文件）一九二五（二）》甲 3，1983 年 7 月印行，第 209 页。

④《全国劳动大会会议志》，《广州民国日报》1925 年 5 月 11 日。

⑤《团鹤山支致团中央信——五月第一周纪念活动情况》，《广东革命历史文件汇集（群团文件）一九二五（二）》甲 3，1983 年 7 月印行，第 185 页。

⑥《团汕头地委其清的报告——关于五月第一周纪念活动、市党选举和援助"沪案"情况》，《广东革命历史文件汇集（群团文件）一九二五（二）》甲 3，1983 年 7 月印行，第 251 页。

⑦《团海丰支连渊的报告——青年学校四月来活动之经过》，《广东革命历史文件汇集（群团文件）一九二五（二）》甲 3，1983 年 7 月印行，第 277 页；《孙马两氏纪念会盛况》，《陆丰日刊》1925 年 5 月 5 日。

人联合会公布了《为纪念"五·一"、"五·四"、"五·五"、"五·七"告革命青年军人》，称"五月五日，是倡导世界革命的马克思诞日"。①《新学生》于 1925 年 5 月 1 日第 34、35 期合刊发行"五月号"，发表了愿的《纪念创造界的马克思》等文章。《陆安日刊》于 1925 年 5 月 5 日发行"马孙两氏纪念号"，发表了《我们为什么要纪念马克斯》以及黎樾廷的《马克斯史略》《五五宣言》《马克斯先生诞生第一百〇七周孙中山先生在广东就任大总统第肆周纪念会宣言》。② 建国滇军干部学校的《新军人》发表了叹贫的《庆祝马克斯的圣诞》以及《马克斯略传》。③

1926 年的马克思纪念也得到中共中央高度重视，提出"五五"是马克思诞生纪念日，要在我们一切定期或不定期出版物和公开、秘密的集会上，说明马克思主义是否能解决中国问题、马克思主义与中国革命的关系，并答复各方面对马克思主义的曲解和误会。④

为迎接 1926 年马克思纪念，团广东区委联合广东省学生联合会、广州学生联合会、香港学生联合会、中华全国总工会、广东省农民协会、广东妇女解放协会等团体发出了《为马克思诞生纪念日举行演讲大会的通知》。决定 5 月 5 日正午 12 时在广东大学礼堂举行纪念演讲大会，请广东大学文科学长郭沫若、北京大学教授陈启修、上海大学教授彭述之等演讲马克思生平及其学说以及中国国民革命与世界革命之关系。⑤ 除了上述三人外，邓中夏也进行了演讲。后因听众实在太多，礼堂无法容纳，又在礼

---

① 《广东革命历史文件汇集（群团文件）一九二五（二）》甲 3，1983 年 7 月印行，第 181–182 页。

② 《陆安日刊》1925 年 5 月 5 日。

③ 《新军人》1925 年 5 月 15 日第 3 期。

④ 《中共中央通告第 ××× 号——关于五月各纪念日之宣传工作》，团中央青运史研究室、中央档案馆主编：中共中央青年运动文件选编（一九二一年七月——一九四九年九月），中国青年出版社 1988 年版，第 101 页。

⑤ 《团广东区委等单位为马克思诞生纪念日举行演讲大会的通知》，《广东革命历史文件汇集（群团文件）一九二六（二）》甲 5，1983 年 8 月印行，第 64 页。

堂之外的操场另开讲坛进行演讲。①

　　新学生社于 5 月 5 日晚举行马克思纪念及孙中山先生就任总统纪念大会。②团雷州特支在海康农会举行马克思纪念，数百人参加，公开演讲马克思主义。③团海丰地委在附城举行马克思纪念会，到会数百人，并分发各种宣言、传单、标语等。④团陆丰特支组织了三四十人的马克思纪念会，特支全体成员赴会，并极力宣传马克思主义及其历史，促进大家对马克思主义的了解。同时分发宣言、贴标语，取得了很大成效。⑤花县、东莞也举行了类似的纪念活动。

　　在 5 月 5 日召开的第三次全国劳动大会举行了马克思诞辰纪念，由邓中夏报告马克思略史。邓中夏在讲话中指出，马克思为无产阶级解放导师，马克思主义是无产阶级得到解放之唯一武器。⑥第三次全国劳动大会与广东省第二次全省农民代表大会于当晚在番禺学宫联合举行马克思纪念大会，工农代表 2000 余人参加。邀请郭沫若、陈启修、彭述之参加纪念大会并演讲。会上，彭湃指出，马克思是无产阶级革命理论家，也是无产阶级革命实行家，指示我们只有全世界无产阶级联合起来打倒帝国主义，才能求得自身解放，建设共产主义社会。不仅要信仰马克思主义，还要努力做实际运动，使马克思主义实现。当时的报道称"全场充满革命空气"。⑦

---

　　①《团广东区委关于五月份活动情况报告》，《广东革命历史文件汇集（群团文件）一九二六（二）》甲 5，1983 年 8 月印行，第 115 页。

　　②《新学生社开会盛况》，《广州民国日报》1926 年 5 月 3 日。

　　③《团雷州特支给团中央的报告——五月份团组织、农运、工运情况》，《广东革命历史文件汇集（群团文件）一九二六（二）》甲 5，1983 年 8 月印行，第 206 页。

　　④《团海丰地委五月份工作报告》，《广东革命历史文件汇集（群团文件）一九二六（二）》甲 5，1983 年 8 月印行，第 219 页。

　　⑤《团陆丰特支五月份工作报告》，《广东革命历史文件汇集（群团文件）一九二六（二）》甲 5，1983 年 8 月印行，第 147 页。

　　⑥《劳动大会第六日大会情形》，《工人之路特号》1926 年 5 月 8 日第 313 期。

　　⑦《工农两代表大会纪念马克斯情形》，《工人之路特号》1926 年 5 月 8 日第 313 期。

　　马克思纪念还有大量纪念文本出版。《香港学生》第 13 期即为"革命之五月特号"，李达钊在《五月之花》一文中指出，马克思是科学社会主义者和世界革命领袖。[①]此外还有剑英的《纪念马克斯与中国革命》等文章。《人民周刊》第 11 期发表了彭述之的《五五纪念与中国》，批判了反对马克思主义的三种言论。[②]《工人之路特号》第 310 期发表了蓝裕业的《马克思纪念日之感想》、宗侠（即邓中夏）的《怎样纪念"五五"》等文章。在《怎样纪念"五五"》中，邓中夏提出马克思是共产主义的首倡者，无产阶级从得了马克思主义后，才确定了自己奋斗的道理，因此，应该进行大规模的共产主义宣传，以唤起全世界的无产阶级。[③]《人民周刊》第 10 期公布的《五月纪念周宣传大纲》中，对马克思的历史贡献进行了高度评价。

　　除党、团组织外，国民党及其他各团体也有不少马克思纪念特刊发行。1926 年中国国民党广大特别党部编辑出版的《革命生活》发行"五月号"，发表了《纪念马克思的生日》、启薰的《今年的五月》、童炳荣的《我们怎样去纪念马克斯？》等文章。[④]梅县学生互助社的《互助半月刊》发行"五月特号"，发表了陈通的《马克思先生与孙中山先生》一文，简述了马克思在《共产党宣言》中的相关主张，包括拥护农工、阶级斗争、夺取政权、武装训练、国际联合等内容。[⑤]1926 年国民革命军总司令部政治部编印的《革命史上几个重要纪念日》，发表了《五五纪念》、亚领的《革命的青年应该怎样纪念马克斯》等文章。[⑥]《我们工作的鳞爪》刊登了《"五五"

---

　　① 李达钊：《五月之花》，《香港学生》1926 年 5 月 15 日第 13 期，转引自《广东青年运动历史资料》第 5 册，1989 年印行，第 144–147 页。

　　②《五五纪念与中国》，《人民周刊》1926 年 5 月 4 日第 11 期，第 5–8 页。

　　③《怎样纪念"五五"》，《工人之路特号》1926 年 5 月 5 日第 310 期。

　　④《革命生活》1926 年"五月号"。

　　⑤《互助半月刊》1926 年 5 月 16 日第 23 期。

　　⑥ 国民革命军总司令部政治部编：《革命史上几个重要纪念日》，1926 年印行。

纪念宣传大纲》。①1927 年 4 月中国国民党工人运动宣传委员会编印的《劳动运动史上的重要纪念日》发表了《马克斯纪念宣传大纲》。②

## 二、马克思纪念推动马克思主义传播

### （一）肯定马克思精神品格

童炳荣在《我们怎样去纪念马克斯？》一文中，赞扬马克思的苦战奋斗精神和他富贵不能淫、贫贱不能移、威武不能屈的人格。指出，马克思是中国青年的模范，马克思不但是一个渊博伟大的理论家，而且是一个革命的实行家，他一生艰苦奋斗，为全世界无产阶级与全人类谋解放的革命精神，确是中国青年要引以为模范的。③

亚领则指出，马克思无论怎样艰苦困难，他不折不挠努力于革命，为人类谋真正解放。他抛弃一切幸福，自甘贫苦，不折不挠地为无产阶级谋解放的奋斗精神，值得我们崇拜，应该借做模范。马克思一方面对学理做深奥研究，一方面实际参加各种革命运动。我们要学习马克思努力实际工作的精神，效法马克思拥护真义的毅力。④

### （二）肯定马克思重要历史地位

肯定马克思重要历史地位是广东马克思纪念中的重要内容之一。通过肯定马克思历史地位，有利于促进马克思主义传播。

蓝裕业的《马克思纪念日之感想》指出，马克思是全世界人类与无产

---

① 国民革命军总司令部政治部：《我们工作的鳞爪》，1926 年印行，第 38–43 页。

② 中国国民党工人运动宣传委员会编印：《劳动运动史上的重要纪念日》，1927 年 4 月 1 日印行，第 33–34 页。

③ 国民革命军总司令部政治部编：《革命史上几个重要纪念日》，1926 年印行，第 3–6 页。

④ 国民革命军总司令部政治部编：《革命史上几个重要纪念日》，1926 年印行，第 6–10 页。

阶级解放的导师。马克思的贡献是断定资本主义是必然崩坏，无产阶级必然要起来推翻资产阶级，重新创造自由平等有规划的社会，使一切阶级归于消灭，社会上再没有压迫和剥削人的事实。因此，要努力学习马克思主义，遵照马克思主义所指示的革命道路前进。[①]

邓中夏在《怎样纪念"五五"》中指出，马克思是世界无产阶级革命主义的创立者，共产主义的首倡者。同时，马克思还是一个共产主义的实行者，他一方面宣传革命的共产主义，一方面努力组织革命的党——第一国际，并指导 1848 年巴黎公社的革命。[②]

洪筠在《五月纪念周中不可忘记之三大伟人——马克斯，列宁，孙中山》一文中，称赞马克思研究西欧之社会经济状况，发明了社会革命学理，不仅是"无产阶级圣经"《资本论》的著作者，并且也是国际共产党的创作者。[③]

《新学生》在"五月号"发刊词中，称赞马克思在社会科学中有最大的发明，"他的学说与达尔文的进化论是同一创论"。他给我们以知识的新"工器"——唯物史观，打破资本制度分配的"迷儿"——经济学说，指示我们将来的社会——社会主义。他的学说是无产阶级革命的经典，他不仅是社会革命的思想家，并且是亲自指导法国工人革命的一位实行家。愿在《纪念创造界的马克思》一文中，赞扬马克思说明了世界革命的必然、资产阶级的灭亡和无产阶级的胜利都是不可避免的。提出了全世界无产阶级联合起来这个鲜明口号，创造了一个战斗大本营——第一国际。[④]

《陆安日刊》1925 年 5 月 5 日发表的《我们为什么要纪念马克斯》一

---

① 《工人之路特号》1926 年 5 月 5 日第 310 期。
② 《工人之路特号》1926 年 5 月 5 日第 310 期。
③ 《中国军人》1925 年 8 月 17 日第 6 期，第 2–12 页。
④ 《新学生》1925 年 5 月 1 日第 34、35 期合刊，转引自《广东青年运动历史资料》第 6 册，1989 年印行，第 228–233 页。

文，称赞马克思"独具远大的眼光，精密的思考，从历史的变动，定下空前的革命方法，不用什么宗教道德，而建设人类生活能够在同一的水平线上向上发展的经济组织的社会制度"。"具世间极少数的人所具的愿望，而从事于世间少数人中所努力的世界，卒之由此种努力，以成就其空前的发展，以确定人类在历史上划时代的生活形式"。认为马克思的科学社会主义能够支配大多数人心，能够使人类弃掉一切偏见，从事于国际社会主义运动。[①]

《人民周刊》1926年公布的《五月纪念周宣传大纲》指出，马克思非但是一个大经济学家、大哲学家、大社会学家，并且是一个谋无产阶级解放与人类解放的导师。马克思还是一个革命的实行家和理论家，是科学社会主义的创造者，指示社会进化道路，分析资本制度判定其必然崩溃。[②]

童炳荣在《我们怎样去纪念马克斯？》一文中，赞扬马克思是大经济学者，他在经济学上发明了剩余价值论，使资本及劳动之意义都得着新解释。证明社会进化必然由资本主义的经济组织产生社会主义的经济组织。马克思是大社会学者、大历史哲学者，发明了唯物史观，使我们得了人类社会历史运动的原则，指示社会进化的道路，使我们得了研究社会学、历史学之科学的方法。马克思是渊博的科学社会主义的创造者，发明了阶级斗争说和无产阶级专政说，使全世界无产阶级与全人类都得了自救的方针。[③]

启薰在《今年的五月》一文中，强调马克思是科学社会主义的创造者，指示社会主义道路，分析资本制度判定其必然崩溃，无产阶级因得了马克思的指示，得了革命的勇气，得了解放的道路。"五五"纪念能够重睹马

---

① 谷珍：《我们为什么要纪念马克思》，《陆安日刊》1925年5月5日。

② 《人民周刊》1926年4月30日第10期，第8—11页。

③ 国民革命军总司令部政治部编：《革命史上几个重要纪念日》，1926年印行，第3—6页。

克思的革命理论从而使革命群众大受鼓舞而兴奋。[①]

亚领在《革命的青年应该怎样纪念马克斯》一文中，称赞马克思是科学社会主义的鼻祖，是人类以来最伟大的学者思想家，是共产主义的创作者，人类解放运动的伟大导师，大学问大思想家，革命运动的实行家、指导者。他的学说是科学社会主义的经典，人类解放的福音。[②]

### （三）介绍马克思主义基本原理

纪念文本中，不少文章都介绍了马克思主义基本原理。任弼时在《马克思主义概略》一文中对马克思主义理论进行了概述。不仅分析了马克思主义的三大理论来源——英国的经济、法国的革命、德国的哲学，还对马克思主义理论的重要组成部分进行了介绍。任弼时强调，马克思主义给了我们一个研究学问的方法，并将社会主义理论建筑在科学基础上，是研究无产阶级胜利方法和条件之科学。[③]

愿在《纪念创造界的马克思》一文中阐述了马克思主义理论的三个重要组成部分——唯物史观、剩余价值和阶级斗争。唯物史观，即"凡人类社会一切制度，文化及时代精神俱是建筑于那时的经济组织底基础上面。这个基础是为社会生产关系之总和。在生产方法未变化时，人类所想望一切制度、文化是不会实现的。新制度之产生，必要在旧制度母胎里有完成的条件，至少也要在成立过程中"。同时，愿强调了马克思关于人的能动性的重要作用，并认为这是唯物史观的重大的价值。关于剩余价值，愿在文中分析马克思关于剩余价值来源的论断，阐明马克思关于剩余价值在资本主义扩张中所起到的作用。关于阶级斗争，愿在文中指出中国要十分注意马克思在《共产党宣言》中的名言："一切过去社会底历史都是阶级斗

① 《革命生活》"五月号"，1926 年印行，第 8—11 页。

② 国民革命军总司令部政治部编：《革命史上几个重要纪念日》，1926 年印行，第 6—10 页。

③ 任弼时：《马克思主义概略》，《中国青年》1925 年 5 月 2 日第 77、78 期，第 6—20 页。

争底历史"，马克思的阶级斗争实是中国现在国民革命的大经典。作者指出，把世界人类区分为两大阶级——被压迫阶级与压迫阶级，这是极伟大的创见，马克思确是我们的大师，马克思主义理论完全是在事实基础上形成的。因此，我们要努力去做一个马克思主义者，熟读马克思主义著作。作者最后提出，"我们要诚恳纪念马克思，我们要热烈去学马克思，我们更要忠实地像列宁这样去学马克思！"①

彭述之在《五五纪念与中国》一文中对什么是马克思主义进行了阐述。彭述之指出，马克思主义是一种解释宇宙的方法论，并且是改造宇宙的一种工具，是创造人类新社会的指南，是一切革命的指南，是一切被压迫阶级反抗和脱离压迫和剥削阶级的武器，是一种实际的行动主义。②亚领则指出，马克思学说的特点，在于指出社会进化之必然规律。他在社会进化规律上判定现代世界资本主义、帝国主义的必然崩溃。马克思主义具有重要的理论和实际意义，应该承认其价值。③

### （四）强调马克思主义对于中国的重要意义

《人民周刊》1926年公布的《五月纪念周宣传大纲》分析了马克思对于中国的特别意义。认为，马克思指示我们世界资本主义、帝国主义是必然崩溃的，使中国人民有决心与勇气进行反帝国主义运动；马克思告诉我们社会是进化的，并且这种进化的行程是无论谁都不能阻挡的，这种对于社会的科学分析可使我们打破迷信的、封建的、宗教的、帝国主义文化的及一切反动的思想；马克思告诉我们革命的判断标准，判断某阶级是否革命与革命性的成分，一定先看其阶级的经济利益与革命的关系如何，马克

---

① 《新学生》1925年5月1日第34、35期合刊，《广东青年运动历史资料》第6册，1989年印行，第229–233页。

② 《人民周刊》1926年5月4日第11期，第5–8页。

③ 国民革命军总司令部政治部编：《革命史上几个重要纪念日》，1926年印行，第6–10页。

思主义者判定某人某事或某种政策的好与坏，对与不对完全看他与革命运动的关系如何而定；马克思学说给我们革命的勇气与决心。[①]

　　彭述之在《五五纪念与中国》一文中针对反对马克思主义的三种错误思潮进行了反驳，指出马克思主义不但是一种无产阶级革命的主义，而且是解放一切被压迫被剥削民族的主义，中国革命需要马克思主义作为理论指导，只有用马克思主义的理论和策略，中国革命才能成功。马克思主义不但是世界革命之唯一指南，也是解决中国问题的唯一"锁钥"，是中国革命之唯一指南。中国革命只有站在马克思主义的立场上才能保证正确方向。只有用马克思主义的理论知识指导工农阶级站在斗争的意义上去反抗资本家、地主的阴谋，领导其余一切落后阶级，中国革命才有成功的可能。马克思的阶级斗争理论是中国革命成功的唯一保证。[②]

---

① 《人民周刊》1926 年 4 月 30 日第 10 期，第 8-11 页。
② 《人民周刊》1926 年 5 月 4 日第 11 期，第 5-8 页。

## 第二节　列宁纪念与马克思主义在广东的早期传播

列宁纪念可以说是肇端于广东，随后逐步扩展到全国的。特别是在1924—1927 年间的大革命时期，广东的列宁纪念一直持续不断，并且纪念规模大、规格高、范围广、影响深远。无论是共产党还是国民党都对列宁纪念高度重视，全省各地都召开纪念大会，还有众多的纪念专号出版，树立了列宁的光辉形象，提高了列宁主义的影响力，推动了列宁主义的传播和学习。由于列宁逝世日期与德国无产阶级革命家李卜克内西、卢森堡牺牲日期临近（一为 21 日，一为 15 日），很多时候，广东在纪念中经常将三人一起进行纪念，使得纪念活动影响更加扩大。

### 一、列宁纪念在广东的缘起与主要形式

列宁纪念从列宁逝世消息传到广东就开始了。1924 年 1 月 25 日，列宁逝世消息传到广州，适逢国民党一大在广州召开，孙中山亲自到会讲话。孙中山在讲话中，盛赞俄国革命的奇功伟绩是世界革命史上前所未有，俄国革命成功是领袖列宁之奋斗，列宁是革命中的圣人，为世界革命的模范。他还提出"我们对于俄国革命之精神，须力行仿效"。随后，鲍罗廷演讲列宁历史，盛赞列宁是世界被压迫民族的朋友。大会还决定休会三天，所有政府机构下半旗，同申哀悼，并以大会名义致电莫斯科吊唁，

对列宁逝世表示哀悼。①

按照中央的要求，广东党、团组织当天在高等师范学校礼堂举行列宁纪念大会，到会者 1200 多人。冯菊坡报告列宁的一生、事业，鲍罗廷演讲列宁之革命功业。廖仲恺、李大钊、沈玄庐、李立三均发表演说。② 李大钊高度赞扬列宁的革命精神和高尚品德，称"列宁同志是世界上被压迫民族的解放者"，列宁虽死，但是列宁的精神"尚引导吾人向前革命，以打倒军阀并国际帝国主义"。③ 廖仲恺称赞列宁是"全世界的伟人"。④ 沈玄庐分析了列宁的帝国主义理论和东方革命理论，认为列宁是"联合被压迫阶级的先锋"。⑤ 广东区委还派发《列宁传略》小册子，回顾列宁为革命无私奉献的一生。与此同时，香港也举行列宁纪念。⑥ 团广东区委还通知各支部一致参加列宁纪念，在当地散发传单或演讲列宁一生的革命功业及与中国的关系。⑦

2 月 24 日，国民党在第一公园举行公开追悼列宁纪念大会。国民党军政要人孙中山、廖仲恺等纷纷出席，各团体 6000 余人参加。纪念大会由

---

① 《昨日国民党大会情形》，《广州民国日报》1924 年 1 月 26 日。

② 《团粤区委报告（第十二号）——关于工人游艺会和"二七"纪念会、追悼列宁等情形》，《广东革命历史文件汇集（群团文件）一九二二年——一九二四年》甲 1，1983 年 4 月印行，第 330-331 页。

③ 《李大钊先生演辞》，《新学生》1924 年 2 月 16 日第 14 期，转引自《广东青年运动历史资料》第 6 册，1989 年印行，第 94-96 页。

④ 《廖仲恺先生演辞》，《新学生》1924 年 2 月 16 日第 14 期，转引自《广东青年运动历史资料》第 6 册，1989 年印行，第 95 页。

⑤ 《沈玄庐先生演辞》，《新学生》1924 年 2 月 16 日第 14 期，转引自《广东青年运动历史资料》第 6 册，1989 年印行，第 96-98 页。

⑥ 《团香港地委给团中央的信——召开列宁和遇难工友追悼大会以及运动报馆停版的情况》，《广东革命历史文件汇集（群团文件）一九二二年——一九二四年》甲 1，1983 年 4 月印行，第 393-394 页。

⑦ 《团粤区委报告（第十二号）——关于工人游艺会和"二七"纪念会、追悼列宁等情形》，《广东革命历史文件汇集（群团文件）一九二二年——一九二四年》甲 1，1983 年 4 月印行，第 332 页。

廖仲恺主持，孙中山亲自主祭并以大元帅名义发表《大元帅致祭列宁文》，与会代表纷纷演说。廖仲恺盛赞列宁"为世界上一顶大的革命家，为被压迫的民族谋解放"，"是打破帝国主义的实行革命家"。林森也称赞列宁主义是为世界被压迫民族谋解放，能解除人民痛苦，是极好的、可行的，须努力将它实现。会场还有人散发传单和列宁相片。① 广东党、团组织也积极投入此次纪念活动中，并要求各地方及支部一并参加纪念。② 广东党组织印传单 1 万份、新学生社也印传单 5000 份到会分派。

　　各种列宁纪念特刊纷纷发行。1924 年，《中国青年》发行了"列宁特号"，内有陈独秀的《列宁之死》、仲英的《列宁之思想》、敬云的《列宁的政治主张》和《列宁逝世之后》、邓中夏的《列宁年谱》、恽代英的《列宁与中国的革命》等 6 篇文章。③ 广东省内也发行了不少列宁纪念特刊。国民党列宁追悼会编印《列宁纪念册》及传单，广东兵工厂的《兵工厂周刊》发行"追悼列宁号"，《新民国报》发行"列宁号"。④《新学生》出版"纪念二七并追悼列宁号"，其中《纪念二七并追悼列宁》一文指出，"列宁虽死，列宁奋斗牺牲的伟大精神，已普遍撒播到劳苦群众们的心田，亿万的列宁学生，解放世界弱小民族，打倒国际帝国主义"。⑤ 刘尔崧在《列宁死后之世界》中以唯物史观分析认为，列宁虽然去世，但列宁主义和列宁的政策不会改变，并将继续联合世界无产阶级和弱小民族向帝国主义进攻。⑥

　　① 《广州民国日报》1924 年 2 月 25 日。

　　② 《团粤区委报告（第十二号）——关于工人游艺会和"二七"纪念会、追悼列宁等情形》，《广东革命历史文件汇集（群团文件）一九二二年——一九二四年》甲 1，1983 年 4 月印行，第 332 页。

　　③ 《中国青年》1924 年 2 月 2 日第 16 期。

　　④ 《团粤区委报告（第十三号）——关于啸仙视察各地团务报告和追悼列宁大会的情况》，《广东革命历史文件汇集（群团文件）一九二二年——一九二四年》甲 1，1983 年 4 月印行，第 340 页。

　　⑤ 《新学生》1924 年 2 月 16 日第 14 期，转引自《广东青年运动历史资料》第 6 册，1989 年印行，第 85–86 页。

　　⑥ 《新学生》1924 年 2 月 16 日第 14 期，转引自《广东青年运动历史资料》第 6 册，1989 年印行，第 90–92 页。

此外，还登有《列宁略传》及李大钊、廖仲恺、沈玄庐在列宁纪念大会上的演讲词。

1925 年的列宁纪念得到国共双方的高度重视。1 月 21 日，中共中央发布列宁逝世一周年纪念宣言，盛赞列宁为"全世界工农阶级和一切被压迫民族的首领、教师、同志"，强调"列宁主义就是资本帝国主义专权时代的马克思主义，是消灭帝国主义的唯一武器"，"只有列宁主义才是我们自己解放自己的唯一武器，才是消灭帝国主义和一切压迫阶级的唯一武器"。①

中共中央正式通告各地举行李列纪念周。② 遵照中共中央指示和要求，广东党、团组织联合投入到列宁纪念中，将 15 日和 17 日两天定为专向青年工农开会宣传日，21 日定为群众宣传日。还决定将列宁主义与东方国民革命之关系、名人事迹与工农及青年之关系作为宣传主要内容，举行演讲，并散发传单和小册子。③ 国民党中央执行委员会则发出九十九号通告，要求全体党员"踊跃参加"。④ 在各界努力下，广州工人代表会等团体联名发起成立了广东李列纪念周筹备会⑤，并从 1 月 15 日起派人到广州各地，如花地、芳村、黄沙、沙面等处进行演讲。滇军干部学校在校内召开列宁纪念会，筹备会派人参加并演讲。连续几天，广州到处开纪念会或演讲会，"真极一时之胜"。

1 月 21 日，纪念大会在广东大学礼堂正式召开。筹备会编印了《李列

---

① 《中国共产党第四次全国大会对于列宁逝世一周年纪念宣言》，《建党以来重要文献选编（1921—1949）》第二册，中央文献出版社 2011 年版，第 268-269 页。

② 《团广州地委宣传报告——关于团员教育与训练，出版刊物，国民运动，群众运动等情况》，《广东革命历史文件汇集（群团文件）一九二五（一）》甲 2，1983 年 7 月印行，第 49 页。

③ 《团广州地委宣传报告——关于团员教育与训练，出版刊物，国民运动，群众运动等情况》，《广东革命历史文件汇集（群团文件）一九二五（一）》甲 2，1983 年 7 月印行，第 49-50 页。

④ 《通告纪念世界革命先烈》，《建国粤军月刊》1925 年 2 月 1 日第 2 期，第 5-6 页。

⑤ 《通告纪念世界革命先烈》，《建国粤军月刊》1925 年 2 月 1 日第 2 期，第 5-6 页。

纪念周纪念册》，内有《这个纪念周底意义》《列宁传略》等文章。还编印了列宁、李卜克内西、卢森堡三人史略。会场内外满挂革命标语，到会者有农工学兵各界人士，军政要人如廖仲恺、林森、胡汉民等到会。纪念大会由廖仲恺主持，加仑报告列宁历史，卜士奇报告李卜克内西和卢森堡两人历史。胡汉民等人纷纷演说。会场还有悼列宁歌，并准备了列宁等人的照片分发。纪念大会一直持续到晚上 10 时才结束。结束时，高呼"列宁主义万岁"等口号。①

广宁于 1 月 21 日召集铁甲车队、农军及附近农民 500 余人，在社岗大岩村举行列宁纪念大会。会场中挂黄克手绘的列宁遗像，傍贴赵自选、周士第手写的标语。周其鉴宣布开会理由，并详述列宁与农民之关系。罗国杰演述列宁历史，解释列宁主义。徐成章演讲列宁的伟大及其特点。赵自选演述农工兵联合奋斗为无产阶级成功之要件。铁甲车队队员李镇华演说无产阶级必要学习列宁主义为今日纪念之重要意义，全场激昂慷慨。②

围绕列宁的纪念文本也大量出现。《向导》第 99 期即为"列宁逝世一周纪念特刊"，内有《中国共产党第四次大会对于列宁逝世一周纪念宣言》、陈独秀的《列宁与中国：列宁逝世周年纪念日告中国民众》、硕夫的《殖民地被压迫人民所应纪念的列宁》、维经斯基的《列宁不死》等文章。③《新青年》也编辑出版"列宁号"，提出：我们的旗帜——列宁，我们的武器——列宁主义。直接翻译了列宁的三篇文章，即《专政问题的历史观》《第三国际及其在历史上的位置》《社会主义国际的地位和责任》。④还有《列宁逝世的第一周年》等社论以及腊狄客著、华林译《列宁》、瞿秋白编译的《列宁主义概论》、陈独秀的《列宁主义与中国民族运动》、瞿秋白的《列

---

① 《列宁周年纪念大会详情》，《建国粤军月刊》1925 年 2 月 1 日第 2 期，第 28—30 页。

② 《周其鉴研究史料》，广东人民出版社 1993 年版，第 108 页。

③ 《向导》1925 年 1 月 21 日第 99 期。

④ 《新青年》1925 年 4 月 22 日第 1 号。

宁主义与杜洛茨基主义》、魏琴的《列宁、殖民地民族与帝国主义》、郑超麟的《列宁与职工运动》、谢文锦的《列宁与农民》、任弼时的《列宁与青年》、蒋光赤的《在伟大的墓之前》和《列宁年谱》。《中国青年》第63、64期也为"列宁李卜克内西纪念周特刊"，发表了任弼时的《列宁主义的要义》以及蒲来思著、刘仁静译《列宁论》等文章。这一期杂志的后面还刊登了"本期研究题目"，主要有"你以为列宁与列宁主义的伟大在什么地方？""中国的民族革命能从列宁主义得着什么暗示呢？"等，促进读者对列宁主义的关注和研究。[1]《新学生》发表了赖先声的《我们为什么纪念李列》等文章。[2] 这些文章的发表促进了对列宁主义的认同和列宁主义传播。

为筹备1926年列宁逝世两周年纪念，1月21日，中共中央、团中央联合发布《中国共产党、中国共产主义青年团列宁逝世二周年纪念告被压迫的民众》，高度称赞列宁是全世界工农阶级和被压迫民众的"救主"，列宁主义是解放广大工人、农民和一切被压迫民族的唯一武器，也是消灭帝国主义和一切压迫阶级的唯一武器。中国要根本摆脱奴隶地位，只有站在列宁旗帜之下，实行列宁主义，与全世界工农阶级联合起来消灭世界资本帝国主义。[3]

1926年1月10日，深受广东区委影响的广州学生联合会联络各团体筹备李列纪念大会。1月17日，中华全国总工会、省港罢工委员会、新学生社、香港学生联合会等28个团体召开筹备会议。会议决定成立广东各界纪念李列筹备委员会，于21日上午12时在广东大学举行纪念大会，并部署了具体工作。[4] 筹备会还发出《通告各界团体函》《致教育厅局函》《致

---

① 《中国青年》1925年1月31日第63、64期，第30页。

② 《新学生》1925年2月1日第29期。

③ 《中国共产党、中国共产主义青年团列宁逝世二周年纪念告被压迫的民众》，《中共中央青年运动文件选编（一九二一年七月——一九四九年九月）》，中国青年出版社1988年版，第91-92页。

④ 《广东各界筹备纪念李卜克内西列宁同志》，《工人之路特号》1926年1月18日第205期。

第二次全国代表函》，邀请各团体和教职员、学生参加纪念大会，希望国民党二大代表全体参加，并到会发表演讲。①

纪念大会前，筹备会公布了《纪念列宁与李卜克内西的宣传大纲》，详细介绍了列宁和李卜克内西为无产阶级奋斗的革命历程，并分析列宁对于工人、农民、学生、士兵和被压迫民族的重要意义，指出列宁东方革命理论的重要意义以及对于中国革命的指导作用，认为中国革命所取得的成绩"完全是受了列宁主义的指导和国际共产党国际无产阶级在精神上和物质上的帮助使然"。②《广州民国日报》也刊发《纪念列李之宣传大纲》，介绍了列宁和李卜克内西的革命略历。③

1月21日，纪念大会在广东大学举行。尽管下雨，参加纪念大会的团体仍然有500多个，10余万人。会场内设立三个演讲台。演讲台上挂有列宁、李卜克内西、卢森堡三人遗像。高语罕、张国焘、恽代英三人分别介绍李、列、卢历史。鲍罗廷、谭平山、邓中夏、甘乃光、阮啸仙等相继到各台演说。④广东党、团组织除派发传单外，还组织演讲队在会场演讲列宁之思想、略史及其对于中国的重要意义。⑤会场散发的纪念册数10种。⑥除纪念大会外，广东团组织还在李列纪念周召集新学生社全体社员及非社员开纪念会，并派出代表公开演讲共产主义、列宁主义，以此吸收团员。⑦

①《工人之路特号》1926年1月21日第208期；《广州民国日报》1926年1月21日。

②《纪念列宁与李卜克内西的宣传大纲》，《工人之路特号》1926年1月19日第206期。

③《纪念列李之宣传大纲》，《广州民国日报》1926年1月20日。

④《李列纪念大会盛况》，《工人之路特号》1926年1月22日第209期；《李列纪念大会盛况》，《广州民国日报》1926年1月22日。

⑤《团广州地委关于李、列纪念会经过情况的报告》，《广东革命历史文件汇集（群团文件）一九二六（一）》甲4，1983年8月印行，第134–135页。

⑥《今日之李列纪念大会》，《工人之路特号》1926年1月21日第208期。

⑦《团广东区委关于九个月来工作的总报告》，《广东革命历史文件汇集（群团文件）一九二六（二）》甲5，1983年8月印行，第290页。

晚上还举行游艺大会，邓中夏、黄平等先后到各台演说。[①]

黄埔军校也举行列宁逝世二周年纪念大会。军校全体官长、学生第三团入伍生及俄国顾问加拿觉夫等 1500 余人参加。纪念大会由邓演达主持。加拿觉夫、季方、熊雄、邓演达等纷纷演说，陈述列宁之革命理论。熊雄还宣讲了当年在苏俄参加列宁出殡以及民众追悼之情形。[②]

广东各地的列宁纪念也如火如荼。汕头举行各界纪念列宁逝世二周年大会，到会者有军政界以及各机关、学校、工会数万人。彭湃宣布开会理由，何应钦、周恩来、李春涛等相继发表演说，随后列队游行。以大会名义发表了《汕头列宁纪念大会致苏俄电》《汕头各界纪念列宁逝世二周年大会为列宁逝世二周年纪念日告全市民众》，称列宁为"世界革命的领袖、被压迫民族的解放者"。[③] 团汕头地委也参与此次纪念大会，并散发宣传单十几种。[④] 新学生社汕头分社、汕头学生联合会、潮安县都发表宣言。澄海县举行纪念列宁大会，到会者数千人。由七团党代表许继慎任主席并宣布开会理由，政治特派员李春蕃报告列宁一生奋斗历史，八连党代表王道演讲《我们为什么追悼列宁》，金山中学校长杜国庠演讲《纪念列宁之意义》，蒋振南演讲《革命之国际性》，随后游行。[⑤]

佛山于 21 日召集各农工团体开会纪念列宁、李卜克内西、卢森堡，并

---

① 《李列纪念会游艺大会情形》，《工人之路特号》1926 年 1 月 23 日第 210 期。

② 《黄埔军校纪念列宁情形》，《工人之路特号》1926 年 1 月 25 日第 212 期。

③ 《周恩来年谱（1898—1949）》上，中央文献出版社 2007 年版，第 90 页；汕头市社会科学联合会编：《周恩来在潮汕》，中央文献出版社 2004 年版，第 338 页；《汕头列宁纪念大会致苏俄电》，《工人之路》1926 年 1 月 28 日第 215 期；《汕头各界纪念列宁逝世二周年大会为列宁逝世二周年纪念日告全市民众》，《广东革命历史文件汇集（群团文件）一九二六（一）》甲 4，1983 年 8 月印行，第 100—101 页。

④ 《团汕头地委给团粤区委的报告（第一号）——地委改组和组织教育情况》，《广东革命历史文件汇集（群团文件）一九二六（一）》甲 4，1983 年 8 月印行，第 111 页。

⑤ 汕头市社会科学联合会编：《周恩来在潮汕》，中央文献出版社 2004 年版，第 336 页。

进行演说。①海丰各团体组织李列纪念筹备会，于 21 日举行纪念大会，组织演讲队到各处宣传，同时散发各种传单和李列事迹纪实，以广泛宣传，增进民众了解。②陆丰于 1 月 15 日召开纪念会，到会人数二三百人，由陆丰团组织报告列宁历史并演讲，散发传单标语。③乐昌于 21 日举行纪念大会，并开游艺会及组织演讲队四处宣传，印列宁纪念传单 7000 份。大会当天到会人数 2700 多人，各团体代表发表演说，并组织游行④，还发表了《为列宁逝世两周年纪念告民众书》，称列宁为"全世界一切被压迫民族的导师、反对国际资本帝国主义的首领"。⑤南雄召集各界讲演 7 天，并散发传单。⑥东莞也于 21 日举行纪念，并于前后数日派人演讲，四处宣传。⑦梅县举行的列宁逝世二周年纪念会，到会者数千人，各代表均有热烈之演说，高呼"世界革命""世界被压迫民族解放""中俄联合万岁"等口号。⑧花县以国民党名义举行纪念大会。⑨

　　列宁纪念文本也达到了空前数量。1926 年列宁纪念中，广东团组织编辑列宁纪念册三种。⑩《工人之路特号》第 208 期即为"纪念李列特号"。

　　①《农工纪念列宁》，《广州民国日报》1926 年 1 月 23 日。

　　②《各地青年运动》，《广东青年》1926 年 2 月第 2 期，转引自《广东青年运动历史资料》第 5 册，1989 年印行，第 331–335 页。

　　③《团陆丰特支给团中央的报告——团的组织、宣传工作情况》，《广东革命历史文件汇集（群团文件）一九二六（一）》甲 4，1983 年 8 月印行，第 171–172 页。

　　④《各地青年运动》，《广东青年》1926 年 2 月第 2 期，转引自《广东青年运动历史资料》第 5 册，1989 年印行，第 331–335 页。

　　⑤《乐昌纪念列宁逝世两周年活动简况》，《乐昌文史》第 5 辑，1988 年印行，第 1 页。

　　⑥《团南雄支部一月份总报告》，《广东青年运动历史资料》第 2 册，1986 年印行，第 282 页。

　　⑦《各地筹备李列纪念消息》，《广州民国日报》1926 年 1 月 20 日。

　　⑧《梅县纪念列宁》，《广州民国日报》1926 年 1 月 28 日。

　　⑨《团花县地委关于召开团员大会情况报告》，《广东革命历史文件汇集（群团文件）一九二六（一）》甲 4，1983 年 8 月印行，第 59 页。

　　⑩《团粤区委给团中央的报告——一月份团的组织教育工作情况》，《广东革命历史文件汇集（群团文件）一九二六（一）》甲 4，1983 年 8 月印行，第 139 页。

刊登了社论《纪念我们的领袖李列》，还有《列宁不死》《列宁逝世后二周年之国际政治经济状况》《列宁传略》《列宁主义指导之下俄国共产党》等文章，以及列宁《无产阶级革命》和《反对流说》两文的节译。[①]《香港学生》第9期发行"纪念李卜克内西列宁卢森堡特刊"，发表了《对李列纪念周宣言》《列宁与孙中山》《列宁与中国民族革命》《列宁与中国青年》《怎样举行李列纪念周》《列宁传略》等文章。[②]《新学生》第29期出版了特号，内有《我们为什么纪念李列》等文章。[③]广东各界纪念李列筹备会出版了《李列纪念特刊》，刊登了饶君强的《列宁主义与世界革命》、童炳荣的《为李列纪念周告中国民众》、曙风的《列宁死后之世界》等文章。在《发刊的话》中就提出，不但只纪念世界革命的领袖，还要学他的主义——列宁主义，继续他们的工作——世界革命。童炳荣在《为李列纪念周告中国民众》中提出，努力起来了解列宁主义，实行列宁主义，只有列宁主义才是我们自己解放的唯一武器，才是消灭帝国主义和一切被压迫阶级的唯一武器。要高举列宁旗帜，了解列宁主义。[④]国民革命军总司令部政治部编印的《革命史上几个重要纪念日》发表了焦启铠的《列宁与列宁主义》[⑤]，《我们工作的鳞爪》则发表了《纪念列宁李卜克内西宣传大纲》[⑥]。

除这些纪念特号外，新学生社汕头分社发表了《新学生社汕头分社为列宁逝世二周年纪念告青年学生》，指出列宁主义是列宁一生的功业与其理论的总和，是全世界被压迫者求解放的唯一武器，因此，"应彻底认识列宁主义"。[⑦]东征军总指挥部政治部发表了《列宁逝世二周年纪念日告工

①《工人之路特号》1926年1月21日第208期。

②《香港学生》1926年1月21日第9期。

③《新学生》1925年2月1日第29期。

④《广州民国日报》1926年1月21日。

⑤国民革命军总司令部政治部编：《革命史上几个重要纪念日》，1926年印行，第14—18页。

⑥国民革命军总司令部政治部：《我们工作的鳞爪》，1926年印行。

⑦《新学生社汕头分社为列宁逝世二周年纪念告青年学生》，《广东革命历史文件汇集（群团文件）一九二六（一）》甲4，1983年8月印行，第98—99页。

人》，称列宁是为工人阶级利益而革命的导师，他把全部精力都贡献于无产阶级，从而解放全世界的无产阶级，脱离被压榨的痛苦。①

1927 年的列宁纪念也得到了国共双方的高度重视，并得以顺利进行。此次纪念将列宁与李卜克内西和卢森堡的纪念分开举行，让列宁地位更加突出。这也是新民主主义革命时期广东进行的最后一次大规模公开的列宁纪念。

早在 1926 年 12 月 30 日，总政治部后方政治工作联席会议就开始组织筹备列宁逝世三周年纪念，成立了筹备列宁三周纪念委员会，讨论筹备办法。②1927 年 1 月 13 日，各界纪念列宁逝世三周年大会第一次筹备会议召开，到会各团体代表 10 余人，决定 1 月 21 日正午在中山大学开纪念大会，晚上在中山大学礼堂等地播放列宁纪念电影并演出白话剧，以唤起民众。还安排了各团体的具体分工。③1 月 16 日，第二次筹备会议决定由总政治部办理纪念宣传品、传单标语，宣传部负责纪念小册子，邀请各界名流及俄国代表在中山大学礼堂和省教育会礼堂演讲，同时进行流动演讲。④

在筹备会《广东各界纪念列宁逝世三周年大会宣言》中，指出"列宁是世界社会革命领袖，中国革命很快的进步原因之一就是列宁主义指导之下的世界革命运动激进的结果"，"应用列宁创造苏俄社会主义国家的方法来建设新的中国，才更能发展中国，才是我们今天纪念列宁的真正意义"。随后筹备会发出了《广东各界纪念列宁逝世三周年启事》，希望各界依时参加纪念大会并参加巡行。省教育厅通告各校参加列宁三周年纪念大会⑤，

① 汕头市社会科学联合会编：《周恩来在潮汕》，中央文献出版社 2004 年版，第 326–327 页。
② 《各界筹备举行列宁逝世三周纪念大会》，《广州民国日报》1926 年 12 月 30 日。
③ 《列宁逝世三周纪念会之筹备》，《广州民国日报》1927 年 1 月 14 日。
④ 《各界纪念列宁逝世筹备会议》，《广州民国日报》1927 年 1 月 17 日。
⑤ 《广东各界纪念列宁逝世三周年启事》，《通告各校参加列宁三周纪念会》，《广州民国日报》1927 年 1 月 21 日。

省港罢工委员会也通告罢工工友均应赴会。[①]

1月21日，广东各界纪念列宁逝世三周年大会在中山大学操场举行。到会团体700余个，人数20余万人。会场同去年一样，设立三个演讲台，并悬挂列宁遗像，四周贴满革命标语。由李济深、甘乃光、陈树人、邓中夏等人演讲，高呼"打倒国际资本帝国主义""列宁主义永远不死""世界无产阶级及被压迫民族解放万岁"等口号。演说完毕后进行游行。晚上在中山大学礼堂、省教育会礼堂等地举行名人演讲和游艺。[②]

除了这次规模浩大的纪念大会外，广东还举行了各种类型的列宁纪念大会。1月19日，广东党组织在中山大学操场举行列宁主义讲演大会，由任卓宣、萧楚女演讲《反帝国主义的武器——列宁主义》。[③]1月20日，省港罢工工人代表大会在九曜坊省教育会召开列宁逝世三周年纪念大会，到会代表千余人。由任卓宣报告纪念列宁意义及列宁与东方民族革命之关系。随后，罢工委员会委员长苏兆征、罢工委员会干事局局长李森等相继演说。[④]1月21日，黄埔军校在校内举行世界革命导师列宁逝世三周年纪念大会。由方鼎英主持并讲话。政治部副主任熊雄演讲。[⑤]1月21日，潮阳县各机关团体1000多人在国民党潮阳县党部举行列宁逝世三周年纪念大会。[⑥]

除了纪念大会外，各种宣言、纪念特刊也大量发表、发行。《向导》第184期即为"列宁逝世三周年纪念特刊"，内有陈独秀的《列宁逝世三周年纪念中之中国革命运动》、维经斯基的《列宁论东方民族的解放运动》、

---

① 《参加列宁三周年纪念大会》，《工人之路特号》1927年1月21日第553期。

② 《列宁逝世纪念大会今日开会》，《广州民国日报》1927年1月21日；《各界纪念列宁先生大会》，《广州民国日报》1927年1月24日。

③ 《各界纪念列宁先生大会》，《广州民国日报》1927年1月18日。

④ 《昨日罢工代表会纪念列宁之盛况》，《工人之路特号》1927年1月21日第553期。

⑤ 《列宁逝世三周年纪念大会纪事》，《黄埔日刊》1927年1月24日。

⑥ 潮阳市地方志编纂委员会编：《潮阳县志》，广东人民出版社1997年版，第44页。

彭述之的《列宁主义是否不适合于中国的所谓"国情"？》、郑超麟的《"列宁死了，但列宁主义活着！"》、白丽的《列宁与妇女解放》等文章。①《中国青年》第 6 卷第 25 期虽没有明确为列宁纪念号，但大部分是列宁相关文章，发表了《中国共产主义青年团为列宁征集周告青年》、郑超麟的《列宁主义——指导中国民族革命运动的理论》、一声的《列宁与青年运动》以及列宁的《民族革命的根本观点》。②

除了中共中央及团中央的纪念特刊外，广东区委以及国民党、军队、学校、省港罢工委员会都发行了纪念特刊并发表纪念文章。广东发行《广东各界纪念列宁逝世三周年纪念大会特刊》。广东区委机关刊物《人民周刊》第 39 期发表尹常的《列宁与国民革命》。③《少年先锋》第 2 卷第 13 期辟为"列宁逝世三周年纪念号"。刊登了列宁照片，文章有团广东区委的《列宁逝世三周纪念日告两广青年》、廉生的《列宁纪念节的玩具》、斯大林的《山鹰——论列宁》、陈独秀的《列宁之死》、任卓宣的《列宁与青年》、李大钊的《列宁不死》、青柏的《我们应当学习——学习什么？怎样去学习？》、杨白的《寄旅俄革命同志的一封信——为列宁纪念日而作》、片山潜的《同志列宁》、兵戎的《人类自由的摇篮——纪念列宁》、侠明的《列宁与妇女》等文章。④《工人之路特号》第 553 期也是"列宁纪念专号"，发表了《纪念列宁的意义》、始开的《列宁不死》、谭奇英的《我们怎样纪念列宁》、任卓宣的《列宁与工人》、启凡的《在纪念列宁当中的一个贡献》等文章。⑤

国民党系统的刊物也发行了不少列宁纪念特刊。《国民周刊》第 16 期

① 《向导》1927 年 1 月 21 日第 184 期。

② 《中国青年》1927 年 1 月 15 日第 6 卷第 25 期。

③ 《人民周刊》1927 年 1 月 21 日第 39 期。

④ 《少年先锋》1927 年 1 月 21 日第 2 卷第 13 期。

⑤ 《工人之路特号》1927 年 1 月 21 日第 553 期。

就是"孙中山与列宁专号"。登载了甘乃光在中山大学的演讲，介绍了列宁主义相关观点。①国民革命军兵工试验厂政治部 1927 年发行了"列宁号"，内有贾伯涛的《列宁三周纪念》、猛的《我们应该怎样纪念列宁》、凌云的《我们为什么要纪念列宁》和《纪念列宁与我们的工作》、可深的《列宁逝世第三周纪念与中国国民革命》、子的《纪念列宁的死》、白玉的《列宁与布尔塞维克》、钱淑芬的《纪念列宁对于列宁主义应有的认识》、梅邨的《列宁纪念日的感想》等文章，纪念号还附有《列宁年谱》。②

军队系统的刊物也出版了不少列宁纪念特刊。总司令部海军处政治部主办的《前进》周刊第 10 期公布了《纪念列宁、李卜克内西、卢森堡三先生宣传大纲》。③第 11 期即为"列宁纪念号"，刊登了《纪念列宁告民众》、胡国亭的《孙文主义与列宁主义的关系》、张飞白的《列宁的革命政策》、潘延武的《我们不能忘记和我们应该确信》、邓济时的《我们应该怎样纪念列宁》、姜仇的《列宁之所以为列宁》、张行忠的《为什么纪念列宁和怎样纪念列宁》、周百桢的《列宁是什么》、严武的《纪念李卢殉难八周年与列宁逝世三周年的意义》等文章，并附有《列宁年谱》。④《黄埔日刊》1927 年 1 月 21 日出版"列宁逝世第三周年纪念特号"，发表了《中央军事政治学校为列宁三周年纪念告民众》、熊雄的《列宁与黄埔学生》、安体诚的《孙总理与列宁》、方鼎英的《为什么纪念列宁先生》等文章。⑤《黄埔日刊》1 月 24 日又出版"列宁逝世第三周年纪念特号之二"，发表了《列宁逝世三周年纪念敬告民众》、里夫的《纪念列宁》、刘祥麟的《列宁与东方》等文章。⑥1 月 25 日的《黄埔日刊》发表了《中央军事政治学校第一

---

① 《国民周刊》1927 年 1 月 23 日第 16 期。

② 国民革命军兵工试验厂政治部：《列宁号》，1927 年印行。

③ 《前进》周刊 1927 年 1 月 15 日第 10 期，第 16—19 页。

④ 《前进》周刊 1927 年 2 月第 11 期。

⑤ 《黄埔日刊》1927 年 1 月 21 日。

⑥ 《黄埔日刊》1927 年 1 月 24 日。

学生队党部为列宁逝世三周纪念宣言》、方鼎英的《列宁逝世三周年纪念演讲词》、热血的《要怎样纪念列宁先生呢？》。①1月31日的《黄埔日刊》发表了韩麟符的《中山信徒怎样纪念列宁？》。②《民众的武力》第2、3期合刊发表了伯休的《李卢列纪念周》、刁本卿的《列宁与中山在世界革命史上的位置》等文章。③

中山大学学生会主办的《中大学生》第2期发行"列宁纪念号"，发表了《列宁的伟大——为纪念列宁逝世三周年而作！》《伟大的列宁先生》《列宁与孙中山》《列宁主义与民族解放》《革命中的圣人——列宁》《我们应怎样去纪念列宁》等文章。④汕头1927年发行《列宁三周纪念册》，刊登了《纪念列宁宣传大纲》，回顾了列宁革命的一生，指出列宁主义已冲破帝国主义藩篱，各帝国主义已在加速崩坏衰亡之中。列宁是世界革命的导师，无产阶级的领袖、弱小民族的"救主"，中国革命的良友，世界革命的导师。⑤中央工人宣传委员会发布《中央工人宣传委员会列宁逝世纪念宣传大纲》，回顾了列宁的革命历程，称其为"伟大的革命者、被压迫阶级和被压迫民族的福星"，论述了列宁与被压迫民族、工人的关系以及怎样纪念列宁。⑥广东省农会发布《省农会为列宁逝世三周年告农友》，称列宁为"全世界工农阶级和一切被压迫民族的革命导师"，"领袖我们全世界的被压迫者去反抗一切压迫者的导师"，认为列宁给苏联农民带来了实际利益，提出我们要按照列宁所指示给我们农民去奋斗的遗教，立下继续世界革命的决心。⑦

---

① 《黄埔日刊》1927年1月25日。

② 《黄埔日刊》1927年1月31日。

③ 《民众的武力》1927年1月21日第2、3期合刊。

④ 《中大学生》1927年1月21日第2期。

⑤ 《列宁三周纪念册》，1927年印行。

⑥ 《广州民国日报》1927年1月19日。

⑦ 《广州民国日报》1927年1月21日。

## 二、列宁纪念促进列宁主义传播

### （一）呈现列宁生平和事业

列宁纪念中，出现了大量列宁生平文本，对列宁生平和事业进行了介绍，全面呈现了列宁为俄国革命和世界人民解放无私奉献的一生。列宁逝世消息刚刚传到广东，鲍罗廷就应邀在国民党一大上演讲了列宁的历史。[①]广东区委与团广东区委在追悼列宁并纪念"二七"大会的纪念大会上派发了《列宁传略》的小册子，回顾了列宁的学生时代、参加劳动运动、被放逐被迫流亡，成为布尔什维克党领袖，发动十月革命，最终取得十月革命胜利的光辉革命生涯和为革命无私奉献的一生。[②]这篇传略也刊登在《新学生》出版的"纪念二七并追悼列宁号"上。1925年的列宁纪念中，《建国粤军月刊》第2期刊登了斯美诺夫著、萧广业译《列宁先生事略》，简要介绍了列宁的一生，同时刊登了列宁的照片，称其为"俄国革命之指导者"。[③]《新青年》发行的"列宁号"刊登有蒋光赤的《列宁年谱》。广东李列纪念周筹备会于1925年1月15日发行的《李列纪念周纪念册》中也有《列宁传略》一文。

1926年列宁纪念中，广州多家报纸如《广州民国日报》《工人之路特号》等都发表了《纪念李列之宣传大纲》，介绍了列宁生平。指出，列宁为"无产阶级和被压迫民族谋利益而奋斗无少懈"中，遇到多次挫折和失败，但列宁始终振奋精神，不仅著书立说，而且积极参加实际革命。最终取得十月革命胜利，使苏联实现了"真正的自由解放"。[④]《香港学生》第9期、《工

---

① 《昨日国民党大会情形》，《广州民国日报》1924年1月26日。

② 《新学生》1924年2月16日第14期，转引自《广东青年运动历史资料》第6册，1989年印行，第92—94页。

③ 《建国粤军月刊》1925年2月1日第2期。

④ 《广州民国日报》1926年1月20日。

人之路特号》第 208 期同时发表《列宁传略》，回顾了列宁革命生涯的各个重要节点。从幼年时代、学生时代、开始从事劳动运动、流刑时代、出亡时代、成为多数党领袖、第二次逃亡时代、劳动运动复活、欧洲大战时代、瑞士亡命生活、十月革命成功、执政时代、遇刺后的生活，一直到列宁逝世。全面回顾了列宁逐步成为马克思主义者的历程，特别是在历次革命中所发挥的重要作用及其理论贡献。[①]国民革命军总司令部政治部编印的《革命史上几个重要纪念日》附有《列宁年谱》，《我们工作的鳞爪》刊登《纪念列宁李卜克内西宣传大纲》，回顾了列宁的革命生涯。

1927 年列宁纪念中，列宁生平文本也大量涌现。国民革命军兵工试验厂政治部 1927 年发行的 "列宁号" 中就附有《列宁年谱》，总司令部海军处政治部出版的《前进》周刊发行的 "列宁纪念号" 中也附有《列宁年谱》。汕头 1927 年出版的《列宁三周纪念册》发表的《纪念列宁宣传大纲》回顾了列宁革命的一生。[②]中国国民党工人运动宣传委员会编印的《劳动运动史上的重要纪念日》中的《列宁逝世纪念宣传大纲》也回顾了列宁的奋斗历程。

维经斯基以魏琴的笔名在《向导》发表《列宁不死》，展示了列宁为俄国和全世界工农与东方被压迫民族的利益而奋斗 30 多年的革命生涯。全面展示了列宁的革命生涯及其理论贡献，充分肯定了列宁在领导布尔什维克斗争和世界反资本主义革命中所发挥的重要作用，赞扬列宁在殖民地问题与农民问题上对马克思主义的理论贡献。[③]此外，邓中夏、蒋光赤分别编辑的《列宁年谱》，以时间为经，比较详细地回顾了列宁一生所经历的重大事件。特别是邓中夏的《列宁年谱》，全文 6000 多字，对列宁何时开始学习马克思主义、何时成为真正马克思主义者，在革命生涯中不断传

① 《工人之路特号》1926 年 1 月 21 日第 208 期。

② 《列宁三周纪念册》，1927 年印行，第 11–15 页。

③ 《向导》1925 年 1 月 21 日第 99 期，第 6–8 页。

播马克思主义、丰富自己的思想理论宝库、领导十月革命等进行了全面介绍，向广大读者呈现了列宁的革命生涯和事业。[①]

### （二）诠释列宁精神品格

陈金龙认为，马克思经典作家的精神品格是建构其形象、确立马克思主义指导地位的重要支撑[②]，同时也有利于促进马克思主义传播。广东在列宁纪念中十分注重对其精神品格的诠释。1924 年举行的追悼列宁并纪念"二七"大会上，李大钊应邀出席并发表演讲，赞扬列宁艰苦朴素的精神。认为，"其刻苦俭朴精神，真可为吾侪国民革命者的模范！"[③]新学生社在《纪念二七并追悼列宁》一文中则指出："列宁虽死，列宁奋斗牺牲的伟大精神，已普遍撒播到劳苦群众们的心田。"[④]熊雄在《列宁与黄埔学生》中对列宁的精神品格也高度称赞。指出，列宁非常虚心，勇于改过，一点不与敌人妥协，也不易引起他人反感，才能虽然超众，却始终服从党的纪律而不专断，事事根据科学方法，并能巧用科学方法。[⑤]

《纪念李列之宣传大纲》中赞美列宁坚韧不拔、不怕牺牲的斗争精神。"每一次挫折中和失败后，都更能振刷他的精神，除著书立说外，且能在行动上联络国际同志及国内工农业群众，更为有力量的奋斗"。[⑥]恽代英高度称赞列宁是一个"伟大的人物"，不能不诚心赞美他，"刻苦勤奋""勇敢""坚忍卓绝""公正无私心"。他是一个革命家的"好模范"，不曾因为

①《中国青年》1924 年 2 月 2 日第 16 期，第 12–25 页；《新青年》1925 年 4 月 22 日第 1 号，第 140–147 页。

②陈金龙：《中国共产党纪念活动史》，社会科学文献出版社 2018 年版，第 120 页。

③《新学生》1924 年 2 月 16 日第 14 期，转引自《广东青年运动历史资料》第 6 册，1989 年印行，第 94–96 页。

④《新学生》1924 年 2 月 16 日第 14 期，转引自《广东青年运动历史资料》第 6 册，1989 年印行，第 85–86 页。

⑤江西省宜丰县史志办公室：《黄埔精英——熊雄》，1990 年印行，第 171 页。

⑥《广州民国日报》1926 年 1 月 20 日。

失败而志气颓唐，亦不曾因为成功而精神懈弛。不怕讥诮，也不怕诽谤。他的知识、能力、品格，使他成为一个最有权威的革命领袖，成为俄国无产阶级的革命领袖，亦成为全世界被压迫阶级的革命领袖。他一点不怯懦也一点不刚愎，一点不急躁也一点不疲缓，这使他成就为一个从来未有的革命伟人。[①]朱念民在《伟大的列宁先生》中称赞列宁能深刻地耐苦奋斗，有勇敢的精神，有锐利的眼光，刚毅果敢。这是列宁的三大伟大品格。[②]凌云也称赞列宁坚毅果决，不惧牺牲。[③]

孟冰的《论列宁》则摘录了斯大林对列宁品格的论断，对列宁精神品格进行了更加全面的阐述。指出，列宁朴质、谦退，不想引人注目，也不想把自己很高的地位摆露出来，这一点是列宁的"最强处"。列宁不因失败而颓废，坚信革命的胜利前途，不以胜利自骄自满。[④]

### （三）肯定列宁历史地位，塑造列宁光辉形象

各种列宁纪念文本高度肯定了列宁历史地位。通过肯定列宁历史地位，塑造了列宁的光辉形象，提高了广大群众对列宁和列宁主义真理性的认识，对促进列宁主义传播起到了推动作用。中共中央在《中国共产党第四次大会对于列宁逝世一周纪念宣言》中，高度肯定列宁是全世界工农阶级和一切被压迫民族的首领、教师、同志，自马克思以后，全世界没有一个人比列宁还更伟大。[⑤]《中国共产主义青年团为列宁征集周告青年》中也称赞列宁是苏俄创造者、世界革命导师，是最忠实、最伟大的马克思

---

① 恽代英：《列宁与中国的革命》，《中国青年》1924 年 2 月 2 日第 16 期，第 28–31 页。

② 朱念民：《伟大的列宁先生》，《中大学生》1927 年 1 月 21 日第 2 期，第 2–3 页。

③ 凌云：《我们为什么要纪念列宁》，国民革命军兵工试验厂政治部：《列宁号》，1927 年印行，第 8–11 页。

④ 孟冰：《论列宁》，《中国青年》1926 年 1 月 16 日第 110 期，第 21–24 页。

⑤《中国共产党第四次大会对于列宁逝世一周纪念宣言》，《新青年》1925 年 4 月 22 日第 1 号，第 1–2 页。

主义者。他"懂得比任何人都多的马克思主义的精神"，应用马克思主义到近代世界革命运动中，形成帝国主义和无产阶级革命时代之马克思列宁主义。[①]团广东区委在《列宁逝世三周年纪念日告两广青年》中，称赞列宁是"一颗光芒射遍全世界的明星""世界革命的伟大领袖""全世界被压迫阶级与被压迫民族争自由解放的导师""全世界革命的领导者"。[②]中央军事政治学校在《为列宁逝世三周年纪念告民众书》中，称赞列宁不仅是无产阶级革命导师，并且是农民及被压迫民族的良友、人类的解放者、反帝国主义的导师。[③]香港学生联合会公布的《对李列纪念周宣言》中也对列宁历史地位高度赞扬，指出，列宁是全世界工人农民及全世界弱小民族的首领，全世界被压迫阶级、弱小民族革命的导师，世界革命的"明星"，无产阶级的"慈母"。列宁指示我们的出路，东方被压迫民族与西方无产阶级联合起来共同打倒帝国主义，开掘了人类幸福永久的源泉，开辟了社会进化的康庄大道。《黄埔同学会为列宁逝世三周年纪念告各界》中指出，列宁不仅是无产阶级导师，而且是弱小民族、全人类求解放的导师，为人类自由平等的导师。[④]

不少纪念会上也对列宁的历史地位进行了阐述。在1924年举行的追悼列宁并纪念"二七"大会上，李大钊在演说中称列宁是世界上被压迫民族的解放者，他的死是全世界被压迫阶级与民族，尤其是东方被压迫民族，若中国，一件莫大的损失。[⑤]沈玄庐在演说中称赞列宁是联合被压迫阶级的先锋。

---

① 《中国青年》1927年1月15日第6卷第25期，第1-4页。

② 《少年先锋》1927年1月21日第2卷第13期。

③ 《为列宁逝世三周年纪念告民众书》，《黄埔军校史料续篇（1924—1927）》，广东人民出版社1994年版，第140页。

④ 转引自辛增明：《熊雄在黄埔军校》，广东人民出版社2018年版，第177页。

⑤ 《新学生》1924年2月16日第14期，转引自《广东青年运动历史资料》第6册，1989年印行，第94-96页。

此外，不少作者在纪念文章中对列宁的历史地位进行了高度肯定。熊雄指出，列宁在俄国创造了俄国共产党，领导工农发动了十月革命并建设了空前的苏维埃社会主义共和国大联合，在国际上组织了第三国际而定了改造全世界大革命之计划，筑起反帝国主义联合战线。他把革命理论和政策研究得非常透彻并指导得非常适当，不图个人名利，也不专为一民族国家计划，他是"为世界作工"，为被压迫的阶级和民族求解放，为全人类求解放！他是时代中的革命工具，他认识时代，为时代需要、为被压迫民众需要。①

菊英指出，列宁是为世界无产阶级利益之奋斗者。②蓝裕业也指出，除马克思外，找不到像列宁这样伟大的人物，马克思与列宁同是无产阶级的"救主"、一切被压迫人类的解放者、新世界的创造者。列宁是马克思主义真正信徒，把马克思主义实际应用到一切革命上去，并把马克思主义扩大，运用在一切新条件上去，成就了十月革命，创造了实际革命最伟大之一页。③尹常则称赞列宁是一切帝国主义铁蹄下的人所共同崇拜景仰的，他不但是十月革命的"著作者"，还是世界革命导师，不但是俄国一千五百万劳苦群众的救星，而且是全世界十数万万资本帝国主义下难民的唯一"救主"。④杨其纲在《纪念列宁逝世二周年》中也称列宁是"全世界无产阶级革命的导师""被压迫民族的解放者""我们伟大的领袖"。⑤

谭奇英称赞列宁是世界革命的首领、十月革命的"著作者"、全世界无产阶级及一切被压迫民族的"救主"。⑥李冠群不仅称赞列宁是全世界一

①熊雄：《列宁与黄埔学生》，江西省宜丰县史志办公室：《黄埔精英——熊雄》，1990印行，第171页。

②菊英：《列宁与民族自决论与世界革命》，《新学生》1924年2月16日第14期，转引自《广东青年运动历史资料》第6册，1989年印行，第89—90页。

③蓝裕业：《列宁不死》，《工人之路特号》1926年1月21日第208期。

④尹常：《列宁与国民革命》，《人民周刊》1927年1月21日第39期，第1—2页。

⑤《黄埔军校史料续篇（1924—1927）》，广东人民出版社1994年版，第400—401页。

⑥谭奇英：《我们怎样纪念列宁》，《工人之路特号》1927年1月21日第553期。

切被压迫阶级和弱小民族唯一的首领、世界革命领导者、弱小民族救星、社会主义的实行家，还特别强调了列宁对马克思主义的贡献，指出"马克思主义没有列宁不能若是神速实现于廿世纪"。① 贾伯涛称赞列宁是世界革命导师、全世界被压迫民族及被压迫阶级的救星、攻击帝国主义者的指挥官。② 子则撰文指出，列宁是全世界被压迫民族、全世界真正革命者的救星、导师、领袖，中国革命的良友。③

维经斯基赞扬列宁是世界社会革命的首领、世界革命工人的首领、反帝反封建争民族独立的东方民族的首领④，是全人类反对世界资本统治的标帜。⑤ 蒋光赤对列宁的赞扬则更加形象，称其为"世界革命的大旗""黑暗的东方之红灯"，是全世界无产阶级革命的首领、人类的导师，指导我们到光明的路上去。高度赞扬列宁是社会革命的象征，并赞扬了列宁对世界革命的贡献。⑥

### （四）肯定列宁主义基本理论重要地位

列宁主义作为帝国主义时代的马克思主义，具有重要历史地位，广东在列宁纪念中对列宁主义基本理论的重要地位高度肯定，使广大青年和革命群众不仅知道"列宁主义"这个名词，而且有利于他们进一步了解列宁主义基本理论内容，从而促进列宁主义基本理论传播。

中共中央在《中国共产党第四次大会对于列宁逝世一周纪念宣言》中

---

① 李冠群：《我们应怎样去纪念列宁》，《中大学生》1927 年 1 月 21 日第 2 期，第 8 页。

② 贾伯涛：《列宁三周纪念》，国民革命军兵工试验厂政治部：《列宁号》，1927 年印行，第 1-3 页。

③ 子：《纪念列宁的死》，国民革命军兵工试验厂政治部：《列宁号》，1927 年印行，第 21-23 页。

④ 《列宁论东方民族的解放运动》，《向导》1927 年 1 月 21 日第 184 期，第 3-5 页。

⑤ ［苏］维经斯基：《列宁不死》，《向导》1925 年 1 月 21 日第 99 期，第 6-8 页。

⑥ 蒋光赤：《在伟大的墓之前》，《新青年》1925 年 4 月 22 日第 1 号，第 125-140 页。

第四章 纪念活动：马克思主义在广东早期传播的有效途径 | 207

指出，列宁主义就是帝国主义时代的马克思主义，列宁主义是消灭帝国主义和一切压迫阶级的唯一武器。并强调，中国的工人们、农民们和一切被压迫民众要想脱离压迫与奴隶地位，只有起来努力了解列宁主义，站在列宁主义旗帜下，实行列宁主义，与全世界的工农阶级联合起来去消灭世界资本帝国主义，因为列宁主义才是我们自己解放自己的唯一武器。① 伦白在《列宁与中国民族革命》中强调，列宁主义与中国民族革命运动有密切关系，是指导我们民族革命成功的秘诀，因此对于列宁主义应有相当的研究和学习。② 蓝裕业的《列宁不死》指出，在列宁指导下，制定了世界革命策略，即东方被压迫民族与西方被压迫工农一起联合起来，彻底推翻帝国主义。列宁的革命理论使占人类大多数被压迫最深之工农阶级得到最后解放方法，因此，列宁主义一天一天到被压迫工农与被压迫民族的心坎去了！③ 新学生社汕头分社在《新学生社汕头分社为列宁逝世二周年纪念告青年学生》中称，列宁主义是现代全世界被压迫者求解放的唯一武器。

尹常在《列宁与国民革命》中强调，"列宁的革命理论"不但是"应俄国的社会经济状况而生的革命理论"，而且是适应帝国主义时代和世界各国情况而生的革命理论，列宁主义是帝国主义时代的马克思主义。④ 朱念民在《伟大的列宁先生》中指出，列宁是马克思主义的发扬光大者。他的理论是根据马克思主义原则，从实际工作经验中提炼出来。马克思主义与列宁主义在原则上是完全一致的。以无产阶级专政为主体，以新经济政策为桥梁过渡到共产主义社会，是列宁主义的特色。

启凡在《在纪念列宁当中的一个贡献》中指出，列宁的理论与经验指

①《中国共产党第四次大会对于列宁逝世一周纪念宣言》，《新青年》1925年4月22日第1号，第1–2页。

②《香港学生》1926年1月21日第9期，《广东青年运动历史资料》第5册，1989年印行，第78–80页。

③《工人之路特号》1926年1月21日第208期。

④《人民周刊》1927年1月21日第39期，第1–2页。

示出全世界无产阶级的解放之路。列宁主义是解放被压迫民族和被压迫无产阶级的唯一武器，是帝国主义时代的马克思主义，有深刻的历史来源，用科学方法，根据客观事实，去解决一切社会问题，指出无产阶级奋斗的出路所在。列宁主义不是空想的理论，而是科学的社会主义，可以打倒一切压迫阶级。[①] 谭奇英在《我们怎样纪念列宁》中称，列宁主义所发现的一切战略与政策适应无产阶级以及被压迫民族解放之要求，列宁主义是真正的马克思主义，符合实际、适合工农兵需要。只有依照列宁的指示，全世界无产阶级与弱小民族联合起来，实行世界革命，才能打倒国际帝国主义。[②]

饶君强在《列宁主义与世界革命》中指出，列宁主义确能在行动上帮助弱小民族解放运动，只有列宁主义的民族问题才无人种的歧视。同时肯定了列宁主义对马克思主义的贡献，认为列宁主义提出更加实际的具体策略，同时又发现了许多新的原则。[③]

### （五）传播列宁主义相关理论

在列宁纪念中，大量关于列宁主义的文本得到翻译和发表，从而推动了列宁主义理论传播。1925年4月22日，《新青年》在广州编辑出版的"列宁号"就直接翻译发表了列宁的三篇文章，分别是《专政问题的历史观》《第三国际及其在历史上的位置》《社会主义国际的地位和责任》。[④]《工人之路特号》也在1926年的"纪念李列特号"中摘要发表了列宁的《无产阶级革命》《反对流说》两篇文章。《中国青年》也翻译发表了不少列宁著作。子云翻译的《列宁主义的革命战术》是列宁《共产主义运动中的"左派"

---

① 《工人之路特号》1927年1月21日第553期。

② 《工人之路特号》1927年1月21日第553期。

③ 广东各界纪念李列筹备会：《李列纪念特刊》，《广州民国日报》1926年1月21日。

④ 《新青年》1925年4月22日第1号，第52–81页。

幼稚病》一文的最后一章。① 王宽翻译的《民族问题的根本观点》是列宁在 1920 年 7 月第三国际第二次国际大会中关于民族问题提案的说明。② 它们从不同方面传播了列宁主义理论。

不少阐释列宁主义的文章大量引用了列宁的原著内容，如瞿秋白的《列宁主义与杜洛茨基主义》一文引用了列宁的《根本问题中之一》《论策略书》《自由主义与民主主义》《俄国第一次革命中之社会民主党的农地问题政纲》《无产阶级及农民之革命民主主义的独裁制说》等文章。③ 这些文章的发表对推动列宁主义理论的传播和普及无疑起到了推动作用。

围绕列宁主义理论，还出现了大量阐释性文章，将列宁主义相关理论进行分析和介绍，促进了列宁主义理论传播。敬云在文中分析了列宁的国家观、阶级斗争理论、帝国主义理论、东方革命理论、无产阶级斗争理论、农民问题以及无产阶级专政相关理论、经济理论等内容。④ 华林翻译的《列宁》介绍了列宁关于农民问题、工农联盟问题、无产阶级专政、无产阶级政党理论、东方革命理论等内容。⑤

瞿秋白的《列宁主义概论》一文译自斯大林的《论列宁主义基础》（今译名），更加全面地介绍了列宁主义理论。⑥ 任弼时的《列宁主义的要义》则指出，列宁主义是指导无产阶级革命的理论与策略，尤其是无产阶级专政的理论与策略。列宁主义不只发挥了马克思主义，而且发展了马克思主义。文章还从无产阶级专政、农民问题、民族问题、革命的策略四个方面概括了列宁主义的主要内容。⑦ 钱淑芬撰文介绍了农民问题、民族革命、

---

① 《中国青年》1926 年 1 月 16 日第 110 期，第 10-16 页。

② 《中国青年》1927 年 1 月 15 日第 150 期，第 21-24 页。

③ 《新青年》1925 年 4 月 22 日第 1 号，第 81-91 页。

④ 敬云：《列宁的政治主张》，《中国青年》1924 年 2 月 2 日第 16 期，第 7-12 页。

⑤ 腊狄客著、华林译：《列宁》，《新青年》1925 年 4 月 22 日第 1 号，第 10-29 页。

⑥ 瞿秋白：《列宁主义概论》，《新青年》1925 年 4 月 22 日第 1 号，第 29-47 页。

⑦ 任弼时：《列宁主义的要义》，《中国青年》1925 年 1 月 31 日第 63、64 期，第 1-5 页。

帝国主义、无产阶级专政、新经济政策五个方面的理论。他还特别强调，这五点是列宁主义的要点，是列宁在 30 余年奋斗中得到的结晶，对于这些要点须加以深刻认识。[①]焦启铠指出，列宁主义是环境的产物，是适应革命需要的。他对列宁主义关于无产阶级专政、农民问题、民族问题、革命的策略四个方面的理论进行了介绍，特别指出列宁关于策略的重要意义，"必须根据革命形式的发展采取符合实际革命环境的形式策略"。[②]

郑超麟则介绍了列宁关于职工会作用和使命的学说，分析了列宁主义的职工运动理论，强调了工人阶级在革命中的重要作用。[③]任卓宣的《列宁与工人》也介绍了列宁关于工人阶级重要地位的论述。[④]

赖先声在《我们为什么纪念李列》中指出，列宁是第一个注意东方民族运动问题的人，是东方民族革命的指导者，明白指出我们革命的路向。中国革命与世界革命有很大关系，欧洲无产阶级革命和东方以及非洲殖民地、半殖民地民族革命是站在一条战线上，同向帝国主义进攻，互相依赖、互相帮助。无产阶级革命的胜利即世界半殖民地和殖民地民族革命的胜利。[⑤]熊锐在《列宁与国民革命》中重点分析了列宁的东方革命理论，介绍了列宁关于先进国之无产阶级革命与所有殖民地、半殖民地民族解放运动密切结合的方法。陈独秀指出，列宁关于民族问题的理论与中国目前的民族革命有密切关系，民族解放成功必须依照列宁主义指示，联合世界被压迫阶级与被压迫民族，共同打破帝国主义束缚全世界被压迫者的锁链。[⑥]廉生在《列宁纪念节的玩具》中也引用了列宁主义关于帝国主义和

---

① 国民革命军兵工试验厂政治部：《列宁号》，1927 年印行，第 37–39 页。

② 焦启铠：《列宁与列宁主义》，国民革命军总司令部政治部编：《革命史上几个重要纪念日》，1926 年印行，第 14–18 页。

③《新青年》1925 年 4 月 22 日第 1 号，第 96–109 页。

④《工人之路特号》1927 年 1 月 21 日第 553 期。

⑤《少年先锋》1927 年 1 月 21 日第 2 卷第 13 期。

⑥《新青年》1925 年 4 月 22 日第 1 号，第 47–52 页。

东方革命理论的相关论断。<sup>①</sup>可深对列宁东方革命理论六个方面的内容进
行了介绍，指出一切被压迫殖民地、半殖民地的民族解放运动只有依照列
宁意见而行，才能彻底解决，才能够得着真正自由独立平等。<sup>②</sup>维经斯基、
郑超麟等也对列宁的东方革命理论进行了介绍。<sup>③</sup>

列宁关于农民问题的理论也是纪念文本关注的重点。瞿秋白的《列宁
主义与杜洛茨基主义》一文重点围绕如何看待农民问题这一重要理论问
题，分析了列宁主义与托洛茨基的不同主张，传播了列宁主义关于农民问
题的理论。<sup>④</sup>谢文锦的《列宁与农民》则分析了列宁关于农民问题的相关
理论，认为列宁主义的农民问题理论开历史上无产阶级革命的新纪元，对
全世界农民具有极重大意义。<sup>⑤</sup>

白丽撰文介绍了列宁关于解放妇女，实现男女平等，废除导致男女不
平等的法律，妇女要起来参加国家政治生活和社会生活，提高妇女经济地
位等理论。<sup>⑥</sup>侠明也对列宁关于妇女参加革命的重要性、关于男女平等等
理论进行了重点介绍。<sup>⑦</sup>郑超麟还介绍了列宁关于教育问题的理论，强调
政治与教育有密切关系，"万不能离开政治关系去做教育工作"，教育要从
实际中学，接近实际，理论要从实际学来。<sup>⑧</sup>

---

① 《少年先锋》1927 年 1 月 21 日第 2 卷第 13 期。

② 可深：《列宁逝世第三周纪念与中国国民革命》，国民革命军兵工试验厂政治部：《列宁
号》，1927 年印行，第 12—20 页。

③ 魏琴：《列宁论东方民族的解放运动》，《向导》1927 年 1 月 21 日第 184 期，第 3—5 页；
郑超麟：《"列宁死了，但列宁主义活着！"》，同上，第 9—12 页；魏琴：《列宁、殖民地民族
与帝国主义》，《新青年》1925 年 4 月 22 日第 1 号，第 91—96 页。

④ 瞿秋白：《列宁主义与杜洛茨基主义》，《新青年》1925 年 4 月 22 日第 1 号，第 81—91 页。

⑤ 谢文锦：《列宁与农民》，《新青年》1925 年 4 月 22 日第 1 号，第 109—118 页。

⑥ 白丽：《列宁与妇女解放》，《向导》1927 年 1 月 21 日第 184 期，第 12—13 页。

⑦ 侠明：《列宁与妇女》，《少年先锋》1927 年 1 月 21 日第 2 卷第 13 期。

⑧ 郑超麟：《列宁主义与无产阶级教育》，《中国青年》1926 年 1 月 16 日第 110 期，第
16—21 页。

### （六）强调学习列宁主义的极端重要性

团中央在《中国共产主义青年团为列宁征集周告青年》中称，列宁主义是世界被压迫阶级和民族的武器，是引导我们到自由之路的灯塔，中国革命只有接受列宁主义理论指导，才能在正当轨道上前进。团广东区委在《列宁逝世三周年纪念日告两广青年》中提出，纪念列宁就必须接受他的教训，照着他所指示的道路与我们全民族的敌人作战！要学习列宁主义，学习革命理论，进而从事革命事业。要团结在列宁主义旗帜下斗争，在实际革命斗争中学习列宁主义。[1]中央军事政治学校在《为列宁逝世三周年纪念告民众书》中指出，世界革命已照着列宁主义而日益发展，全世界无产阶级和被压迫民众要随着世界革命潮流，更加认识列宁主义、学习列宁主义。要想解放自己，打倒帝国主义，只有更实际地认识列宁主义，遵照列宁所指示的道路前进。[2]

彭述之也强调，中国国情与俄国相似，中国革命特别用得着列宁主义理论和策略，特别是民族问题、农民问题以及无产阶级专政问题等理论。同时也只有列宁主义才能解决中国问题。"列宁主义之理论和策略特别适合于中国，能全部的适用于中国"，只有在列宁主义旗帜之下，完全接受列宁主义，才可以获得解放。[3]瞿秋白在《在纪念列宁当中的一个贡献》中强调，中国工农群众和一切被压迫人民，要想解除压迫和剥削的痛苦，得到根本解放，只有相信伟大的列宁主义，跟着他所指示的出路去奋斗。广东各界纪念李列筹备会编辑的《李列纪念特刊》在《发刊的话》中也特别强调，不单只纪念世界革命领袖，还要学他的主义——列宁主义，继续世界革命。

---

① 《少年先锋》1927年1月21日第2卷第13期。

② 《黄埔军校史料续编（1924—1927）》，广东人民出版社1994年版，第140-141页。

③ 彭述之：《列宁主义是否不适合于中国的所谓"国情"？》，《向导》1927年1月21日第184期，第5-9页。

童炳荣在《为李列纪念周告中国民众》中指出，只有列宁主义才是我们解放的唯一武器，才是消灭帝国主义和一切被压迫阶级的唯一武器。要努力了解列宁主义，实行列宁主义。梅邨也指出，列宁主义是"断了帆的船上的唯一的指南针和舵"，只有努力去实行列宁主义，遵着他的指示，听着他把舵的调度，才可以解脱灾难。[①]

《列宁逝世的第一周年》一文认为，列宁丰富和发展了马克思主义，特别是工农革命同盟思想丰富了马克思的阶级斗争学说，列宁主义将永远是无产阶级革命的旗帜。全世界无产阶级都应该联合起来，在列宁主义旗帜下，拿起武器推翻资产阶级的反动政权。任弼时在《列宁与青年》中指出，列宁主义是被压迫阶级求解放的武器，是全世界革命成功的唯一工具，是实现真正平等自由社会的工具。要研究他遗留给我们的宝贵财富——列宁主义，这是求解放的唯一武器。[②]杨善集在《寄旅俄同志的一封信——为列宁纪念日而作》中也提出，要在实际工作中学习列宁主义。只有这样，才能学到真正的列宁主义与革命的经验，巩固革命的人生观，才能够纪念列宁。

青柏也号召学习列宁主义。因为列宁主义是帝国主义时代的马克思主义，包括世界一切革命问题之全部。中国革命应依照列宁主义之民族问题里"东方被压迫的弱小民族，与西方无产阶级联合起来"去做，才能成功。列宁主义能唤醒广大群众，将群众的力量集中在一个目标之下，决定斗争的纲领。关于如何学习列宁主义，青柏提出，不要"单纯"在书本上、学院式、图书馆内闭门研究，而是要从实际群众斗争中去学习，"到群众中去学习，仔细地去了解他们的行动，注意去研究群众斗争的实际经验"。[③]

---

① 梅邨：《列宁纪念日的感想》，国民革命军兵工试验厂政治部：《列宁号》，1927 年印行，第 29–36 页。

② 任弼时：《列宁与青年》，《新青年》1925 年 4 月 22 日第 1 号，第 118–125 页。

③ 青柏：《我们应当学习——学习什么？怎样去学习？》，《少年先锋》1927 年 1 月 21 日第 2 卷第 13 期。

刘仁静则指出，列宁主义规定了帝国主义时代无产阶级革命的战术，列宁主义在实际斗争中的成功证明，它可为一般被压迫阶级和民族争解放的指南针。列宁主义内容丰富，指导我们认识帝国主义的性质及范围，决定我们的斗争策略，指导我们以革命的科学精神，联合革命的专一精神与应变的才能。因此，须在实践中去学习列宁主义。[①] 郑超麟也指出，中国革命不仅过去的发展是受列宁主义指导，而且未来的成功也须在列宁主义指导之下才有可能。列宁主义是中国革命的指导理论，中国无产阶级在短期内一直走到现在的地位，完全是列宁主义理论指导之赐。列宁主义是我们的武器，必须加强对列宁主义的学习和贯彻。[②]

---

① 刘仁静：《列宁主义与中国青年》，《中国青年》1926 年 1 月 16 日第 110 期，第 3-9 页。

② 郑超麟：《列宁主义——指导中国民族革命的理论》，《中国青年》1927 年 1 月 15 日第 150 期，第 4-12 页。

## 第三节　巴黎公社纪念与马克思主义在广东的早期传播

1871 年 3 月 18 日，法国工人阶级起义后建立了世界上第一个无产阶级专政的政权——巴黎公社。虽然只存在 72 天，但巴黎公社开创了国际无产阶级革命的道路，深刻影响了世界历史发展的进程，在世界近现代史、国际共产主义运动史和马克思主义发展史上均有重要意义。

很多学者都认为，中国第一次巴黎公社纪念是 1926 年巴黎公社 55 周年纪念之际在广州举行的。[①] 但根据有关档案显示，在 1925 年广东就进行了巴黎公社纪念，并一直持续到 1927 年。通过巴黎公社纪念，不仅让广大人民群众了解了国际共产主义运动相关情况，更对巴黎公社的指导理论——马克思主义产生了兴趣，从而推动了马克思主义大众化。

### 一、巴黎公社纪念在广东的缘起与主要形式

早在 1925 年，团中央就发出二十号通告，要求进行巴黎公社纪念。接到通告后，广东党、团组织联合举行巴黎公社纪念。由于当时广州正处

---

① 黎永泰、曹萍：《中国人民对巴黎公社的认识和第一次纪念活动》，《社会科学研究》1991 年第 3 期，第 19–25 页；叶孟魁：《张太雷与中国首次纪念巴黎公社活动》，《广东党史》2004 年第 6 期，第 36–37 页；陈叔平：《我国首次纪念巴黎公社的活动》，《百年潮》2001 年第 7 期，第 66–68、43 页；赵付科：《民主革命时期的中共报刊对巴黎公社的宣传》，《中国石油大学学报（社会科学版）》2015 年第 1 期，第 50–55 页。

于孙中山逝世的哀典期，广东党、团组织联席会议认为进行公开纪念"殊为不便"，决定联合发一传单，并于 3 月 18 日晚上在农民运动讲习所召开纪念会，不进行分队演讲等公开活动。

当日晚举行的纪念会到会者 140 余人，大多为党、团员。印了 3000 份传单。纪念会场挂马克思像，并张贴种种标语，主要有"无产阶级第一次夺取政权""无产阶级革命要在共产党指挥之下""无产阶级须执行严厉的手段才能推倒资产阶级，革命才能成功""毁灭资产阶级的一切战争，只有无产阶级暴动起来"等。[①] 纪念会由郭瘦真主持，阮啸仙作报告，谭平山演说。谭平山在演说中指出，无产阶级革命必在共产党指挥之下，资产阶级革命富于妥协，无产阶级在现在中国资产阶级国民革命当中，就须预备资产阶级的妥协。与会代表最后高呼"世界被压迫民族联合解放万岁！无产阶级革命万岁！共产主义万岁！共产党万岁！"等口号。纪念会持续一个半小时。[②] 香港团组织则派人到海员、木匠、泥水等工会演讲，增进广大工人对巴黎公社的了解。[③] 尽管 1925 年的巴黎公社纪念没有公开举行，但对正确认识巴黎公社及其意义也起到了推动作用。

围绕巴黎公社的纪念特刊和文章也为数不少。《中国青年》第 69 期为"国际妇女日与巴黎公社特刊"，发表了天声的《巴黎公社》以及大学的《为甚么纪念巴黎公社》等文章。[④] 广东党、团组织也在《青年农工》上发表

---

① 《团广州地委报告（第六号）——筹备和纪念巴黎公社的情况》，《广东革命历史文件汇集（群团文件）一九二五（一）》甲 2，1983 年 7 月印行，第 123-124 页。

② 《团广州地委报告（第六号）——筹备和纪念巴黎公社的情况》，《广东革命历史文件汇集（群团文件）一九二五（一）》甲 2，1983 年 7 月印行，第 123-124 页。

③ 《团香港地委的报告——刊物发行及纪念"二·七"、"三·八"、巴黎公社，追悼孙中山等情况》，《广东革命历史文件汇集（群团文件）一九二五（一）》甲 2，1983 年 7 月印行，第 193 页。

④ 《中国青年》1925 年 3 月 7 日第 69 期，第 8-10 页。

了纪念巴黎公社相关文章。①《新学生》第 32 期发表了瘦真的《纪念巴黎公社》。②香港团组织则在《劳动周刊》上发表了巴黎公社纪念文章。

相比 1925 年仅仅 140 余人参加的不公开小型纪念会，1926 年的巴黎公社纪念达到了空前规模。不仅举行了公开纪念大会，各种纪念特刊也纷纷出版，增进了广大群众对巴黎公社的了解，进而对巴黎公社的指导理论——马克思主义有了进一步的认知。

1926 年的巴黎公社纪念大会由国民党中央执行委员会发起，但很多实际工作是广东党、团组织承担的。③团广东区委等 12 个团体联合发出致各界的函，称"这个伟大的革命不但在法国革命史上占有最大的光荣，就是世界革命亦得了很多的教训，俄国十月之成功就是由这教训所得来的"。④3 月 14 日，20 多个团体参加了广东各界纪念巴黎公社筹备会。决定 18 日在广东大学举行纪念大会，请各代表演讲，筹备会出特刊以广泛宣传。组织演讲队到各处演讲，使一般群众明了巴黎公社之历史及其意义。筹备会上，还通过了广东党、团组织事先拟定的标语，主要有"巴黎公社是第一个工人政府""俄国革命是巴黎公社的继续""巴黎公社是苏维埃政府的模型""工人阶级有执政的能力""无产阶级能担负改造社会的责任""无产阶级是民族解放运动中的主力军"等，这些都是马克思主义的基本观点。⑤

当日的纪念大会参会者达万余人。时任广东区委宣传部部长的张太雷作巴黎公社史略的主题报告，介绍了巴黎公社的历史以及巴黎公社建立后的施政方针，分析了巴黎公社的失败原因及其历史意义。林伯渠、刘少

---

① 《团广州地委组织部报告（第一号）——地委、特项委员会和各地的组织变化和活动情况》，《广东革命历史文件汇集（群团文件）一九二五（一）》甲 2，1983 年 7 月印行，第 164 页。

② 瘦真：《纪念巴黎公社》，《新学生》1925 年 3 月 16 日第 32 期。

③ 《团粤区委关于巴黎公社纪念会情况报告》，《广东革命历史文件汇集（群团文件）一九二六（一）》甲 4，1983 年 8 月印行，第 232 页。

④ 《各界发起巴黎公社纪念会》，《广州民国日报》1926 年 3 月 12 日。

⑤ 《筹备巴黎公社纪念会》，《广州民国日报》1926 年 3 月 15 日。

奇、邓中夏等纷纷发表演说。① "讲者及听者均甚热烈"。②

　　除纪念大会外，其他团体和广东其他地方也举行了巴黎公社纪念。毛泽东就在中国国民党政治讲习班举行的巴黎公社纪念活动上讲话，题目为《纪念巴黎公社应注意的几点》。③团南雄特支也开展巴黎公社纪念，召集各界开会演讲。④东莞举行的巴黎公社纪念会，到会者2000余人。⑤

　　纪念文本方面，1926年3月18日，广东区委、团广东区委联合发布了《为纪念巴黎公社告工农革命群众书》，号召广大群众继续巴黎工人的精神与使命而奋斗。⑥省港青年工人大会筹备会也发布了《为纪念巴黎公社告青年工人》，号召青年工友们起来，像巴黎工友们那样团结起来为自己的利益而奋斗。⑦被压迫民族联合会发表了《为巴黎公社纪念日告中华民族》。⑧《中国青年》第117期发表了子云的《纪念巴黎公社》。《新青年》第5期发表了任卓宣的《历史上的第一次无产阶级革命——巴黎公盟》。

　　1926年巴黎公社纪念中还以筹备会名义，搜集各刊物和报纸发表的关于巴黎公社纪念的文章，发行《巴黎公社纪念册》，其中有张太雷的《巴黎公社纪念日》和《纪念巴黎公社的意义》、马英的《怎样纪念巴黎公社》、黄居仁的《巴黎公社的历史及其意义》、童炳荣的《巴黎公社的失败与成功》和《巴黎公社与中国革命运动》等11篇文章以及《各界纪念巴黎公社大

---

　　①《各界纪念巴黎公社大会详情》，《广州民国日报》1926年3月19日。

　　②《团粤区委给团中央的第二号报告——关于区委改组后的工作情况和善集去梧州问题》，《广东革命历史文件汇集（群团文件）一九二六（一）》甲4，1983年8月印行，第235页。

　　③《纪念巴黎公社应注意的几点》，《湖南党史通讯》1986年第9期，第5-6页。

　　④《团南雄特支三月份总报告》，《广东革命历史文件汇集（群团文件）一九二六（一）》甲4，1983年8月印行，第257页。

　　⑤《东莞各界纪念巴黎公社盛况》，《广州民国日报》1927年3月19日。

　　⑥《广东革命历史文件汇集（群团文件）一九二五（一）》甲2，1983年7月印行，第117-119页。

　　⑦《省港青年工人大会筹备会为纪念巴黎公社告青年工人》，《广东革命历史文件汇集（群团文件）一九二六（一）》甲4，1983年8月印行，第223页。

　　⑧《广州民国日报》1927年3月17日。

会详情》等 2 个附录。① 筹备会还公布了《巴黎公社纪念日宣传大纲》,《人民周刊》全文发表,《工人之路特号》《广州民国日报》进行连载, 张太雷在大会上的讲话也以主要篇幅在 3 月 19 日的《广州民国日报》上刊登。《人民周刊》发表了张太雷的《巴黎公社纪念日》。《工人之路特号》发行“巴黎公社纪念号”, 内有中华全国总工会的《纪念巴黎公社》、罗伯良的《我们为什么纪念巴黎公社》等文章。②《国民新闻》也出了特刊。③《广州民国日报》发行“巴黎公社纪念特号”, 内有浩秀的《卷首语》以及萧警的《巴黎公社与无产阶级》、维岳的《巴黎公社与世界革命》两篇文章。《广州民国日报》还在 3 月 17、18、19 日连续三天发表关于巴黎公社的社论, 分别是曾仲鸣的《纪念巴黎公社》、苍水的《革命运动之一鉴》、献声的《纪念巴黎公社以后》。中国国民党中央执行委员会青年部编印的《青年工作》第 4 期发表了《巴黎公社纪念日告青年群众》以及范谔的《革命青年毋忘巴黎公社纪念》。④

1927 年的巴黎公社纪念照常举行, 并由广东省党部民众运动委员会出面召集各团体于 3 月 13 日召开筹备会议⑤, 16 日再次召开筹备会议⑥, 定于 18 日在中山大学举行纪念大会, 并与北京三一八惨案一起纪念。

3 月 18 日, 各界纪念三一八巴黎公社大会在中山大学举行, 尽管当日下雨, 各团体和民众仍然踊跃参加, 人数达 20 余万人。各团体代表纷纷发表演说, 随后进行游行。纪念大会发出了决议案, 认为巴黎公社失败的

① 广州纪念巴黎公社筹备会：《巴黎公社纪念册》, 1926 年印行。
② 《工人之路特号》1926 年 3 月 18 日第 263 期。
③ 《团粤区委给团中央的报告——团的训练工作、对外宣传工作情况》,《广东革命历史文件汇集（群团文件）一九二六（一）》甲 4, 1983 年 8 月印行, 第 378 页。
④ 《青年工作》1926 年 3 月 22 日第 4 期。
⑤ 《民众运动会筹备巴黎公社纪念日》,《广州民国日报》1927 年 3 月 11 日。
⑥ 《三一八纪念会筹备会启事》,《广州民国日报》1927 年 3 月 15 日。

重要原因之一就是未能与世界被压迫民族联合。① 口号主要有"巴黎公社万岁""打倒资本主义""打倒帝国主义"等。由于北伐战争正在进行中，加上国民政府已迁都武汉，国共双方的重要领导人都已北上武汉，1927年的巴黎公社纪念相对于1926年来说逊色不少。省港罢工委员会于3月17日在东园训育亭举行巴黎公社纪念会，数百人参加。任卓宣报告巴黎公社之历史及其意义，何耀全等人发表演说。② 黄埔军校则在校内俱乐部召开三一八惨案周年纪念及巴黎公社五十六周年纪念大会，除赴省参加各界纪念大会外，在校官生一律到会参加。③

1927年的巴黎公社纪念中，《向导》第192期发表了郑超麟的《第一次无产阶级革命——巴黎公盟》。④《中国青年》第155期发表了昌群的《准备三个革命纪念日的工作》，第159期发表了中义的《巴黎公社：工人阶级第一次的伟大争斗》。⑤《少年先锋》第2卷第18期为"巴黎公社纪念号"，内有朋圣的《两重血渍的"三一八"》、一声的《巴黎公社失败后》、明圣的《工人执政的历史成绩》、赤声翻译的《巴黎公社第一次宣言》以及《巴黎公社失败后的教训》等文章。《人民周刊》第47期发表了任卓宣的《今年纪念两个"三一八"底意义》。⑥

《广州民国日报》发表了黄健生的《巴黎公社纪念日之感想》和冯宪彬的《光荣的三一八纪念日》两篇文章。《前进》周刊第16期发表了《本部为纪念巴黎公社与"三一八"惨案告民众》、胡国亭的《今年纪念"三一八"的双重意义》等文章。⑦《黄埔日刊》在1927年3月18、19日

---

① 《各界纪念"三一八"巴黎公社大会开会详情》，《广州民国日报》1927年3月19日。

② 《罢工代表举行三一八纪念大会》，《广州民国日报》1927年3月19日。

③ 《黄埔日刊》1927年3月19日。

④ 《向导》1927年3月18日第192期，第10—13页。

⑤ 《中国青年》1927年2月19日、3月19日第155、159期，第1—6、19—22页。

⑥ 《人民周刊》1927年3月18日第47期，第4页。

⑦ 《前进》周刊1927年第16期。

连续两天出版"三一八惨案一周年纪念及巴黎公社五十六周年纪念特号之一""三一八惨案一周年纪念及巴黎公社五十六周年纪念特号之二"，内有《纪念"三一八"告全国民众》、方鼎英的《"三一八"纪念日述怀》和《"三一八"纪念演讲词》、萧楚女的《在联合战线上纪念"血腥之日"》、李元杰的《巴黎公社纪念（一八七一年三月十八日）》、成武的《从巴黎到北京——纪念"三一八"》、冯恒武的《巴黎公社与中国民族革命运动》等文章。还发表了《本校"三一八"惨案周年纪念及巴黎公社五十六周年纪念大会纪事》，内有陈日新、张秋人、任卓宣、韩麟符等教官的演说。① 国民党广东省青年部发行的《广东青年》第 3 期发表了良柱的《纪念巴黎公社与我们目前的工作》。② 中国国民党工人运动宣传委员会发布了《工人运动宣传委员会对巴黎公社纪念宣传大纲》。③ 广州学生联合会编印的《广州学生》发表了《本会为巴黎公社北京惨案纪念大会敬告民众》等文章。④

## 二、巴黎公社纪念促进马克思主义传播

巴黎公社纪念对于推动马克思主义传播和马克思主义中国化具有积极意义。在巴黎公社纪念活动和各种纪念文本中，不仅传播了马克思主义相关理论，也对巴黎公社的失败原因进行了深刻总结，加深了对无产阶级革命胜利规律和经验的认识，促使中国共产党人探索中国革命道路，推动了马克思主义中国化的进程。

### （一）宣传马克思关于工人阶级先进性、革命性的重要论断

马克思对工人阶级的先进性有许多论断，巴黎公社恰是对马克思相关

---

① 《黄埔日刊》1927 年 3 月 18、19 日。
② 《广东青年》1927 年 4 月 1 日第 3 期。
③ 《工人运动宣传委员会对巴黎公社纪念宣传大纲》，《广州民国日报》1927 年 3 月 17 日。
④ 《广州学生》1927 年 4 月 1 日第 10、11 期。

论断的最好证明。昌群就指出，巴黎公社的斗争证明了"马克思共产主义议论之绝对的正确"。① 在巴黎公社纪念活动中，许多纪念文本围绕工人阶级先进性进行了论述，肯定了马克思主义相关论断的正确性。

巴黎公社纪念对工人阶级的革命性和执政能力给予了高度肯定。张太雷在纪念大会的公开演讲中就指出，巴黎公社是无产阶级第一次革命，在巴黎公社纪念中得到一个教训，知道工人阶级是最革命的，惟工人能掌握政权。② 在《巴黎公社纪念日》一文中，张太雷进一步指出，巴黎公社给中国革命的教训就是：无产阶级为民族革命领袖，无产阶级是有力量的，能够掌握政权的，无产阶级是"能够促进人类社会的最有力的统治阶级"。他还提出无产阶级"要有自信力，明白自己是有力量的，能够掌握政权的"。③ 广东区委、团广东区委在《为纪念巴黎公社告工农革命群众书》中也指出，巴黎公社在短短的 72 天中，工人阶级已充分表现其统治能力、改造社会经济能力、革命性与在民族运动的地位，使世界无产阶级知道自己有改造社会的责任和革命胜利的信心。④ 而在《广东各界纪念巴黎公社宣传大纲》中则指出，纪念巴黎公社是纪念它指示我们无产阶级在民族运动中的地位，真正为民族解放运动的只有劳苦大众。巴黎公社是世界无产阶级第一次执政权，组织新式政府，它告诉我们无产阶级是能够掌握政权的，并且给我们无产阶级政府的形式，证明无产阶级是改造社会与促进人类进化的唯一统治阶级。⑤

童炳荣在《巴黎公社与中国革命运动》中指出，由巴黎公社的历史观察，知道工人阶级在无产阶级革命中占首要地位，只有工人阶级是最不妥

---

① 昌群：《准备三个革命纪念日的工作》，《中国青年》1927 年 2 月 19 日第 155 期，第 1—6 页。

② 《各界纪念巴黎公社大会详情》，《广州民国日报》1926 年 3 月 19 日。

③ 《人民周刊》1926 年 3 月 19 日第 6 期，第 8—11 页。

④ 《广东革命历史文件汇集（中共广东区委文件）一九二一年——一九二六》甲 6，1983 年 9 月印行，第 117—119 页。

⑤ 《工人之路》1926 年 3 月 16 日第 261 期。

协、最勇敢、最能牺牲的先锋队，只有工人阶级才能与军阀帝国主义肉搏苦战，担当革命重任。[①]在《广州民国日报》发行的"巴黎公社纪念特号"中，浩秀在《卷首语》中指出，巴黎公社证明了无产阶级在民族运动中的地位，真正为民族解放运动的是我们劳苦的工农。萧警在《巴黎公社与无产阶级》中指出，巴黎公社是无产阶级夺取政权的先导，证明无产阶级可以夺取政权，被压迫民族可以建立政府，创造出新的政治生活。[②]任卓宣在《今年纪念两个"三一八"底意义》中指出，无产阶级才是最革命的、最民主的，是为民族利益和民主利益之巩固最勇敢的人。中国无产阶级坚决地站在打倒封建军阀和帝国主义前线，领导斗争，因此他提出，要看重工人在国民革命中的领导地位。[③]

### （二）巴黎公社是马克思主义科学性的有力证明

黄居仁称赞了巴黎公社的历史功绩，认为巴黎公社的意义之一就是把法国的对外战争转变为国内战争，这是马克思列宁主义反对资产阶级一切战争的精义。同时，巴黎公社也创造了一种无产阶级国家的雏形，被压迫者的政府形式，是阶级斗争的结果。[④]童炳荣在《巴黎公社与中国革命运动》一文中认为巴黎公社成功将法国的对外战争转为国内战争。[⑤]张太雷在纪念大会上的演讲《巴黎公社纪念日》中介绍了马克思和列宁关于巴黎公社的相关评价，指出，马克思主义因为巴黎公社的失败给无产阶级革命的策略许多丰富的材料，无产阶级专政就是从巴黎公社得到的。巴黎公社促进了工人的觉醒，使工人知道了自己的力量。巴黎公社提供了许多教训，无

---

① 《工人之路》1926 年 3 月 18 日第 263 期。

② 《广州民国日报》1926 年 3 月 18 日。

③ 《人民周刊》1927 年 3 月 18 日第 47 期，第 4 页。

④ 《巴黎公社历史的及其意义》，《工人之路特号》1926 年 3 月 18 日第 263 期。

⑤ 《工人之路特号》1926 年 3 月 18 日第 263 期。

产阶级应该专政，要以实力、武力压迫反革命势力，要有的党统一指挥、无产阶级的政府就是公社、苏维埃制度。革命时应该没收银行、占据交通机关。使广大群众对马克思主义和列宁主义有了更进一步的认识和了解。[①]

### （三）借鉴巴黎公社经验教训促进马克思主义中国化

巴黎公社的失败原因很多，总结其经验教训是中国共产党人在纪念巴黎公社中进行的重要工作。毛泽东在《纪念巴黎公社应注意的几点》的讲演中就提出："我们要革命，便要从此学得革命的方法。"[②]浩秀也指出："尽量研究巴黎公社失败的原因，从中得到许多教训，做我们革命的指南针。"通过对巴黎公社经验教训的总结，促使中国共产党人对中国革命道路不断探索，客观上推动了马克思主义中国化。巴黎公社纪念成为中国共产党人思考中国革命前途、方向、基本策略和方法的重要动力。

无产阶级政党的坚强领导是革命胜利的重要保障。广东区委、团广东区委在《为纪念巴黎公社告工农革命群众书》中指出，巴黎公社因为党派分歧而失败，领导无产阶级革命必须是一个统一的党。[③]毛泽东在《纪念巴黎公社应注意的几点》的讲演中也指出，巴黎公社失败的原因有两个：其中一个是没有一个统一集中有纪律的党作指挥，因此他提出"我们欲革命成功，必须集中行动一致，有一个有组织有纪律的党来发号施令"。张太雷也认为，巴黎公社没有一个政党去统一指挥，杂乱无章。罗伯良在《我们为什么纪念巴黎公社》中指出，巴黎公社失败的教训之一是"一定要有严密的自己的政党为工农之头脑，指导一切行动"。《巴黎公社失败后的教训》总结了巴黎公社失败的经验教训，也认为巴黎公社失败的原因主

---

① 《人民周刊》1926 年 3 月 19 日第 6 期，第 8—11 页。

② 《纪念巴黎公社应注意的几点》，《湖南党史通讯》1986 年第 9 期，第 5—6 页。

③ 《广东革命历史文件汇集（中共广东区委文件）一九二一年——一九二六》甲 6，1983 年 9 月印行，第 117—119 页。

要是没有一个强有力的统一的无产阶级政党作指挥。<sup>①</sup> 维岳在《巴黎公社与无产阶级》中强调，党派过于分歧是巴黎公社失败的根本原因之一。他提出，无产阶级革命必须有铁一般的纪律，注意团体组织训练与策略改进，有严密的组织和训练，要有无产阶级政党——共产党。为自身利益而奋斗的农工群众，在共产党的领导下集中力量，采取同一的手段，向我们的公敌——资产阶级进攻。<sup>②</sup>《巴黎公社纪念宣传大纲》也强调巴黎公社没有一个党来做行动的中心，没有主义鲜明和纪律森严的党来做领导，导致革命过程中产生意见分歧，使得革命失败。因此，中国革命要取得胜利，必须有党的坚强统一领导，不断加强党的建设，充分发挥其领导核心和带领各阶级群众联合起来进行革命的作用。

关于无产阶级专政的重要意义。广东区委、团广东区委在《为纪念巴黎公社告工农革命群众书》中指出，巴黎公社因不镇压反革命势力失败，这告诉我们，无产阶级革命中及成功时必须严厉镇压反革命势力，建立"独裁制"。<sup>③</sup> 张太雷在《巴黎公社纪念日》中也认为，巴黎公社由于对资产阶级过于仁慈而失败，只有实行无产阶级专政才能实现无产阶级政权。巴黎公社的失败给无产阶级革命的策略许多丰富的材料。无产阶级专政，就是从巴黎公社得到的。<sup>④</sup> 而无产阶级专政是马克思主义的重要论断之一。

毛泽东在《纪念巴黎公社应注意的几点》中指出，巴黎公社失败的重要原因之一就是"对敌人太妥协太仁慈——我们对敌人仁慈，便是对同志残忍。因为我们不用严厉的手段对付敌人，敌人便要用极残酷的手段对付我们了。巴黎公社对于敌人不取严厉处置，还容许敌人占住金融机关，调

① 《少年先锋》1927 年 3 月 21 日第 2 卷第 18 期。

② 《广州民国日报》1926 年 3 月 18 日。

③ 《广东革命历史文件汇集（中共广东区委文件）一九二一年——一九二六》甲 6，1983 年 9 月印行，第 117–119 页。

④ 《巴黎公社纪念日》，《工人之路特号》1926 年 3 月 18 日第 263 期。

集军队，所以终被敌人覆灭了"。他强调，千万不要忘记"我们不给敌人以致命的打击，敌人便给我们以致命的打击"这两句话。①《巴黎公社失败后的教训》一文则认为，无产阶级夺取政权后没有"毫无疑义去执行无产阶级独裁制"，镇压反革命行动。没有对重要部门，如银行与交通机关进行没收是失败的重要原因。② 维岳在《巴黎公社与无产阶级》中也指出，巴黎公社对反动的资产阶级过于温和。夺取政权后，即应毫无迟疑地施行"极端独裁制"，以严酷的手段对付资产阶级的反革命行动，使资产阶级不得不服从工人阶级的利益与要求。③

关于统一战线的重要性。中央军事政治学校在《为巴黎公社纪念三一八告民众书》中指出，巴黎公社失败给我们的教训是"革命成功的最要条件，是联合战线，孤军奋战，终于不能成功的"。④ 明圣在《两重血债的"三·一八"》中称，巴黎公社是"世界上的第一次无产阶级革命"，具有反资本主义性质和反帝国主义色彩。证明无产阶级不但能为自己的阶级利益而奋斗，且能为民族利益而奋斗，而且他的阶级利益和民族利益不冲突。我们必须加紧革命势力的联合，推动革命前进，直至获得最后胜利。⑤《巴黎公社纪念宣传大纲》也指出，巴黎公社失败告诉我们工人须要联合其他被压迫阶级去革命。巴黎公社革命中，无产阶级太过孤立，不能联合国内各被压迫阶级共同奋斗。因此，在革命中，工人群众须与其他阶级联合起来，领导各阶级的革命力量，领导一切工人、农民、小商人、觉悟的知识分子一起努力，集中一切革命力量，完成国民革命，完成世界革命。⑥

---

① 《纪念巴黎公社应注意的几点》，《湖南党史通讯》1986 年第 9 期，第 5–6 页。

② 《少年先锋》1927 年 3 月 21 日第 2 卷第 18 期。

③ 《广州民国日报》1926 年 3 月 18 日。

④ 《黄埔军校史料续编（1924—1927）》，广东人民出版社 1994 年版，第 148–149 页。

⑤ 《少年先锋》1927 年 3 月 21 日第 2 卷第 18 期。

⑥ 中国国民党工人运动宣传委员会编印：《劳动运动史上的重要纪念日》，1927 年 4 月 1 日印行，第 19–24 页。

## 第四节　五一纪念与马克思主义在广东的早期传播

五一劳动节作为国际共产主义运动史上的重要历史事件，一直受到各国共产党人和世界无产阶级运动的关注。1886 年 5 月 1 日，美国芝加哥 20 万名工人举行声势浩大的罢工和游行示威，要求改善劳动条件，实行八小时工作制，遭到了血腥镇压。在美国工人艰苦的流血斗争和世界各国工人的声援下，美国工人取得罢工胜利，并取得八小时工作制的权利。1889 年 7 月 14 日，恩格斯领导的第二国际在法国巴黎召开成立大会，会上根据法国代表团的提议，决定在每年 5 月 1 日组织国际性的游行示威活动，称为"国际示威游行节"，也称"劳动节"。从此，五一成为全世界劳动人民的重要节日，也是国际共产主义运动史上的重要节日。[1] 半殖民地半封建的中国是一个工人阶级和工人运动并不发达的国家，但中国对五一纪念的关注却很早。随着中国工人阶级力量的不断壮大，五一纪念开始在广东出现，并一直持续不断，规模与影响不断扩大。中国共产党成立后，广东的五一纪念更加深入，在五一纪念中传播马克思主义也成为题中应有之义。

### 一、五一纪念在广东的缘起与主要形式

#### （一）广东早期的五一纪念

随着外国资本家在广东开设工厂，广东产业工人开始出现，工人数量

---

① 张中云：《国际共产主义运动史》，中共中央党校出版社 1999 年版，第 78—79 页。

和工人团体数量不断增加。广东工人运动也开展得比较早，陈达就认为："香港和广州的工会运动是新式工会的先驱者。"① 在此影响下，五一纪念在广东开始时间较之国内其他地方为早。

根据目前掌握的资料显示，早在 1917 年广东就已经有公开的五一纪念。1917 年，孙中山南下护法，广东革命形势随之好转，工人运动也逐渐复兴。五一纪念中，广州有团体在街上演说、散发传单，以期唤醒群众。②

1918 年，广东机器总会与华侨工业联合会共同发起五一纪念，举行庆祝五一劳动节大会。参加的团体有雄球丝织厂、士敏土厂、石井兵工厂等工人代表及报馆记者，军政府也派代表参会。参加纪念大会的有 160 多人。活动当天，由伯砺、一余等相继演讲，主要围绕"发挥工作八小时之原理，失学创习之方法及劳动主谛之精神"③，说明工人运动的重要性。随后进行游艺活动。此次纪念引起广大市民和工人的关注，并推动了工人运动的发展。《广东中华新报》对此也有详细的报道。④

1919 年五一纪念由共和工党组织纪念会。纪念会上，由工党党长郑苍生担任主席，刘兴汉、刘悲同、王寒烬、刘觉非等相继演说，内容主要是"工人之宜培养学识、振兴工业、无为外人小觑"等。此次五一纪念"洵空前未有之盛会"。⑤ 与此同时，华侨工业联合会、广东工艺局、女子职业传习所、互助职业学校等团体也在东园联合举行五一纪念。代表们在会上发表演说，介绍国际劳动节的缘由及社会主义学说等，到会群众甚众，

---

① 陈达：《中国劳工问题》，商务印书馆 1929 年版，第 99、592 页。

② 陈达：《中国劳工问题》，商务印书馆 1929 年版，第 99–100 页。

③《广州第一次劳动节纪念》，《劳动》1918 年 7 月 20 日第 1 卷第 5 号，转引自《中国工运史料》1979 年第 1 期，工人出版社 1979 年版，第 138 页。

④ 中国劳工运动史编撰委员会：《中国劳工运动史》（一），中国劳工福利出版社 1959 年版，第 105–106 页；《工人万岁》，《广东中华新报》1918 年 5 月 2 日。

⑤《劳动纪念》，《广东中华新报》1919 年 5 月 2 日。

"极一时之盛"。①

1920 年五一纪念达到了空前规模。工人"要求雇主们放假一天"。② 华侨工业联合会联合各界成立庆祝劳动节筹备处，决定在东园举行庆祝大会，并于 4 月 30 日晚举行提灯大会游行。参加的团体有《工界》旬刊、甲种工业学校等，约 1000 余人。演说后进行游行。另有报道称，当天，广州市的工业、女子职业及铁路专门学校等发起庆祝会。到会团体有岭南学校、广东医药学校等团体，到会人数几万人，工人占大半，会场挂有红色旗甚多，写着"劳工神圣""资本家末日""打破阶级制度""奋斗""牺牲"等字样，演说五一劳动史及今后劳工节希望，拍掌之声如雷动，"诚广州空前未有的劳工纪念会"。③

汕头也举行了五一纪念。由汕头华侨工业联合会倡议，决定召开提灯大会以示纪念。当天，各团体集中于审判厅前草地，参加活动的团体有：学界的学生联合会、华英学校等校；报界则有大岭东、公言、大风等；工界则有广州旅汕汉文活版排印同业公益社、汕头首饰行金工团盟业社、广东机器总会、本埠电灯局工团，此外还有各行业的工人，共计 3000 余人，游行队伍首尾约有数里之遥。④

1920 年五一纪念中，夏重民在香港主编的《香江晨报》发行"劳动节纪念增刊"，登载了马克思、列宁等人的肖像以及有关香港工人每月生活消费、船员状况等文章。⑤ 还有《五月一日和八时间劳动》《劳动与共产》《中国社会主义之宣传方法》《社会主义与车夫》《社会主义与警察》

① 转引自禤倩红、卢权：《五四运动前后广州工人纪念"五一"的情况》，《党史资料丛刊》，上海人民出版社 1983 年版，第 130 页；禤倩红、卢权：《广东早期工人运动历史资料选编》，广东人民出版社 2015 年版，第 98 页。

② 陈达：《中国劳工问题》，商务印书馆 1929 年版，第 592 页。

③《广州空前未有的劳工纪念会》，《北京大学学生周刊》1920 年 5 月 9 日第 15 号，第 16 页。

④《上海民国日报》1920 年 4 月 16 日、5 月 8 日。

⑤ 杨国雄：《香港战前报业》，三联书店（香港）有限公司 2013 年版，第 172 页。

等宣传马克思主义的文章。[①] 这个特刊是香港出版的第一个五一特刊。此外，《新青年》第 7 卷第 6 号也开辟为"劳动节纪念号"，发表了李大钊的《"五一"运动史》，T.C.I. 的《一九一九年巴黎的五一运动》，俄国 S.A.P 著、C.S. 生译《职工同盟论》，刘秉麟的《劳动问题是些什么》，陈独秀的《劳动者底觉悟》等文章。[②]

1921 年的五一纪念更加繁荣。4 月中旬，由机器工会召集广州市各工会开会筹备，决定在西瓜园广场召开五一纪念大会。五一当天，各界工人数万人参加。梁一余担任主席，并请党政各界要人及各工人团体领导人进行演讲，赞颂工人阶级历史地位。谭平山也在大会上进行演讲。大会结束后进行游行。游行时，"情况热烈，路旁观者如堵"。由于各行业工会大多已经成立，会员均参加游行，使得 1921 年的五一纪念活动成为"空前伟举"。[③] 此外，还有工人散发传单，宣传国际主义。[④] 潮州也举行了五一纪念。当天，潮州工界救国联合会在开元寺举行五一国际劳动节纪念大会，到会的有潮州社会主义青年团、青年图书社、工农商各团体及学生共万余人。青年团员吴雄华等在大会上发表演说。会后游行并散发传单，高呼"劳动神圣万岁"等口号。5 月 1、2 日晚公演白话剧。[⑤] 佛山各界也在舍人庙前开庆祝大会。[⑥]

广东党的早期组织创办的《广东群报》在 1921 年 5 月 1 日出版"劳

---

① 陈伟光：《广州劳工运动史话》，广州出版社 2012 年版，第 82 页。

② 《新青年》1920 年 5 月 1 日第 7 卷第 6 号。

③ 中国劳工运动史编撰委员会：《中国劳工运动史》（一），中国劳工福利出版社 1959 年版，第 161 页。

④ 梁复燃：《广东党组织成立一些情况的回忆》，《"一大"前后的广东党组织》，1981 年印行，第 151 页。

⑤ 杨石魂：《"五一"与潮州工人运动》，《广州民国日报》"劳动号"，1924 年 5 月 11 日；中共汕头市委党史研究室：《中共潮汕地方史大事记（新民主主义革命时期）》，中国文史出版社 2006 年版，第 8 页。

⑥ 《佛山工界筹备劳动节忙》，《广东群报》1922 年 4 月 22 日。

动节增刊"，发表了 17 篇文章。其中有陈独秀的《五一节底意义》、谭平山的《万国庆祝声中我们中国劳动界的鏖战声》、谭植棠的《这是我们劳动界应当信守的》、冯菊坡的《工业联合与职业联合》、陈公博的《广州一年来之劳工运动》、陈秋霖的《五一纪念与中国工人》、冯菊坡译《法国的工团主义》等。

应该承认，以上的五一纪念，还不能算作实际工人运动，因为并不完全是由工人自发组织的活动，并且没有罢工、休业等种种示威运动与具体议决，也没有真正直接向资本家宣战，只能算作一种宣传运动。但五一纪念的开展产生了积极的社会影响，不仅传播了"劳工神圣"思想，也促使更多的人知道和了解工人阶级的重要地位，提高了社会大众对工人运动的认知和关注。部分从事工人运动的积极分子还加入了中国共产党。中国工人在五一纪念中逐渐认识到解决自身问题的关键，开始对马克思主义产生兴趣，并主动接触和了解马克思主义，促进了工人组织的发展和工人运动的繁荣，也为马克思主义在广东的早期传播奠定了良好基础。

### （二）中国共产党成立后的五一纪念

中国共产党成立后，积极从事工人运动，五一纪念也成为中国共产党宣传自己主张、领导工人运动和传播马克思主义的重要方式之一。广东党组织在中共中央领导下也积极组织五一纪念。当时孙中山领导的政府对工人运动采取积极扶持的态度，因此广东开展工人运动各方面条件相比其他地方具有明显优势，保证了五一纪念的顺利开展。无论是纪念活动规模，还是在马克思主义宣传力度等方面都取得明显进步。

1922 年的五一纪念是中国共产党成立后的第一个五一纪念，得到中国共产党的高度重视。中国劳动组合书记部在《关于召开中国第一次全国劳动大会的通告》中，就将纪念五一节作为全国劳动大会的开会宗旨。① 因此，1922 年的五一纪念与第一次全国劳动大会结合起来，纪念规模空前。

1922 年 5 月 1 日，广州 200 多个团体在第一公园举行庆祝五一国际劳动节大会，出席全国劳动大会的全体代表参加了庆祝大会。李亦愚在致辞中提出，劳动界要联合起来，推翻一切不良制度，打破资本主义。张国焘作为中国劳动组合书记部代表演讲《无产阶级革命之必要》，全国劳动组合代表谭竹轩演讲《工人改造社会的实力》，陈独秀演讲《劳动节的由来与意义》，张太雷也作为中国社会主义青年团代表演讲。湖南代表余希乾演讲完毕后，还当场血书"但要我们协力同心一致，将来必达到社会主义之目的"。会场大呼"无产阶级世界"与"劳工神圣"口号。②

参加游行的工人计有 10 万人以上。参加游行者都手擎红色小旗，上书"全世界无产者联合起来""八小时工作日万岁""五一劳动节万岁""实行劳动主义""劳动神圣""劳动界之最后胜利"等各种口号。所到之处，观者塞路，颇极一时之盛。时任中国劳动组合书记部南方分部主任谭平山亲自执旗走在游行队伍前。③ 社会主义青年团在游行队伍中散发《五一圣节之由来》《广东社会主义青年团敬告工人》以及《先驱》之"五一纪念号"等印刷品和传单。广东党组织还在大会会场就地出售共产主义书籍。既有关于马克思和恩格斯的小册子，也有关于卡尔·李卜克内西和罗莎·卢森堡的小册子，还有《劳工运动史》《共产党宣言》等小册子。时任参议院议长的林森也亲自散发宣传品。④ 互助社等 20 余个团体则在东园举行纪念大会。⑤

---

① 中国人民解放军政治学院党史教研室：《中共党史参考资料》第二册，1980 年印行，第 308 页。

② 《劳动节之空前大会》，《广东群报》1922 年 5 月 3 日。

③ 《劳动节之空前大会》，《广东群报》1922 年 5 月 3 日。

④ ［苏］С·А·达林：《中国回忆录（1921—1927）》，中国社会科学出版社 1981 年版，第 88 页。

⑤ 《劳动节之空前大会》，《广东群报》1922 年 5 月 3 日。

江门的五一纪念中，举行演说并组织 3000 人的大游行，"为江门向来未有之盛况"。汕头与佛山也举行了五一纪念活动。①

1922 年五一纪念中，各种纪念特刊纷纷发行。《先驱》发行"五一纪念号"，内有《中国社会主义青年团在"五一纪念节"敬告工人》、陈独秀的《告做劳动运动的人》、蔡和森的《中国劳动运动应采取的方针》、李达的《对于全国劳动大会的希望》、BS 的《法兰西工人运动的最近趋势》和《劳动歌》等内容。其中，《中国社会主义青年团在"五一纪念节"敬告工人》一文中指出，"五一节乃是世界工人阶级在资本主义下面不堪痛苦起来大示威的日子"，并提出要借此开拓将来的命运，充分发挥阶级斗争精神，展示全阶级要求解放的伟大力量。②广州也发行"劳动号"，内有阮啸仙的《"五一"运动略史》等文章。③

在广东党、团组织的号召下，1923 年继续在第一公园举行五一纪念大会。参加者有广东工会联合会所属工团，如机器、土木、建筑、油业、药材、铜铁、车务、机织等，以及海员工会等，共计数十个工人团体。此外，还有高师、农专、铁专等 10 余所学校代表。参加演讲者有俄国人白拉克姆、陈独秀、蔡和森、张太雷等。演讲内容主要有中国工人应与世界无产阶级联合一致以反抗资产阶级、苏维埃俄罗斯是世界工人之祖国等。随后进行游行，沿途散发各种传单。卜士奇称：今年五一节在中国要算广州的纪念最热闹。④海丰举行的五一纪念"更为空前之大集会"，当日到会者万余人，其中农民 8000 余人、工人数百人、学生千余人，手持小旗，

---

① 《各地庆祝劳动节之热闹》，《广东群报》1922 年 5 月 4 日。

② 《先驱》1922 年 5 月 1 日第 7 号。

③ 《阮啸仙文集》，广东人民出版社 1984 年版，第 64—70 页。

④ 《广州纪念五一节的盛况》，《工人周刊》1923 年 5 月 23 日第 64 期，转引自《中国工运史料》第 4 期，工人出版社 1958 年版。

呼声雷动，在各城乡进行游行，还发出了《五一宣言》。[①]

广东省立第一甲种工业学校于 5 月 1 日发行"劳动号"，发表了周其鉴的《我们怎样去运动》等文章。[②]

为迎接 1924 年的五月纪念周，中共中央于 4 月 19 日发布了《中共中央通告第十三号——关于"五一""五四""五五""五七"之纪念与宣传》，对五一纪念提出了要求。由于当时除广州外，其他地方没有举行大规模示威运动的可能，因此，中共中央要求广州在五一纪念中要解释工人组织集中统一与参加政治活动的必要，反对无政府主义的错误言论。[③] 在这一方针指导下，广东党、团组织积极投入到五一纪念中。同时，由于国共合作局面形成，五一纪念也得到国民党方面的高度重视，廖仲恺亲自参与筹备，并邀请孙中山到会演讲。从政治高度上来说，1924 年的五一纪念受到的重视程度远超之前的五一纪念。

4 月，各团体就开始筹备五一纪念事宜，成立了五一劳动节筹备委员会负责相关事宜。筹备会以国民党中央执行委员会名义通令全市各公私工厂届时放假一天以便工人参加纪念，并不得扣除工资。[④] 为防止出现拉夫情形，广州市公安局派警察维持秩序，并布告严禁拉夫。[⑤] 广州市教育局通知所辖中等以上各校放假一天参加纪念。广东党、团组织也积极参与到

---

①《广东农会之组织及经过》，《广东革命历史文件汇集（群团文件）一九二二年——九二四年》甲 1，1983 年 4 月印行，第 91 页；李春涛：《海丰农民运动及其指导者彭湃》，《海陆丰革命史料（1920—1927）》第 1 辑，广东人民出版社 1986 年版，第 111–112 页。

②《周其鉴研究史料》，广东人民出版社 1993 年版，第 7–9 页。

③ 中共中央宣传部办公厅、中央档案馆编研部编：《中国共产党宣传工作文献选编（1915—1937）》，学习出版社 1996 年版，第 568 页。

④《广州民国日报》1924 年 4 月 23、25 日。

⑤ 中国劳工运动史编撰委员会：《中国劳工运动史》（二），中国劳工福利出版社 1959 年版，第 289 页。

筹备工作中，并负责筹备会的文牍、交际等工作。①

为扩大纪念规模，筹备会还以国民党中央执行委员会名义在《广州民国日报》上连续几天刊出《五一劳动节示威运动大巡行》的消息，告知了集合地点、纪念会会场地点和集合时间。确定西瓜园为群众集合场所，太平戏院为纪念会开会地点，由各工会派代表参加纪念会，会后进行群众大游行。②筹备会还事先在全市各处张贴标语，主要有"世界工友们联合起来，打倒军阀的压迫，打倒帝国资本主义的掠夺""不劳动不得食、做工八点钟、休息八点钟、读书八点钟"等。

广州共计有 160 个工人团体、6 万余人参加了当日纪念。其中现场参加纪念会的主要团体有粤汉铁路工会、广三铁路工会、海员工会、油业工会等工会工人，各学校学生，各区分部代表，共 1 万余人。纪念会由廖仲恺担任主席，孙中山、戴季陶、彭素民、谭平山等 10 余人参加。纪念会上，孙中山发表了《中国工人所受不平等条约之害》的演说，号召工人团结起来，组织一个工人大团体，做全国的指导，做国民先锋去奋斗。孙中山演说完毕后，立即出发游行。③沿途呼喊"职业由工人团体介绍""一种产业一个团体""同业划一工价""参加国民革命"等口号，并散发国民党工人部传单及共社之五一劳动节纪念号、各种印刷品等。参加示威游行的还有英、俄两国工人代表及新闻记者 10 余人。④除广东团组织派人到现场派发传单外，一中、法大青年学社等支部也到现场派发传单。⑤顺德也举

①《团广州地委报告（第二号）——关于五月份几个纪念日活动的情况》，《广东革命历史文件汇集（群团文件）一九二二年——一九二四年》甲 1，1983 年 4 月印行，第 91 页。

②《广州民国日报》1924 年 4 月 25 日。

③中国劳工运动史编撰委员会：《中国劳工运动史》（二），中国劳工福利出版社 1959 年版，第 289–297 页。

④《广州民国日报》1924 年 5 月 5 日。

⑤《团广州地委报告（第二号）——关于五月份几个纪念日活动的情况》，《广东革命历史文件汇集（群团文件）一九二二年——一九二四年》甲 1，1983 年 4 月印行，第 396 页。

行五一纪念，工农联合会、青年工农俱乐部、炭业工会、碾谷工会、蔗业工会等 20 余个团体参加，演讲劳动节对工人的意义并组织游行。①

1924 年五一纪念中，国民党主办的《广州民国日报》本计划于 5 月 1 日当天发行"劳动号"，后因排印不及，改在 5 月 11 日发行。发表了《劳动问题概说》《"五一"与潮州工人运动》《英国劳动党之胜利》《劳动节告中国工人》《五一节告劳动界》《什么是劳动组合》《广州电话之女子职业》《我对于广州工人三个切实的献议》等多篇文章。受广东党组织影响的第一甲种工业学校印行了"劳动号"，《新学生》也出版了"五月号"。②《新琼崖评论》发表了洪剑雄的《"五一"劳动节敬告琼崖的农民》、劲选的《为劳动节日敬告琼崖工人书》。③

为顺利开展 1925 年的五一纪念，中共中央发布第三十九号通告，要求各地围绕"五一""五四""五五""五七"四个纪念日开展一系列纪念活动。④ 在广东区委、团广东区委的推动下，1925 年的五一纪念大会在广东大学举行。青年军人联合会、黄埔军校、湘军讲武堂、滇军干部学校、铁甲车队、飞机掩护队都整队参加。各学校、市民团体也纷纷参加。国民党中央执行委员会还要求市内各公司、工厂一律停工。因为第二次全国劳动大会及广东省第一次农民代表大会在广州开会，所以 500 多名与会代表也参加了纪念大会。因此，到会人数总计不下 10 万人。会场周围布满标语。胡汉民主持，谭平山作报告，赤色职工国际代表奥士脱洛弗斯塞也发表演说，劳动大会代表张国焘、林伟民、邓中夏、邓培、孔燕南，农民协

① 《团粤区委报告（第十六号）》，《广东革命历史文件汇集（群团文件）一九二二年——一九二四年》甲 1，1983 年 4 月印行，第 423 页。

② 《团广州地委报告（第二号）——关于五月份几个纪念日活动的情况》，《广东革命历史文件汇集（群团文件）一九二二年——一九二四年》甲 1，1983 年 4 月印行，第 396 页。

③ 《新琼崖评论》1924 年 5 月 1 日第 9 期。

④ 《团广州地委组织报告（第一号）》，《广东革命历史文件汇集（群团文件）一九二五（一）》甲 2，1983 年 7 月印行，第 166 页。

会代表黄学增、杨其珊，青年军人联合会代表黄一飞等也纷纷发表演讲。演讲中多数代表强调工农兵联合的重要意义以及国际联合的重要作用。演讲完毕后进行游行，并高喊"全世界无产阶级联合万岁"等口号。①

汕头召开有 3000 余人参加的五一纪念大会，潮安有千余人参加纪念。几千份传单都由团汕头地委负责。纪念大会上，杨石魂、廖其清等登台演说。② 花县举行有史以来的第一次五一纪念大会，除演讲外，还举行游行并沿途派发传单。佛山各行工人也举行纪念大会和游行，到会人数 2000 余人，梁桂华等 10 余人演说，游行中还四处张贴标语。③ 海丰各界也举行纪念大会，到会工人 4000 余人，农民 2 万人以上，各校学生百余人。此外还有农民自卫军、农民运动讲习所等各界人士共计 7 万人之多，散发 20 多种宣传品。④ 彭湃、李劳工等人演说，论述五一节意义。演说完毕后举行游行。⑤ 陆丰、汕尾、赤石都举行了纪念活动。⑥

1925 年五一纪念中，各种纪念特刊纷纷发行。《向导》第 112 期即为"五一特刊"，发表了《中国共产党 1925 年"五一"告中国工农阶级及平民》、蔡和森的《今年五一之中国政治状况与工农阶级的责任》和《今年五一之广东农民运动》、罗亦农的《今年五一之国际状况》、王若飞的《今年五一的苏联》、双林的《五一纪念与国际劳动运动》、郑超麟的《无产阶级政党与职工会》等文章。⑦《中国青年》第 77、78 期合刊即为"五月第

---

① 《广州空前之"五一"大示威运动》，《广州民国日报》1925 年 5 月 4 日。

② 《团汕头地委给团中央的报告——四至七月宣传工作情况》，《广东革命历史文件汇集（群团文件）一九二五（二）》甲 3，1983 年 7 月印行，第 9 页；《团汕头地委其清的报告——关于"五一"等四个纪念日及援助沪案的报告》，《广东革命历史文件汇集（群团文件）一九二五（一）》甲 2，1983 年 7 月印行，第 250–251 页。

③ 《各地工团庆祝五一节之盛况》，《广州民国日报》1925 年 5 月 5 日。

④ 《陆安日刊》1925 年 5 月 1 日。

⑤ 《"五一"纪念会盛况》，《陆安日刊》1925 年 5 月 1 日。

⑥ 《陆安日刊》1925 年 5 月 7 日。

⑦ 《向导》1925 年 4 月 26 日第 112 期。

一周特刊"，发表了其颖的《五一纪念》，追溯了五一纪念的历程以及五一纪念在中国的发展轨迹。① 《中国工人》刊印"五一特刊"，发表了张国焘的《敬祝第二次全国劳动大会》和《五一运动与中国工人》、瞿秋白的《五一纪念与共产国际》、时威的《五一节的回忆》、吴雨铭的《五一纪念略史》、邓中夏的《劳动运动复兴期中的几个重要问题》、一农的《五一纪念与农民》等文章。② 《广州民国日报》发行"劳动节特刊"并随报附送，内有曙奉的《五一节的后面》、震瀛的《工团主义》等文章。③ 《陆安日刊》刊行"劳动节纪念号"，发表了谷珍的《"五一"感言》《"五一"运动史》《"五一"劳动节纪念会宣言》，以及海丰农民协会、海丰总工会筹备处、五一劳动节纪念会宣传部等团体的五一宣言。陆安日刊社在《为"五一"敬告全国工友》中对五一的意义进行了论述，称五一是劳动阶级自救的武器，是阶级斗争的总动员，是世界和平的先驱。④ 这对广大工农群众了解五一精神起到了积极作用。建国滇军干部学校的《新军人》发表了马维禹的《五一劳动纪念日告革命军人》。⑤

中共中央对 1926 年的五一纪念十分重视。4 月，中共中央就发布了关于 5 月各纪念日之宣传工作的通告，对五一纪念提出了具体布置。要求集中力量于广州所开的第三次全国劳动大会，各地宣传视各地情形而定，一方面使敌人怠于以后的防范，一方面可更多聚集些未来的力量，并提出"世界工人大联合"等口号。⑥ 中华全国总工会发布《"五一"纪念宣

① 《中国青年》1925 年 5 月 2 日第 77、78 期合刊。

② 《中国工人》1925 年 5 月第 5 期。

③ 《广州民国日报》1925 年 5 月 1 日。

④ 《陆安日刊》1925 年 5 月 1 日。

⑤ 《新军人》1925 年 5 月 15 日第 3 期。

⑥ 《中共中央通告第 ××× 号——关于五月各纪念日之宣传工作》，团中央青运史研究室、中央档案馆主编：《中共中央青年运动文件选编（一九二一年七月——一九四九年九月）》，中国青年出版社 1988 年版，第 100 页。

传大纲》①，国民党方面发表了《中央党部"五一"节对全国通电》和《"五一"纪念宣传大纲》②，广东省党部也公布《五一劳动节宣传大纲》③。广东省农民协会则发表了《"五一"劳动节告农民书》。

4月20日，中华全国总工会与广州工人代表会开会商量五一纪念办法，决定成立筹备会，并邀请学生会、广东总工会、机器工会及省港罢工委员会等团体成立各界纪念五一筹备委员会，用省港各大工会名义邀请工农兵学各界于五一节参加纪念大会并举行示威大游行，当晚各工会自行召集大会游艺庆祝。同时，由筹备会制定传单、标语等极力宣传。④为了使各界群众更加明了五一的意义，筹备会印发了《通启》数百份分发各工会机关团体，并印了传单 10 万份和标语若干由宣传部派人在大会当日散发。各工会也纷纷预备传单，当日散发传单有百万份以上。⑤

5月1日，全市工人停工，工农商学各界团体陆续赴东较场参加纪念大会。由于第三次全国劳动大会与广东省第二次农民代表大会、广东第六次教育大会都在广州开会，因此1926年的五一纪念更加热烈，到会团体800 余个，人数 30 余万人，"诚中国纪念'五一'空前未有之大会"。⑥会场设立两个演讲台以便演讲，并有各种标语。刘少奇、苏兆征、李森、周其鉴、刘尔崧等人被推举为大会主席团，苏兆征为主席。谭平山、苏兆征、周其鉴、施华诺夫、刘少奇等人相继演说。高呼"实行八小时工作制""工人有组织工会自由""全世界工人阶级联合起来""与世界工人阶级建设反帝国主义的战线"等口号，声彻霄汉。随后进行列队游行，沿

---

① 《工人之路特号》1926 年 4 月 29 日第 305 期。

② 中国国民党中央执行委员会海外部：《海外周刊》1926 年 5 月 2 日第 7 期。

③ 中国国民党工人运动宣传委员会编印：《劳动运动史上的重要纪念日》，1927 年 4 月 1 日印行，第 25–31 页。

④ 《工人之路特号》1926 年 4 月 21 日第 297 期。

⑤ 《今日"五一"劳动大示威》，《工人之路特号》1926 年 5 月 1 日第 307 期。

⑥ 《国民政府下之"五一"劳动节》，《广州民国日报》1926 年 5 月 3 日。

途呼喊口号。航空局还派出飞机庆祝，并散发第三次全国劳动大会传单，"纷飞如雪"。① 大会还通过了《致全国民众电》。②

在汕头，汕头总工会、广东省农会潮梅海陆丰办事处、汕头学联会等27个团体组织五一纪念筹备会 ③，并在五一当日举行纪念大会，到会人数不下2万人 ④。惠州在第一公园开会纪念五一，共计千余人参加。⑤ 江门的五一纪念大会由市党部、总工会、农会联合发起，到会者有工农兵各界团体数十个，2万余人参加。⑥ 淡水的五一纪念大会由省港罢工委员会纠察队与各团体发起，到会3000余人，各代表围绕五一的意义进行演说。⑦ 海丰举行全县纪念五一大会，5万余人参加，并举行游行。⑧ 清远在县党部开会，商学军政各界参加者数百人，工人千余人，农民到会者也甚众。石龙召开纪念大会，4000余人参加。中山召开数千人的纪念大会。阳江、台山、南海、花县也举行了纪念大会。⑨

纪念特刊在1926年的五一纪念中也数不胜数。《向导》第151期发表了郑超麟的《今年的五一与中国的反赤运动》。《工人之路特号》第307期为"五一节纪念特刊"，发表了张国焘的《国民政府下的"五一"节》、邓中夏的《今年五一的目标》和《中国职工运动中"五一"节的意义》、蓝

---

① 秋人：《国民政府下的"五一""五四""五五""五七"纪念》，《政治周报》1926年5月17日第12期，第7-9页。

② 《国民政府下之"五一"劳动节》，《广州民国日报》1926年5月3日。

③ 《汕头五一纪念之筹备》，《工人之路特号》1926年4月22日第298期。

④ 《汕头市民五一纪念大会拥护罢工通电》，《工人之路特号》1926年5月11日第316期。

⑤ 《团惠州地委关于举行"五一"与讨段情况报告》，《广东革命历史文件汇集 一九二三年——九二六（二）》乙1，1985年1月印行，第205-206页。

⑥ 《江门五一大会电慰罢工》，《工人之路特号》1926年5月8日第313期；《各地纪念"五一"情形》，《革命生活》"五月号"，1926年印行，第50-57页。

⑦ 《纠察在淡水发起纪念五一》，《工人之路特号》1926年5月9日第314期。

⑧ 《团海陆丰地委五月份工作报告》，《海陆丰革命史料（1920—1927）》第1辑，广东人民出版社1986年版，第516页。

⑨ 《各地纪念"五一"情形》，《革命生活》"五月号"，1926年印行，第50-57页。

裕业的《今年的五一节》、金照溥的《"五一"劳动节告工友们》和《五一劳动歌》等文章。①《广州民国日报》于5月3日发行纪念号，内有《五一运动之标的》《民众们应该一齐起来纪念"五一"》《五一的回顾和我们应有的决心》《纪念"五一"的意义》《怎样纪念"五一"》等文章。《人民周刊》第10期转载了张国焘的《国民政府下的"五一"节》、邓中夏的《今年五一的目标》，并发表了《五月纪念周宣传大纲》。《海丰学生》出版了五一特刊。②《岭东民国日报》发行的"五一特刊"登载了邓演达的《今年五一节之意义》、熊受暄的《五一节与世界革命运动》、丁愿的《革命的五月》等文章。③广东各界纪念五一筹备委员会、省港罢工委员会等20多个团体发表告同胞书。此外，广州工人代表大会执行委员会发布了《广州工代会执委会纪念"五·一"劳动节歌》、广州制弹厂工会派发了《什么叫做来劳动节》的传单、广州理发工会刊印了"劳动者的胜利的漫画"。④

　　1926年编印的《革命史上几个重要纪念日》，收录了李大钊的《"五一"运动史》《五一纪念》等文章。国民党广东省党部宣传部编印的《悲壮的五月》，发表了《五一劳动节》《五一节在中国的意义》《五一节在中国》《五一纪念歌》以及光赤的《中国劳动歌》等文章。国民党广大特别党部出版的《革命生活》"五月号"，发表了《"五一"简史》。国民党中央青年部编印的《青年工作》第11期为"五一纪念特刊"，内有《五一纪念敬告全国工人》《五一节与青年学生》《五一节与第三次劳动大会》《五一纪念宣传大纲》等文章。⑤留俄孙文大学广西学生会出版的《疾呼》"五月号"，

①《工人之路特号》1926年5月1日第307期。

②《团海陆丰地委五月份工作报告》，《海陆丰革命史料（1920—1927）》第1辑，广东人民出版社1986年版，第520页。

③《岭东民国日报》"五一特刊"，1926年5月1日。

④《广东革命历史文件汇集（中共广东区委文件）一九二一年——一九二六》甲6，1983年9月印行，第13、53–55页。

⑤《青年工作》1926年5月3日第11期。

刊登了廖梦樵的《为"五一"纪念日告全国民众》、区鸿辉的《"五一"劳动节的起因和今后我工人应该怎样》、李蔼云的《"五一"节敬告中国劳动者》、黄仲杰的《纪念"五一"节的意义和敬告中国工友们的几点》、曹宪栋的《怎样纪念"五一"节》、李达馨的《纪念"五一"敬告工农同胞》、张德珧的《"五一"纪念与世界革命》等文章。[①] 国民革命军第六军政治部出版的《奋斗》"五一纪念特刊"，发表了《"五一"劳动节告民众》、徐雉的《"五一"运动简史》和《"五一"纪念宣传大纲》、钟皋九的《"五一"纪念日告劳工》、朱石君的《劳动歌》等文章。[②] 梅县学生互助社出版的《互助半月刊》"五月特号"，发表了李国贤的《纪念五一的意义和我们今后应有之努力》等文章。[③]

## 二、五一纪念推动马克思主义传播和马克思主义中国化

围绕五一纪念的各种特刊、纪念号在纪念活动中广泛发行，发表了大量纪念文章。不少文章对工人阶级的重要地位、马克思主义和列宁主义相关理论进行了介绍，尤其是对中国革命中建立革命联合战线等问题进行了探讨，进而推动了马克思主义传播和马克思主义中国化。

肯定了工人阶级的重要地位。工人阶级的重要地位和所肩负的历史使命是马克思主义理论的重要组成部分。在广东的五一纪念中，多方面回顾了五一劳动节的来历和历史，传达了"劳工神圣"这一马克思的重要论断，表达了无产阶级乃至各个阶层的利益诉求，并号召广大工人阶级团结起来，为实现工人阶级的权利和利益而奋斗，进行国民革命，实现无产阶级的世界联合，从而最终实现世界革命，消灭资本主义，解放全人类。这些

---

① 《疾呼》"五月号"，1926 年 5 月 1 日。

② 《奋斗》1926 年 5 月 1 日第 8 期。

③ 《互助半月刊》1926 年 5 月 16 日第 23 期。

观点都是马克思主义理论中的最基本也是最重要的观点。在五一纪念的影响下，工人阶级的重要地位逐步深入人心，工农等各阶级联合起来参加革命的理论也逐渐成为大家的共识，这是马克思主义传播随着纪念活动不断深入的重要标志。

传播了马克思主义、列宁主义相关理论。李达在《对于全国劳动大会的希望》一文中宣传了马克思关于阶级的相关观点，指出劳动者是没有祖国的，人类要用阶级来区别，世界上的人类分为资产阶级和劳动阶级。[①] 关于社会主义的相关制度，李达指出社会主义是主张把现在资本家手里的一切工厂、土地、房屋及其原料都收归劳动者管理。以五一纪念为契机，马克思主义相关书籍也得到大规模发售的机会。1922 年的五一纪念中，广东党、团组织在纪念大会会场就地出售马克思、恩格斯、李卜克内西、卢森堡的小册子和共产主义书籍，主要有《劳工运动史》《共产党宣言》等。[②] 1925 年的五一节当天，广州书店出版了陈独秀的《共产主义与共产党》小册子，对什么是共产主义以及无产阶级政党的性质进行了详细论述。[③]

郑超麟在《无产阶级政党与职工会》一文中详细阐述了列宁关于无产阶级政党的理论，指出列宁主义得势之后，无产阶级政党与职工会中间才确立了正确的关系。列宁确定了无产阶级政党与职工会在工人运动中的作用。郑超麟介绍了列宁主义关于无产阶级政党的理论，无产阶级政党——共产党是无产阶级的先锋，是无产阶级有组织的队伍，是无产阶级的最高形式，是无产阶级专政的武器，有统一意志、能淘汰内部机会主义分子。共产党团结了无产阶级中最先进、最有觉悟、最明了、有同样见解的分子。共产党是无产阶级组织的最高形式，领导全阶级向资产阶级进攻，建

①《先驱》1922 年 5 月 1 日第 7 期。

② ［苏］C·A·达林：《中国回忆录（1921—1927）》，中国社会科学出版社 1981 年版，第 88 页。

③ 陈独秀：《共产主义与共产党》，广州书店 1925 年印行。

立无产阶级专政之有一致意志的、有组织的革命的前锋。[1]

关于统一战线理论。中国革命必须坚持各阶级的联合战线即统一战线，这是五一纪念中宣传最广泛的理论之一。在各种纪念文本中，论述统一战线重要性的文章数不胜数，促进了马克思和列宁关于统一战线理论的中国化进程，对中国共产党新民主主义革命中关于统一战线理论的形成无疑具有推动作用。中国革命胜利离不开农民的赞助和支持，不能忽视农民的力量，工农联盟和其他各阶级的联合战线也具有重要的意义。

中共中央在《中国共产党1925年"五一"告中国工农阶级及平民》中指出，五一在中国不但是工人阶级检阅战斗力的日子，也是农民检阅战斗力的日子，并且是被压迫学生、自由职业者小商人等一切劳苦平民对工人农民表示同情的日子。学生等一切劳苦平民要联结工人农民，实现工农联合，才能打破帝国主义和反动势力的压迫，得着安定的生活。[2]邓中夏在《今年五一的目标》中更直接提出，中国革命胜利必须扩大及巩固各阶级群众的联合战线才能摆脱危险，取得胜利。扩大及巩固各阶级群众的联合战线，是当前的生死问题，也是五一的特殊目标。工人阶级要本其历史使命，在联合战线上为民族利益而努力。[3]而在《中国职工运动中"五一"节的意义》中，邓中夏也强调，在产业落后的殖民地、半殖民地的工人阶级没有单独作战求得迅速胜利的可能，必须联合被压迫的其他群众——农民、小商人、穷苦知识分子、下层士兵等一致作战，共同打倒国际帝国主义和国内军阀。[4]

广东区委在1926年的《五月纪念周宣传大纲》中提出，五一是各界人民联合工人阶级共同争自由的日子，并提出了"巩固各界人民反帝国主

---

① 《向导》1925年4月26日第112期，第14-15页。

② 《向导》1925年4月26日第112期，第1页。

③ 《人民周刊》1926年4月30日第10期，第4-6页。

④ 《工人之路特号》，1926年5月1、3日第307、308期。

义联合战线”的口号。广东省农民协会在《“五一”劳动节告农民书》中也强调，资本主义消灭，世界革命成功，必须扩大五一的范围，联合农民一致团结起来力争。只有工农一致联合团结起来，才能集中力量，打倒敌人，因此工农有“联合一致之必要”。①

国民党方面的一些纪念文章也对统一战线问题进行了关注。1926年广东省党部发表的《五一劳动节宣传大纲》就指出，我国民众以工农为最多，故中国革命不能不以辅助工农之利益为首要，工农为国民革命之急先锋，中国革命有广大工农群众参加才有意义。同时，强调五一劳动节之纪念，不仅为劳工阶级所独有之纪念，“凡帝国主义铁蹄下半殖民地之被压迫阶级皆应踊跃奋起，农工商学兵团结起来一致参加”。②

关于工人运动相关理论。谭天度强调，工人运动不仅应实现工作八小时，还应更进一步，打倒资产阶级统治，直到实现工人阶级夺取政权。③陈秋霖指出，工人运动应由单纯的待遇改良的经济斗争进而为劳动者直接管理的政治斗争，从而造成一个五一的新纪元。④蔡和森指出，工人阶级要解放，只有根本推翻资本主义私有财产制，将一切生产手段——土地、资本收归社会公有，从而达到劳动运动的根本目的。达到这个目的的唯一方法只有实行阶级斗争与社会革命。只有继续阶级斗争，酿成“总解决”的社会革命，取消阶级，建筑共同生产、共同消费的共产主义社会，工人阶级从此完全解放，人类社会再没有“人掠夺人”的罪恶制度。这是劳动运动的根本原则。⑤

解释共产主义与共产党。针对当时对共产主义的种种误解，陈独秀利

①广东省农民协会：《“五一”劳动节告农民书》，1926年5月1日。

②《中国国民党广东省党部宣传大纲汇编》第一集，1926年11月印行。

③《谭天度纪念文集》，中共党史出版社2002年版，第189页。

④《广东群报》1921年5月5日增刊。

⑤《先驱》1922年5月1日第7期。

用 1925 年五一纪念的机会，对共产主义与共产党进行了详细阐释。他指出，共产主义决不是什么"共财主义"，共产主义主张财产公有，公有财产是指全社会可以产生财富的一切资本，如土地、工厂、机器原料之类归社会公共机关公有，绝对不是由个人抢归个人私有私用。财产公有有利于免去私人竞争和冲突，使全社会财富产生都在通盘计算之下进行，集中起来经营大规模产业，比现社会产生财富的力量更大，从而实现全社会幸福。共产主义也不是均产主义，共产主义主张废止私有财产，从而真正实现人人平等。共产主义也和无政府主义、工团主义不同。阶级斗争是由私有社会到共产社会所必走的一条大路，只有实行阶级斗争，实现劳工阶级强大而集中的革命运动才能推翻资产阶级。政权及国家机关乃是阶级斗争之最重要、最后必争的武器，劳工阶级必须夺得这个武器，才能消灭资产阶级。共产主义的目的是要实现无私产、无工银、无买卖、无货币、无阶级、无国家、共同消费的共产社会，并提出了实现共产主义的六个步骤。

陈独秀还指出共产党的四个特性：共产党是为共产主义奋斗的先锋队，中坚成分是产业无产阶级中最有阶级觉悟、最先进的一部分；共产党是代表全工人阶级利益而奋斗的政党；共产党是最革命的阶级中最革命的分子结合起来的，是彻底革命的；共产党是富于集体性的无产阶级政党，拥有严密组织和铁一般的纪律。[1]

---

① 陈独秀：《共产主义与共产党》，广州书店 1925 年印行。

## 第五节　十月革命纪念与马克思主义在广东的早期传播

十月革命对中国的影响十分深远。中国共产党之所以高度重视十月革命纪念，很大程度上是因为与中国同为落后国家的沙俄通过十月革命建立了无产阶级专政的社会主义国家，实现国家独立，并打败列强干涉，各方面建设取得了辉煌成就。十月革命胜利使马克思主义由理论变为现实，彰显了马克思主义的科学性，也为世界无产阶级指明了前进道路和努力方向。

十月革命胜利促使中国先进知识分子关注十月革命，关注马克思主义在俄国的实践，并希望借鉴十月革命的先进经验，以马克思主义为指导，在中国实现无产阶级革命胜利，实现国家独立和民族富强，从而加快了中国马克思主义的传播进程。1922 年 5 月，中国社会主义青年团在广州召开第一次全国代表大会，在大会文件中指出，马克思主义在中国历史很短，至今不过三年，但因"俄罗斯无产阶级革命的影响"，"竟使马克思主义能在最短期间发达起来，信奉马克思主义的人日益增加起来"。[①] 为进一步传播马克思主义，围绕十月革命进行的纪念活动在各地开始举行。

在广东党组织领导下，十月革命纪念在广东广泛开展，并且规模居全国之冠。鲍罗廷就指出，除开苏联，"没有如广州之地方以纪念俄国革命

---

[①] 中共中央文献研究室、中央档案馆编：《建党以来重要文献选编（1921—1949）》第 1 册，中央文献出版社 2011 年版，第 70 页。

之纪念日"。[1] 由于国共合作和苏联对中国革命的援助，国民党也对十月革命纪念高度重视。从 1923 年开始，每逢十月革命纪念，广东各地都举行公开的纪念大会，游行、散发传单、张贴标语、宣传口号，并由各界名流在纪念大会上演讲，同时围绕十月革命发表公开宣言、社论和发行纪念特刊。通过十月革命纪念，不仅肯定十月革命的重要意义，阐释十月革命在世界无产阶级革命中的重要地位，而且积极探索十月革命对中国革命的启示意义，思考中国革命相关问题，推动了马克思主义传播的同时也促进了马克思主义中国化。

## 一、十月革命纪念在广东的缘起与主要形式

如前文所述，广东关注十月革命是非常早的。十月革命爆发后不久，广东报刊就对其进行了关注和报道，使广东民众很快就知晓了十月革命胜利的消息及有关方面情况。在国共合作背景下，十月革命纪念在广东的开展也领先于全国，广东的十月革命纪念在全国独占鳌头。不仅开展方式多种多样，而且产生了极大的社会影响。

相较于对十月革命的关注，十月革命纪念在广东开展得较晚。直到1923 年十月革命爆发六周年时，广东才举行了第一次十月革命纪念。1923年，中共中央通告各地举行十月革命纪念，广东党、团组织随即通告开展十月革命纪念。阮啸仙等在广州组织筹备十月革命六周年纪念大会，驻粤委员卜士奇等人协助，决定以新学生社名义召集纪念大会。广东党、团组织还将中共中央的传单翻印 1.5 万份，邮寄到各地以备开纪念会时散发。[2]

11 月 7 日当天，十月革命成功六周年纪念大会在省教育会召开。会场

---

[1]《庆祝苏俄十月革命八周纪念盛况》，《工人之路特号》1925 年 11 月 9 日第 136 期。

[2]《世畸致养初信》，《世畸致养初和中英信》，《广东革命历史文件汇集（群团文件）一九二二年——一九二四年》甲 1，1983 年 4 月印行，第 166、168 页。

四周悬挂"俄国革命的成功，即世界革命的起点""无产阶级解放，全人类解放""被压迫的阶级联合起来呵"等标语。参加纪念大会的除了广东党、团组织的全体党、团员以及新学生社全体社员外，还有佛山工联会等几十个团体。纪念大会由阮啸仙主持，鲍罗廷演说俄国革命之经过及中俄关系。卜士奇、谭平山等相继演说。演说完毕后，分四路在广州市内散发传单。① 佛山也举行十月革命纪念游行，400 多人参加。游行时，手持"打倒资本帝国主义""工人专政纪念""工人大联合"等标语，沿途大呼"劳工神圣""被压迫阶级解放万岁""苏维埃俄罗斯万岁"等口号。② 香港团组织召开半公开的十月革命六周年纪念大会。在纪念大会上进行演说，同时分派传单。③

由于国共合作的开展，国共双方都对 1924 年的十月革命纪念十分重视。在广东党组织的推动下，新学生社、广州工人代表会等 11 个团体联合发起十月革命纪念。国民党中央党部发出《中央党部为纪念苏俄革命通告全党》，指出"十月革命非独无产阶级革命史上生一异彩，且为号召全世界被压迫民族反抗帝国主义、联合战线开幕之纪念日，关于世界革命及人类解放前途至重且大"。并要求全体党员多备旗帜、标语，参加纪念。④ 广东省教育厅也通令各校参加游行。⑤ 随后，十月革命纪念筹备会联合发出《苏俄革命成功纪念预志》，定于 11 月 7 日在第一公园举行纪念大会，

① 《团粤区委报告（第五号）——广州、佛山等地庆祝俄国十月革命六周年的情况》，《广东革命历史文件汇集（群团文件）一九二二年——一九二四年》甲 1，1983 年 4 月印行，第 183–185 页。

② 《团粤区委报告（第五号）——广州、佛山等地庆祝俄国十月革命六周年的情况》，《广东革命历史文件汇集（群团文件）一九二二年——一九二四年》甲 1，1983 年 4 月印行，第 185 页。

③ 《团香港地委报告（第八号）——纪念"十月革命"六周年的情况》，《广东革命历史文件汇集（群团文件）一九二二年——一九二四年》甲 1，1983 年 4 月印行，第 206 页。

④ 《中央党部为纪念苏俄革命通告全党》，《广州民国日报》1924 年 11 月 5 日；《苏俄革命成功纪念预志》，《广州民国日报》1924 年 11 月 6 日。

⑤ 《令各校参加苏俄革命纪念会》，《广州民国日报》1924 年 11 月 6 日。

搭演讲台三座，由中俄人士演说。晚上举行中俄联合游艺大会。[①]

　　纪念大会当日，孙中山、胡汉民、廖仲恺、汪精卫、邹鲁等国民党方面的要人以及苏联顾问鲍罗廷都参加了大会，此外还有军工政学各界代表数千人。演讲台前竖立"打倒帝国主义""解放世界被压逼民族"等旗帜。孙中山、胡汉民、鲍罗廷、廖仲恺、汪精卫等相继演说。演说主要内容为勉励广大群众学习苏联先进经验，步苏联后尘，努力奋斗，达到中国革命完全成功，与世界被压迫民族联合起来打倒世界帝国主义。演说完毕后进行游行，并沿途散发传单。以庆祝大会名义致电苏俄政府"籍伸贺忱"。[②]晚上，在省教育会礼堂举行游艺大会，冯菊坡进行了演讲。[③]

　　孙中山在演说中提出，庆祝十月革命有两个意义：一是可以救中国之危亡，二是可以为将来中国革命之模范，表达了向苏联学习的决心。[④]随后，以国民党中央党部名义发出《庆祝苏俄革命纪念宣言》，指出十月革命成功不独是苏俄革命的成功，并且是国际革命的开幕；不独是苏俄民族的解放，并且是国际民族的解放起点。[⑤]

　　十月革命纪念特刊出现比较早。早在 1922 年，《先驱》第 13 期就发行"苏维埃俄罗斯五周纪念号"，发表了施存统的《一九一七年十一月七日》和光亮译《劳农俄国问答》。[⑥]1924 年十月革命纪念时期，《向导》第90 期即为"十月革命特刊"，内有彭述之的《十月革命与列宁主义》《十月革命第七周年之苏俄与资本主义世界》，陈独秀的《俄罗斯十月革命与中国最大多数人民》，列宁著、郑超麟译《马克思主义与暴动》，瞿秋白的《十

---

①《苏俄革命成功纪念预志》，《广州民国日报》1924 年 11 月 6 日。

②《庆祝苏俄革命成功纪念》，《广州民国日报》1924 年 11 月 8 日。

③《苏俄革命纪念之游艺会》，《广州民国日报》1924 年 11 月 10 日。

④《孙大元帅之演讲词》，《广州民国日报》1924 年 11 月 8 日。

⑤《庆祝苏俄革命纪念宣言》，《广州民国日报》1924 年 11 月 8 日。

⑥《先驱》1922 年 11 月 7 日第 13 期。

月革命与弱小民族》等文章。①《中国青年》第 52 期发行"苏俄革命纪念特刊"，登载了张秋人的《十月革命的领导者——列宁》，任弼时的《列宁与十月革命》《苏俄经济政治状况》《苏俄与青年》，大庆的《去年莫斯科的十一月七日》，恽代英的《苏俄与世界革命》《苏俄与中国革命运动》等文章介绍苏联与十月革命。② 这些纪念特刊在广东的发行，促进了广东各界人士对十月革命的关注和对马克思主义、列宁主义相关理论的认识和了解。《广州民国日报》也刊登了陈孚木的《庆祝苏俄革命之真意义》、郑超麟的《十月革命》、郭祖勒的《列宁精神与赤俄先天的生命》等文章。③

为迎接 1925 年的十月革命纪念，中共中央先后发出第六十号、第九十三号通告，要求各地"应尽可能的召集公开的群众集会"，开展广泛宣传，并提出了纪念十月革命的宣传要点。④ 遵照中央指示，广东区委、团广东区委于 11 月 2 日联合发出宣传大纲及通告，对各地进行十月革命纪念提出具体要求。在广东区委的推动下，中华全国总工会、省港罢工委员会等 30 余个团体联合发起筹备庆祝苏俄十月革命成功纪念大会，并成立筹备处。决定在广东大学操场举行纪念大会，并举行大游行。⑤ 纪念大会的宣传、布置等工作都由广东党、团组织负责。⑥

11 月 6 日晚，尼罗夫在省教育会演讲十月革命之经过，广州市工农各界群众参加。7 日，正式举行庆祝苏俄十月革命八周年纪念会，参加人数有五六万人之多。会场悬挂"东方被压迫民族与西方被压迫民族联合起

---

① 《向导》1924 年 11 月 7 日第 90 期。

② 《中国青年》1924 年 11 月 8 日第 52 期。

③ 《广州民国日报》1924 年 11 月 8 日。

④ 《中央通告第六十号——拥护广州政府和纪念十月革命宣传要点》，中央档案馆编：《中共中央文件选集》第一册，中共中央党校出版社 1989 年版，第 520–521 页。

⑤ 《苏俄十月革命纪念会筹备情形》，《工人之路特号》1925 年 11 月 6 日第 133 期。

⑥ 《团广州地委组织关于十一月份工作报告》，《广东革命历史文件汇集（群团文件）一九二五（二）》甲 3，1983 年 7 月印行，第 242–244 页。

来打倒帝国主义"的大标语。还有各种旗帜上书"苏俄是东方被压迫民族的老朋友""俄国十月革命打倒了土豪大地主资本家"等内容。[①] 会场内搭了两个大讲演台，到会演讲者有鲍罗廷、CP 代表、CY 代表等。演讲完毕后进行游行。[②] 未开会前，广东区委还在会场向工人群众讲演，派发特刊、宣言、传单和马克思、列宁相片各数万。广东区委组织的 10 余支演讲队也出发各街道演讲十月革命意义，同时在报上登载文章。[③] 广东妇女协会也参加了庆祝十月革命纪念游行，组织了 4 支演讲队出发演讲，以资宣传，并散发传单。[④]

团广州地委于 11 月 4 日召开支部书记特别会议，商定了五项纪念十月革命的具体办法，决定参加广州筹备纪念十月革命大会，各地组织纪念大会，解释十月革命意义，参加大会游行，组织演讲队，印发传单及特刊。[⑤] 香港学生联合会出版一期特刊，到街上宣传，散发传单，并要求全体同学一致参加游行。[⑥] 汕头党团组织利用各界欢迎国民革命东征军市民大会之机同时举行了十月革命纪念大会，到会者 2 万余人。[⑦] 蒋介石、周恩来、罗加觉夫、何应钦、罗翼群等人纷纷演说。指出，俄国革命成功为世界革命成功之先生，将来中国革命成功，世界革命亦从此可以成功。与

---

① 《庆祝苏俄十月革命八周纪念盛况》，《工人之路特号》1925 年 11 月 9 日第 136 期。

② 《庆祝苏俄十月革命八周纪念盛况》，《工人之路特号》1925 年 11 月 9 日第 136 期。

③ 《团广州地委组织部关于十一月份工作报告》，《广东革命历史文件汇集（群团文件）一九二五（二）》甲 3，1983 年 7 月印行，第 242-244 页。

④ 《本会筹备十月革命纪念大会纪》，《光明》1925 年 11 月 10 日第 3 期，第 22 页。

⑤ 《团广州地委报告（第一号）——关于地委改组、执行团中央通告、纪念十月革命等情况》，《广东革命历史文件汇集（群团文件）一九二五（二）》甲 3，1983 年 7 月印行，第 155-156 页。

⑥ 《一年来的工作经过》，《香港学生》1926 年 6 月 18 日第 14 期，转引自《广东青年运动历史资料》第 5 册，1989 年印行，第 176-187 页。

⑦ 《团汕头地委报告（第六号）——关于十一月份的工作》，《广东革命历史文件汇集（群团文件）一九二五（二）》甲 3，1983 年 7 月印行，第 267-268 页。

会群众齐呼"苏俄万岁""世界革命成功万岁"等口号。① 佛山农工各界百余人举行十月革命纪念大会，报告苏俄政府经过及现在状况。会场"多贴标语"，并悬挂列宁、马克思照片。② 东莞 30 多个团体召开庆祝十月革命纪念会，千余人参加。广东兵工厂也举行庆祝十月革命纪念会，各界 300 余人参加。③ 花县党、团组织则联合在多处召开纪念会，将十月革命意义向民众解释，并散发传单。④

1925 年十月革命纪念中，《向导》第 135 期即为"十月革命特刊"，主要文章有瞿秋白的《世界社会革命开始后之第八年》、陈独秀的《十月革命与中国民族解放运动》、郑超麟的《十月革命、列宁主义和弱小民族的解放运动》等文章。⑤《中国青年》第 101 期发表了刘仁静的《俄国革命第八周》。广东区委发表了《中国共产党广东区委对于俄国革命八周纪念宣言》，编印了《俄国革命八周纪念》小册子，分送全省党、团组织。《工人之路特号》第 135 期即为"十月革命特号"，内有伯良的《伟大的列宁》、秋星的《十月革命后的苏联工农》等文章。新学生社出版"十月革命纪念特号"。《青年农工》杂志社也发行"十月革命特刊"。黄埔军校庆祝苏俄十月革命纪念会宣传部也发行"十月革命特刊"，内有焦启铠的《十月革命与中国民族革命》、余洒度的《纪念"十月革命"的意义》、段子中的《我们纪念"十月革命"之意义》、傅烈的《我们所应了解的"十月革命"》、胡承焯的《纪念"十月革命"》等文章。国民党方面的杂志如《国民革命》第 1 卷发表了朱迪的《纪念苏俄十月革命之意义》。⑥ 这些文本对于广大群

---

① 《汕头之庆祝苏联革命八周纪念》，《工人之路特号》1925 年 11 月 11 日第 138 期。

② 《佛山农工庆祝苏俄革命八周纪念》，《工人之路特号》1925 年 11 月 11 日第 138 期。

③ 《各地庆祝苏俄革命纪念汇纪》，《工人之路特号》1925 年 11 月 10 日第 137 期。

④ 《团花县地委报告（第十号）——十月革命纪念会情形》，《广东革命历史文件汇集（群团文件）一九二五（二）》甲 3，1983 年 7 月印行，第 158–159 页。

⑤ 《向导》1925 年 11 月 7 日第 135 期。

⑥ 《国民革命》1926 年 1 月 1 日第 1 卷，第 104–105 页。

众了解十月革命及其对中国革命的意义起到了推动作用。

1926 年的十月革命纪念也得到高度重视。中共中央于 10 月 21 日发出《中央通告第二十五号——纪念十月革命节的宣传工作》，提出应利用这个纪念日，做盛大的联合苏联的宣传，要求在广东等地方要以国民党名义或其他社会团体来号召举行群众大会，进行讲演、游行。① 不久又公布《十月革命第九周年纪念日宣传大纲》，分析十月革命四个方面的胜利原因，包括无产阶级政党、民众联合、土地问题的解决以及军队的重要性。同时，提出应该学习十月革命的经验，"利用之于求中国民族解放的革命斗争中"。② 在此方针要求下，广东区委积极开展十月革命纪念。团广东区委发布《为十月革命纪念告青年》，指出十月革命唤起了全世界被压迫民族的觉醒，宣告了人类解放的开始，永远值得一切被压迫民众纪念与拥护。③

中华全国总工会、广州工人代表会等百余个团体发起组织苏俄十月革命九周年纪念筹备会，决定 11 月 7 日在中山大学操场举行庆祝苏俄十月革命九周年纪念大会。④ 10 万余人参加了纪念大会，鲍罗廷、郭寿华、华拉初夫等人相继演说。大会还发出《致苏俄中央执委并转苏俄民众书》。⑤此外，中华全国总工会举行省港青工及童子团纪念十月革命大会。⑥ 省港罢工委员会下属的罢工第二宣传学校派出学生宣传十月革命之意义。⑦ 海

---

① 中央档案馆编：《中共中央文件选集》第二册，中共中央党校出版社 1989 年版，第399—401 页。

② 中央档案馆编：《中共中央文件选集》第二册，中共中央党校出版社 1989 年版，第401—407 页。

③ 《少年先锋》1926 年 11 月 1 日第 1 卷第 6 期。

④ 《广州民国日报》1926 年 11 月 2、4 日。

⑤ 《广东各界庆祝苏俄十月革命九周年纪念》，《广州民国日报》1926 年 11 月 9、11、12 日。

⑥ 《全国总工会筹备纪念苏俄十月革命》，《全国总工会开苏俄十月革命纪念大会》，《广州民国日报》1926 年 11 月 4、6 日。

⑦ 《罢工第二宣传学校学生纪念十月革命之热烈》，《工人之路特号》1926 年 11 月 4 日第 489 期。

丰第一次举行十月革命纪念大会，海丰县城及 9 个区都举行了纪念会，共计 7 万余人参加。杨善集参加纪念大会并讲述莫斯科情形。民众高呼"十月革命万岁""列宁主义万岁""世界革命万岁"等口号，随后举行游行。① 海丰学联会领导下的学生组织 80 多个宣传队，向农民宣传"俄国革命后农民获得的快乐"，启发农民关注俄国十月革命。② 南雄也召开各界纪念十月革命大会，并发表了《十月革命九周年纪念日告南雄民众》。③

1926 年十月革命纪念中，中共中央和团中央都发行了纪念号，发表了众多纪念文章。《向导》第 178 期发表了陈独秀的《十月革命与东方》、彭述之的《十月革命第九周年的苏俄之经济政治的进步》。《中国青年》第 139 期即为"十月革命号"，刊登了《纪念十月革命》、硕夫的《十月革命与马克思主义》、郑超麟的《十月革命与列宁》、博的《反俄声中的俄国青年》、实甫的《十月革命与世界革命》、任弼时的《十月革命与中国解放运动》等文章。

广东党、团组织也发行了纪念特刊。《人民周刊》第 30 期发表了任卓宣的《我们对于十月革命应有底认识》、尹常的《人类的新史——红十月》，列宁著、李春蕃译《布尔扎维克应夺取政权》，斯大林的《俄国之经济状况》（KL 抄译）。④《少年先锋》第 1 卷第 7 期即为"十月革命纪念号"，刊登了十月革命的"著作者"列宁的照片，主要内容还有团广东区委发表的《为十月革命纪念告青年》、李秋实的《十月革命节的礼物》、斯大林的《列宁的谦逊》、任卓宣的《十月革命与二十世纪底思潮》、熊锐的《"赤祸"——红十月》等文章。⑤

---

① 杨白：《"小莫斯科"纪游》，《少年先锋》1926 年 11 月 21 日第 1 卷第 8 期。
② 《海丰学生》，《少年先锋》1927 年 3 月 21 日第 2 卷第 18 期。
③ 南雄县政协文史资料研究委员会、中共南雄县委党史办公室合编：《南雄文史资料》第 10 辑，1990 年印行，第 110–111 页。
④ 《人民周刊》1926 年 11 月 7 日第 30 期。
⑤ 《少年先锋》1926 年 11 月 1 日第 1 卷第 7 期。

其他团体和组织也发行了不少纪念特刊。《黄埔潮》第 15、16 期是"十月革命九周年纪念号"，发表了游步瀛的《十月革命后的苏联各阶级、世界与中国革命运动——庆祝十月革命九周纪念感言》、余世沛的《苏联革命成功九周年纪念日感想》、葛武启的《纪念苏俄十月革命的重大意义》、碧湖的《苏俄十月革命九周纪念与中国国民革命势力之进展》以及《本会为十月革命九周纪念宣言》《本会为十月革命九周纪念日告民众书》等文章。① 《军人周报》第 9 期发表了杨信孚的《十月革命底意义》、梁直轮的《十月革命与中国民族应有之觉悟》，第 10 期发表了 TS 的《俄国革命所给与中国革命底经验》《为庆祝俄国革命九周纪念告民众》，第 11 期发表了积的《十一月底两个纪念》等文章。国民革命军总司令部政治部编印的《革命史上几个重要纪念日》一书收录了《十月革命略史》、茅盾的《苏俄"十月革命"纪念日》和陈独秀的《十月革命与民族解放运动》等文章。② 《农民运动》第 16 期发表了范谔的《十月革命与国民革命成功》、克文的《十月革命的意义和本党对农民的决议案》。③ 《广州青年》第 2 期发表了考鉴的《十月革命与中国学生》、畅予的《为什么要庆祝十月革命》、俪真的《十月革命所给予我们的》、春源的《纪念十月革命中我们所应注意的》、挽华的《纪念俄国革命的意义》等文章。《前进》周刊第 3 期是"俄国十月革命九周纪念特刊"，不仅刊印了列宁和马克思的照片，还发表了余少杰的《十月革命与中国国民革命》、伯谐的《怎样去认识十月革命》、飞白的《俄国十月革命的几种影响》、国亭的《纪念苏俄十月革命的真意义》以及《十月革命略史》《俄国十月革命九周纪念宣传大纲》《本部为十月革命九周纪念日告民众》等文章。

此外，还发表了不少纪念宣言。中国国民党工人运动宣传委员会发布

---

① 《黄埔潮》1926 年 11 月 7 日第 15、16 期。

② 国民革命军总司令部政治部：《革命史上几个重要纪念日》，1926 年印行。

③ 《农民运动》1926 年 11 月 16 日第 16 期。

《对俄国十月革命九周年纪念宣传大纲》、中央工人部发布《为纪念十月革命告工友书》、中央军人部发布《中央军人部为庆祝俄国革命九周纪念告民众》、惠来青年社发表《为苏俄十月革命成功纪念向惠来各界青年同胞说几句》。

## 二、十月革命纪念推动马克思主义传播和马克思主义中国化

随着十月革命纪念在广东的广泛开展，大量纪念文章得以发表。不仅仅关注十月革命本身，还对围绕十月革命得以成功的指导思想——马克思主义和列宁主义进行了介绍，促进了马克思主义在广东的传播。同时借鉴十月革命经验，对中国革命相关问题进行了积极探索，推动了马克思主义中国化。

### （一）阐述十月革命的重要意义

团广东区委在《为十月革命纪念告青年》中称赞十月革命宣告了人类解放的开始，为全俄被压迫人民造就了幸福。十月革命唤起了全世界被压迫民族的觉醒，宣告了人类解放的开始。[①] 恽代英在《俄党？》中指出，我们庆祝十月革命是因为十月革命给予帝国主义一个重大打击，给予我们民族革命兴起机会和被压迫阶级民族解放机会。[②] 国民党方面也高度评价十月革命的意义。陈孚木指出，"俄国革命之成功足为吾人圭臬。庆祝主义之成功，苏俄革命之成功，即是共产主义之成功"。[③] 以庆祝大会名义致苏俄政府的电报中，盛赞十月革命是国际革命的开幕，是国际民族解放的

---

① 《少年先锋》1926 年 11 月 1 日第 1 卷第 7 期。

② 《少年先锋》1926 年 11 月 11 日第 1 卷第 8 期。

③ 《庆祝苏俄革命之真意义》，《广州民国日报》1924 年 11 月 8 日。

起点。<sup>①</sup>郑超麟指出，十月革命的意义首先在于我们将有一个苏维埃政府。这是我们自己的权力机关，绝无资产阶级参加。被压迫群众自己创造了权利，旧的国家机器被根本打碎，新的统治机关以苏维埃组织为形式建立起来。<sup>②</sup>任卓宣指出，十月革命是俄国工人革命、农民革命和民族革命的结晶，具有社会主义特色。十月革命是世界革命的开始，促进了各国革命运动的发达，十月革命后，世界形势为之改观，人类历史从此走进了一个新的时代。十月革命还给予了世界革命以宝贵经验和发展革命运动的教训。<sup>③</sup>《中国青年》编辑部在《纪念十月革命》中论述了十月革命的世界意义，指出十月革命成功给予帝国主义阵线以至大的破坏，影响到了欧洲各国无产阶级革命运动的发展，也影响了远东各国民族革命运动的发展。<sup>④</sup>

### （二）介绍马克思主义、列宁主义相关理论

《工人之路特号》发行的"十月革命特号"上发表的《伟大的列宁》一文，称赞列宁是十月革命的"著作者"，十月革命是世界革命的起点，农民工人的奋斗、共产党员的努力、红军的勇敢，是十月革命成功的最大原因。但是若没有列宁指导也是不可能成功的。作者提出，要向着十月革命的大道前进，我们要用列宁主义作为我们的武器。<sup>⑤</sup>李求实在《十月革命节的礼物》中介绍了列宁在打倒帝国主义并夺取政权时期的无产阶级责任相关理论和建设无产阶级政党的重要性。指出，"一个能战斗的革命的政党，实在是迫切的需要，这个党必须很勇敢地能去领导无产阶级作夺取政权的斗争，很有经验地能在极复杂的环境中为之分析解释一切"，"没

---

① 《庆祝苏俄革命纪念宣言》，《广州民国日报》1924 年 11 月 8 日。

② 《广州民国日报》1924 年 11 月 21、22 日。

③ 《人民周刊》1926 年 11 月 7 日第 30 期，第 1–3 页。

④ 《中国青年》1926 年 11 月 1 日第 6 卷第 14 号，第 1–6 页。

⑤ 《工人之路特号》1925 年 11 月 7 日第 135 期。

有这样的一个党，我们不要妄想打倒帝国主义，并建立无产阶级的政权"。他还强调，十月革命以来所取得的成就，工农联合愈益密切，无产阶级政权日臻巩固，民族问题和农民问题的解决都是无产阶级政党的功劳。因此他提出，纪念十月革命就要认清无产阶级政党在革命中的作用，积极加入无产阶级政党，参加训练群众的工作。[1]任卓宣在《我们对于十月革命应有底认识》中赞扬列宁是十月革命的"著作者"，是全世界无产阶级和被压迫民族的旗帜。[2]任弼时在《列宁与十月革命》中称赞列宁实不愧为全世界革命之唯一首领，全世界无产阶级只有本着列宁主义方可像俄国无产阶级一样得到最后的胜利，并希望全世界无产者起来研究列宁主义。

任卓宣赞扬列宁的新经济政策不是对资本主义让步，而是对资本主义进攻的方法，不是社会主义失败的证明，而是社会主义建成的道路。[3]熊锐在《人类的新史——红十月》中介绍了列宁的东方革命理论。指出，东方（特别是中国）的革命，是一面反对国外资本主义，一面反对本国的封建势力。在这个时期，东方革命的胜利，除组织工农求得政治上之自由，社会主义是不可想象的。同时，资本主义国家中社会革命之完全胜利，不先联络弱小民族共同毁灭帝国主义在殖民地之势力也必不可能。[4]

《中国青年》编辑部在《纪念十月革命》中盛赞十月革命是列宁主义的具体表现。中国民族革命的崛兴，也是列宁主义民族革命理论影响的结果，证明列宁的相关理论应用于殖民地民族革命斗争的正确。中国革命发展也受到列宁主义民族革命理论的"支配"。文中还提出革命目前的任务就是努力学习列宁主义，接受十月革命经验，巩固各阶级民众的联合战线。[5]

---

[1]《少年先锋》1926 年 11 月 1 日第 1 卷第 7 期。

[2]《人民周刊》1926 年 11 月 7 日第 30 期，第 1–3 页。

[3]《人民周刊》1926 年 11 月 7 日第 30 期，第 1–3 页。

[4]《人民周刊》1926 年 11 月 7 日第 30 期，第 3 页。

[5]《中国青年》1926 年 11 月 1 日第 6 卷第 14 号，第 1–6 页。

郑超麟在《十月革命、列宁主义和弱小民族的解放运动》中介绍了列宁关于民族殖民地问题的理论。认为，列宁的理论在一切民族殖民地的辩论中开一新纪元。列宁的民族解放理论代表弱小民族利益，把民族问题和殖民地问题结合起来，殖民地问题是扩大的民族问题。列宁把民族解放运动和无产阶级革命联合起来，指出民族不平等是资本主义社会各种不平等之一，真正民族解放必须无产阶级革命成功，西方无产阶级革命成功也需要殖民地弱小民族反帝国主义之解放运动的赞助，民族殖民地问题是无产阶级革命总问题中的一部分。无产阶级必须联合殖民地弱小民族，必须直接地坚决帮助殖民地弱小民族。承认各民族有脱离宗主国建立独立国家的权利，并要切实实施物质的实力的赞助，这种赞助不仅是为殖民地弱小民族利益，而且兼是为无产阶级自身利益。他还分析了列宁主义的民族解放理论的十个原则，强调十月革命实现了列宁主义的无产阶级专政理论和民族解放理论。①

彭述之在《十月革命与列宁主义》中宣称十月革命的"著作者"是列宁，十月革命是列宁指导俄罗斯的工人、农民和被压迫民族所创造出来的"创作"，十月革命是列宁主义的具体体现，"十月革命就是列宁主义的产品"。列宁主义的根本是解放无产阶级、解放农民和解放被压迫民族之理论与策略，即无产阶级革命、农民革命和被压迫民族革命之理论与策略。全世界的工人、农民和被压迫民族要求解放，只有研究列宁主义，实行列宁主义。②

硕夫在《十月革命与马克思主义》中引用了列宁《第三国际及他的历史的地位》一文中的多段重要论述，论证了十月革命爆发的客观必然性。郑超麟的《十月革命与列宁》，称赞列宁在十月革命中所发挥的巨大作用。

---

① 《向导》1925 年 11 月 7 日第 135 期，第 5–8 页。
② 《向导》1924 年 11 月 7 日第 90 期，第 1–2 页。

同时还直接介绍了列宁《布尔什维克必须夺取政权》《马克思主义和起义》（当时翻译为《论马克思主义与暴动》）中的主要观点，宣传马克思主义关于暴动的主要理论。[①] 郑超麟翻译的《马克思主义与暴动——给俄罗斯社会民主工党（波尔扎维克）中央执行委员会的一封信》，也阐述了马克思关于暴动的主要观点：暴动要依靠先进的阶级、必须依靠民族革命潮流之澎涨、必须靠在革命进行之历史的转弯点。[②]

《人民周刊》发表了列宁著、李春蕃译《布尔扎维克应夺取政权》。在这封给俄国社会民主工党（布尔什维克）中央委员会、彼得格勒委员会、莫斯科委员会的信中，列宁论证了举行武装革命、迅速夺取政权的重要性。[③] 列宁关于武装斗争重要性的论述，对当时尚未认识到武装斗争重要性的中国共产党人来说具有重要的指导意义。

### （三）论述马克思主义的真理性

任卓宣在《十月革命与廿世纪底思潮》中称赞马克思主义是现代的思潮，是无产阶级革命时代、帝国主义时代的"骄子"，支配了世界上大多数人的头脑。马克思主义是科学社会主义的科学基础和理论依据，改造资本主义社会为共产主义社会的"灵魂"。马克思主义在整个人类生活方面有最大效用，是"唯一真理"的思想。他还强调，十月革命与马克思主义有密切关系：十月革命证明了马克思主义的真理性，是马克思主义在事实上的证明，有了马克思主义，必然有十月革命。十月革命证明了马克思主义是颠扑不破的理论，是科学的，同时也是对各种怀疑马克思主义派别的最好反击。同时，十月革命发展了马克思主义，列宁用积累的新理论丰富和发展了马克思主义，列宁主义就是现代之"活的马克思主义"。十月革命

①《中国青年》1926 年 11 月 1 日第 139 期，第 12—19 页。

②《向导》1924 年 11 月 7 日第 90 期，第 7—10 页。

③《人民周刊》1926 年 11 月 7 日第 30 期，第 3—4 页。

进一步宣传了马克思主义，扩大了马克思主义的影响。十月革命使马克思主义得到前所未有的普及和推广，吸引更多的人关注和研究马克思主义，促进了马克思主义在全世界的传播，这是马克思主义理论创立以来"所未有的普及和推广"。① 郭祖勒则在文中提出，俄罗斯的政权已转入无产阶级手中，共产主义今已做长足的开步走了。我们若是认定了一种主义，以为这种主义是真实的，就要排除万难，牺牲一切，努力进取。②

硕夫在《十月革命与马克思主义》中论述了马克思主义相关论断："服从事实的发展"，不要拘泥于死公式，只有这样了解马克思主义才能取得成功。十月革命不但没有违背马克思主义基本原理，而且使马克思主义在事实中"活现"。博在《反俄声中的俄国青年》中指出，十月革命证明了唯物史观关于社会进化发展中辩证法的颠扑不灭。任弼时在《十月革命与中国解放运动》中指出，十月革命的成功是马克思主义的实现，与马克思主义的唯物史观并不冲突。③

### （四）为传播马克思主义、列宁主义奠定舆论基础

十月革命纪念中，建构了社会主义苏联的正面形象，引起广大群众对社会主义生活的向往，进而告诉广大群众想要过上与苏联工农一样的生活就要起来奋斗，从而为十月革命的指导思想——马克思主义和列宁主义的传播铺平了道路。

广东区委在《俄国革命八周纪念》中介绍了十月革命的历史背景和过程，特别介绍了十月革命后，苏联工人和农民的工作、生活情形，妇女、小孩所享有的各种权利以及民族政策等，提出"如要过好的生活，就要起来夺取政权"。④ 月明在《莫斯科城边的工人庄——十月革命后工人生活

---

① 《少年先锋》1926 年 11 月 1 日第 1 卷第 7 期。
② 《广州民国日报》1924 年 11 月 21、22 日。
③ 《中国青年》1926 年 11 月 1 日第 139 期，第 27—32 页。
④ 《俄国革命八周纪念》，1925 年 11 月 7 日。

的进步》中介绍了工人庄的状况，认为工人庄代表了十月革命后的工人生活，是证明新经济政策可能过渡到共产主义之路。苏俄的精神必深入全世界无产阶级的心坎中，而爆发全世界革命。①KL抄译的《俄国之经济状况》是斯大林在联共（布）第十四次代表大会上关于中央工作总结报告的部分内容。报告中详细叙述了苏联工业、农业、商业、贸易等方面所取得的巨大成就，人民群众生活水平也大大提高。② 这对中国的劳苦大众具有很强的吸引力，有利于为传播马克思主义、列宁主义奠定群众基础。

### （五）积极探索十月革命的启迪意义，推动马克思主义中国化

展育在《一年来的工作经过》中指出，十月革命成功不但解除了苏维埃被压迫工农群众的痛苦，并且促进世界革命的成功，唤起一般殖民地和半殖民地民众参加民族革命运动。中国民族革命是世界革命的一部分，尤应效十月革命策略而进行，如党的组织的严密、纪律化、不妥协以及军队的革命化等。③

关于无产阶级政党的重要性。《中国青年》编辑部在《纪念十月革命》中指出，十月革命成功的原因是有真正的革命群众，有真正领导群众的坚强政党，革命是真正站在民众利益的观点上，要应用苏俄革命成功的经验于中国革命运动中。④ 任弼时在《十月革命与中国解放运动》中也强调，因为苏俄无产阶级有自己坚强的政党——共产党能领导苏联工农，有强健有力的政党指挥革命斗争，这是革命成功的主要因素。⑤ 葛武启在《纪念

---

① 《广东青年》1926年2月第2期，转引自《广东青年运动历史资料》第5册，1989年印行，第330–331页。

② 《人民周刊》1926年11月7日第30期，第4页。

③ 《香港学生》1926年6月18日第14期，转引自《广东青年运动历史资料》第5册，1989年印行，第176–187页。

④ 《中国青年》1926年11月1日第139期，第1–6页。

⑤ 《中国青年》1926年11月1日第139期，第27–32页。

苏俄十月革命的重大意义》中也指出，十月革命胜利的原因，有铁的纪律的共产党和共产党的注重宣传而得到农工民众的援助。[①] 黄埔军校在《本会为十月革命九周纪念宣言》中也认为，如果当时没有铁的纪律而坚强的俄国共产党，不会实现十月革命。张秋人在《十月革命的领导者——列宁》中也指出，无产阶级领导革命，必须要有合于无产阶级领导革命的党的组织，有铁般的纪律。[②]《苏俄与中国革命运动》一文也强调，苏俄革命成功因为有了一个铁般坚固的共产党，有严密的组织和明确的纲领，坚决为工农群众利益而奋斗。[③]

关于无产阶级专政的重要性。博在《反俄声中的俄国青年》中认为，没有无产阶级专政，不能得到现在社会主义的一切。同时认为共产党是十月革命成功的关键。[④]

关于武装斗争的重要性。实甫在《十月革命与世界革命》中强调，无产阶级以武装暴动的革命，推翻资产阶级的统治夺取政权，实施阶级专政，然后才可以获得自己的解放，创造社会主义。[⑤] 黄埔军校在《最近宣传大纲》中也指出，十月革命的成功红军的力量居多，同时与民众合作。因此，要注意红军的组织与红军组织的意义。没有红军的努力奋斗就不可能守住十月革命的胜利。[⑥]

关于工农联合的重要性。任弼时在《十月革命与中国解放运动》中指出，十月革命的成功离不开工农之间极牢固的联合战线，做无产阶级政权的基础，大多数俄国工人阶级勇敢参加夺取政权的斗争，同时农民、士兵

---

① 《黄埔潮》1926 年 11 月 7 日第 15、16 期，第 15–17 页。

② 《中国青年》1924 年 11 月 8 日第 52 期，第 6–9 页。

③ 《中国青年》1924 年 11 月 8 日第 52 期，第 11–17 页。

④ 《中国青年》1926 年 11 月 1 日第 139 期，第 19–24 页。

⑤ 《中国青年》1926 年 11 月 1 日第 139 期，第 24–27 页。

⑥ 《黄埔潮》1926 年 11 月 7 日第 15、16 期，第 1–4 页。

帮助革命。[1] 黄埔军校在《本会为十月革命九周纪念宣言》中也指出，十月革命如果没有广大农工群众参加，为自己利益而奋斗，十月革命绝不会如此彻底。要完成中国革命，必须有广大民众参加，必须促进农工阶级参加革命才有意义。[2] 碧湖在《苏俄十月革命九周纪念与中国国民革命势力之进展》中也指出，必须动员民众踊跃地参加革命才有意义，才能成功，要努力组织民众。[3]

---

[1]《中国青年》1926 年 11 月 1 日第 139 期，第 27–32 页。
[2]《黄埔潮》1926 年 11 月 7 日第 15、16 期，第 15–17 页。
[3]《黄埔潮》1926 年 11 月 7 日第 15、16 期，第 14–15 页。

# 本章小结

　　纪念活动在推动马克思主义在广东的早期传播中发挥了重要作用，由于广东特殊的政治环境，广东的纪念活动在全国一枝独秀。马克思纪念、列宁纪念、巴黎公社纪念、五一纪念、十月革命纪念都在全省范围内开展。通过纪念活动，不仅介绍马克思、列宁等经典作家的生平，诠释他们的精神品格，塑造经典作家的理论权威形象，也增进了广大群众对经典作家的认知与敬畏。在对国际共产主义运动重大事件的纪念中，对马克思主义、列宁主义相关理论进行介绍，并且探讨其对中国革命的借鉴意义，成为推动马克思主义在广东早期传播的重要途径之一。

　　马克思纪念在广东的开展非常早，1922 年 3 月 14 日，广东就进行了马克思逝世纪念。之后逢 5 月 5 日马克思诞辰纪念，广东都会举行马克思纪念活动。除纪念会外，还有纪念特刊，发行了大量纪念文章。通过纪念活动，肯定马克思的精神品格和历史地位，介绍马克思主义基本原理，特别强调马克思主义对于中国的重要意义，从而促进了马克思主义传播。

　　列宁纪念肇端于广东，并且纪念活动规模相比马克思纪念来说更大，范围更广，影响更深远。除召开大规模的纪念大会外，大量纪念文本也纷纷出现，发表了纪念大纲、宣言以及各种纪念文章。大量列宁原著翻译发表，传播了列宁主义相关理论。同时呈现了列宁生平和为共产主义事业奋斗的历程，诠释列宁的精神品格，塑造列宁的光辉形象，肯定了列宁主义基本理论的重要地位和对中国革命的重要意义，推动了列宁主义的传播。

　　巴黎公社纪念早在 1925 年就已经开始，规模不断扩大。除纪念大会外，各种纪念特刊、纪念文章也纷纷与读者见面。这些文章宣扬了马克思关于工人阶级先进性、革命性的重要论断，指出巴黎公社是马克思主义科学性的有力证明。中国共产党人还积极借鉴巴黎公社的经验教训，推动中国共产党人探索中国革命道路，促进了马克思主义中国化。

五一纪念在广东由来已久，早在1917年就有举办五一纪念，随后规模和影响不断扩大。中国共产党成立和国共合作形成后，五一纪念随之扩展到广东各地。除纪念大会和游行、散发传单外，各种纪念特刊的出版和纪念文章的发表推动了马克思主义传播。不仅肯定了工人阶级的重要地位，也宣传了统一战线等马克思主义、列宁主义相关理论。

十月革命纪念在广东开展得十分广泛，大规模的纪念大会连续召开，纪念文本也大量涌现。不仅阐述了十月革命的重要意义，介绍了列宁主义相关原理，还论述了马克思主义的真理性，为传播马克思主义、列宁主义奠定了舆论基础。中国共产党人积极探索十月革命对中国革命的借鉴意义，推动了马克思主义中国化。

综上，马克思主义经典作家和国际共产主义运动重要历史事件纪念在广东的广泛开展，树立了马克思和列宁的光辉形象。在纪念活动中，综合利用多种纪念方式，推动了马克思主义传播。大量马克思主义和列宁主义纪念文本的发表，有力推动了马克思主义和列宁主义在广东的早期传播，促进了马克思主义大众化。同时，也推动了中国共产党人对中国革命问题的探索和马克思主义中国化的历史进程。

# 第五章

# 马克思主义在广东早期传播的主要内容

马克思主义在广东早期传播的内容十分丰富，翻译发表了不少马克思主义和列宁主义的经典文章，马克思、列宁的译作单行本纷纷出版，还有大量阐释性著作出版，各种阐释性文章也层出不穷。马克思主义基本原理、列宁主义基本理论、马克思主义中国化的初步理论都得到了比较全面、充分的传播。肯定了马克思主义和列宁主义的历史地位，并重点围绕马克思主义的唯物史观、阶级斗争、经济学说、科学社会主义理论，以及列宁主义的农民问题理论、东方革命理论、帝国主义学说、无产阶级政党理论和国家学说、无产阶级专政等进行了比较全面的阐述。同时，广东还是驳斥各种非马克思主义观点的重要战场，反对无政府主义和批判国家主义的论战为马克思主义传播铺平了道路。马克思主义中国化的初步理论形态，如农民问题、武装斗争、统一战线等理论也得到了广泛传播。这些共同构成了马克思主义在广东早期传播的丰富理论内容。

## 第一节 ┃ 马克思主义基本原理的传播

马克思主义在广东的早期传播中，介绍马克思主义基本原理的著作、文章大量出现，推动了马克思主义基本原理的传播。不仅论述了马克思主义的重要地位，阐述了马克思主义基本原理的整体性，而且对马克思主义基本原理中的唯物史观、经济学说、共产主义相关理论、阶级斗争和无产阶级专政理论等主要理论进行了重点阐释。

### 一、马克思主义基本原理相关书籍、文章在广东的发行、发表

马克思主义基本原理是马克思主义在广东早期传播的重要内容。广州人民出版社成立之后，就开始了马克思相关著作的翻译工作，计划出版15种，根据目前统计，实际出版《共产党宣言》《工钱劳动与资本》《马格斯资本论入门》3种并在广东各地发行。《工钱劳动与资本》由国光书店再版过。此外，其他地方翻译出版的马克思、恩格斯著作，如《价值价格及利润》《科学的社会主义》《哥达纲领批评》① 等也在广东发行。

除马克思、恩格斯著作单行本的翻译出版，广东的许多报刊也登载了很多马克思、恩格斯的著作。如《人民周刊》增刊第二号、第四号就发表

---

① 1927年5月16日《国立中山大学校报》第12期刊登了《一个最低限度社会科学的中文书目》，在该文的"社会主义"部分开列了马克思著、李春蕃译《哥达纲领批评》（通译《哥达纲领批判》），标题下面注明"以本校图书馆所有者为限"，由此可见《哥达纲领批评》肯定有在广东发行。

了恩格斯所著《共产主义原理》。李春蕃翻译了《1848年至1850年的法兰西阶级斗争》中马克思的第一篇文章，当时译名是《一八四八年六月巴黎无产阶级之失败》，刊登在汕头《岭东民国日报》副刊《革命》上。《少年先锋》第2卷第18期登载了马克思所著《法兰西内战》中的附录一、一声翻译的《巴黎公社失败后》。

除马克思主义译作，国外诠释马克思主义基本原理的著作也在广东大量发行，如《马克斯学说概要》①以及《共产主义的ABC》《资本制度浅说》《马克思主义浅说》《社会进化简史》《阶级争斗》等。国内诠释马克思主义基本原理的著作，如《马克思学说》《共产主义问答》《唯物史观浅释》《社会主义讲授大纲》等都在广东得以出版并广泛发行。《唯物史观》等传播马克思主义理论的著作也在广东发行。

如前文所述，各种阐释马克思主义基本原理的文章在《新青年》《先驱》《中国青年》《向导》《人民周刊》《少年先锋》等报刊上大量发表，促进了马克思主义在广东的早期传播。本节论述马克思主义基本原理在广东早期传播的主要内容，以在广东出版发行的相关著作和报刊上发表的文章为主，兼顾不在广东出版但有在广东发行的著作和报刊。

## 二、关于马克思主义重要地位的阐释

除关注马克思主义理论内容外，马克思主义在广东的早期传播中，对马克思主义重要地位的论述也有很多，肯定了马克思主义的历史地位，强调要学习马克思主义理论，并以马克思主义为指导进行中国革命。

杨匏安就指出："自马克斯氏出，从来之社会主义，于理论及实际上，

---

① 《团粤区委关于支部或小组的训练工作计划》，《广东革命历史文件汇集（群团文件）一九二六（一）》甲4，1983年8月印行，第238页。

皆顿失其光辉。"① 在《马克思主义浅说》一文中，杨匏安盛赞马克思主义的出现"令以前的社会主义，在理论上和实际上都失掉了光辉，以后的社会主义，犹如得著一条郎朗豁豁的道路"，并认为"在现世社会主义当中，马克斯思想占着最重大的势力，这也是毫无疑义了"。②

杨嗣震认为，马克思主张科学社会主义后，社会主义才完全成为一个科学体系。马克思的出现不仅是社会主义的新纪元，也是人类生活史的新纪元。马克思主义最大的特征是以科学方法证明社会主义无论如何必定实现。有了马克思，社会主义方才脱离从前空想的羁绊成为科学。③ 杨嗣震还在《孙中山经济学说与马克思主义之关系》中高度赞扬了马克思主义，认为要解决社会问题，固非马克思主义不可，马克思主义是解决社会问题中最大问题——社会经济问题的法门。④

任卓宣认为，马克思主义不仅给我们以"很好很正确之抽象的理论和方法"，而且给我们以很具体很完善之实际的理论和方法，彻底、明白、合乎科学见地和实际需要。任卓宣还指出，马克思主义是"廿世纪之最高级的和最科学的革命理论"，马克思主义对于历史发展认识得非常清楚，指出历史是变化的，绝不停止，生产力是历史变化的原动力。马克思对于社会构造也有很好的说明，社会是人们为谋生活而共同来生产的组织，其基础是物质，即经济构造，政治、法律、宗教、哲学、道德等都与经济相适应。马克思主义还是一个方法。在认识论上教导我们要以发展的眼光观察事物，在实践上要随着具体实际和客观需要不断变化。因此马克思主义在理论和方法上，都是超出有史以来一切革命理论之上，实在找不出有比

---

① 《马克斯主义》，《杨匏安文集》，中央文献出版社 1996 年版，第 167–168 页。

② 《青年周刊》1922 年 3 月 22 日第 4 号，转引自《青年周刊》，广东人民出版社 1986 年版，第 59–61 页。

③ 《陆安日刊》1925 年 5 月 11 日。

④ 杨嗣震：《孙中山经济学说与马克思主义之关系》，《陆安日刊》1925 年 4 月 27 日。

它更高级更科学的了。可以说，"研究事物，分析实际，从此得着科学的方法，能够减少错误，获得真实之所在"。马克思主义还说明改造社会的具体理论和方法。理论方面，马克思指出，资本主义不独罪恶万端，且已经崩溃，应该被推翻。在资本主义社会中已经孕育成新社会的基础——共产主义，改造资本主义为共产主义社会，当从经济方面着手。资本主义社会必然要崩溃，共产主义社会必然要到来。方法上，组织无产阶级中的觉悟分子为共产党，以无产阶级为先锋，引导其他一切劳动群众，实行阶级斗争，发动工人进行政治斗争，使用暴力，打倒统治阶级，夺取政权。实行无产阶级专政，以消灭资本主义社会。最后，任卓宣提出，应该努力学习马克思主义——20 世纪最科学的革命理论。[①]

## 三、关于马克思主义基本原理的整体阐述

马克思主义基本原理是一个有机整体。马克思主义基本原理在广东的早期传播中，对马克思主义的整体阐述有很多，使人们对马克思主义基本原理的整体有比较深入的认识。

《共产党宣言》是马克思主义诞生的重要标志，它第一次全面系统地阐述了科学社会主义理论，使马克思主义成为世界无产阶级的锐利思想武器。《共产党宣言》早在 1920 年 8 月就由上海社会主义研究社出版。1921年，作为党的出版机构的广州人民出版社，重印《共产党宣言》，作为马克思全书第一种。广州平民书社、国光书店也多次再版《共产党宣言》。

关于阶级和阶级斗争。《共产党宣言》开宗明义地提出，"一切过去社会底历史都是阶级争斗底历史"，"略看前代的历史便会晓得无论何处都是组织复杂的社会里分出各种阶级，社会的地位分出各种等级"。我们的时

---

① 任卓宣：《马克思主义底要点》，《少年先锋》1927 年 3 月 11 日第 2 卷第 17 期。

代，是有产阶级时代，它的特色就是把阶级对抗弄简单了。社会全体现已渐次分裂成为对垒的两大阵营，互相敌视的两大阶级——有产阶级和无产阶级。一切社会形式都建筑在资产阶级和被压迫阶级对抗上面。每次阶级斗争，都是政治斗争。马克思、恩格斯最后指出，"有产阶级底倾覆和无产阶级底胜利，都是免不了的事"。①

《共产党宣言》揭示了无产阶级革命的最终目标。无产阶级政党的目的是团结无产者成为一个阶级，推翻资产阶级，无产阶级掌握政权，废止私有财产。劳动阶级革命的第一步是在使他们跑上权力阶级的地位，渐次夺取资产阶级的一切资本，将一切生产工具集中在组织权力阶级的劳动者手里。《共产党宣言》提出，"要达到我们的目的只有打破一切现社会的状况"，"爆发起来成了公然的革命，推翻有产阶级，筑起无产阶级权力的基础"，"劳动者和资本阶级战斗的时候，不能不组成一个阶级，而且不能不用革命的手段去占领权力阶级的地位，用那权力去破坏旧的生产方法"。《共产党宣言》还为各国革命提出了十条具体革命措施。②

《共产党宣言》还蕴含着丰富的唯物史观思想。研究生产力与生产关系、经济基础与上层建筑的矛盾，分析资本主义社会阶级斗争的产生、发展过程，揭示了资本主义必然灭亡和社会主义必然胜利的客观规律。《共产党宣言》也批评各种非科学的社会主义主张，如复古的社会主义（包括封建的社会主义、小资本家社会主义、"真"社会主义）、保守的社会主义、批评的空想社会主义和共产主义。③

除《共产党宣言》外，这一时期还有不少人撰文对马克思主义进行整体性介绍。尤为值得一提的就是杨匏安。华南地区传播马克思主义的先驱杨匏安，其在 1919 年 11—12 月出版的《广东中华新报》上分 19 次连载

---

① 《共产党宣言》，社会主义研究社 1920 年版，第 3、16、20、21 页。

② 《共产党宣言》，社会主义研究社 1920 年版，第 20、34、35、36、55 页。

③ 《共产党宣言》，社会主义研究社 1920 年版，第 3—12 页。

了《马克斯主义（一称科学的社会主义）》一文。在文中，他强调："马氏以唯物的史观为经，以革命思想为纬，加之以在英法观察经济状态之所得，遂构成一种以经济的内容为主之世界观，此其所以称科学的社会主义也。"[①]杨匏安对什么是唯物史观进行了初步阐述，指出历史根源"不在天之创成，而归之地之生产，以技术及经济的因子，为一切政治及精神上之历史原动；生产上之变化，即历史变化所由起，一国之法律，全视其国之社会经济而定。经济犹基础，法律政治犹建筑；若经济的特性有重大变化，则节制此经济之形式，必随之而转移"。"社会经济与其现象，即社会生活之唯一实在；此外所有社会的理想期望，皆以一种不可易之公例，而随社会的经济以为转移"。杨匏安指出，生产力与社会组织有密切的关系，生产力有变动，社会组织必随之而变动，马克思的唯物史观在于指示社会生活的规则，是空前的社会哲学。杨匏安还对马克思的阶级斗争和阶级学说、经济学说如剩余价值的产生等都进行了说明。[②]

不久之后，随着杨匏安理论水平的不断提高，他又撰写了《马克斯主义浅说》一文，在《青年周刊》上连载。杨匏安指出，马克思主义分为三个部分，即唯物史观、阶级斗争、经济学说。在文中，杨匏安对这三个部分进行了更为详细的介绍。[③]除杨匏安外，《新青年》发表的李大钊著《我的马克思主义观（上）》、顾兆熊著《马克思学说》，也对马克思主义的三大理论进行了介绍。[④]

这一时期，马克思主义理论的整体阐释著作还有中国青年社编辑的《马克思主义浅说》，作为中国青年丛书第三种，由上海书店于1925年3

---

① 《杨匏安文集》，中央文献出版社1996年版，第168页。

② 《杨匏安文集》，中央文献出版社1996年版，第168–175页。

③ 《青年周刊》1922年3月22日第4号，转引自《青年周刊》，广东人民出版社1986年版，第59–61页。

④ 《新青年》1919年5月第6卷第5号，第75–91、1–16页。

月出版。不到一年时间，就在 1926 年 1 月发行了第九版，国光书店也进行了翻印，可见此书受欢迎程度和影响之大。这本书也是广东团组织马克思主义理论研究书目之一。[①]

《马克思主义浅说》由一峰（即张若名）、辟世（即任弼时）合编。全书分为四编，包括资本、资本主义制度的发展、阶级斗争、帝国主义。书中比较详细阐述了马克思主义的经济思想、阶级斗争等方面的主要理论。同时，对产业、价值、劳动力、生殖资本、无产阶级等马克思主义理论的相关名词进行了解释。该书是"最通俗而最简单扼要的解释马克思主义的书"，有利于初次接触马克思主义的读者了解马克思主义的概要。书中还附有名词解释和问题解答，方便读者学习。[②]

此外，尹常在《社会主义史绪论》中指出，由于马克思主义的科学性，"乃有他的唯物辩证法式的社会现象之说明，有他的资本集中生产恐慌之公律，他的资本制度必然崩毁，无产阶级必胜利之断定以及达到共产社会之组织群众，夺取政权，无产阶级专政，消灭阶级一步一步的方法"。[③]KL抄译的《马克斯底根本概念》（毕耳著《〈马克斯主义研究指南〉第一章》）解释了马克思几个"贯彻一切"的根本概念。强调要了解马克思主义，非先懂得这几个根本概念不可。包括阶级社会、阶级社会的三个发展阶段、唯物史观、进化观等四个部分。[④]

## 四、关于唯物史观的诠释

唯物史观是马克思主义的重要组成部分，恩格斯称赞人类历史的发展

---

① 《团粤区委关于支部或小组的训练工作计划》，《广东革命历史文件汇集（群团文件）一九二六（一）》甲 4，1983 年 8 月印行，第 238 页。

② 中国青年社编辑：《马克思主义浅说》，上海书店 1926 年版。

③ 《人民周刊》1926 年 11 月第 32 期增刊第四号，第 5-6 页。

④ 《人民周刊》1926 年 10 月 29 日第 29 期增刊第二号，第 5-6 页。

规律——唯物史观是马克思一生中两个发现之一。[①] 马克思主义在中国的传播中，唯物史观得到了广泛传播，在各界人士的努力下，出现了一系列阐释唯物史观的著作及文章，促进了唯物史观在广东的传播。

胡汉民的《唯物史观与伦理之研究》，1925 年由民智书局出版，并在《广州民国日报》上发行了新书广告，由永汉北路民智书局发行。[②] 该书对于促进唯物史观在广东的传播无疑起到了重要作用。此外，上海商务印书馆、中华书局出版了多本唯物史观的著作，如《经济史观》《唯物史观解说》《唯物史观研究》《人生哲学与唯物史观》《马克思主义与唯物史观》等，通过商务印书馆、中华书局的代售处在广东发行，有利于唯物史观传播。值得一提的是，由中国共产党创办的上海书店出版了刘宜之著《唯物史观浅释》和中国青年社编《唯物史观》。这两本书是广东党、团组织的指定学习材料。[③]

除上述著作外，还有大量唯物史观的文章发表，它们对马克思主义唯物史观的主要内容进行了比较详尽的介绍。

关于唯物史观的由来。中国青年社所编《唯物史观》指出，黑格尔的辩证法给了马克思一个方法，马克思把历史的辩证法与唯物论合璧，从而创造了唯物史观，唯物史观是辩证法与唯物论的结晶体。马克思在 1844 年反对黑格尔哲学、1847 年答复蒲鲁东的文章中就阐述唯物史观观点，并在《共产党宣言》中对唯物史观进行了更全面的说明，在 1858 年的《经济学批评》（今译《政治经济学批判》）序言上写成了一个结论，对唯物史观进行了系统阐释。[④]

---

① 《在马克思墓前的讲话》，《马克思恩格斯选集》第三卷，人民出版社 2012 年版，第 1002–1003 页。

② 《广州民国日报》1926 年 3 月 28 日。

③ 《团粤区委关于支部或小组的训练工作计划》，《广东革命历史文件汇集（群团文件）一九二六（一）》甲 4，1983 年 8 月印行，第 237 页。

④ 中国青年社编：《唯物史观》，上海书店 1925 年版。

　　关于唯物史观的主要内容。刘宜之指出，马克思并没有在相关著作中直接提出"唯物史观"这一概念，是研究他的学说的人从其著作中总结出来的。唯物史观的根据是唯物论，但与哲学上的唯物论大不相同。唯物史观主张社会之所以变化，并不是由于思想变化，而是社会物质条件发达或变化的结果。若物质条件起变化，不管是社会思想、社会制度都随之变化。人类社会的物质条件分为自然要素和经济要素，经济要素最"切要"，其变化对于社会影响"顶大"，是社会变迁或发达的原因。唯物史观以人类社会物质条件为社会进化第一要件，即用机器生产衣食住的方法，为社会进化的第一要件，其发生变化，社会制度以及其他组织就要变化，因此，经济是社会进步发达的原因。刘宜之还引用马克思在《经济学批评》的序言以及《资本论》的原文，并结合原文对唯物史观进行了进一步说明。即社会生产力的发展是经济组织变化的根本原因，唯物史观是人类社会的进化法则。物质资料生产方法决定社会的、政治的和精神的一般生活的过程。社会生活决定人的意识。当生产力发展与生产关系发生冲突时，就会发生社会革命，建立新的生产力和新的生产关系。生产力是社会的基础根底，生产力决定生产关系，决定生产过程中互相对立的人和人的关系。生产关系同时又是财产关系、阶级关系。生产力、生产方法不断发展，经济基础起变化，一切上层建筑也要跟着生产关系一起变化。新技术进步到某个地步，就会引起旧生产和旧生产关系的冲突。[①] 中国青年社所编《唯物史观》分析了何为生产力、生产关系以及二者的关系。指出，物质生产形式是社会的经济构造，适应于这个经济构造而生出来的宗教、哲学、道德、政治、法律等便是社会意识形态即上层建筑。生产力是运动的，与生产力相适应的生产关系要随之而更改，建筑于生产关系总和所形成的经济构造上面的上层建筑与意识形态，也必然发生变化。[②]

---

　　① 刘宜之：《唯物史观浅释》，国光书店 1925 年版，第 15–17 页。

　　② 中国青年社编：《唯物史观》，上海书店 1925 年版，第 19–21 页。

为进一步说明唯物史观的主要内容,《唯物史观》还把马克思 8 篇关于唯物史观的著作中的原文摘抄出来,包括《神圣的家族》《哲学之贫困》《共产党宣言》《工钱劳动与资本》《路意波拉巴底二月十八》《经济学批评》以及《资本论》第一卷、第三卷等,这些著作从不同角度阐述了唯物史观的主要观点。特别是《经济学批评》的相关论述,比较全面地反映了马克思关于唯物史观的主要观点。[①]

杨匏安也对马克思的唯物史观进行了阐述。指出,历史的根源实归之地之物的生产,以技术的和经济的因子,为一切政治上及精神上的历史原动,生产变化,历史上也就起了变化。生产手段——器具机械是划分历史时期的标准。法律、道德都建筑在社会经济上,如果社会经济特性发生了重大的变化,那些制约这个社会经济的各种形式也一定跟着变化。[②]生产关系的总和构成社会经济的构造,这是社会的基础构造。凡社会上法律的、政治的及一切精神上的构造,都建筑在这个基础上。生产力和旧的生产关系产生矛盾,社会经济基础发生变化,上层建筑也要跟着发生变化,从而引发社会革命。同时,如果包容于内部的生产力不到十分发达,这个社会形体不会马上崩坏。高级的新的生产关系只有孕育着生产关系的物质条件从旧社会翼下孵化出来之后才能确立。[③]尹常在《社会主义史绪论》中指出,所有社会思想要在物质的生产关系与生产力的关系中才能得其根源。社会物质的生产力发展到某种程度便和当时的生产关系相冲突,这些关系在从前是生产力进步的外形,现在变成生产力的障碍,于是社会革命便开始。随着经济基础变动,巨大的上层建筑之全部或徐或急地便起变革。[④]

---

① 中国青年社编:《唯物史观》,上海书店 1925 年版,第 9—10 页。

②《青年周刊》1922 年 3 月 22 日第 4 号,转引自《青年周刊》,广东人民出版社 1986 年版,第 59—61 页。

③《青年周刊》1922 年 3 月 26 日第 5 号,转引自《青年周刊》,广东人民出版社 1986 年版,第 84—86 页。

④《人民周刊》1926 年 11 月第 32 期增刊第四号,第 5—6 页。

《新青年》1919 年 5 月出版的第 6 卷第 5 号是"马克思研究号"，发表了不少唯物史观的文章。如陈启修的《马克思的唯物史观与贞操问题》、渊泉的《马克思的唯物史观》、顾兆熊的《马克思学说》、李大钊的《我的马克思主义观（上）》等，都对唯物史观进行了论述。[1] 此外，李达的《马克思还原》[2]，陈独秀的《马克思学说》，蒋侠僧的《唯物史观对于人类社会历史发展的解释》[3]，卜克洛夫斯基著、王伊维译《马克思主义的历史研究观》[4] 等，也对唯物史观进行了介绍。

关于唯物史观的重要地位。张秋人翻译的《社会科学在实用上的重要》是布哈林所著《唯物史观》一书的序言。文中，布哈林指出，唯物史观是马克思和恩格斯苦心创立的，是人类思想的最有"权力"的工具。无产阶级靠着它的帮助，才能在社会生活和阶级斗争中的最复杂问题里找到结果。共产党人靠着它的帮助，才能正确预言战争、革命和无产阶级专政，预言人类正在经历的大变化中的各种党派、阶级的行动。[5] 李达翻译的山川均所著《从科学的社会主义到行动的社会主义》进一步指出，唯物史观是马克思学说体系的基础，是社会进化的原则。[6] 刘宜之则指出，唯物史观是马克思的历史观也是他的研究法，是"最新最有价值最可靠"的学说。[7]

## 五、关于经济学说的诠释

经济学说是马克思主义理论的重要组成部分。马克思主义在广东的早

---

[1] 《新青年》1919 年 5 月第 6 卷第 5 号。

[2] 《新青年》1921 年 1 月 1 日第 8 卷第 5 号，第 1—8 页。

[3] 《新青年》1924 年 8 月 1 日季刊第 3 期，第 22—38 页。

[4] 《新青年》1926 年 5 月 25 日不定期刊第 4 号，第 75—86 页。

[5] 《中国青年》1926 年 2 月 20 日第 114 期，第 1—7 页。

[6] 《新青年》1921 年 5 月 1 日第 9 卷第 1 号，第 1—4 页。

[7] 刘宜之：《唯物史观浅释》，国光书店 1925 年版，第 58 页。

期传播中，经济学说的介绍是非常重要的一个方面，不仅有专著的出版，还有大量的文章围绕这一问题进行阐述，推动了马克思主义经济学说的传播。

关于经济学说的著作在广东出版发行不少。广州人民出版社就曾将《资本论》列入马克思全书出版计划。《新青年》第9卷第5期所载《人民出版社通告》说李漱石（即李汉俊）所译《资本论》已出版，定价一角。从定价来看，不可能是马克思《资本论》的全译本。广州人民出版社出版的这本"《资本论》"，实际上是李汉俊于1920年9月翻译出版的《马格斯资本论入门》。此外，广州人民出版社1921年12月还出版了马克思著、袁让译《工钱劳动与资本》（今译《雇佣劳动与资本》），作为马克思全书第二种。

关于资本主义制度。国光书店1926年1月再版了山川均著、施存统译《资本制度浅说》。这本书分析了资本主义制度发生的原因及其灭亡必然的趋势，阐明了资本主义制度的本质和秘密。指出，资本主义社会的经济组织不是以国民全体或社会全体的利益和幸福为目的，而是以资本家或企业家的利息和收入为目的进行的。书中分析了人类社会经济组织的变迁，指出资本主义已无力促进生产力发展。认为资本主义存在四大矛盾：第一个矛盾是生产者和生产机关完全分离，社会分裂成利害相反的两个阶级——资产阶级和无产阶级。以劳动力为商品的"必要"与废止商品劳动的强烈"要求"是第二个矛盾。第三个是生产和消费的矛盾。资本主义制度下，物品生产过多，但因劳动者消费力过低，造成经济危机。资本主义经济处于无政府状态，资本制度实已成可怕的浪费和不经济的制度。第四个是生产方法和财产制度的矛盾。资本主义制度下，生产是社会化的，但所有制是私有的，互相矛盾、互相冲突。冲突的结果就是生产力不能再增进，并造成失业等问题。由此，马克思提出，资本主义的经济制度必然灭亡，必将被新的更高级的社会制度所替代。[①]

　　王伊维译、瞿秋白校正后出版的《新社会观》（郭范仑科著）给资本主义社会下了定义：凡是人类社会之中最主要的生产工具为个人私有财产或为公司所经营，并以此剥削雇佣工人，这种社会称为资本主义社会，剥削者就是资本家，或谓之资产阶级。书中对资本主义的发展历程、对工农的剥削、资本家与工人阶级的矛盾、经济危机等进行了阐述。指出，资本家和无产阶级两大阶级的直接矛盾不断尖锐，引发阶级斗争，并日趋剧烈，导致资本主义消亡。[②]

　　广东以外出版的马克思主义著作也在广东各地发行。李季翻译的《价值价格及利润》是马克思的一篇演说。马克思在文中阐明了工资、利润、价格、价值、劳动力的价值、剩余价值的产生以及资本家无偿占有剩余价值等观点。指出，资本家最大限度占有利润，减少工钱，延长工作日，从而引发工人和资本家的对抗。工人阶级只有团结起来，"努力去变更这种制度，用他们有组织的势力作为工界最终的解放，铲除现在的工钱制度"，"除掉现制度加于他们的一切痛苦"。[③]其他如陈溥泉翻译的《马克思经济学说》，由商务印书馆出版，前后发行了7版，广州、潮州、香港等地都有商务印书馆的分馆，因此得以在广东发行。

　　关于工资、资本等理论。《工钱劳动与资本》全书共9章，比较全面地揭示了雇佣劳动与资本的关系。马克思揭示了工资本质，指出，工钱是资本家对于一定期间的工作或对于一定分量的工作所支出的金额，劳动力是货物，工钱不过是劳动力价格的别称，称为"劳动底价格"，是劳动力

　　① ［日］山川均著、施存统译：《资本制度浅说》，国光书店1926年1月再版。

　　② ［苏］郭范仑科著、王伊维译、瞿秋白校：《新社会观》，国光书店1925年版；平民书社1925年6月印行。

　　③ 马克思：《价值价格及利润》，商务印书馆1922年版。

的一种特定货物的价格。<sup>①</sup>在资本主义制度下，劳动力是商品，劳动力是雇用工人所卖给资本家的货物，以求得必要生活资料来维持生命的一种手段。<sup>②</sup>"劳动力底价格依劳动力底生产费而决定"，即"依生产这个名叫劳动力的货物所必需的劳动时间而决定"，主要包括"工人为营一个工人底生计及为受一个工人底教育所必不可少的费用"。<sup>③</sup>同时，马克思还揭示了决定物品价格的因素，指出，货物的价格是它的生产费所决定的，并受到"需要供给底关系"的影响。<sup>④</sup>邓中夏撰写的《工钱与物价》也对工资进行了说明，指出"工钞"是工人的生存和生殖所必需的费用；"工钞"由工人生存和生殖的费用相当的价格来决定。<sup>⑤</sup>

　　马克思阐明了资本的性质。他指出，资本是生产的社会关系之一。构成资本的所有一切生产物是物质。资本具体形态常常变化，但资本没有任何变化。关于资本的增加，马克思指出，除了劳动能力外，一无所有的一个阶级的存在是资本所不可缺的一个前提。"一种人如果不遇着另一种人——即工钱劳动者——因受压迫而自愿出卖自己，则前者虽据有货币、生活资料和其他生产工具，尚不能变成资本家……资本不是一种物品，而是一种借物品表现出来之人与人的社会关系"，"当生产工具和生活资料同时用作剥削和宰割劳动者的工具——只有在这种条件之下，才变成资本"。也就是说，只有剥削和宰割劳动者的生产工具和生活资料才是资本，只有凭借此等工具和资料不劳而获的人才是资本家。<sup>⑥</sup>

　　关于工资、劳动和资本的关系，马克思指出，资本以"工钱劳动"为前提，"工钱劳动"以资本为前提，两者互为条件。资本如果增加，"工钱

---

① 马克思著、袁让译：《工钱劳动与资本》，广州人民出版社 1921 年版，第 4–5 页。

② 马克思著、袁让译：《工钱劳动与资本》，广州人民出版社 1921 年版，第 7 页。

③ 马克思著、袁让译：《工钱劳动与资本》，广州人民出版社 1921 年版，第 19 页。

④ 马克思著、袁让译：《工钱劳动与资本》，广州人民出版社 1921 年版，第 13、17 页。

⑤ 《人民周刊》1927 年 1 月 30 日第 40 期，第 2–3 页。

⑥ 马克思著、袁让译：《工钱劳动与资本》，广州人民出版社 1921 年版，第 23–25 页。

劳动"的分量也就增加，工钱工人的数目也就增加。工钱的涨跌不单只应想到劳动力的货币价格，还要注意于实质上的工钱。[①]关于工钱和利润的关系，马克思指出，利润以与工钱下落的程度相同程度"腾贵"，以与工钱"腾贵"的程度相同程度下落[②]，资本和劳动处于"正反对的地位"。他还指出，随着生产资本的增加，分工和机械的应用越发扩张，工人之间的竞争也越发扩张，随着工人直接竞争加剧，工人工钱也会下降。[③]

关于剩余价值。杨匏安分析了马克思的"余剩价值"（即剩余价值）产生的根源和主要表现。杨匏安还解释了马克思关于可变资本与不变资本的概念，指出资本家剥削工人、掠夺剩余价值的种种方式，并对资本主义制度下的经济危机的成因进行了分析。杨匏安最后指出，只有联合起来，用武力夺取政权，改一切生产工具为公有，恢复个人经济自由，是解决社会经济矛盾的唯一方法，也是现世社会经济制度必然的结果。[④]陈独秀在《马克思学说》中对剩余价值进行了重点说明，指出剩余价值"乃是货物的价值与制造这货物所费的价值之差额"。陈独秀还就剩余价值如何实现和分配进行了介绍，指出剩余价值是在生产过程中成立的，是在流通过程中实现的。[⑤]

李大钊关于《马克思的经济学说》的演讲解释了剩余价值的产生，揭示了剩余价值的来源。指出，剩余价值促进了资本集中从而形成社会上的两大阶级。随着资本集中，劳动者有了"阶级自觉"，联合起来与资本家作战，从而致资本家"死命"。[⑥]

---

① 马克思著、袁让译：《工钱劳动与资本》，广州人民出版社 1921 年版，第 27–33 页。

② 马克思著、袁让译：《工钱劳动与资本》，广州人民出版社 1921 年版，第 35 页。

③ 马克思著、袁让译：《工钱劳动与资本》，广州人民出版社 1921 年版，第 48 页。

④ 《青年周刊》1922 年 4 月 9 日第 7 号，转引自《青年周刊》，广东人民出版社 1986 年版，第 134–136 页。

⑤ 陈独秀：《马克思学说》，国光书店 1925 年版。

⑥ 《现象报》1923 年 1 月 27 日。

李六如在《何谓剩余价值》中指出剩余价值是马克思三大学理之一。文中解释了商品、商品价值与价格的关系，阐释了马克思关于货币—商品—货币的商品流通过程，揭示了剩余价值的产生过程。指出，剩余价值在流通过程中得以实现。此外，还对剩余价值与利润以及绝对剩余价值和相对剩余价值的概念进行了说明。文中还强调，在资本主义生产制度下，工人无疑是剩余价值的源泉。①

关于《资本论》。《资本论》是马克思主义经济学说的集大成之作，在马克思主义理论体系中占有重要地位。毫无疑问，《资本论》卷帙浩繁，"内容既深奥，分量尤冗长"。对《资本论》的主要内容进行简要介绍成为马克思主义经济学说早期传播的主要方式。周佛海在《马克斯的资本论》中就分析了《资本论》的研究对象及结构，认为《资本论》是"社会主义的圣经"。指出，《资本论》的研究对象就是研究剩余价值，第一卷研究资本怎样生产剩余价值，第二卷研究剩余价值怎样实现，第三卷说明剩余价值之分配。②

李季的《马克思通俗资本论序言》中对《资本论》的主要内容也进行了简介。指出，《资本论》的终极目的是"表现近世社会的经济运动律"。《资本论》第一卷讨论了资本的生产进程，包括商品、货币、绝对剩余价值与相对剩余价值的生产、劳动工钱等，并推论其将来的出路。第二卷所论为资本的流通进程，资本家将已生产的商品从工厂中运到市场上出售，换取货币，再投入生产中，使生产进程继续下去。第三卷所论为资本主义生产的总进程，资本家在流通进程中因商品出卖而实现剩余价值，将其转变为利润、利息和地租，分配于全资产阶级。③

马尔西著、李汉俊译《马格斯资本论入门》在广东出版发行。李汉俊

---

① 《先锋半月刊》1926年第3期，第3–49页。

② 《新青年》1923年12月20日季刊第2期，第72–78页。

③ 《新青年》1926年3月25日不定期刊第3号，第71–81页。

认为，此书将马克思经济学说的主要内容即商品、价值、价格、剩余价值，以及资本和劳动的关系等说得平易而又有要领。书中对《资本论》中的相关经济理论进行了介绍。如，劳动者出卖劳动力换取工钱、劳动力成为商品。商品的价值所在就是它里面包含着人的劳动。商品的价值是由产生它所费必要劳动时间来决定，决定一个商品价值的劳动，就只限于这个无差别的一般的社会的平均必要劳动。价值常常与商品的价值不一致，但它总是要与商品的价值相接近，与供求关系密切相关。资本家延长工人的劳动时间，必要劳动之外的剩余劳动的时间就是剩余价值。资本主义私有制造成了这种剥削局面。书中提出工人要以产业为基础团结起来，进行阶级斗争，废除资本主义制度，建立社会主义制度。[①]

此外，还有文章对马克思的其他经济理论进行了介绍。如曾济宽在《马克思 K.Marx 地租论与其他学说之比较》中介绍了马克思的地租理论，即租地的农业资本家对于地主所支付之剩余利润。还分析了马克思关于绝对地租、相对地租的理论。绝对地租即农企业者因受经济竞争法则所支配，以其剩余利润全部充地租。相对地租即依土地等级之差所生的地租。文章认为，马克思的地租论对于二者"发挥其独特深邃之学理的研究，尤于绝对地租，启发前人之隐"。[②]

## 六、关于共产主义相关理论的诠释

共产主义是马克思关于人类未来社会的展望。马克思主义在广东的早期传播中对共产主义相关理论也进行了介绍。

《共产党宣言》中，马克思和恩格斯对未来的共产主义社会的特点进

---

① ［德］马尔西著、李汉俊译：《马格斯资本论入门》，社会主义研究社 1920 年版。
② 《革命生活》1926 年 5 月 25 日第 8 期，第 2—5 页。

行了描述。指出，在共产主义社会中"阶级的差别自然消灭，一切生产集中在全国民大联合底手中，权力失去了政治的性质"，"阶级对抗的理由和一切阶级本身，也是应该扫除的，因此劳动阶级本身底权势也是要去掉的"。①

恩格斯写于 1847 年的《共产主义原理》以问答方式阐述了马克思关于共产主义的基本原则的 25 个问题，阐明了共产主义的科学含义，论述了无产阶级产生的历程、阶级特性以及所受到的严重剥削等一系列重要问题。《人民周刊》对此进行了翻译并连载到了第 10 个问题。②

马克思的《哥达纲领批评》（今译《哥达纲领批判》）是马克思主义的重要文献。书中，马克思批判了拉萨尔主义的观点，阐述了科学社会主义的基本原理，丰富和发展了科学社会主义理论。区分了共产主义的两个阶段，阐明了两个阶段的基本特征和分配原则，论述了历史唯物主义的国家观。介绍了共产主义社会的分配制度，指出共产主义社会各方面尚留有旧社会的各种缺点，因此这个阶段的分配方式只能是按劳分配，在这一历史阶段，仍然存在着"平等的权利在实质上是不平等的"问题。马克思强调，只有在共产主义社会的较高阶段，工人在分工下所受束缚消灭，体力劳动与脑力劳动的区别消失，劳动不再是谋生的手段，而为生命的"第一欲求"，同时社会生产力增大，此时，才能实行"各尽所能、各取所需"的共产主义社会的分配制度。③

此外，《向导》也专门开辟了专栏，解答广大读者对共产主义社会的各种疑问，也宣传了马克思关于共产主义的理论。在《社会革命成功以后》一文中指出，共产主义是集产主义，不是均产主义，生产品是公共享有，

---

① 《共产党宣言》，社会主义研究社 1920 年版，第 36 页。

② 《人民周刊》1926 年 10 月 29 日第 29 期增刊第二号，第 6 页；1926 年 11 月第 32 期增刊第四号，第 6 页。

③ 马克思著、李春蕃译：《哥达纲领批评》，上海书店 1925 年 8 月印行，第 19–23 页。

不是个人分配的。共产主义的特性是有组织的生产和无阶级的社会。同时分析了共产主义的几个特点，如生产资料公有、按需分配、有计划生产、没有阶级、没有贫富分化等。[1]

关于共产主义的实现过程。施存统在《马克思底共产主义》中指出，要实现共产主义，必须以生产力发展为前提。实现共产主义是有一定顺序的。马克思把实现共产主义的顺序分为三期：第一期是革命的过渡期，第二期是共产主义的半熟期（即社会主义的时期），第三期是共产主义的完成期。施存统在文中引述了马克思在《法兰西内乱》《哥达纲领批评》《共产党宣言》中关于三个时期的相关论述，分析了每个时期的特点。[2]光亮翻译的《马克思主义上所谓过渡期》（河上肇著）也对共产主义的实现过程进行了介绍，特别指出，从资本主义到共产主义过渡期的要件，就是无产阶级专政的政治形态。[3]赫选翻译的《马克思学说之两节》（德国贝尔原著）也对过渡时期与共产主义时期的分配制度进行了介绍。[4]

郑次川编译的《科学的社会主义》（恩格儿著，即恩格斯）对共产主义社会实现之后的社会情况进行了描述：一切归诸公有，发挥本来之社会的性质，基于一定计划之社会化生产，生产的无秩序状态消灭，国家政权归诸消灭。人始为自己之社会组织之主人。生产机关为社会所收容，商品生产绝对废止，社会生产之无序化状态消失，有一定组织之体制出现。人始为自然界真有意的领主，实现从必然的王国移于自由王国之进步。[5]

---

① 《向导》1926 年 8 月 22 日第 168 期，第 13—15 页。

② 施存统：《马克思底共产主义》，《新青年》1921 年 8 月 1 日第 9 卷第 4 号，第 1—10 页。

③ 《新青年》1922 年 7 月 1 日第 9 卷第 6 号，第 106—111 页。

④ 《新青年》1922 年 7 月 1 日第 9 卷第 6 号，第 11—20 页。

⑤ 恩格儿著、郑次川译：《科学的社会主义》，上海群益书社 1920 年版。

## 七、关于阶级斗争和无产阶级专政理论的阐释

阶级斗争和无产阶级专政理论是马克思主义理论的重要内容。马克思主义在广东的早期传播中对这两个理论也有较多关注，使得广大党、团员和群众对此有了比较深入的了解，也推动了革命运动的发展。

如前文所述，《广东群报》对阶级斗争和无产阶级专政都进行了积极关注。谭平山在《万国庆祝声中我们中国劳动界的鏖战声》中就提出，"劳资两面的利益，是积极冲突的，是万不能调协的"，"劳动阶级与资本阶级是势不两立"。[①] 此外，在《阶级竞争》以及转载的陈望道的《罢工底伦理的评判》等文章中都对阶级斗争进行了论述。而在转载的周佛海的《我们为什么主张共产主义？》、李达的《社会革命之商榷》、施存统的《第四阶级独裁政治底研究》和《我们要怎么样干社会革命？》《共产主义与无政府主义及议会派之比较》等文章中都对无产阶级专政的重要意义进行了论述。

关于阶级斗争，杨匏安也有不少论述。杨匏安指出，从来一切生活的形式，都建筑在压迫阶级和被压迫阶级的对抗上面。所谓阶级，就是经济上利害相反的阶级，一方是有产阶级，一方是无产阶级。并且这两个阶级在不同的时代以不同的形式表现出来。随着资本主义的发展，一方面令产业愈加发达，另一方面令无产阶级不但人数增加而且渐渐集中结成较大团体，力量增强。劳动者应该负起社会革命的使命，废除资本主义的生产方式，代之以共产主义和社会化大生产，从而解放无产阶级和一切人类。无产阶级和资产阶级的斗争将是阶级斗争最后的敌对形式，阶级斗争将随着资本主义制度的结束而宣告终结。[②]

---

① 《万国庆祝声中我们中国劳动界的鏖战声》，中共广东省党史研究委员会办公室选印：《广东群报选辑》，1964 年印行，第 33 页。

② 《青年周刊》1922 年 4 月 2 日第 6 号，转引自《青年周刊》，广东人民出版社 1986 年版，第 109–112 页。

　　陈独秀在《马克思学说》中对阶级斗争和无产阶级专政也有比较详细的论述。陈独秀指出，阶级斗争的要义有二，一切过去社会的历史都是阶级斗争的历史，阶级之成立和斗争崩坏都是经济发展之必然结果。"资产阶级之倾覆及无产阶级之胜利，都是不能免的事"。陈独秀还引用了《共产党宣言》《法兰西内乱》《哥达纲领批评》中马克思关于无产阶级专政的相关论述，指出无产阶级和资产阶级的斗争，必然要掌握政权、利用政权来达到他们的斗争目的。"劳动阶级革命，第一步就是使他们跑上权力阶级的地位，劳动阶级就利用政权渐次夺取资本阶级的一切资本，将一切生产工具集中在国家手里，就是集中在组织为支配阶级的劳动者手里……其初要用强迫手段对付私有财产和资本家的生产方法，才得达到这种目的"。"劳动阶级要想达到自己阶级之目的，单靠掌握现存的国家是不成功的"。"由资本主义的社会移到社会主义的社会之中间，必然有一个政治的过渡时期。这政治的过渡时期，就是劳工专政"。①

　　值得一提的还有柯祖基著、恽代英译《阶级争斗》，国光书店翻印过此书。书中分析了两大阶级的产生，分析了二者存在的矛盾，指出阶级斗争的必要，"若非劳动者工人成为统治阶级，国家将永为资本家的机关，不能化为协力的共同生活"，无产阶级政党的目的"就是唤起劳工阶级完全夺得政权，靠政权的帮助，他们可以变国家为自给协力的共同生活"。②

　　当然，还有不少书籍和文章多对此问题有过论述，由于篇幅所限，不再一一赘述。综上，我们可以看出马克思主义在广东的早期传播中关于阶级斗争和无产阶级专政的内容是相当丰富的，对于促进革命形势不断发展起到了推动作用。

---

　　① 陈独秀：《马克思学说》，国光书店 1925 年版。

　　② ［德］柯祖基著、恽代英译：《阶级争斗》，国光书店 1926 年版。

## 第二节　列宁主义基本理论的传播

列宁主义基本理论传播也是马克思主义在广东早期传播的重要内容。十月革命后，与中国国情类似的俄国在政治、经济等各方面取得了显著成绩，越来越多的中国人向这一邻国投去了关注的目光。再加上国共合作的形成，苏联开始援助中国革命，孙中山领导的国民党开始与苏联建立密切的关系，作为苏联革命和建设指导思想的列宁主义得到越来越多人的关注。广东作为大革命策源地，成为列宁主义传播的重要基地，并发挥了桥头堡的作用。不仅出版了大量列宁主义著作，介绍列宁主义的文章更是在各种报刊上屡见不鲜，无论是共产党还是国民党及其他各界人士，都在列宁主义传播方面做出了贡献，推动了列宁主义基本理论在广东乃至全国的传播。

### 一、列宁主义基本理论著作的出版与相关文章的发表

广州人民出版社创立后，就制定了列宁全书出版计划，计划出版 14 种关于列宁的著作。根据目前所掌握的材料，实际共出版了 5 种。这些著作有《劳农会之建设》（今译《苏维埃政权的当前任务》）、《讨论进行计划书》（今译《论无产阶级在这次革命中的任务》）、《共产党礼拜六》（今译《伟大的创举》）、《列宁传》、《劳农政府之成功与困难》（今译《苏维埃政权的成就和困难》）。在出版的列宁全书 5 本之中，除《列宁传》外，都是列宁

著作的翻译，它们从不同角度反映和传播了列宁主义基本理论。此外，还有部分康民尼斯特丛书，也与列宁主义有密切关系。如《俄国共产党党纲》《第三国际议案及宣言》等都从不同方面对列宁主义的相关理论进行了阐述。

有不少阐释列宁主义的著作在广东出版。1926年10月，斯德林（即斯大林）著、汤澄波译《列宁主义之理论及实施》（唯物哲学丛书之四，今译《论列宁主义基础》，收入《斯大林全集》第六卷）由广州惠福西路广东国民大学出版。① 这篇文章是1924年斯大林在莫斯科斯维尔德洛夫大学的演讲，后来连载于1924年四五月间的《真理报》。这本书后来又作为新青年社丛书之一，以《列宁主义概论》为名于1927年1月出版，是直接从俄文翻译过来的。此书可能还曾以《列宁主义初步》为名在广州出版。② 《中国青年》在第106、107、108、109期连载此文，译名为《列宁主义的理论和实际》译者为谷二。后因广州要出版此书，才停止连载。③ 瞿秋白的《列宁主义概论》也是对此著作的摘译。这本书是阐述列宁主义基本理论的重要著作之一，其出版和相关译文的发表推动了广大人民群众了解列宁主义基本理论。

新青年社也出版发行了不少关于列宁主义基本理论的著作，如布哈林的《马克思主义者的列宁》《资本主义的稳定与世界革命》《农民问题》等都在广东发行，推动了列宁主义基本理论的传播。

国民党广东省党部宣传部还在1927年2月出版了《孙中山与列宁》。这是甘乃光在中山大学政治训育部的演讲。从政治、经济、思想等方面分

① 徐鸣珂：《斯大林著作在中国出版概貌》，《马列主义研究资料》1983年第1辑，人民出版社1983年版，第220页。

② 《上海革命历史文件汇集（团江苏各地委、特支、独支）一九二三年——一九二六年》，1987年印行，第136页；1926年1月9日出版的《中国青年》第109期中的记者按中也指出，此书已由广州某君译出，题为《列宁主义初步》，不日可以出版。

③ 《中国青年》1926年1月9日第109期，第12页。

析了列宁主义产生的时代背景，回顾了列宁的生平和革命生涯。强调指出，列宁主义是马克思主义的发展，集科学社会主义的大成。列宁主义是帝国主义和无产阶级革命时代的马克思主义，是无产阶级革命的理论与战术。列宁主义包括两部分，一部分是马克思主义的，一部分是列宁"自己的创见"。甘乃光特别分析了农民问题和民族问题的理论。指出，列宁的农民问题理论是主张以无产阶级为主力军，以农民为同盟军、为后备者，两者合起来力量才大，革命才有逐渐成功的希望。而民族理论方面，列宁提出被压迫阶级、农工联合起来，被压迫民族、殖民地半殖民地的民族联合起来，在资本主义发达的国家进行无产阶级或被压迫阶级的革命，而在半殖民地的国家便须进行国民革命。列宁还把全世界人类分为两大战线，一是帝国主义的联合战线，一是反帝国主义的联合战线。[①] 此外，《帝国主义之政策的基础》等关于列宁主义基本理论的著作也纷纷出版。

除著作外，广东出版的一些报刊也对列宁主义基本理论进行了研究和传播。如前文所述，《广东群报》转载了《列宁传》。从 1926 年 10 月 3 日开始，黄埔同学会印行的《黄埔潮》周刊连载了《孙中山主义与列宁主义之比较观》。文中强调，列宁主义完全以马克思学说为根据，列宁深切而独到地明了马克思主义。同时，列宁主义最重事实，一切理论、策略和口号等，都是考察俄国实际生活情形所得的必要结论，所以适合国情而容易实行。[②] 郑超麟翻译的《马克思主义者的列宁》前六章在《新青年》不定期刊第 3、4 期发表，后来新青年社在 1927 年 1 月将其作为新青年社丛书之一出版。书中对列宁主义与马克思主义的关系、帝国主义、民族问题、殖民地、国家、无产阶级专政、苏维埃政权等理论都进行了介绍。[③] 任卓

---

① 《孙中山与列宁》，国民党广东省党部宣传部 1927 年 2 月出版。

② 《黄埔潮》1926 年 11 月 21 日第 18 期。

③ 《新青年》1926 年 3 月 25 日不定期刊第 3 号，第 60—71 页；1926 年 5 月 25 日不定期刊第 4 号，第 62—70 页。

宣在《列宁主义大意》中也对列宁主义的主要理论进行了介绍。[1] 子云翻译的《列宁主义的革命战术》是列宁所著《共产主义运动中的"左派"幼稚病》的最后一章，发表在《中国青年》第 110、111 期。这些文章的发表促进了列宁主义基本理论的传播。

## 二、关于列宁主义的产生背景和重要地位的阐释

斯大林在《列宁主义概论》中指出，列宁主义是马克思主义"向前的开展"，是帝国主义和无产阶级革命时代的马克思主义。列宁主义不仅复活了马克思主义，而且在资本主义和无产阶级斗争的新条件下发展了马克思主义。列宁主义是无产阶级革命的理论和策略，特别是无产阶级专政的理论和策略。列宁主义是在帝国主义条件内成长和形成的，资本主义社会的三大矛盾达到了极点，无产阶级革命成了直接的实际问题，工人阶级到了直接向资本主义进攻的新时代，这是列宁主义产生的国际状况。俄国是帝国主义各种矛盾的集合点，从而成为列宁主义的策源地。[2]

任卓宣也撰文指出，列宁主义不但认识到了帝国主义和此时代无产阶级革命和无产阶级专政的条件，而且还认识到了解决此时代的问题——农民问题和民族问题以及行动方面的政党和策略。社会革命、工农联合、无产阶级与被压迫民族联合，都极有历史意义。[3] 列宁主义不是马克思主义以外的主义，不能离开马克思主义而独立，或与马克思主义对立，列宁主义不是在马克思主义之中成为一个派别。列宁主义亦不是马克思主义以上的主义，即超过和代替马克思主义。列宁主义是马克思主义在 20 世纪之发展，在帝国主义时代，列宁把马克思主义发展了，成为帝国主义时代之

---

① 任卓宣：《列宁主义大意》，《少年先锋》1927 年 4 月 1 日第 2 卷第 19 期。

② 斯达林：《列宁主义概论》，新青年社 1927 年版，第 1–14 页。

③ 任卓宣：《马克思主义底要点》，《少年先锋》1927 年 3 月 11 日第 2 卷第 17 期。

"活的马克思主义"——列宁主义。[①] 可以说，"列宁主义是在一个新时代状况中之马克思主义的发展和具体化"。[②] 任卓宣还分析了列宁加于马克思主义中的 9 个方面的新理论，包括帝国主义与无产阶级革命、无产阶级专政实现的条件和形式、无产阶级与农民的关系、民族问题、殖民地民族运动与世界无产阶级革命、党的作用、无产阶级国家的作用、苏维埃制度、无产阶级专政下的经济政策等。[③]

## 三、关于农民问题的阐释

农民问题是列宁主义基本理论最重要的问题之一。列宁认为，大多数农民有革命的能力，可以利用之为无产阶级专政的利益。因此，要帮助农民群众，特别是那些能够促成无产阶级解放运动的农民运动和斗争。农民应团结在无产阶级革命周围，从事取得和平并建立苏维埃政权的斗争，除此以外，农民没有别的出路。[④]

强调工农结合的重要意义。列宁提出，只有工人阶级能将农民从地主压迫和帝国主义战争中救出来，农民只有加入无产阶级才能自救。如果没有把阶级斗争带到农村里去，使乡间的劳动团体都集合在城市无产阶级的共产党里，没有使农民接受城市无产阶级教育，革命决不会成功。无产阶级必须领导农民去战斗，要将占农民人口的最大多数的农业无产阶级、半无产阶级、小资产阶级（即农民）团结在自己周围，实现工农合作，从而保证无产阶级革命在城市和乡村的成功。同时，对于小地主、中农等要使其保持中立。列宁指出，只有中农保持中立，得到大部分的小农帮助，无

---

[①] 任卓宣：《马克思主义底要点》，《少年先锋》1927 年 3 月 11 日第 2 卷第 17 期。
[②] 任卓宣：《列宁主义大意》，《少年先锋》1927 年 4 月 1 日第 2 卷第 19 期。
[③] 任卓宣：《列宁主义大意》，《少年先锋》1927 年 4 月 1 日第 2 卷第 19 期。
[④] 斯大林：《列宁主义概论》，新青年社 1927 年版，第 71—89 页。

产阶级势力才能永久稳固。同时，要争取农民的支持和援助，必须救济农民，把贫民和农村中的中等分子组织起来，唤醒他们。[1]因此，必须在农村做系统宣传。[2]

## 四、关于东方革命理论的阐释

列宁的东方革命理论是列宁主义基本理论的核心之一。东方革命理论是列宁对马克思主义关于世界革命理论的创新和发展，是中国等东方落后民族与被压迫国家进行社会革命的重要纲领，开拓了科学社会主义新境界，具有重要的理论和实践价值，对中国新民主主义革命也产生了重大而直接的影响。郑超麟就指出，列宁关于殖民地民族解放运动的理论对于世界革命有"绝大的意义"。[3]列宁在1920年7月共产国际"二大"上阐述了民族与殖民地问题，随后逐步传入中国，也是马克思主义在广东早期传播的重要内容之一。

先进国无产阶级运动和殖民地民族解放运动必须联合。列宁指出，世界分为两大阵营，殖民地弱小民族成为帝国主义势力的最广大后备军和最重要的储藏库。殖民地弱小国家被压迫民族反帝国主义的革命斗争是这些民族从压迫和剥削底下求解放的唯一道路。先进国无产阶级运动和殖民地民族解放运动联合起来，形成联合战线，反对共同的敌人，反对帝国主义。两者没有联合和巩固的革命战线是不可能的。西方革命要得胜利亦须与殖民地弱小国家反帝国主义的解放运动结合起来，推翻共同敌人——帝国主义。因此，无产阶级必须坚决地、积极地帮助殖民地被压迫国家的民族解放运动，帮助被压迫民族反帝国主义，求得真正的民族平等，建立独

---

① 列宁著、墨耕译：《劳农政府之成功与困难》，广州人民出版社1922年版，第26—36页。

② 成则人译：《第三国际议案及宣言》，广州人民出版社1922年版，第115页。

③ 《向导》1925年9月7日第128期，第14—16页。

立的国家。①

《向导》连载的萨发洛夫在远东民族大会的演说《第三国际与远东民族问题》中强调，"被压迫民族得解放，非和国际无产阶级并肩前进不可。东方各国，没有那一国能够独力得到自由和独力的民族发展"。②瞿秋白指出，中国、印度、韩国、埃及等一切被压迫民族应当联合世界革命的无产阶级实行现代最重大的历史使命，自己解放自己。③张太雷也强调，列宁主义的政策是联合世界无产阶级和被压迫民族，打倒帝国主义，建设共产主义社会。④在《世界革命与中国民族解放运动》中，陈独秀进一步强调，被压迫国家弱小民族的民族革命运动和各帝国主义国家的无产阶级革命运动结合起来，才能根本推翻国际帝国主义，成就世界革命，使中国得到完全解放。⑤

《关于民族问题与殖民地问题的议案》中对列宁东方革命理论的阐述更加全面系统，体现了列宁东方革命理论的精髓。列宁指出，"对于民族问题与殖民地问题的政策必须先把一切民族一切国家的无产阶级与劳工连合为一个大团体，共谋革命，以倾覆资本主义。否则民族平等不能实现，民族被压制永无废止之日"。一切殖民地一切受压制民族的劳工若非联合革命的无产阶级而以劳农会权力战胜帝国主义，则他们永不得自由。因此，要援助被压制民族或殖民地人民所起的革命运动，把西欧共产主义的无产阶级和东方的农民运动紧密结合起来，帮助各殖民地与后进国里的革命运动。⑥

在《附加议案》中，列宁进一步指出，殖民地与资本主义有着密切关系，欧洲资本主义的力量大部分源自殖民地与保护国。没有了殖民地的大

---

① 斯达林：《列宁主义概论》，新青年社 1927 年版，第 90–104 页。

② 《向导》1922 年 11 月 8 日第 9 期，第 6–8 页。

③ 《向导》1923 年 8 月 15 日第 36 期，第 6–7 页。

④ 《向导》1924 年 9 月 3 日第 81 期，第 10–12 页。

⑤ 《新青年》1926 年 7 月 25 日不定期刊第 5 号，第 1–5 页。

⑥ 成则人译：《第三国际议案及宣言》，广州人民出版社 1922 年版，第 100–113 页。

市场，殖民地帝国就会破裂，加之本国的无产阶级革命，欧洲资本主义制度就会被推翻。因此，必须和那些在殖民地属地从事推翻帝国主义的革命派发生关系，这两种势力携手共进，世界革命才可以成功。同时列宁强调，帮助殖民地人民去谋独立，并不是扩大他的民族主义，而是为该地的人民开辟一条到无产阶级的路。帮助殖民地劳工发展他们的阶级觉悟，并和中产阶级的民族主义进行革命合作。同时，成立共产党以组织农民与工人，引导他们走向革命以及建设无产阶级政权的道路，使落后国家可以不经过资本主义而达到共产主义。①

## 五、关于无产阶级政党理论的阐释

无产阶级政党理论是列宁主义传播的重要内容，并深深影响了中国共产党，促进了中国共产党的各方面建设，提高了战斗力、凝聚力，从而为中国革命胜利提供了坚强组织保证。

关于建立无产阶级政党的必要性。列宁认为，无产阶级必须要有政党组织。"唯有共产党是革命阶级的先进队"，"无产阶级必须有一个独立的政党，实行革命的主张"。只有一个有组织、有经验、有明确目的、能够立刻行动、立于指导地位的政党来指导无产阶级，无产阶级才能消除一切消极阻力，充分发挥无产阶级作用，从而夺取政权。②没有一个集中统一的政党来帮助，就会造成无产阶级精神涣散。无产阶级政党是无产阶级专政的工具。在无产阶级未取得政权之前用来夺取政权，取得政权后用来巩固并扩大专政，以达到社会主义的完全胜利。无产阶级政党必须有严密的组织和纪律，必须强健有力，在无产阶级直接准备力量推翻旧政权、夺取政权时期，无产阶级政党必须有充分勇气领导无产阶级为夺取政权而奋斗，

---

① 成则人译：《第三国际议案及宣言》，广州人民出版社 1922 年版，第 108—113 页。

② 成则人译：《第三国际议案及宣言》，广州人民出版社 1922 年版，第 108—113 页。

分析复杂的革命环境，排除革命道路上的重重障碍，从而建立无产阶级政权。[①]

关于无产阶级政党的性质。列宁指出，共产党（即无产阶级政党）是劳动阶级的一部分，是其中最进步、最能干而且最有革命精神的一部分，由最能干、最有牺牲精神而且最有远见的劳动者集合起来的，集中了无产阶级所有优秀分子，除了劳动阶级利益以外没有其他利益，努力献身保护劳动阶级利益。[②] 因此，无产阶级政党是无产阶级的先锋，是无产阶级组织的最高形式，掌握革命的理论和原则[③]，必须在经济、政治、教育的战场上指导全阶级斗争[④]。

无产阶级政党必须有严密的铁的纪律，实现集中统一领导。党的中央机关要有权威，党员必须服从中央的命令。必须有统一的意志，党内不容有党团存在。提倡党内批评和讨论，但形成统一意见后，一切党员都必须统一意志和行动，从而有计划、有组织地领导无产阶级进行斗争。无论夺取政权前还是夺取政权后，党的纪律都十分重要。没有严明的纪律和统一的组织，无产阶级得胜是不可能的。[⑤] 列宁认为，无产阶级必须有思想统一、政策精确、权力集中、组织坚强而具有铁的纪律的共产党，才能打倒在帝国主义经济中所产生的改良思想及其反映到党中来的"左倾"和"右倾"，端正无产阶级革命到正确的马克思主义路线上。[⑥]

关于党群关系。列宁指出，无产阶级政党是无产阶级的政治领袖，应该站在无产阶级前面，领导无产阶级。同时要与群众密切联系，不能离开

---

① 斯达林：《列宁主义概论》，新青年社 1927 年版，第 130–151 页。

② 成则人译：《第三国际议案及宣言》，广州人民出版社 1922 年版，第 48–65 页。

③ 斯达林：《列宁主义概论》，新青年社 1927 年版，第 130–151 页。

④ 成则人译：《第三国际议案及宣言》，广州人民出版社 1922 年版，第 48–65 页。

⑤ 斯达林：《列宁主义概论》，新青年社 1927 年版，第 130–151 页。

⑥ 任卓宣：《列宁主义大意》，《少年先锋》1927 年 4 月 1 日第 2 卷第 19 期；成则人译：《第三国际议案及宣言》，广州人民出版社 1922 年版，第 48–65 页。

群众，否则就不能得到群众的支持，不能成为本阶级的重大力量。① 无产阶级政党要和最广大的群众做最密切的接触，去进行组织的工作，指拨方略。② 必须要深入群众，夺取其多数，为一切无产阶级组织之实际上的领袖，尽可能地团结整个阶级在党领导之下。③

## 六、关于无产阶级专政理论的阐释

无产阶级专政是列宁主义基本理论的重要内容之一。斯大林指出，无产阶级专政、获得无产阶级专政的条件以及关于巩固专政的条件等问题是列宁主义的根本问题及其出发点。④ 列宁继承和发展了马克思的无产阶级专政理论，并赋予了新的时代内容，这在一系列著作中得到体现。在广东翻译出版的相关著作及发表的相关文章中，都对列宁的无产阶级专政理论进行了介绍。

无产阶级专政是无产阶级革命的根本问题，无产阶级革命只有经过无产阶级专政才能实现，因此，无产阶级专政是无产阶级革命的工具，其目的是镇压资产阶级反抗，保证革命胜利并向前进展至社会主义的最终胜利。

列宁指出，无产阶级专政的三大任务是：镇压地主和资本家反抗，扑灭恢复资本政权的一切企图；团结一切劳动者于无产阶级周围以进行社会主义建设，并进而准备消除阶级分化；实行武装斗争，组织革命军队与国外敌人斗争，与帝国主义斗争。⑤ 资本主义到共产主义的整个过渡时期必须坚持无产阶级专政。无产阶级专政是推翻资产阶级后，破坏资产阶级国家机器、军队、官僚机关和警察的结果。无产阶级专政是多数被剥削者对

① 斯大林：《列宁主义概论》，新青年社 1927 年版，第 130–151 页。
② 成则人译：《第三国际议案及宣言》，广州人民出版社 1922 年版，第 48–65 页。
③ 任卓宣：《列宁主义大意》，《少年先锋》1927 年 4 月 1 日第 2 卷第 19 期。
④ 斯大林：《列宁主义概论》，新青年社 1927 年版，第 130–151 页。
⑤ 斯大林：《列宁主义概论》，新青年社 1927 年版，第 130–151 页。

少数剥削者的专政，是无产阶级对资产阶级的统治，这个统治是依靠在暴力之上对资产阶级的专政，得到劳动群众和被剥削群众的同情和赞助。[1]

列宁指出，无产阶级专政是拯救人类出资本主义恐怖的唯一手段。[2]废除阶级是社会主义的终极目的，但在阶级未消灭前，实现从资本主义到社会主义的转变，总要继续进行阶级斗争，因此必须坚持无产阶级专政。[3]

## 七、关于帝国主义理论的阐释

帝国主义理论是列宁主义基本理论的重要组成部分。帝国主义理论是列宁根据马克思主义理论，并结合资本主义发展的历史新阶段而提出来的。帝国主义理论也是列宁主义基本理论在广东乃至全国早期传播的重要内容。

1925 年 2 月，列宁著、李春蕃译《帝国主义浅说》（今译《帝国主义是资本主义的最高阶段（通俗的论述）》）出版并在广东各地发行。[4] 全书分为 6 章，列宁在书中主要论述了帝国主义的定义、形成及其基本特征。[5]王懋廷在编写黄埔军校政治讲义《帝国主义》时，就参考了列宁的《帝国主义浅说》。[6]

1926 年，中国国民党中央执行委员会宣传部出版了朱则翻译的《帝国主义之政策的基础》。书中指出，帝国主义是资本主义的最后阶段，帝国主义是资本主义的最高阶段，资本垄断代替自由竞争，生产集中造成垄断，帝国主义是垄断的资本主义，其最重要的特质就是垄断，它不再为经济进

---

① 斯达林：《列宁主义概论》，新青年社 1927 年版，第 130–151 页。

② 成则人译：《第三国际议案及宣言》，广州人民出版社 1922 年版，第 48–65 页。

③ 列宁著、王静译：《共产党礼拜六》，广州人民出版社 1922 年版，第 13–19 页。

④ 《工人之路特号》1925 年 7 月 6 日第 13 号。

⑤ 列宁著、李春蕃译：《帝国主义浅说》，1925 年 2 月出版。

⑥ 王懋廷：《帝国主义》，黄埔军校 1926 年 9 月出版，第 18 页。

步，反而造成经济进一步衰落。书中还指出了帝国主义五个方面的特征。[①]

王懋廷的《帝国主义》是根据马克思主义观点，并参考列宁的《帝国主义浅说》、布哈林的《共产主义的ABC》、列特乐的《社会主义之思潮及其运动》（李季译）等著作编著的。书中分析了帝国主义的主要内容、历史发展以及帝国主义必然崩溃的历史趋势。[②]萧楚女的《帝国主义讲授大纲》也分析了帝国主义之由来及其性质，着重分析了帝国主义将来的命运，认为资本主义的弊端及反帝联合战线，决定了帝国主义灭亡的命运。

中国青年社编辑的《帝国主义浅说》由一峰（即张若名）、辟世（即任弼时）合编，国光书店于1926年11月出版了第三版。恽代英在《计划1927年的工作》中也推荐了这本书，可见其影响力之大。广东党、团组织也将此书列为必修书目之一。《帝国主义浅说》的部分内容还曾在1925年出版的中国青年军人联合会会刊《中国军人》创刊号和第2号以及《中国青年》第46、47期连载。这对传播列宁的帝国主义理论起到了推动作用。

全书主要分为五个部分：资产阶级对于帝国主义的解释、帝国主义的真正意义、资本主义的特性、帝国主义的特性、帝国主义的矛盾点，主要阐述了列宁关于帝国主义的主要观点。指出，列宁发展了帝国主义的理论，帝国主义就是资本主义之末日，即资本主义发展之最后阶段，这一时期财政资本占极重要的势力。书中还分析了帝国主义五个方面的特点。[③]帝国主义有三大矛盾，即帝国主义国家间的冲突、无产阶级与资产阶级的冲突、殖民地与宗主国的冲突。全世界的被压迫阶级和被压迫民族都起来反对帝国主义了，帝国主义已经是末路，快要崩坏了。[④]

除上述著作外，还有不少文章如亚枯匿夫著、黄镜译《社会主义与共

---

① 朱则译：《帝国主义之政策的基础》，中国国民党中央执行委员会宣传部1926年出版。

② 王懋廷：《帝国主义》，黄埔军校1926年9月出版。

③《帝国主义浅说》，国光书店1926年11月出版，第1–41页。

④《帝国主义浅说》，国光书店1926年11月出版，第42–45页。

产主义》等，都对列宁的帝国主义理论有所涉及，促进了帝国主义理论的传播。

## 八、关于出版文化思想的阐释

列宁认为，出版物对党的工作具有重要的推动作用。没有一个共产党的党报，无产阶级专政便预备不来。[①]一切党的出版物必须坚持党性，"须有真实的共产主义的性质"，报纸等一定要无条件完全服从于党和它的中央委员会指挥[②]，由可靠的共产主义者们所编辑。同时列宁还强调，一切定期和其他出版物，一切党的印刷物和编纂物，都要受该党总书记的掌管，不许编辑者在报上推行不合于党纲的政策。[③]

《中国青年》刊登的列宁著、一声译《论党的出版物与文学》中比较全面地反映了列宁的出版文化思想。指出，必须加强党对文化的领导，无产阶级文学不是个人或一伙人谋利的工具，不应带一点个人性质也不应脱离无产阶级的管治而独立。没有非党员的文学家，也没有文学的超人。文学是无产阶级工作的一部分，也是党的工作的一部分，文学家应当无条件加入党，一切和文学有关的东西都归党的管理。在指导思想方面，列宁强调，应当把工人革命精神灌注于文学中，要创造一种不受警察约束、不受金钱支配，尤其是不受资产阶级无政府个人主义约束的文学。同时，无产阶级文学是隶属于无产阶级的，题材是几万万的工人，要用革命的最新颖的发明和社会主义无产阶级的工作经验去丰富其内容。同时列宁还认为，文学不能机械地和别种无产阶级活动一律，应当在形式和内容上容许自由，给予个人创造力和志向、灵感和想象。无产阶级文学是真正自由文

---

① 成则人译：《第三国际议案及宣言》，广州人民出版社 1922 年版，第 39—41 页。

② 成则人译：《第三国际议案及宣言》，广州人民出版社 1922 年版，第 62 页。

③ 成则人译：《第三国际议案及宣言》，广州人民出版社 1922 年版，第 40 页。

学，每个人都有言论和著作的自由，但不能违反"党纲、议决案，党的发电、国际社会主义运动的经验、无产阶级自动组织的全部经验"。[①]

## 九、关于社会主义建设思想的阐释

列宁指出，无产阶级革命成功之后最重要的事业就是粉碎资产阶级反抗，镇压反革命阴谋，建设新经济组织，树立新社会秩序，创造比资本制度更高级的社会组织形态。[②]

列宁的《劳农会之建设》是全面系统论述社会主义建设的重要著作，反映了列宁关于社会主义建设的相关理论。列宁提出，要了解资本主义革命和社会主义革命间的根本不同，无产阶级取得政权后，社会主义革命的首要任务，必须加强国家治理，将工作重心转移到经济建设上来，提高社会生产力，"要创造比资本主义更高级的社会制度底根本问题，就要增高劳动生产力"。"确立生产和分配的严密一致的计算和关系"，组织严密一致的生产和分配计算和管理，进行"积极的建设事业，建立生活资料的生产和分配关系"，"使生产物成为社会化"，"把几百万民众经济的根基组织在新的基础上"，建立大工业的物质基础，从而建立社会主义的物质基础。他提出，生产和分配的计划能否成立，是建设社会主义的关键问题，只有解决这个问题，才成为社会主义共和国。[③]

同时列宁还强调，对于资产阶级的斗争要进到更高的形态，限制资本主义的发展，"不许资本阶级存在并不使其从新发生的状态"。他特别强调，这个问题不解决社会主义就不能实现，"要尽全力树立计算和管理的

---

① 列宁著、一声译：《论党的出版物与文学》，《中国青年》1926 年 12 月 6 日第 144 期，第 6—10 页。

② 列宁著、王静译：《共产党礼拜六》，广州人民出版社 1922 年版，第 13—27 页。

③ 列宁著、李立译：《劳农会之建设》，广州人民出版社 1921 年版，第 9—13 页。

组织"，从而"制胜对资本主义的战争"。①

必须动员各方面力量建设社会主义。列宁提出，把劳农统治劳农管理的组织和最近资本主义的进步方法结合起来，这是促进社会主义实现的重要问题。"只有依靠多数劳工有独创的历史的创造的活动才能圆满的成就"。同时他认为，"用无产阶级国家的权威，利用资本阶级的专门家，铲除资本阶级使其不至再发生出来。没有各科专门家的指导，就不能够推移到社会主义去"。为了利用"资本阶级的大专门家"，支付他们费用是必需的，只有凭借劳农会的机关自己组织训练，建立自己的劳动的管理之后才能免除。同时，提高生产力，要依靠民众教育和文化程度的进步，学习国家与经济的管理。②

列宁指出，社会主义是从已倒坏的资本制度到新社会的第一步，而共产主义是更进步的程度。共产主义要比资本主义创造更大的生产力，因为在共产主义之下，有不受拘束的、觉悟的、团结的劳动者团体利用最进步的专门技术。③

此外，列宁主义基本理论在广东的早期传播中还涉及新经济政策④、妇女运动理论⑤、教育理论⑥以及其他方面理论，但相对来说论述不多，在此不再进行一一赘述。

---

① 列宁著、李立译：《劳农会之建设》，广州人民出版社 1921 年版，第 11 页。

② 列宁著、李立译：《劳农会之建设》，广州人民出版社 1921 年版，第 13–20 页。

③ 列宁著、王静译：《共产党礼拜六》，广州人民出版社 1922 年版，第 13–27 页。

④ 冯菊坡：《俄罗斯的新经济政策》，《广东群报》1922 年 3 月 25 日；《列宁之新经济论文》，《广东群报》1921 年 6 月 3 日；《列宁最近之演说词》，《广东群报》1921 年 7 月 2 日。

⑤ 列宁著、王静译：《共产党礼拜六》，广州人民出版社 1922 年版，第 27–31 页；《列宁与妇女》，《少年先锋》1927 年 1 月 21 日第 2 卷第 13 期；列宁：《妇女底解放》，《少年先锋》1927 年 3 月 1 日第 2 卷第 16 期。

⑥ 沈至精译：《苏俄国家的教育》，《中国青年》1925 年 12 月 12 日第 105 期，第 11–23 页。

## 第三节 驳斥各种非马克思主义观点

马克思主义在广东的早期传播中贯穿着驳斥各种非马克思主义观点的论战。通过论战，澄清了人们对马克思主义的种种误解，使得广大群众对马克思主义有了更进一步的了解和认同，促进了马克思主义的早期传播。

### 一、反对无政府主义的论战

中国马克思主义传播史上反对无政府主义的论战发轫于广东。广州一直是无政府主义活动的重要地区之一，不少青年学生和工人受到了无政府主义的影响。针对这一情况，1921 年 1 月 15 日，陈独秀到公立法政学校演讲，题目为《社会主义批评》。这篇演讲主要包括三个部分：为什么要讲社会主义、为什么能讲社会主义、应该讲何种社会主义。[①] 随后，《广东群报》将陈独秀的演讲以《陈独秀先生在公立法政演讲词》的题目进行了连载。在演讲中，陈独秀对无政府主义、基尔特社会主义、国家社会主义、工团主义进行了批判，指出它们的缺点与错误。特别指出无政府主义的错误：无政府主义主张个人或小团体的绝对自由，政治方面主张根本废除法律，经济方面无法组织有序的社会生产等。[②]

针对批评，区声白发表了《致陈独秀先生书》，提出无政府主义绝对

①《广东群报》1921 年 1 月 17 日。

②《广东群报》1921 年 1 月 19 日。

自由的观点，无政府主义社会没有法律，凡事由公众会议解决。并认为"无政府党人所持的态度，是科学的、进化的"，提出如果依照自由、自立、自主原则向前进行，沿途那是康庄大道，无政府之不难实现。① 由此引发了无政府主义的论战。陈独秀先后发表了《陈独秀答声白的信》②、《陈独秀再答声白的信》，区声白也先后发表了《答陈独秀先生书》③ 等文章。通过论战，批判了无政府主义关于自由、法律、国家方面的错误理论，传播了马克思主义的正确主张。后来这场论战的内容以《讨论无政府主义》为题发表在《新青年》第 9 卷第 4 期，产生了全国性的影响。

　　与此同时，在《广东群报》连载多次的《共产主义与无政府主义及议会派之比较》一文批评了无政府主义"自由合体的"主张④，认为无政府主义不要大机器、反对大工业等主张完全不符合实际。⑤ 批评了无政府主义反对无产阶级专政，提出"共产党的进行手续就是无产阶级执政的手续"⑥，无产阶级专政与社会主义有密切关系，有无产阶级专政才有社会主义，没有无产阶级专政就没有社会主义的希望。⑦ 包惠僧认为，中国的无政府党是"名词运动"的无政府党，打着无政府主义的招牌仅仅为了出风头，而不是真正研究与从事无政府主义运动。无政府主义者所宣称的无须政府和法律、反对一切强权等观点是站不住脚的。中国革命必须采取直接行动、实行无产阶级专政的方法不可，只有建立强有力的政府才能防止私有制复活，禁止不劳而获的事情发生。⑧ 周佛海也批评无政府主义反对一

① 《广东群报》1921 年 1 月 22 日。
② 《广东群报》1921 年 1 月 27 日。
③ 《广东群报》1921 年 2 月 14、15、16 日。
④ 《广东群报》1921 年 1 月 15 日。
⑤ 《广东群报》1921 年 1 月 17 日。
⑥ 《广东群报》1921 年 1 月 22 日。
⑦ 《广东群报》1921 年 1 月 28 日。
⑧ 《广东群报》1921 年 7 月 5、7、8 日。

切强权，但不采用强权来革命。提出要打倒强权就要采取革命手段，打倒旧的社会组织，才能实现自由平等，并且只有采用强权才能保证无产阶级政权不被颠覆。批评无政府主义的自由主义，认为无政府主义没有完全实现的可能，由于人性上和经济上的两个缺点，无政府主义下会造成经济生活不安，经济状况紊乱。只有在共产主义制度下，按劳分配，生产资料国有，才能避免国家生产的无序状态。① 施存统批评无政府主义排斥政治活动，认为实行共产主义要借助政治的权力，用很快的速力造成共产主义的经济基础。② 在《夺取政权》中，周佛海也批评无政府党人反对无产阶级政权的观点，认为若没有政治上的权利，压制资产阶级就绝对做不到，没有无产阶级专政不能保证无产阶级的革命成果。③ 郭瘦真批驳无政府主义反对一切政权、主张绝对废除权力、讥讽共产党主张无产阶级专政的观点，认为政权需掌握在多数平民劳动者手里，因此要实行无产阶级专政。只有利用政治权力，推翻资本主义统治，才能实现社会主义。他指出，"无政府主义理论上虽似较为彻底，但既是空想，也就等于零"。④ 要实现社会主义，必须借政治权力，若没有政治权力，社会主义不会实现。共产党要实行社会改造，唯一工具就是无产阶级专政，只有平民劳动者取得政权，才能稳固。⑤

通过论战，驳斥了无政府主义的错误理论和对马克思主义的非难，基本廓清了马克思的科学社会主义与无政府主义的界限，宣传了马克思主义理论，使不少深受无政府主义影响的进步青年转而信仰马克思主义，为马

---

① 《广东群报》1921 年 6 月 24、28、29 日。

② 《广东群报》1921 年 9 月 3 日。

③ 《广东群报》1921 年 9 月 23、24 日。

④ 《青年周刊》1922 年 3 月 12 日第 3 号，转引自《青年周刊》，广东人民出版社 1986 年版，第 35-36 页。

⑤ 《青年周刊》1922 年 3 月 26 日第 5 号，转引自《青年周刊》，广东人民出版社 1986 年版，第 96-102 页。

克思主义在广东的早期传播扫清了障碍。

## 二、反对国家主义的论战

### （一）积极反对国家主义

国家主义派以曾琦、李璜、左舜生、余家菊等为代表，鼓吹国家主义，反对共产主义和阶级斗争，反对苏联援助中国革命，反对孙中山的新三民主义和国民革命。他们以所创办的《醒狮》周报为喉舌，故国家主义派又称"醒狮派"。他们还出版了《国家主义论文集》（第1集、第2集）、《国家主义演讲集》等宣传国家主义理论的书籍。国家主义派对马克思主义在广东的早期传播和国民革命带来了消极影响。

国家主义在广东特别是广大青年学生中有一定影响。团广州地委在给中央的报告中就指出，国家主义派的杂志《醒狮》在广州可售数百份，仅在广东大学就能销售五六十份。广东大学一教授还组织学生创办《狮声报》与《醒狮》相呼应。① 在汕头还成立了受国家主义派影响的新国民社。② 潮汕各地学生订阅《醒狮》的人数比订阅《中国青年》的人数多得多。③ 国家主义派的书籍也在广东各地发售。可见当时国家主义派在广东的影响。

为此，中国共产党积极进行反对国家主义的论战，发表了不少反对国家主义的文章。特别是以广大青年为读者对象的《中国青年》在这一时期发表了大量批判国家主义的文章，成为中国共产党批判国家主义最集中的

---

① 《团广州地委宣传部报告——关于"五·卅"、"六·廿三"、刘、杨叛变等宣传活动情形》，《广东革命历史文件汇集（群团文件）一九二五（一）》甲2，1983 年 7 月印行，第 355 页。

② 《团汕头地委给团中央的报告——四至七月宣传工作情况》，《广东革命历史文件汇集（群团文件）一九二五（二）》甲3，1983 年 7 月印行，第 11 页。

③ 《粟丰给团中央的第一次报告——关于广地学生运动情况》，《广东革命历史文件汇集（群团文件）一九二五（二）》甲3，1983 年 7 月印行，第 64 页。

阵地。据统计，这一时期《中国青年》批判国家主义的文章如下表：

| 序号 | 文章名 | 作者 | 期数 |
|---|---|---|---|
| 1 | 《国家主义者的误解》 | 恽代英 | 1924 年 11 月 1 日第 51 期 |
| 2 | 《醒狮派的国家主义》 | 郑超麟 | 1925 年 3 月 28 日第 72 期 |
| 3 | 《与李琯卿君论新国家主义》 | 恽代英 | 1925 年 4 月 4 日第 73 期 |
| 4 | 《评醒狮派》 | 恽代英 | 1925 年 4 月 25 日第 76 期 |
| 5 | 《答〈醒狮周报〉三十二期的质难》 | 恽代英 | 1925 年 7 月 18 日第 82 期 |
| 6 | 《对于国家主义的一个观察》 | —— | 1925 年 7 月 23 日第 83 期 |
| 7 | 《讨论国家主义并质曾琦》 | 砍石 | 1925 年 7 月 25 日第 84 期 |
| 8 | 《醒狮派——最反动势力的结晶》 | 纯生 | 1925 年 9 月 28 日第 97 期 |
| 9 | 《国家主义与新国家主义》 | 程受光 | 1925 年 9 月 28 日第 98 期 |
| 10 | 《告国家主义的青年》 | 刘仁静 | 1925 年 12 月 6 日第 104 期 |
| 11 | 《告孤军社醒狮社及一般国家主义青年》 | 中国共产主义青年团中央执行发员会 | 1926 年 1 月 4 日第 107 期 |
| 12 | 《评孤军社醒狮社的回响》 | —— | 1926 年 1 月 4 日第 107 期 |
| 13 | 《国家主义派的"实际行动"》 | 求实 | 1926 年 7 月 3 日第 125 期 |
| 14 | 《新国家主义派之最近活动》 | 曼少 | 1926 年 8 月 20 日第 130 期 |
| 15 | 《评国家主义青年团的对时局宣言》 | 刘仁静 | 1926 年 9 月 7 日第 133 期 |
| 16 | 《英帝国主义的与曾琦的幻想》 | 刘仁静 | 1926 年 9 月 7 日第 133 期 |
| 17 | 《国家主义是什么？》 | —— | 1926 年 9 月 7 日第 133 期 |
| 18 | 《所谓"国家主义的教育"》 | 砍石 | 1926 年 11 月第 140 期 |
| 19 | 《国家主义者的口供》 | 铁佛 | 1926 年 12 月 6 日第 144 期 |
| 20 | 《破产的国家主义》 | 昌群 | 1926 年 12 月 20 日第 146、145 期合刊 |

　　《向导》周报也在《寸铁》栏目中发表了《国家主义的政纲》①《国家主义派眼中的爱国军队及其五色旗》《国家主义派有了极阔的首领！》《国家主义者对国民党旗及北伐》②《此路不通的国家主义》《国家主义者眼中的赤化》《国家主义者严重的赤化》③ 等 20 多篇短评，有力批判了国家主义派的观点。

　　除《中国青年》《向导》外，中共中央还出版了萧楚女所著《显微镜下之醒狮派》，全书共 27 节。书中，萧楚女对《醒狮》各期文章和国家主义派的谬妄进行了批评。④

　　广东区委、团广东区委出版的杂志也发表了不少反对国家主义的文章。《人民周刊》先后发表了《反对国家主义之倾向》⑤《醒狮派与吴佩孚》⑥《国家主义原来如此》⑦ 等文章批判国家主义的观点。《少年先锋》也先后发表了恽代英的《狮子眼中的"苏俄帝国主义"》⑧ 以及《拟醒狮派致帝国主义谢罪书》⑨《拟国家主义派祭吴佩孚文》⑩ 等文章批判国家主义盲目反对苏联，成为帝国主义和军阀的工具。

　　除中国共产党外，国民党方面也积极反对国家主义。专门成立反对国家主义运动委员会，制定《反国家主义宣传大纲》⑪，决定举行反国家主义演讲大会，印传单、标语，并禁止国家主义派之教授宣传国家主义谬论⑫。

---

① 《向导》1926 年 6 月 30 日第 160 期。
② 《向导》1926 年 10 月 15 日第 178 期。
③ 《向导》1926 年 10 月 25 日第 179 期。
④ 萧楚女：《显微镜下之醒狮派》，中国青年社 1925 年版。
⑤ 《人民周刊》1926 年 10 月 29 日第 29 期增刊第二号，第 4 页。
⑥ 《人民周刊》1927 年 1 月 30 日第 40 期，第 3 页。
⑦ 《人民周刊》1927 年 3 月 28 日第 48 期，第 4 页。
⑧ 《少年先锋》1926 年 9 月 11 日第 1 卷第 2 期。
⑨ 《少年先锋》1926 年 10 月 1 日第 1 卷第 4 期。
⑩ 《少年先锋》1926 年 12 月 21 日第 1 卷第 12 期。
⑪ 《反对国家主义派的反攻》第 1 集，国民革命军总司令部政治部 1926 年印行。
⑫ 《左向》1925 年第 7 期。

同时，制定宣传方法，要求多发表反对国家主义的文章，派人宣传反对国家主义，并召集各团体开会，共商反对国家主义。[①]国民党中央党部还通令各级党部反对国家主义。广东和广西举行了广泛的反对国家主义运动，在中山大学举行反国家主义演讲会。[②]汕头市党部于 11 月 1—6 日每晚 7—9 时举行反国家主义演讲大会，演讲者为李春涛、杜国庠、彭湃等。[③]总政治部还禁止国家主义派的杂志《醒狮》售卖，并肃清《国家主义论文集》《国家主义教育学》等国家主义派的出版物。[④]通令各级政治部查缉国家主义派人物[⑤]，掀起了反国家主义的高潮，有力批判了国家主义的各种谬论。

《广州民国日报》发表了一批反对国家主义的文章，如《社会进化与国家主义之必然摧毁》《国家主义派对国民革命的怪论》《赤色帝国主义——苏俄之成绩》《我对于国家主义的批评》《国家主义不应反对吗？》等。军旅刊物也发表了不少反对国家主义的文章。如《黄埔潮》发表了《本会反对国家主义宣言》《国家主义派与西山会议派之过去及现在》《国家主义派之面面观》等文章。《军声》周刊发表了《我们为什么要排除国家主义》等文章。《军人周报》各期先后发表了《咒国家主义者》《呜呼国家主义》《国家主义与军人》等文章。《前进》周刊发表了因时的《我们为什么反对国家主义》，《前进》半月刊发表了朝简的《国家主义的命运》。青年学生杂志也纷纷发表了反对国家主义的文章。如《革命青年》发表了宜芬的《国家主义与中国青年学生》等文章。《疾呼》发表了素影的《辟国家主义》《反对国家主义》以及家骏的《我们要不要打倒国家主义》等文章。

国民革命军总司令部政治部也印行了反对国家主义的小册子——以

---

① 《三青年部会议反对国家主义情形》，《广州民国日报》1926 年 10 月 21 日。

② 《反对国家主义派的反攻》第 1 集，国民革命军总司令部政治部 1926 年印行。

③ 《汕头之反国家主义运动》，《广州民国日报》1926 年 11 月 12 日。

④ 《肃清国家主义出版物》，《广州民国日报》1926 年 10 月 23 日。

⑤ 《总政治部严令查缉国家主义派》，《广州民国日报》1926 年 12 月 29 日。

《反对国家主义派的反攻》为书名的反对国家主义特刊第 1 集和第 2 集。两本小册子共有 15 篇文章：汤澄波的《反对国家主义》、任卓宣的《国家主义之根本的荒谬》、萧楚女的《国家主义的中心思想》、王启鲲的《国家主义的根本错误在那里？》、双十的《我们真不要国家吗？》、郑荣的《我们反对国家主义的理由》、漆也流的《我们的时代和我们的战略》、黄铁民的《国家主义者反苏俄的心理》、钟的《国家主义者的原形》、陈其瑗的《民族主义与国家主义之区别》、陈克文的《为什么要反对国家主义》、游步瀛的《国家主义派之过去及现在》、鸣蝉的《谨防国家主义的梅毒》、古有成的《醒狮派的谬误和反动》。①

### （二）反驳国家主义的主要观点

萧楚女在《显微镜下之醒狮派》一书中，批评国家主义的教育观，认为国家主义派并不是"实行家"，只是空喊口号。同时反对国家主义批评苏俄援助中国革命的主张，认为中国应该接受苏联的援助。批评国家主义不承认阶级斗争，主张阶级合作，指出中国革命胜利离不开阶级斗争。萧楚女还认为国家主义派的理论是互相矛盾的，"外抗强权"不过是"只说不做"。批评国家主义反对无产阶级专政，认为国家主义不明白无产阶级专政是实现生产社会化、公有制的手段，其最终目的是消灭阶级。同时萧楚女强调，中国应该与全世界被压迫民族联合斗争。②

其他一些文章也对国家主义进行了严厉批判。认为，国家主义仇视无产阶级，甘为帝国主义大资产阶级的工具，是反共反俄斗争的最凶猛的后备军。③空喊"全民革命""内除国贼，外抗强权"，本质上是反革命，攻

---

① 《反对国家主义派的反攻》第 1 集，国民革命军总司令部政治部 1926 年印行；《反对国家主义派的反攻》第 2 集，国民革命军总司令部政治部 1926 年印行。

② 《建党以来重要文献选编（1921—1949）》第二册，中央文献出版社 2011 年版，第 552-599 页。

③ 《国家主义是什么？》，《中国青年》1926 年 9 月 7 日第 133 期，第 19-22 页。

击共产党和工农阶级。攻击苏俄为赤色帝国主义，反对全世界的反帝国主义联合战线。[①] 国家主义不合理、不可用，其本质上是愚弄人民、压迫工农。[②] 国家主义不过是资产阶级争夺商品、原料、劳动力和市场而使用的一种政策。郑超麟批评国家主义排斥无产阶级政党，指出没有无产阶级政党领导，中国民族运动必定流产。[③] 恽代英也批评国家主义反对阶级斗争，认为中国革命主力是无产阶级，只有实行无产阶级革命才能获得解放，民族独立和中国解放离不开阶级斗争和阶级联合，不能忽视农工平民的力量。[④] 同时恽代英强调，国家主义盲目反对苏俄援助中国革命是错误的，认为联俄并不是倚赖外力，中国已经有了革命的决心与理论，可以接受别国援助。"我们注重人民的组织宣传使他们起来担负打倒一切军阀帝国主义的责任，决不拒绝对我们的援助"。[⑤]

刘仁静也强调，中国工农的革命力量不可小视，他们是革命的主力军，工人阶级在中国建立了革命功绩，阶级斗争是工人参加革命的武器，批评国家主义者仇视工农阶级斗争，主张资产阶级领导革命的谬论。[⑥] 刘仁静还指出，国家主义对国民革命前途有很大的危害，国家主义者将打倒"赤色帝国主义与共产党"为其中心工作，他们不过是口头地、纸面地组织民众，反对广大民众为最低生活利益而进行的阶级斗争。国家主义者主张分裂各阶级联合战线与反帝国主义的国际联合战线，是民族运动的死敌，造成民族运动失败。[⑦]

---

① 《评国家主义青年团的对时局宣言》，《中国青年》1926 年 9 月 7 日第 133 期，第 5–11 页。

② 恽代英：《国家主义者的误解》，《中国青年》1924 年 11 月 1 日第 51 期，第 10–14 页。

③ 郑超麟：《醒狮派的国家主义》，《中国青年》1925 年 3 月 28 日第 72 期，第 2–8 页。

④ 恽代英：《与李璜卿君论新国家主义》，《中国青年》1925 年 4 月 4 日第 73 期，第 1–9 页。

⑤ 恽代英：《答〈醒狮周报〉三十二期的质难》，《中国青年》1925 年 7 月 18 日第 82 期，第 2–9 页。

⑥ 刘仁静：《告国家主义的青年》，《中国青年》1925 年 12 月 6 日第 104 期，第 5–10 页。

⑦ 刘仁静：《评国家主义青年团的对时局宣言》，《中国青年》1926 年 9 月 7 日第 133 期，第 5–11 页。

陈独秀也强调，世界资本主义已发展到帝国主义阶段，全世界的经济和政治也随之成为整体，全世界的解放运动也应该是一个整体，弱小民族的解放运动和帝国主义国家内的工农解放运动，绝不是各国关起门来独立革命可以成功。国家主义者关门革命的方法是不行的，中国民族解放运动必须联合全世界被压迫阶级与被压迫民族来共同革命。①

除反对无政府主义和国家主义的论战外，反对戴季陶主义也在广东产生了很大影响。周恩来在《人民周刊》上先后发表了《国民革命及国民革命势力的团结》《现时政治斗争中之我们》，批判戴季陶主义，并热情号召工农群众参加革命。②《向导》周报于1925年9月出版了向导丛书第三种《反戴季陶的国民革命观》，内有瞿秋白的《中国国民革命与戴季陶主义》和陈独秀的《给戴季陶的一封信》两篇文章。③《中国青年》也发表了恽代英的《读〈孙文主义之哲学的基础〉》④和俞山的《"戴季陶主义"？》⑤等文章，批判戴季陶主义。这些论战使广大群众认清了无政府主义、国家主义、戴季陶主义的本质，为马克思主义在广东的早期传播扫清了障碍。

---

① 陈独秀：《英国大罢工与东方民族运动》，《向导》1926年5月15日第153期，第10—11页。

② 《人民周刊》1926年12月11日、1927年1月4日第34、37期。

③ 《反戴季陶的国民革命观》，向导周报社1925年版。

④ 《中国青年》1925年8月8日第87期，第1—4页。

⑤ 《中国青年》1926年1月4日第107期，第12—17页。

## ┃第四节┃　马克思主义中国化的初步探索

马克思主义在广东的早期传播中，一个重要特点是传播马克思主义的同时，已经开始马克思主义中国化的初步探索。广东特殊的政治环境和丰富的革命实践，为马克思主义中国化提供了有利条件。马克思主义在广东的早期传播过程中，对中国革命涉及的一系列问题，如农民问题、武装斗争、统一战线等进行了初步探索，集中反映了中国共产党对中国革命道路和性质、革命动力等问题的思考，对马克思主义中国化第一次历史性飞跃的理论成果——毛泽东思想的形成起到了推动作用。

### 一、农民问题的初步探索

中国是一个农业大国，农民人数众多，因此，农民问题是中国革命无法回避的问题。广东作为大革命策源地，在革命斗争实践和马克思主义传播过程中，中国共产党人和各界人士都对农民问题进行了高度关注，推动农民问题研究不断深入，加快了马克思主义中国化进程。围绕农民问题的刊物得以出版，如《中国农民》《农民运动》《犁头》等都对农民问题给予了高度关注。还有毛泽东主编的农民问题丛刊52种（实际出版26种），其中如《列宁与农民》《农民国际》《俄国农民与革命》《中国农民问题研究》《土地与农民》《苏俄之农业政策》《社会革命与农民运动》等都对马克思主义农民理论和农民问题进行了研究。中央农民部还主持编写了《社会主义与农业问题》等小册子。此外，还有不少关于农民问题的文章发表。

　　关于农民问题的重要性。农民问题在中国革命中的地位举足轻重，应正确认识农民问题，高度重视农民的作用，关心农民疾苦，解决他们面临的困难，争取他们加入革命阵营，这对中国革命胜利具有重要意义。农民问题的重要性在马克思主义传播中得到高度重视，中国共产党人对这一问题有深入认识。

　　陈独秀就认为，在半殖民地的中国，农民占全人口70%以上，是国民革命之一种伟大的"潜势力"，"应感其重要"，因此在革命中"不可漠视农民问题"，不可忽视农民的力量。[①]李大钊也指出，农民在全人口中占主要位置，估量革命动力时，不能不注意到农民是其重要成分。中国农民如能组织起来参加革命，中国革命的成功就不远了。[②]瞿秋白1926年8月应邀到农民运动讲习所进行题为《国民革命中之农民问题》的演讲。演讲中，瞿秋白指出，中国农民所受痛苦最深，数目占全国人口绝大多数，农民实为中国经济的主体。中国革命必定要解决农民问题，解决农民的一切苦痛才能说是国民革命成功。中国革命的意义是在解放农民，能够得到农民，政府才能巩固，反帝国主义斗争才能胜利，真实拥护工农的党，才能够领导中国革命。[③]瞿秋白还指出，农民在西方和东方各国都是革命的动力，应当特别注意农民问题，中国革命如不解决农民问题，永世也不能胜利。[④]谭平山也认为，农民占人口最多数，所以国民革命一定要唤起农民参加。[⑤]

　　毛泽东对农民问题的重要性也给予了高度肯定。他认为中国农民运动

　　① 陈独秀：《中国农民问题》，《前锋》1923年7月1日第1期，第51–57页。

　　② 李大钊：《土地与农民》，《中国农民》1926年5月第5期，第1–19页。

　　③ 《建党以来重要文献选编（1921—1929）》第三册，中央文献出版社2011年版，第327–383页。

　　④ 瞿秋白：《世界的农民政党及农民协会——赤色农民国际与国际农民运动的历史》，《新青年》1926年7月25日不定期刊第5号，第1–13页；瞿秋白：《世界的及中国的赤化与反赤之斗争》，《新青年》1926年7月25日不定期刊第5号，第1–18页。

　　⑤ 谭平山：《国民革命中的农民问题》，《中国农民》1926年1月1日第1期，第10–12页。

的性质是政治斗争、经济斗争合在一起的阶级斗争。同时他强调，"农民问题乃国民革命的中心问题，农民不起来参加并拥护国民革命，国民革命不会成功"。国民革命运动大部分即农民运动。① 阮啸仙则强调指出，中国农民以数量上而论，所占地位已属重要，在质量上而论，中国农民人数60%是贫农，是"很可以革命的"。② 因此他提出，农民在中国革命中占有极重要的地位。③

广东第二次全省农民代表大会通过的《农民运动在国民革命之地位决议案》，更是鲜明指出了农民问题的重要意义：半殖民地的中国革命是农民革命，是伟大的农民运动。农民问题是中国革命的中心问题，中国革命能够进展和成功，必以农民运动能否进展和成功为转移。占人口最大多数和经济地位最重要的农民如果不起来，中国革命绝对不能有真正成功的希望。农民运动问题是革命运动中的根本问题，始终站在中国革命运动最主要的地位。④

关于农民各个阶层的分析。充分了解中国农民各个阶层的经济状况及其对革命的态度，对于中国共产党人更好地领导农民运动无疑具有重要意义。这一时期，广东农民运动在全国一枝独秀，无疑为探索农民问题、了解农民各个阶层的经济地位和政治主张提供了有利条件。这些探索促进了中国共产党农民问题理论的形成。

对农民各个阶层的分析，陈独秀无疑做出了贡献。他发表于《前锋》的《中国农民问题》一文，对中国农民各个阶层进行了分析。他指出，农民"经济生活程度虽非相差甚远，而经济地位则有几多复杂之区别"。他

---

① 毛泽东：《国民革命与农民运动》，《中国农民》1926 年 9 月 21 日第 8 期。

② 阮啸仙：《中国农民运动》，《阮啸仙文集》，广东人民出版社 1984 年版，第 301 页。

③ 阮啸仙：《全国农民运动形势及其在国民革命的地位》，《中国农民》1926 年 12 月第 10 期，第 26—51 页。

④ 《农民运动在国民革命中之地位决议案》，《中国农民》1926 年 7 月第 6、7 期，第 1—2 页。

将农民分成十等，并分析了他们的经济地位以及农民遭受各种痛苦的原因，提出了解决农民痛苦的方法。[①]

在此基础上，毛泽东对中国农民各个阶层进行了更加深入的分析和研究。在《中国农民中各阶级的分析及其对于革命的态度》一文中，毛泽东将中国农民分成 8 种，即大地主、小地主、自耕农、半自耕农、半益农、贫农、雇农及乡村手工业者、游民。毛泽东特别指出，他们的经济地位不同，生活状况不同，因而对革命的态度也各不同。他分析了地主的剥削方式，认为这些剥削加于农民的惨苦"不可形容"。大地主是中国农民的死敌，是帝国主义军阀的基础，是封建宗法社会的唯一坚垒，是一切反革命势力发生的最后原因。小地主对革命采取矛盾的态度，分作两派，右派反对阶级斗争、反对共产党，左派则可引向革命。毛泽东还分析指出，自耕农属于小资产阶级，又分 3 种，他们对革命的态度各不相同，但他们是倾向革命的。半自耕农、半益农、贫农都属于半无产阶级，是农民运动极要注意的。游民无产阶级能勇敢奋斗，引导得法可变成一种革命力量。毛泽东最后指出，农民运动的方式和原则：组织农民，乃系组织自耕农、半自耕农、半益农、贫农、雇农及手工业工人于一个组织下，对地主阶级原则上用斗争的方法，对土豪劣绅则须完全打倒。对于游民无产阶级则引导他们参加革命，切不可逼其成为反革命力量。[②] 在《中国社会各阶级的分析》一文中，毛泽东对农民也进行了类似的分析。[③]

阮啸仙也对中国农民各个阶层进行过深入研究。他指出，农民不是尽属无产阶级，大地主、土豪劣绅属于地主阶级，是压迫农民的阶级。此外，还有自耕农、自耕农兼雇主、自耕农兼佃农、佃农、佃农兼雇主、佃

---

① 陈独秀：《中国农民问题》，《前锋》1923 年 7 月 1 日第 1 期，第 51–57 页。

② 毛泽东：《中国农民中各阶级的分析及其对于革命的态度》，《中国农民》1926 年 1 月 1 日第 1 期，第 13–20 页。

③ 毛泽东：《中国社会各阶级的分析》，《革命》1925 年 12 月 1 日第 4 期。

农兼雇农、雇农。其中自耕农兼雇主、自耕农及自耕农兼佃农，皆为小有产阶级，佃农等是半无产阶级，雇农是无产阶级。自耕农不热心革命而且要怀疑革命，不敢前进。大佃农则有倾向革命之趋势。只有雇农觉得非革命不可。①

关于工农联盟。工农联盟是中国革命能够取得胜利的重要保障，要取得中国革命胜利，必须加紧对工农的宣传，使他们加入到革命队伍中来，实现工农联盟。对于这一问题，中国共产党人展开了积极探讨。

瞿秋白指出，随着中国资本主义发展，中国无产阶级已形成一种力量，农民要与工人联合奋斗，农民得到无产阶级的帮助，就会形成有组织的斗争。农民要与工人联合，互相提携，建立联合战线，实现工农联盟，参加工人阶级领导的斗争才能得到胜利。②谭平山也指出，农民不能做革命的领导者，一定要与无产阶级工人结合。③佐野学著、刘伯垂译《社会革命与农民运动》中也强调，农民阶级要与工人站在同一阵线，联合起来，"做形成将来的新社会之重要种子"。④毛泽东对工农联盟也有充分认识，他指出，"进步的工人阶级是一切革命阶级的领导，然若无农民从乡村中奋起打倒宗法封建的地主阶级之特权，则军阀与帝国主义势力总不会根本倒塌"。⑤

阮啸仙对工农联盟的重要性也进行了关注，他指出，农工地位相同，在社会上一样受经济压迫。产业工人和手工业工人都是农民出身，因此，他们是天然同盟者，工人阶级是革命的先锋队，农民就是工人阶级长期奋

① 阮啸仙：《中国农民运动》，《阮啸仙文集》，广东人民出版社 1984 年版，第 300–301 页。
② 瞿秋白：《国民革命中之农民问题》，《我们的生活》1926 年 11 月 30 日第 4 期，第 1–13 页；瞿秋白：《世界的农民政党及农民协会——赤色农民国际与国际农民运动的历史》，《新青年》1926 年 7 月 25 日不定期刊第 5 号，第 1–13 页。
③ 谭平山：《国民革命中的农民问题》，《中国农民》1926 年 1 月 1 日第 1 期，第 10–12 页。
④ 佐野学著，刘伯垂译：《社会革命与农民运动》，《中国农民》1926 年 4 月第 4 期，第 1–8 页。
⑤ 毛泽东：《国民革命与农民运动》，《中国农民》1926 年 9 月 21 日第 8 期。

斗的革命同盟者。只有工农联合，中国革命才能成功。①

广东第二次全省农民代表大会通过的《工农大联合决议案》指出，全中国工农阶级紧密团结一致，只有这样才可打破我们前途工作的困难，冲破现在北方军阀所造成的反动局面。②

关于如何发动农民。如何发动农民是中国共产领导农民运动必须解决的问题。马克思主义在广东的早期传播中，这一问题也是中国共产党探索的重中之重。

广东区委作为大革命时期的重要地方党组织，对农民运动有着丰富经验。广东区委专门发表了《农民运动的经验》。指出，发动农民的宣传口号一定要根据实际并以最简单的语言提出，并且要站在农民的位置上宣传才能取得效果。农民运动的参与者应以本地人为宜，或寻本地人做向导。先要进行调查，然后向个人作诚恳之谈话，并作群众演讲，杂以游艺性质，使青年农民发生团体的兴趣，并要与农民时常通信，发生密切关系。③恽代英认为，发动农民要因势利导，注意农民心理，为农民利益而奋斗，不能不顾农民地位与实力，一味引导他们去做反抗运动，导致一些比较怯懦的农民不敢接近。④曹谷芸则指出，要从农民心理、农民生活状况、农民家庭情形、乡村教育四个方面出发和农民打交道。⑤恽代英还指出，要从经济、政治、文化三个方面宣传。发动农民，要选择农民喜听的材料，在演讲中提高他们的政治觉悟，接受我们的宣传。了解农民各种疾苦之来源和救济方法，贴近农民实际。注意调查农民生活与地方状况，指示他们受剥削的根源和解决方法，从而引导他们加入革命战线。文化方面的宣传

① 阮啸仙：《中国农民运动》，《阮啸仙文集》，广东人民出版社1984年版，第301-302页。

② 《工农大联合决议案》，《犁头》1926年6月15日第9、10期，第44-45页。

③ 粤枢：《农民运动的经验》，《中国青年》1924年11月15日第53期，第7-9页。

④ 恽代英：《农村运动》，《中国青年》1924年5月3日第29期，第12-14页。

⑤ 曹谷芸：《怎样和农民谈话？》，《中国青年》1924年11月22日第54期，第7-8页。

要注意方法，否则会引起农民反感。[1] 邓中夏指出，不能用过高的口号去发动农民，那样只会把他们吓跑。[2] 陆定一指出，给农民以实际利益才能使反动军阀之下的农民群众援助革命。不但要发展农民运动，尤其要赶紧施行新的农民政纲，使农民得到现实的利益。[3]

## 二、武装斗争问题的相关探索

正确认识武装斗争在中国革命中的作用，也是马克思主义中国化必须面对的重要问题。马克思主义在广东的早期传播过程中，对这一问题进行了探索。瞿秋白就认为，随着中国革命形势的发展，已经造成武装革命的必要条件，现时革命的中心问题，已经是准备革命战争，以推翻帝国主义和军阀。他还强调，在中国条件之下，必须有革命的正式军队之革命战争，否则始终难以战胜。[4]

瞿秋白还强调，必须注意"武装平民"，加强宣传和组织，使武力移转于真正革命的平民方面。武装暴动必须有革命军队的援助和革命党的指导，革命军队要以工农为主，在革命政党指导之下，实行革命战争，中国革命才有胜利希望。[5] 陈独秀也认为，任何革命都非有武力不可，因为被革命的统治阶级都有强大武力，革命的被统治阶级如果没有武力不会成功。同时，武装斗争要与民众结合。在半殖民地的中国，革命的武力要与

---

① 恽代英：《农民中的宣传组织工作》，《中国青年》1925 年 12 月 29 日第 106 期，第 4–7 页。

② 邓中夏：《中国农民状况及我们运动的方针》，《中国青年》1924 年 1 月 5 日第 13 期，第 5–10 页。

③ 陆定一：《怎样才能获得工农？》，《中国青年》1927 年 3 月 12 日第 158 期，第 16–19 页。

④ 瞿秋白：《中国革命中之武装斗争问题——革命战争的意义和种种革命斗争的方式》，《新青年》1926 年 5 月 25 日不定期刊第 4 号，第 20–30 页。

⑤ 瞿秋白：《中国革命中之武装斗争问题——革命战争的意义和种种革命斗争的方式》，《新青年》1926 年 5 月 25 日不定期刊第 4 号，第 20–30 页。

民众合作，没有民众的拥护，革命不能够成功，即使勉强一时获得军事胜利，也不能保持。革命军队要受民众和党的领导，"尊重党的威权"，尊重党的集体意见，服从党的领导，诚意地与民众合作，不能"以军治党"，否则就会有陷于军事独裁的危险。①

阮啸仙对农民武装斗争问题也很关注。他指出，为了对付地主阶级的民团等压迫农民的武装，农民有武装自卫的必要。同时，农军要绝对服从上级之指挥，有群众做基础，保证不脱离群众而进行独立的军事行动，保证农民武装的纯粹性。加强政治训练，且要重于军事训练，以免发生超出限度以外的行动。② 邓中夏也注意到了农民武装问题。他指出，要特别注意组织农民武装，一方面可以替代地主绅士所召募的民团，可以防御兵匪。同时，一俟时机成熟亦可立呼成军，为革命之用。若无农民武装，农民运动始终软弱无力。③

关于军队的重要性。阮啸仙指出，军队中的上级军官是资本家，其余下级军官、兵士则大半属于无产阶级。需要灌输社会主义真理给他们，让他们明白军人的正当使命，从而加入革命为人类谋幸福，实现军人和工农携手，让军械掌握在无产阶级之手，实现社会革命。军队劳动化是指导社会主义者实行社会革命第一步重要的方法，要组织社会主义的军队。④

## 三、统一战线相关理论的探索

关于统一战线的重要性。彭述之认为，联合战线是一切革命中战略上

---

① 陈独秀：《革命与武力》，《向导》1926 年 11 月 25 日第 179 期，第 3-4 页；陈独秀：《革命与民众》，《向导》1927 年 1 月 31 日第 186 期，第 3-5 页。

② 阮啸仙：《中国农民运动》，《阮啸仙文集》，广东人民出版社 1984 年版，第 314 页。

③ 邓中夏：《中国农民状况及我们运动的方针》，《中国青年》1924 年 1 月 5 日第 13 期。

④ 阮啸仙：《社会主义与军人》，《青年周刊》1922 年 3 月 7 日第 2 号，转引自《青年周刊》，广东人民出版社 1986 年版，第 9-11 页。

最主要的问题，是保证革命成功的一个要素。中国革命的主要问题是联合战线，革命能否成功取决于各阶级联合战线是否坚固。联合战线抵抗反动势力的进攻是拯救中国危机的唯一办法。只有巩固联合战线才能彻底反对帝国主义，消灭军阀，拥护工农利益，消灭一切贪官污吏、土豪劣绅。[①]

阮啸仙指出，中国革命需要整个的国民联合战线。联合战线是中国民族运动的中心策略。农民运动所号召或影响联合起来的"乡村联合战线"，包括手工业者、农民、小商人、职教员、学生等，是打破封建制度、建立民主势力的唯一武器。工人阶级所领导的"都市革命联合战线"，包括民族资产阶级、中小商人、学生、自由职业者，是打倒帝国主义军的急先锋。这两道工农阶级所领导或影响而联合的整个"国民联合战线"，是中国革命成功的唯一工具。同时，还要注意打破共同危险和彼此间的不必要冲突，得共同利益，扩大革命之宣传和充实革命力量。统一战线中的小商人、学生等，要注意做对他们有益的事，使他们因有利可图而起来。同时，在联合战线内不可太过包办、太过出风头，导致退步或冲突。只有这样，联合战线才可在实际上发生效力。[②]

正庸认为，无产阶级必须要负领导民族革命之责，但是中国无产阶级力量尚不雄厚，不能单独打倒帝国主义，无产阶级在民族革命中须联合其他阶级以共同反抗帝国主义。其他阶级亦因为自己利益，力量不足，而有联合无产阶级以打倒共同敌人的必要。各阶级是为自己的利益而联合，所以并不因联合而消弭各阶级间的利害冲突，亦不因有此等利害冲突而不联合起来。[③]

---

[①] 彭述之：《帝国主义与军阀的联合战线还是民众的联合战线》，《向导》1926 年 1 月 21 日第 143 期，第 5-7 页；彭述之：《目前革命中的联合战线问题》，《向导》1927 年 1 月 27 日第 185 期，第 3-5 页。

[②] 阮啸仙：《中国农民运动》，《阮啸仙文集》，广东人民出版社 1984 年版，第 310-312 页。

[③] 正庸：《共产主义者关于民族革命的理论》，《中国青年》1925 年 9 月 7 日第 93、94 期，第 18-24 页。

## 四、对中国国情的认识

中国共产党领导中国人民进行新民主主义革命，一个非常重要的前提就是对中国国情的认识和把握。中国共产党人很早就注意到马克思主义不能生搬硬套，必须与中国国情相结合。在这一思想指导下，中国共产党人进行了积极探索，将马克思主义基本原理与中国革命实际相结合起来。

关于马克思主义与中国实际相结合的重要性。在《共产主义与无政府主义及议会派之比较》一文中，作者就提出，各国有各自的特殊历史和状态，不能以适于一国的方法适用于任何国家。俄国共产党的办法只能适用于俄国，不能以为它在俄国有效，在其余任何国家也有效。[①] 周佛海也提出，"共产党多数派底方法，并不是无条件地可以适用于中国，可以在中国收效的"。[②] 这些思想的提出虽然没有进行深入的理论分析，但在一定程度上为中国共产党人进一步探索马克思主义与中国实际相结合的道路指明了方向。

为了解中国国情，寻求适合中国国情的革命道路，中国共产党人对中国社会进行了详细的阶级分析，毛泽东的《中国社会各阶级的分析》无疑是其中的杰出代表。毛泽东撰写的这篇文章，最早发表在 1925 年 12 月广州出版的《革命》半月刊。《中国青年》第 116、117 期进行了连载。后来汕头书店于 1927 年 1 月发行了单行本，并于同年 4 月再版。在文中，毛泽东强调了分析中国阶级形势、分清敌我的重要性。他提出，"谁是我们的敌人？谁是我们的朋友"是非常重要的问题，但"要分清敌人与朋友却并不容易"。中国革命"成效甚少"是因为未分清谁是敌人谁是朋友，不能团结真正的朋友以攻击真正的敌人。因此，一个重要的策略，就是团结

---

[①] 《广东群报》1921 年 1 月 28 日。

[②] 《广东群报》1921 年 1 月 31 日。

我们真正的朋友，以攻击我们真正的敌人。

毛泽东在文中分析了中国社会各阶级的经济地位、阶级性及其对革命的态度。毛泽东指出，中国存在大资产阶级、中产阶级、小资产阶级、半无产阶级、无产阶级五类。他们具有不同的经济地位，有不同的阶级性，对革命的态度也不相同。其中大资产阶级"乃民族革命运动之死敌"。中产阶级有革命性，但对于革命极易妥协，不能持久。小资产阶级则相对复杂，其中小资产阶级的左派"颇有推进革命的力量"，但在革命潮流高涨的时候，中派和右派也会参加革命。半无产阶级主要包括半自耕农、半益农、贫农，是农村中一个极大的群众。他们都具有一定革命性，"对于革命宣传极易接受"。无产阶级中产业工人不多，却是民族运动的主力，因为他们是"有组织的集中"，经济地位低下，特别能战斗。游民无产阶级只要引导得法可以变成一种革命力量。[1]毛泽东提出，一切勾结帝国主义的军阀官僚、买办阶级、大地主反动派及大资产阶级是我们真正的敌人，一切小资产阶级、半无产阶级、无产阶级乃是我们真正的朋友。中产阶级的右翼是我们的敌人，左翼可以当作朋友，但不是真正的朋友。[2]

陈独秀对中国社会各阶级也进行过分析。他指出，中国资产阶级势力微弱，同时分为三派：革命的、反革命的、非革命的。他们对革命的态度也不相同，容易妥协。因此中国革命要取得胜利就要与革命的无产阶级携手，两者具有共同敌对的目标，可以形成一个革命的联合战线，打倒共同的敌人，不应和反革命的资产阶级妥协。无产阶级只有在此胜利奋斗中才有获得若干自由及扩大自己能力之机会，所以和革命的资产阶级合作，是中国无产阶级目前必由之路。[3]

---

① 毛泽东：《中国社会各阶级的分析》，汕头书店 1927 年 4 月 1 日再版。

② 毛泽东：《中国社会各阶级的分析》，汕头书店 1927 年 4 月 1 日再版。

③ 陈独秀：《资产阶级的革命与革命的资产阶级》，《向导》1923 年 4 月 25 日第 22 期，第 6–8 页。

陈独秀特别强调，国民运动不能轻视资产阶级，小资产阶级（手工工业家及小商人）亦可以趋向革命，他们具有不可轻视的地位，是间接促成革命的动力。[①] 正庸也分析指出，封建军阀、大地主、大商买办阶级都是反革命的。工业资产阶级、小资产阶级均有革命要求，但是力量有限，所以不能成为主要力量。工业无产阶级经济地位重要，而易于有坚强之组织与一致之觉悟，且最受中外资本家剥削的苦痛，革命要求强烈，只有他们能为民族革命中之主力军与领导者。贫民及雇农虽与小资产阶级有相同性质，因生活极苦，易同情革命，为工人之良好助手。游民兵匪因无固定经济地位，可帮助革命，亦可帮助反革命。因此，民族革命运动必须以无产阶级为主体，以学生、农人、小商人及手工业者为辅助者。[②]

瞿秋白指出，中国资产阶级在国民革命中总是处于中立地位，时而从中取利，时而背叛革命与帝国主义军阀妥协。资产阶级的动摇，足以影响到一般小资产阶级群众。在帝国主义压迫增加时，便会发生"左"的转向，反对帝国主义和买办。但一旦帝国主义让步，他们就会背叛平民的革命运动，因此，资产阶级不能领导革命。小资产阶级感到压迫而渐渐倾向革命。农民深受士绅、土豪、买办、军阀、帝国主义压迫。农民如果有无产阶级政党的领导，便可以成为极伟大的革命力量。工人阶级要积极准备自己的力量，争取国民革命的领导权。知识阶级和游民阶级大多数的力量总在革命方面，大多数知识分子必然倾向革命。游民阶级如果引导得当，吸引他们参加革命军队，也可以造成殖民地革命所不可少的力量。[③]

---

[①] 陈独秀：《中国国民革命与社会各阶级》，《前锋》1923 年 12 月 1 日第 2 期，第 1–8 页。

[②] 正庸：《共产主义者关于民族革命的理论》，《中国青年》1923 年 12 月 22 日第 10 期，第 18–24 页。

[③] 瞿秋白：《北京屠杀与国民革命之前途》，《新青年》1926 年 5 月 25 日不定期刊第 4 号，第 1–14 页。

## 五、关于无产阶级领导权

无产阶级领导权问题是中国革命的中心问题。无产阶级在半殖民地半封建社会的中国如何发挥作用，无产阶级政党在中国革命中处于什么样的位置，都是中国共产党必须探讨并解决的问题。对这个理论问题的探索，有利于推动马克思主义基本原理与中国革命实际相结合。

瞿秋白指出，无产阶级是解放中国的主要力量，因此联合战线中无产阶级居于领袖和政治指导地位。由于资产阶级的妥协性和小资产阶级的犹豫畏怯会破坏联合战线而使革命失败，同时，也就证明无产阶级在中国革命中取得指导权之必要。中国革命的过程中，只有无产阶级的政治力量巩固扩大、阶级意识明确之后，才能引导一般平民打倒帝国主义。被压迫民族的解放要依靠工人阶级领导之下的革命斗争实现。无产阶级的全国指导要更加集中统一，还要百倍于现在的领袖地位。[1]

无产阶级必须争夺领导权。瞿秋白明确指出，无产阶级及其政党要获得领导权，以革命的社会主义的见解及手段进行彻底革命，组织群众以实力表示无产阶级在政治中的影响。无产阶级应当引导大多数半无产阶级的分子，成就社会主义革命事业，而以严厉手段镇服资产阶级的反动，并且预防农民及小资产阶级的畏怯不前，从而取得革命胜利。[2]

彭述之指出，国民革命是综合各阶级力量进行的，但"必得有个主要的进步阶级作中坚和领导者，才能引导革命的势力到目的地，彻底的消灭帝国主义与军阀"。他分析认为，资产阶级不能领导国民革命，工人阶级所受压迫"比中国任何阶级要迫切"，因此对敌人帝国主义与军阀的认识，比任何阶级要明确、要深刻。同时，工人阶级能容纳苏俄之贡献，能得世

---

① 瞿秋白：《国民会议与五卅运动——中国革命史上的一九二五年》，《新青年》1926 年 3 月 25 日不定期刊第 3 号，第 1–21 页。

② 屈维它：《自民治主义至社会主义》，《新青年》1923 年 12 月 20 日第 2 号，第 79–102 页。

界无产阶级之帮助，能吸收世界革命之经验，在物质的基础上，在革命的觉悟上，在世界革命的环境上，以及中国各社会阶级的利益和意识之趋向上，只有中国的工人阶级配做领导者，也只有它能做领导者。因此工人阶级是"国民革命的领导者"，真正担负领导中国国民革命的使命。[①]

---

[①] 彭述之：《谁是中国国民革命之领导者？》，《新青年》1924年12月20日季刊第4期，第1–15页。

# 本章小结

马克思主义在广东的早期传播中，随着马克思、列宁的原著翻译发表，以及阐释马克思主义和列宁主义著作单行本的出版和文章的发表，不仅传播了马克思主义基本原理，列宁主义基本理论的内容也得到了广泛传播。同时，在传播过程中还伴随着驳斥非马克思主义观点的论战和马克思主义中国化的初步探索。

马克思主义在广东的早期传播中，不仅阐述了马克思主义的重要地位及其对于中国革命的重要意义，而且对马克思主义基本原理的主要内容，如唯物史观、阶级斗争、经济学说、无产阶级专政等内容都有所涉及。尽管存在不够深入、全面、细致等问题，但对广大群众了解马克思主义基本原理内容起到了积极作用。

列宁主义基本理论也是马克思主义在广东早期传播的重要内容。这一时期，随着国共合作局面的形成和苏联对中国革命的援助，极大促进了列宁主义基本理论的传播。列宁的相关著作和文章纷纷出版、发表，阐释列宁主义的文章也不断涌现。不仅论述了列宁主义的历史地位，而且对列宁主义关于农民问题、东方革命理论、无产阶级政党理论、帝国主义理论、国家学说等都进行了比较详细的阐述，对中国共产党和广大人民群众了解列宁主义基本理论并以此为指导、对中国革命发展起到了推动作用。

马克思主义在广东的早期传播中还进行了驳斥无政府主义和反对国家主义的论战。通过论战，使人们认清了无政府主义和马克思主义的区别以及国家主义理论的荒谬，为马克思主义进一步传播扫清了障碍。同时，马克思主义在广东的早期传播中还伴随着马克思主义中国化理论的初步探索，形成了马克思主义中国化的初步理论形态。对农民问题、武装斗争、统一战线等进行了重点关注，这对马克思主义中国化第一次历史性飞跃理论成果的形成无疑起到了积极作用。

微信扫码，立即获取

☆ PPT总结分享
☆ 更多延伸阅读资源

# 第六章

# 马克思主义在广东早期传播的历史特点与意义

从马克思的名字传入中国，到十月革命后中国人开始关注马克思主义，再到随着五四新文化运动的兴起，马克思主义传播成为思想界的主流，一直到1927年七一五反革命政变爆发，马克思主义传播经历了一个较为漫长的过程。其中1919—1927年是马克思主义在中国传播的重要历史阶段。这一历史时期，广东在中国马克思主义传播史上发挥的重要作用不容抹杀。得益于当时特殊的政治地位和政治环境，在党的坚强领导下，广东成为马克思主义在中国早期传播的重要阵地和基地，马克思主义传播达到了空前的深度和广度，有力促进了马克思主义在中国的传播，加快了马克思主义中国化的历史进程，推动了马克思主义大众化，在中国马克思主义传播史上留下了浓墨重彩的一笔。马克思主义的广泛传播使得广东作为大革命策源地的地位更加巩固，革命形势不断发展，推动了广东党组织的发展壮大，也为土地革命时期广东革命坚持红旗不倒奠定了重要的思想和组织基础。

## 第一节  马克思主义在广东早期传播的历史特点

纵观 1919—1927 年马克思主义在广东传播的这段历史，既有与全国其他地方一些相似的特征，也有自己的鲜明历史特点。也正是由于这些特点的存在，使得广东成为马克思主义传播的重要阵地和基地。

### 一、传播时间早

尽管本文研究时间限定在 1919—1927 年，但实际上早在 1912 年，广州创办的《民生日报》就翻译发表了《共产党宣言》第一部分的内容[①]，虽然没有连载完，但这无疑开创了马克思著作在广东发表的先河。随后，其他报纸如吴宗慈、汪鹏年等人于 1918 年创刊的《新民国报》[②] 等，都在传播马克思主义方面做出了贡献。《新民国报》后来还曾刊发《社会主义讨论集》等马克思主义相关著作的广告。[③] 广东的无政府主义者创办的《劳动者》从 1920 年 10 月 10 日第 2 号起，连载了列悲（即区声白）翻译的《劳动歌》，这实际上是《国际歌》的最早中文译本。[④]

---

① 邱捷：《1912 年广州的〈共产党宣言〉选译本研究》，《广东党史与文献研究》2017 年第 6 期，第 5–12 页。

② 高承元：《忆广州〈新民国报〉》，《文史资料选辑》第 143 辑，中国文史出版社 2000 年版，第 160–175 页。

③ 《新民国报》1924 年 4 月 15 日。

④ 《劳动者》1920 年 10 月 10 日、24 日、31 日、12 月 5 日第 2、4、5、6 号。

1919 年，杨匏安就在《广东中华新报》上发表《马克斯主义（一称科学的社会主义）》一文，从 1919 年 11 月 11 日开始连载。在这篇文章中，杨匏安对马克思主义的三大理论进行了初步介绍，比较详细地阐述了马克思主义三个方面的主要内容[①]，让广东的广大群众对马克思主义有了更加直观的认识和了解。这篇文章与李大钊的《我的马克思主义观（上）》几乎同时发表，从这个意义上说，杨匏安不愧是华南系统传播马克思主义的第一人。

## 二、传播主体广泛

马克思主义在广东早期传播的历史进程中，传播主体十分广泛。除广东籍的先进知识分子如杨匏安、李春蕃、彭湃、熊锐等人外，广东还会集了来自全国各地的优秀马克思主义理论家。陈独秀、李大钊、瞿秋白、恽代英、萧楚女、毛泽东等一大批中国共产党早期的理论家都曾在这一时期来到广东，他们通过演讲、著述、理论文章等各种方式促进了马克思主义在广东的传播，也提高了马克思主义在广东传播的理论水平。

除中国共产党以及团组织大力推进马克思主义传播外，国民党方面也出现了不少马克思主义传播者，如冯自由、朱执信、胡汉民、廖仲恺、林修梅、朱则、高振霄等。香港社会主义研究所曾出版冯自由的《社会主义与中国》一书，这本书对中国与社会主义的关系、如何用社会主义解决中国的政治问题、社会主义在中国的宣传方法等问题进行了比较深入的阐释。短短一年之内就再版了三次，可见其受欢迎的程度。[②] 朱执信也对马克思主义有比较深入的研究。他逝世后，为表示纪念，民智书局出版

---

①《中华新报选辑》，1964 年印行，第 9–15 页。

② 冯自由：《社会主义与中国》，社会主义研究所 1920 年版。

了《朱执信集》，并在广东发行。《朱执信集》中有不少马克思主义的内容，如《德意志社会革命家列传》等。①

胡汉民的《唯物史观与伦理之研究》也通过民智书局在广东发行，一定程度上促进了马克思唯物史观在广东的传播。②朱则翻译了《帝国主义之政策的基础》一书，并以中国国民党中央执行委员会宣传部名义出版，对促进列宁关于帝国主义理论的传播起到了推动作用。③高振霄、刘伯垂等人在广州创办《惟民》周刊，先后发表了《社会主义与我》等文章，强调社会主义尊重个人人格，有独立性又有公共性，并且有益于社会和自己，是至高尚的、至广义的。并认为中国如果能与社会主义相迎合，将来定能与世界大同。④

作为一名军人，林修梅也对社会主义有着自己的研究。他在广州任职期间先后撰写了《社会主义与军人》《社会主义的我见》等文章，对军队和武装斗争在中国实现社会主义中所发挥的作用有比较深入的见解。⑤他逝世后，这些文章及《精神讲话一斑》等其他文章被收入《林修梅遗著》，于1921年12月在广州出版。国光书店翻印过《精神讲话一斑》。

## 三、传播途径多样

马克思主义在广东的传播除了传统的报刊以及发行各种著作外，公开演讲以及通过各种培训班、学校等系统传播马克思主义也是广东的一大亮点，充分体现了马克思主义在广东传播途径的多样性。

---

① 《朱执信集》上、下，民智书局 1925 年版。

② 胡汉民：《唯物史观与伦理之研究》，民智书局 1925 年版。

③ 朱则译：《帝国主义之政策的基础》，中国国民党中央执行委员会宣传部 1926 年出版。

④ 《高振霄三部曲》，知识产权出版社 2015 年版，第 48 页。

⑤ 《林修梅将军》，湖南人民出版社 1988 年版，第 68—96 页。

　　公开演讲传播马克思主义在广东非常流行，有效地推动了马克思主义大众化。陈独秀在广州期间，就先后到多所学校进行演讲，如曾到公立法政学校等学校进行演讲，后来汇集成《陈独秀先生讲演录》一书，由平民书社出版，团广东区委也进行了翻印。1921 年 2 月，江亢虎也曾受广东各界联合会和高等师范学校邀请，先后演讲社会主义问题和劳动运动、组织问题。[①]1922 年 4 月，少共国际（即青年共产国际）代表 C·A·达林途经汕头，应邀到群众大会上报告苏俄情况，并到一所学校作关于社会主义的报告。[②] 广东党组织还以劳动问题研究会的名义，于 1925 年 10 月在九曜坊省教育会举办多场演讲会，冯菊坡演讲《东方国民革命与西方无产阶级革命》、周文雍演讲《此次罢工之胜利》、张瑞成演讲《中共之将来》。[③]1926年 5 月 5 日为马克思诞辰纪念日，团广东区委、中华全国总工会、广东省农民协会、广东妇女解放协会等在广东大学礼堂举行纪念演讲大会，邀请郭沫若、陈启修、彭述之等演讲马克思生平及其学说。[④]1926 年，瞿秋白应邀到省港罢工委员会的劳动学院演讲《什么是共产主义》一题。[⑤]1927年 1 月 19 日，广东区委在中山大学操场举行列宁主义演讲大会，由任卓宣、萧楚女演讲《反帝国主义的武器——列宁主义》。[⑥]

　　马克思主义在广东的早期传播中，各种训练班、学校等无疑也是马克思主义传播的重要途径。广东党、团组织除了内部学习外，还组织各种训练班，组织广大党、团员学习马克思列宁主义理论，促进马克思列宁主义在

---

　　① 《广东早期工人运动历史资料选编》，广东人民出版社 2015 年版，第 103 页。

　　② ［苏］C·A·达林：《中国回忆录（1921—1927）》，中国社会科学出版社 1981 年版，第 72 页。

　　③ 《广州民国日报》1925 年 10 月 6 日。

　　④ 《团广东区委等单位为马克思诞生纪念日举行演讲大会的通知》，《广东革命历史文件汇集（群团文件）一九二六（二）》甲 5，1983 年 8 月印行，第 64—65 页。

　　⑤ 《工人之路特号》1926 年 9 月 10 日第 432 期。

　　⑥ 《广州民国日报》1927 年 1 月 17 日。

广大党、团员中的传播。此外，各高校如广东大学等也有人去宣讲马克思主义，农民运动讲习所、课吏馆、省港罢工委员会下属各种培训机构以及黄埔军校等都在教学中涉及马克思列宁主义相关内容，扩大了马克思列宁主义的传播广度，让更多的人接触并深入学习马克思主义，最终服膺马克思主义。

　　广东创办了大量的报刊，并发行了多种马克思主义著作。各种报刊如雨后春笋般纷纷涌现，其中既有中国共产党创办的，也有国民党方面以及其他各种团体、组织发行的。陈延年在报告中曾说，广东报刊发行 1.8 万份，2 份是我们指导下的农民报，6 份劳动报，还有期刊。[①] 它们都在推动马克思主义传播中发挥了重要作用。甚至就连经常被中国共产党批判的《现象报》，也发表过李大钊在北京大学经济学会演讲《社会主义下的经济组织》等传播马克思主义的文章。[②] 此外，不少学校发行的杂志也刊登马克思主义文章。如广东公立法政学校所办的《广东法政学报》就发表过不少马克思主义文章，包括沈澡修的《社会主义纲要》、赵征麟的《俄宪归纳的研究》、陈公博的《中国历史上的社会革命》、陈肇燊的《一个劳动运动的先决问题》[③]、吴明的《俄罗斯共产党计划》、陈达材的《苏维埃俄国的工人组织》、陈公博的《从经济变化到现在的社会主义》[④] 等，并在《新青年》杂志刊登广告[⑤]。广东大学社会评论社创办的《社会评论》也发表过周佛海的《高一涵君译唯物史观公式中的几个小错误》等文章。[⑥]

　　除广东党、团组织创办的相关报刊外，中共中央以及其他地方党组织发行的报刊也在广东发行，如北方区委的机关刊物《政治生活》就在广东

　　① 《中共广东区委书记陈延年关于广东情况的报告》，《广东革命历史文件汇集（1927—1928）》，1985 年印行，第 19 页。

　　② 《现象报》1923 年 1 月 27 日。

　　③ 《广东群报》1921 年 5 月 31 日。

　　④ 《广东群报》1922 年 3 月 2 日。

　　⑤ 《新青年》1921 年 5 月 1 日第 9 卷第 1 号。

　　⑥ 《社会评论》1925 年 6 月 5 日第 14 期，第 10–11 页。

发行，其他如《共产党》月刊、《先驱》等也都在广东发行。商务印书馆、中华书局等发行的马克思主义理论著作也通过在广东各地的发行网络得以发行，充分体现了广东马克思主义传播途径的多样性。

## 四、传播范围广

马克思主义在广东的传播，形成了以广州为中心，传播范围遍布全省，还影响到临近的福建、广西等地，在全国范围内都产生了重要影响。毫无疑问，马克思主义在广东的传播中广州发挥了龙头作用，绝大部分报刊都以广州为出版地，各种训练班、学校也大都在广州举办。中国共产党领导创办的人民出版社、新青年社、平民书社、国光书店等均设立在广州，因此，广州是马克思主义在广东乃至全国传播的重要阵地之一，甚至一度成为唯一的传播中心。除广州外，汕头、潮州、琼崖都在推动马克思主义在广东的传播中发挥了重要作用。设在汕头的汕头书店除了翻印马克思主义理论书籍外，还出版了毛泽东的《中国社会各阶级的分析》等书籍。潮州的青年书店也在传播马克思主义中发挥了重要作用。孤悬海外的琼崖，在党组织的领导下也发行了许多报刊，促进了马克思主义在琼崖的传播。

## 五、理论来源十分广泛

马克思主义在广东的早期传播理论来源十分广泛。首先有日本途径。杨匏安在撰写《马克斯主义浅说》时，就明确指出其中部分内容来自堺利彦。[①]《广东群报》连载的《列宁传》的作者也是山川均。《新青年》等杂

---

[①] 《青年周刊》1922 年 3 月 26 日第 5 号，转引自《青年周刊》，广东人民出版社 1986 年版，第 86 页。

志也发表了很多日本社会主义者的理论文章。其次有欧洲途径。除广州人民出版社出版马克思译著外，刘伯垂在《劳动与妇女》上连载的《无产阶级论》就是翻译自德语。《青年月刊》发表的《科学中社会主义共产主义无政府主义》也是翻译自德语。① 美国也是一个重要途径。《广东群报》发表的《美国共产党党纲》等反映美国共产党活动的文章就是一个例证。此外，还有东南亚途径。②

苏俄也是一个重要理论来源。《广东群报》《新青年》发表了不少列宁的译作，广州人民出版社出版的列宁全书及康民尼斯特全书也是一个很好的证明。随着国共合作的形成，苏联开始援助中国革命，苏联逐步成为马克思主义在广东传播的最主要理论来源。陈延年曾专门致信留学苏联的陈乔年等人，请求他们带回马克思主义理论书籍，主要有一飞翻译的《Общедоступная Политическая Экономия（Книжка для всех）》（即《通俗政治经济学（通用本）》）、《A.B.C.》等书，以及东方大学的课程，包括俄国共产党史、第三国际党纲及政策、职工运动、经济史、唯物史观、青年运动史、社会形势（态）发展史、工人运动史，以及鲁拉察斯基所制《社会主义发展史图表》、庆云所译《苏联组织图》等。陈延年希望他们将上述课程记录整理一份寄到广东。③ 熊锐也曾翻译布哈林的《唯物史观论》。此外，布哈林的《共产主义的 ABC》（也译作《共产主义初步》）、《马克思主义者的列宁》、《农民问题》，斯大林的《列宁主义之理论及实施》（也译作《列宁主义初步》《列宁主义概论》）都在广东出版发行。这些充分体现了马克思主义在广东早期传播理论来源的广泛性。

---

① 《青年月刊》1926 年 3 月 15 日第 1 期，第 60–76 页。

② 隐中：《潮州社会主义运动史略》，《广东文史资料存稿选编》第 6 卷，广东人民出版社 2005 年版，第 674–687 页。

③ 《陈延年致乔年、若飞、一飞、罗觉同志信》，《广东革命历史文件汇集（群团文件）一九二五（一）》甲 2，1983 年 7 月印行，第 9–12 页。

## 六、成为反对各种错误思潮的重要战场

广东不仅是马克思主义传播的重要基地，同时也是反对各种错误思潮的重要战场。广东是无政府主义传播的重要根据地，刘师复等人在广东创办《民风》等杂志，传播无政府主义，使广东成为无政府主义思想泛滥的地区之一。为此，谭荔垣、刘伯铸专门发表了《社会主义平议》批评无政府主义思潮。[①] 随后，区声白与陈独秀关于无政府主义的论战掀起了对无政府主义论战的高潮，双方论战随着辩论文章在《新青年》的发表产生了全国性的影响，《广东群报》也转载了一批反对无政府主义的文章。广东成为反对无政府主义的重要战场。

随着国共合作的进行和马克思列宁主义思想的影响不断扩大，曾琦、李璜等人为首的国家主义派疯狂攻击马克思主义和中国共产党的政策，反对阶级斗争和无产阶级专政，攻击国民革命，对马克思列宁主义的传播带来了诸多不利影响。为此，广东积极批评国家主义，除《中国青年》外，广东还专门发行《反国家主义特刊》等小册子，召开反对国家主义大会，发表了一批反对国家主义的文章，成为反对国家主义的重要阵地。

## 七、形成国共两党联合传播马克思主义的局面

马克思主义在广东的早期传播还有一个特点，就是国共两党联合传播。无论是以国民党中央委员会名义举办的农民运动讲习所，还是黄埔军校等，都公开允许马克思主义传播，汪精卫还曾专门针对黄埔军校传播马克思主义问题发出指示，允许学生阅读马克思主义著作。[②] 国民党中央宣

---

① 谭荔垣、刘伯铸：《社会主义平议》，1919 年出版。

② 《汪党代表训令》，《黄埔军校史料（1924—1927）》，广东人民出版社 1993 年版，第 78–79 页。

传部也公开出版过马克思主义理论书籍，如朱则翻译的《帝国主义之政策的基础》等。1926 年 5 月，国民党中央宣传部设立宣传委员会，毛泽东等10 人为委员。在其制定的出版计划中，包括《从原始共产社会到封建社会》《俄罗斯社会革命小史》《世界之农民运动》《社会主义与宗教及艺术》《苏维埃制度》《马克斯的历史方法》《劳动运动之开始至俄罗斯社会革命》《资本的集中与中产阶级之消灭》《苏俄的教育》《巴黎公社》《马克斯论东方民族革命》《中国国民革命与世界革命》12 本书，其中有译作，也有编译书籍。[①] 其他各种培训班，如国民党广东省青年部训育员养成所[②] 等，也都有共产党人参与并担任授课教师，公开传播马克思主义。国民党方面发行的刊物还刊登了不少马克思主义理论文章。这种状况在全国其他地方是绝无仅有的。

## 八、马克思主义传播与马克思主义中国化同时进行

如前文所述，马克思主义在广东的早期传播中，伴随着马克思主义中国化。广东丰富的革命实践为马克思主义中国化提供了实践基础，中国共产党人在接受和传播马克思主义的过程中，积极探索中国革命道路。围绕农民问题、统一战线、武装斗争等进行了积极的理论探索，促进了马克思主义中国化的历程。

---

① 《中央宣传部编辑国民运动丛书办法》，《中国国民党中央执行委员会党务月报》1926 年 5 月第 2 期，第 1–4 页。

② 《训育养成所成立经过报告》，《中国国民党中央执行委员会党务月报》1926 年 5 月第 2 期，第 9–13 页。

**马克思主义在广东早期传播的理论意义**

马克思主义在广东的早期传播具有重要的理论意义，由于广东的特殊地位，大量马克思主义理论著作和文章纷纷出版、发表，产生了全国性的影响，从而加速了马克思主义在中国的传播，加快了马克思主义中国化的历程，并推动了马克思主义大众化。

## 一、加速了马克思主义在中国的传播进程

广东作为马克思主义在中国早期传播的重要阵地和基地，以多种方式推动马克思主义传播。特别是在国共合作的历史背景下，马克思主义在广东的早期传播取得了合法地位，广东各地可以公开传播马克思主义，这是全国其他地方难以匹敌的巨大优势。利用这一得天独厚的条件，传播马克思主义的理论著作、报纸、刊物大量出版发行，中共中央、团中央的刊物也在广东发行，并一度搬到广东编辑出版，马克思、列宁的理论文章以及相关阐释文章的发表推动了马克思主义和列宁主义相关理论的传播。以新青年社、广州人民出版社、平民书社、国光书店、汕头书店等为代表的中国共产党领导的书店出版了一大批传播马克思主义理论的著作，农民运动讲习所、黄埔军校等也发行了一批推动马克思主义传播的著作，从而形成了一个马克思主义理论著作出版的高潮。马克思主义著作与报纸、刊物互相补充、互相配合，相得益彰，它们在广东共同构成了一个比较完备的马

克思主义传播网，产生了全国性影响，有力推动了马克思主义在中国的传播。

各党派团体与训练班、学校等起到的作用显而易见，通过内部学习和马克思主义理论系统教学，推动了马克思主义传播。广东党、团组织先后开办了各种类型的训练班、党校集中训练党、团员，提高他们的马克思主义理论水平。以农民运动讲习所、黄埔军校等为代表的各类学校，省港罢工委员会，以及其他各机关、机构也创办了各种训练班，成为推动马克思主义传播的重要平台。特别是不少从农民运动讲习所毕业的学员回到各地后，又创办各种培训班，如韦拔群就在广西东兰举办农民运动讲习所，此外还有衡阳农民运动讲习所等多个农讲所、农训班等，它们的创办进而促使更多的人接触并了解马克思主义理论，加速了马克思主义在中国早期传播的进程。

## 二、加快了马克思主义中国化的历史进程

马克思主义传播是马克思主义中国化的必要前提和基础，一定意义上可以说，马克思主义传播是马克思主义中国化的前奏和序曲。马克思主义在广东的早期传播也推动了马克思主义中国化。广东大革命的丰富实践为马克思主义与中国革命实际相结合、促进马克思主义中国化提供了有利"土壤"。

通过巴黎公社纪念和十月革命纪念，中国共产党人积极借鉴和吸收巴黎公社的经验教训，推动中国共产党人探索中国革命道路，推动马克思主义中国化。

这一时期，广东农民运动、工人运动蓬勃发展，黄埔军校也在广州创办，中国共产党掌握的第一支武装力量——叶挺独立团也诞生在广东。由于革命实践的需要，相关理论探索不断加强。在陈独秀、瞿秋白、彭湃、

毛泽东、阮啸仙等一大批党内理论家的不懈努力下，马克思主义和列宁主义中关于农民问题、统一战线、武装斗争、党的建设等方面的理论都得到了高度关注和传播，并由此推动了马克思主义与中国革命实际相结合，关注农民运动，重视统一战线的作用，产生了一系列马克思主义中国化的早期理论形态，推动了马克思主义中国化的历史进程，并为马克思主义中国化第一次伟大飞跃——毛泽东思想的形成奠定了基础。

## 三、推动了马克思主义大众化的历史进程

马克思主义必须要与广大人民群众相结合才能起到指导革命实践、改造世界的作用。马克思在《〈黑格尔法哲学批判〉导言》中指出："理论一经掌握群众，也会变成物质力量。"①毛泽东也指出："代表先进阶级的正确思想，一旦被群众掌握，就会变成改造社会、改造世界的物质力量。"②为推动马克思主义大众化，广东党、团组织还积极利用公开演讲宣传马克思主义，组织演讲队，深入各团体演讲马克思主义。

通过遍布全省范围的经典作家纪念和国际共产主义运动重大历史事件纪念，有效推动了马克思主义大众化。在纪念活动中，通过集会、演讲、传单、纪念文本等多种群众喜闻乐见的方式，推动了广大群众对马克思、列宁等经典作家生平和精神品格的了解。特别是大量马克思主义和列宁主义纪念文本的发表，有力推动了马克思主义和列宁主义理论的广泛诠释和传播，促进了广大群众对马克思主义的认同，从而推动了马克思主义大众化不断深入。

---

① 《马克思恩格斯选集》第1卷，人民出版社2012年版，第9页。
② 《毛泽东文集》第8卷，人民出版社1999年版，第320页。

## 第三节  马克思主义在广东早期传播的实践意义

马克思主义在广东的早期传播还具有重要的实践意义。随着马克思主义的传播，广东的党、团组织力量得到迅速壮大，广东一度成为全国党员人数最多的地方。广东作为大革命策源地的地位也在马克思主义传播中得到进一步巩固，促进了全国革命形势的日益高涨。广东工农运动也随之得到更大规模的发展，在全国独占鳌头。同时，在马克思主义传播和马克思主义中国化的影响下，广东党组织还开始了建立革命武装的尝试，为不久到来的土地革命积蓄了力量。

### 一、促进了广东党、团组织的创建和发展壮大

随着马克思主义在广东的传播，越来越多的人对马克思主义产生信仰，并树立为共产主义事业终生奋斗的坚定信念，广东党、团组织的创建也逐渐提上日程。1921年春，广东党的早期组织正式成立，成员有陈独秀、谭平山、陈公博、谭植棠等人。中共一大召开后，广东党组织在宣讲员养成所召开党员大会，中国共产党广东支部宣告正式成立，成为中国共产党最早成立的地方组织之一。

随着马克思主义传播的不断深入，广东党员人数也不断增加。1922年6月，广东只有32名党员[①]，但到了1925年6月省港大罢工爆发之前，

---

① 《陈独秀给共产国际的报告》，《"二大"和"三大"》，中国社会科学出版社1985年版，第56页。

已有 400 名党员[①]。到了 10 月，已经增长到 928 人，占全国党员人数的 26.7%。[②]1926 年 5 月发展到 4200 人，6 月又增至 4558 人[③]，9 月又增至 5039 人，成为"我党最大的一区"[④]。1927 年 2 月，广东党员人数增至 8000 人。[⑤] 中共五大召开时，广东党员人数增至 9027 人[⑥]，占全国党员总数的 1/6。广东党组织的不断壮大与马克思主义在广东的传播密不可分。

与此同时，广东团组织也得到了发展壮大。1922 年 5 月团一大前，全国成立了 17 个地方团组织，仅广东一地就有 5 处，即广州、潮州、佛山、新会、肇庆，占全国近 1/3，全国团员 5000 余人，广东有 500 多人，占全国 1/10。[⑦] 随着革命形势的发展，广东团组织也不断壮大，先后成立了遍及全省 53 个市县（包括地委、支部、县委、特支等）的团组织。[⑧]

## 二、巩固了广东大革命策源地的地位，促进了全国革命的发展

广东是大革命策源地。随着马克思主义在广东的传播，广东的工人运动、农民运动等蓬勃发展。特别是随着农民运动讲习所的开设，大批受过马克思主义训练的学员奔赴全省各地，推动了农民运动的进一步发展。工

---

① 《中共广东区委书记陈延年关于广东情况的报告》，《广东革命历史文件汇集（1927—1928）》，1985 年印行，第 18 页。

② 《中国共产党广东省组织史资料》上册，中共党史出版社 1994 年版，第 51 页。

③ 《中央局报告》，《中共中央政治报告选辑》，中共中央党校出版社 1981 年版，第 84 页。

④ 《中央局报告（十、十一月份）》，《中共中央政治报告选辑》，中共中央党校出版社 1981 年版，第 117-119 页。

⑤ 《中共广东区委书记陈延年关于广东情况的报告》，《广东革命历史文件汇集（1927—1928）》，1985 年印行，第 18-19 页。

⑥ 《中共党史资料》第 3 辑，中共中央党校出版社 1982 年版，第 52 页。

⑦ 赵朴：《青年团的组织史资料》，《青运史资料与研究》第 1 辑，1982 年印行，第 37-45 页。

⑧ 《中国共产党广东省组织史资料》上册，中共党史出版社 1994 年版，第 60-73 页。

人运动也在广州工人代表会、中华全国总工会的领导下取得长足进步，省港大罢工充分显示了工人阶级力量。陈独秀在报告中就指出，"现在尚没有一省的工农运动能比得上广东的争斗情形"。①工农运动的发展也促使广大工农积极投入到革命中，支持广东的革命斗争，在两次东征、南讨和北伐中都有工农的广泛支持，进一步巩固了广东作为大革命策源地的地位。

在马克思主义传播影响下不断发展壮大的广东党、团组织，在革命中无疑发挥了中坚作用。农民运动讲习所、省港罢工委员会、黄埔军校乃至国民党中央执行委员会的各个部门都有为数不少的共产党人和团员参与，并在其中发挥了先锋模范作用，为促进国民革命的繁荣发展起到了重要作用，推动了全国革命形势不断向前发展。

## 三、推动了广东工农运动的不断发展

马克思主义在广东的早期传播，推动了中国共产党人对工人运动和农民运动问题的理论认识不断深化。而这又推动了广东工人运动和农民运动的蓬勃发展。广东各地工人运动形势日益高涨，广东各地工人组织不断增多，工人运动规模不断扩大，成立了广州工人代表会等领导工人运动的组织。坚持一年零四个月之久的省港大罢工凭借严密之组织、巨大之规模以及深远之影响，在中国工人运动史和中国民族解放运动史上写下了光辉的一页，同时也是国际职工运动史上的罕见壮举，充分彰显了广东工人运动的水平。

广东农民运动也在全国占有重要地位。先后召开两次全省农民代表大会，并于1925年5月1日成立广东省农民协会。随后，广东省农民协会为更好地指导各地农民运动，设立了潮梅海陆丰、惠州、北江、南路、琼

---

① 《中央局报告（十、十一月份）》，《中共中央政治报告选辑》，中共中央党校出版社1981年版，第121页。

崖、西江 6 个办事处，有力推动了农民运动的发展。全省范围内的各级农民协会纷纷建立，调动了广大农民的革命积极性。农民运动的蓬勃发展，无疑为不久之后的广东土地革命的顺利开展奠定了重要基础。

## 四、开始了建立革命武装的尝试

马克思主义在广东的早期传播使得广东党组织较早认识到了武装斗争的重要意义。为加强军事工作，广东区委专门成立军事运动委员会，周恩来担任书记，逐步建立革命武装。[①]

在广东党组织的领导下，1924 年春夏，顺德农团建立。[②] 随后，又建立农团军和工团军。农团军创办于 1924 年 8 月，又称广东农民自卫军，由彭湃担任军团长，以第二届农民运动讲习所的男学员为主。[③]1924 年商团叛乱爆发，受广东党组织影响的广州工人代表会认为"工人得组织工团军自卫"[④]，于 8 月正式成立工团军，共 300 多人，施卜为军团长。1924 年冬，在得到孙中山等人的同意后，周恩来组建了大元帅大本营铁甲车队，由徐成章担任队长。以此为基础，1925 年 11 月成立叶挺独立团，并在团内建立中共支部，直属中共广东区委领导，叶挺为团长。[⑤] 此外，广东各地还有各种农民自卫军、农团军等武装的建立，这些武装的建立对广东党组织以后独立从事武装斗争提供了有益的经验借鉴，为土地革命时期广东党组织迅速在全省范围内掀起武装起义的高潮并坚持红旗不倒奠定了基础。

---

① 《中国共产党广东省组织史资料》上册，中共党史出版社 1994 年版，第 12 页。

② 《团粤区委关于广东工农状况的报告》，《啸仙致仁静》，《广东革命历史文件汇集（群团文件）一九二二年——一九二四年》甲 1，1983 年 4 月印行，第 356、385 页。

③ 《卜士畸给中夏等的信》，《广东革命历史文件汇集（群团文件）一九二二年——一九二四年》甲 1，1983 年 4 月印行，第 482 页；《中国共产党广东省组织史资料》上册，中共党史出版社 1994 年版，第 77 页。

④ 《商团问题决议案》，《中国工运史料》第 3 期，工人出版社 1980 年版，第 38 页。

⑤ 《周恩来年谱（1898—1949）》上，中央文献出版社 1998 年版，第 86 页。

　　当然，马克思主义在广东的早期传播也存在不少问题，如马克思、恩格斯、列宁原著的翻译出版数量相对不多、种类偏少，传播内容存在选择性、不够全面深入，传播总体水平不高，存在反对马克思主义传播的声音等问题。但瑕不掩瑜，这是马克思主义早期传播历史进程中必然出现的现象，不能因此否认马克思主义在广东早期传播的历史地位。

# 结语　马克思主义在广东早期传播的当代启示

　　马克思主义在广东的早期传播这段历史给予我们深刻的历史启示。在 21 世纪的今天，虽然世界发生了翻天覆地的变化，但马克思主义仍然是我们做好各项工作的灯塔。中国特色社会主义建设进入新时代，我们仍然必须坚持马克思列宁主义，推动马克思主义传播，推进马克思主义与中国实践的密切结合，以发展着的理论指导发展着的实践，并不断推动马克思主义中国化。

　　一是打造强大的理论队伍。马克思主义在广东的早期传播之所以取得如此大的成就，除党组织的精心领导外，与一支高素质的马克思主义理论传播队伍密不可分。广东作为大革命的策源地，聚集了当时国共两党的精英力量，其中很多人如陈独秀、李大钊、瞿秋白、恽代英、杨匏安、萧楚女、胡汉民等都具有很高的马克思主义理论水平，他们在推动马克思主义在广东乃至全国的早期传播中发挥了重要作用。在中国特色社会主义建设进入新时代的今天，继续传播马克思列宁主义，传播中国特色社会主义理论体系和习近平新时代中国特色社会主义思想，仍是我们面临的重要任务。在传播过程中，一支理论水平过硬、素质高的理论队伍不可或缺，以保证传播内容的准确无误，确保传播效果。因此，必须打造一支政治素质过硬、理论水平高的马克思主义理论传播队伍，积极从事马克思主义传播工作，解答人民群众对马克思主义理论的相关疑惑和问题，从而保证马克思主义传播的权威性和准确性。

二是采取多种方式传播马克思主义。马克思主义在广东的早期传播采取了多种方式，除了传统的报纸、刊物和发行马克思主义著作外，还利用各种机会公开演讲，通过各种训练班、学校教学也是广东马克思主义传播的重要方式。因此，在当前，马克思主义传播不应该仅局限在学校、某个阶段或领域，而是要走入普通大众中一以贯之。为了做好此项工作，探索并采取多种方式传播马克思主义就成为重中之重，从而使马克思主义得到广泛而深入的传播。特别要探索在新媒体条件下，如何传播马克思主义问题。除传统的书籍、报刊外，新媒体的应用，微信、微博以及各种自媒体，如短视频、直播软件等的利用应该纳入考虑范围，广泛利用这些新媒体，采用广大人民群众喜闻乐见的多样化宣传教育形式，传播正能量并包含马克思主义理论的学习内容，吸引广大年轻人关注并以此为途径学习马克思主义相关理论。同时，加大对各级学校特别是高校马克思主义理论相关课程的重视力度，使其成为马克思主义理论传播的重要平台，在塑造广大青年学生世界观、人生观、价值观的同时，潜移默化地实现马克思主义理论的入脑入心。

三是提高理论传播内容的吸引力和实效性。很多人在学习马克思主义理论时，会产生畏难情绪，感觉过于深奥、难以理解，因此将理论学习视为畏途。这也一定程度上说明当下马克思主义传播中存在诸多问题，特别是马克思主义理论教材内容的吸引力不够，难以激起人们的学习热情，从而产生共鸣，吸引人们深入学习。为有效促进马克思主义传播，亟须进行换位思考，站在学习者角度，做好马克思主义理论教材的编写工作，提高教材内容的生动性和活泼性，让学习者在愉快的学习过程中掌握马克思主义理论。充分考虑学习者的需求和兴趣所在，让教材贴近实际、充满人文关怀，提高吸引力。同时还要提高实效性，避免空洞无物的说教，拉近教材与生活的距离，将枯燥的理论与日常生活中的丰富实践密切结合起来，实现双赢。

四是不断推动理论创新，以新的理论指导新的实践。时代是思想之母，实践是理论之源。新时代呼唤新的理论。随着中国特色社会主义建设进入新时代，伟大事业更加需要科学理论指导。实践没有止境，理论创新也没有止境。面对新时代，我们需要在理论上不断创新，继续推动马克思主义中国化。纵观马克思主义在广东早期传播的历史进程中，始终伴随着马克思主义中国化，广东丰富的革命实践为马克思主义理论的中国化提供了鲜活素材。面对新时代中国特色社会主义建设中出现的新问题，更加需要我们在实践中不断总结经验，持续推进理论创新，以新的理论成果指导新的伟大实践。

微信扫码，立即获取

☆ PPT总结分享
☆ 更多延伸阅读资源

# 主要参考文献

## 一、中文著作类

1.《马克思恩格斯选集》第 1—4 卷，人民出版社 2012 年版。

2.《马克思恩格斯文集》第 1—10 卷，人民出版社 2009 年版。

3.《列宁选集》第 1—4 卷，人民出版社 2012 年版。

4.《斯大林选集》上、下卷，人民出版社 1979 年版。

5.《省港大罢工资料》，广东人民出版社 1980 年版。

6.《"二大"和"三大"》，中国社会科学出版社 1985 年版。

7.《海陆丰革命史料（1920—1927）》第 1 辑，广东人民出版社 1986 年版。

8.《广州农民运动讲习所资料选编》，人民出版社 1987 年版。

9.《中共中央青年运动文件选编（一九二一年七月——一九四九年九月）》，中国青年出版社 1988 年版。

10.《中共中央文件选集》第 1—2 册，中共中央党校出版社 1989 年版。

11.《中国共产党干部教育研究资料丛书》，中国人民大学出版社 1989 年版。

12.《黄埔军校史稿》，档案出版社 1989 年版。

13.《黄埔军校史料 1924—1927》，广东人民出版社 1993 年版。

14.《黄埔军校史料（续编）1924—1927》，广东人民出版社 1994 年版。

15.《联共（布）、共产国际与中国国民革命运动（1926—1927）》上，北京图书馆出版社 1998 年版。

16.《黄埔军校史料汇编》，广东教育出版社 2012 年版。

17. 李忠杰、段东升主编：《中国共产党第一次全国代表大会档案文献选编》，中共党史出版社 2015 年版。

18. 吕延勤主编：《马克思主义在中国早期传播史料长编（1917—1927）》，长江出版社 2016 年版。

19.《中共首次亮相国际政治舞台档案资料集》，上海人民出版社 2016 年版。

20. 田子渝主编：《马克思主义在中国早期传播著作选集（1920—1927）》，湖北人民出版社 2018 年版。

21. 康文龙主编：《列宁主义在中国早期传播史料长编（1917—1927）》，武汉大学出版社 2018 年版。

22.《五四爱国运动档案资料》，中国社会科学出版社 1980 年版。

23.《广东早期工人运动历史资料选编》，广东人民出版社 2015 年版。

24.《马林在中国的有关资料》（增订本），人民出版社 1984 年版。

25.《广东区党、团研究史料（1921—1926）》，广东人民出版社 1983 年版。

26.《中共中央政治报告选辑（1922—1926）》，中共中央党校出版社 1981 年版。

27.《马林与第一次国共合作》，光明日报出版社 1989 年版。

28.《建党以来重要文献选编》，中央文献出版社 2011 年版。

29.《周恩来在潮汕》，中央文献出版社 2004 年版。

30.《彭湃研究史料》，中央党校出版社 2007 年版。

31.《中国共产党宣传工作文献选编（1915—1937）》第 1 卷，学习出版社 1996 年版。

32.《蔡和森的十二篇文章》，人民出版社 1980 年版。

33.《阮啸仙文集》，广东人民出版社 1984 年版。

34.《杨匏安文集》，中央文献出版社 1996 年版。

35.《谭植棠研究资料》，广东人民出版社 1997 年版。

36.《萧楚女文存》，中共党史出版社 1998 年版。

37.《谭天度纪念文集》，中共党史出版社 2002 年版。

38.《中共党史资料》第 36 辑，中共党史资料出版社 1990 年版。

39.《广州文史资料选辑》第 17 辑，广东人民出版社 1979 年版。

40.［苏］C.A 达林：《中国回忆录（1921—1927）》，中国社会科学出版社 1981 年版。

41.《马克思恩格斯著作中译文综录》，书目文献出版社 1983 年版。

42. 林代昭、潘国华：《马克思主义在中国：从影响的传入到传播》，清华大学出版社 1983 年版。

43. 华南农学院马列主义教研室、广东海丰县红宫纪念馆：《彭湃传》，北京出版社 1984 年版。

44. 姜义华：《社会主义学说在中国的初期传播》，复旦大学出版社 1984 年版。

45. 陈汉楚：《社会主义在中国的传播和实践》，中国青年出版社 1984 年版。

46. 蔡洛、余炎光、刘林松、罗可群：《彭湃传》，人民出版社 1986 年版。

47.《林修梅将军》，湖南人民出版社 1988 年版。

48.《师生英烈耀千秋》，浙江人民出版社 1989 年版。

49.《罗明回忆录》，福建人民出版社 1991 年版。

50.《广东党史研究文集》第 1 册，中共党史出版社 1991 年版。

51. 中共中央文献研究室编：《周恩来年谱 1898—1949》上，中央文献出版社 2007。

52. 林代昭、潘国华：《社会主义在中国的传播与实践》，北京大学出版社 1991 年版。

53. 周子东等：《民主革命时期马克思主义在上海的传播（1898—1949）》，上海社会科学院出版社 1994 年版。

54.《中国共产党广东省组织史资料（上册）》，中共党史出版社 1994 年版。

55.《列宁著作在中国：1919—1992 年文献调研报告》，书目文献出版社 1995 年版。

56. 马承源主编：《上海文物博物馆志》，上海社会科学院 1997 年版。

57.《海南省志·报业志》，南海出版公司 1997 年版。

58.《杨匏安史料与研究》，中共党史出版社 1999 年版。

59. 张中云：《国际共产主义运动史》，中共中央党校出版社 1999 年版。

60.《广东省志·新闻志》，广东人民出版社 2000 年版。

61. 叶文益：《广东革命报刊史（1919—1949）》，中共党史出版社 2001 年版。

62. 彭继红：《传播与选择——马克思主义中国化的历程（1899—1921 年）》，湖南师范大学出版社 2001 年版。

63. 王曼、杨永：《彭湃传》，广东人民出版社 2002 年版。

64.［日］石川祯浩：《中国共产党成立史》，中国社会科学出版社 2006 年版。

65. 陈善光：《杨匏安传》，珠海出版社 2006 年版。

66. 叶庆科：《我国传播马克思主义的先驱杨匏安》，珠海出版社 2006 年版。

67.《恽代英年谱》，华中师范大学出版社 2006 年版。

68. 陈金龙：《近代中国社会思潮与马克思主义中国化》，人民出版社 2013 年版。

69.《聂荣臻回忆录》，解放军出版社 2007 年版。

70. 郭德宏：《彭湃年谱》，中共中央党校出版社 2007 年版。

71. 黄明同、张俊尤：《启蒙思想家·革命家——杨匏安》，广东人民出版社 2008 年版。

72. 徐惠萍：《中国共产党早期理论家杨匏安》，珠海出版社 2009

年版。

73. 中共广州市委党史研究室：《陈独秀在广州的创党活动》，广州出版社 2009 年版。

74. 童小彪：《中国共产党纪念活动与马克思主义中国化》，中国社会科学出版社 2010 年版。

75. 王增智：《马克思主义中国化的早期探索》，人民出版社 2012 年版。

76. 陈伟光：《广州劳工运动史话》，广州出版社 2012 年版。

77. 田子渝等：《马克思主义在中国初期传播史（1918—1922）》，学习出版社 2012 年版。

78. 成龙、郭丽兰、张伟东：《马克思主义中国化在广东：历史　理论　实践》，北京大学出版社 2012 年版。

79. 王军：《高语罕年谱》，黄山书社 2012 年版。

80.《高振霄三部曲》，知识产权出版社 2015 年

81. 曾旭波：《汕头埠老报馆》，暨南大学出版社 2016 年版。

82. 陈金龙：《中国共产党纪念活动史》，社会科学文献出版社 2017 年版。

83. 周利生、王钰鑫：《民主革命时期马克思主义大众化研究》，中国社会科学出版社 2017 年版。

84. 辛增明：《熊雄在黄埔军校》，广东人民出版社 2018 年版。

## 二、论文类

1. 何锦洲、沙东迅：《广东最初共产党组织之研究》，《学术研究》1980 年第 4 期。

2. 李坚、曾庆榴：《记华南地区最早的马克思主义宣传者杨匏安烈士》，《中山大学学报》1981 年第 3 期。

3. 黄振位：《试论陈独秀对创建广东党组织的历史作用》，《学术研

究》1982 年第 1 期。

4. 沙东迅：《马克思主义在广东的早期传播》，《开放时代》1983 年第 1 期。

5. 陈善光：《从〈青年周刊〉看马克思主义在广东的传播》，《华南工学院学报（社会科学版）》1986 年第 2 期。

6. 王朝赞、符世贤：《马克思主义在海南的早期传播》，《海南大学学报（社会科学版）》1985 年第 1 期。

7. 曹仲彬、杜艳华：《杨匏安在传播马克思主义中的历史功绩》，《中共党史研究》1990 年第 1 期。

8. 禤倩红：《马克思主义在广东的早期传播》，《学术研究》1991 年第 5 期。

9. 黎永泰、曹萍：《中国人民对巴黎公社的认识和第一次纪念活动》，《社会科学研究》1991 年第 3 期。

10. 何薇：《论中共广东党组织创建与无政府主义的关系》，《广州大学学报（社会科学版）》2001 年第 10 期。

11. 向海英、向永红：《浅论谭平山对创建中国共产党的贡献》，《中山大学学报论丛》2001 年第 6 期。

12. 曾庆榴：《关于杨匏安〈马克斯主义〉的考证》，《广东社会科学》2002 年第 1 期。

13. 童小彪、陈金龙：《中国共产党的纪念活动与马克思主义中国化——以新民主主义革命时期经典作家纪念活动为中心的考察》，《思想理论教育导刊》2007 年第 11 期。

14. 邵小文：《浅析杨匏安马克思主义观的特点及得失》，《理论界》2007 年第 10 期。

15. 赵付科：《中共纪念活动与马克思主义中国化的历史进程》，《齐鲁学刊》2008 年第 5 期。

16. 李安增、赵付科：《中国共产党的纪念活动与马克思主义中国化》，《马克思主义研究》2009 年第 11 期。

17．童小彪：《民主革命时期中共纪念活动与马克思主义大众化》，《长白学刊》2010 年第 3 期。

18．赵付科：《中共早期纪念活动与马克思主义中国化》，《当代世界与社会主义》2011 年第 6 期。

19．林绪武：《论民主革命时期中共对马克思、恩格斯、列宁的纪念》，《马克思主义研究》2012 年第 11 期。

20．王良青、王同起：《早期马克思主义者推进马克思主义大众化研究——以纪念活动为视角》，《辽宁大学学报（哲学社会科学版）》2012 年第 5 期。

21．赵付科：《民主革命时期的中共报刊对巴黎公社的宣传》，《中国石油大学学报（社会科学版）》2015 年第 1 期。

22．束锦：《中国共产党对巴黎公社的认知与传播（1920—1927）》，《学海》2015 年第 6 期。

23．陈金龙：《马克思主义中国化历程中的经典作家纪念》，《中共历史与理论研究》2016 年第 1 辑，社会文献出版社 2016 年版。

24．曾庆榴：《杨匏安的〈马克斯主义〉源于〈新青年〉》，中国共产党创建史研究中心：《中共创建史研究》第 1 辑，上海人民出版社 2016 年版。

25．张远新、吴素霞：《中国共产党对十月革命的纪念活动回顾》，《毛泽东邓小平理论研究》2017 年第 4 期。

26．陈金龙：《经典作家纪念与马克思主义在中国的传播》，《求索》2017 年第 9 期。

27．王强、林琳：《从民国时期期刊文献看十月革命的思想史意义——基于〈民国.时期期刊全文数据库（1911—1949）〉的分析》，《党的文献》2017 年第 6 期。

28．沈志刚：《杨匏安在马克思主义传播史上的地位再探讨》，《党史研究与教学》2018 年第 6 期。

29．李东明：《中国共产党对马克思的纪念活动及其政治意义》，《江西师范大学学报（哲学社会科学版）》2018年第2期。

30．严运楼、汪青松：《马克思主义中国化历程中的马克思纪念活动》，《思想理论教育导刊》2018年第7期。

31．许江：《中共"五一"纪念话语建构及政治功能分析（1921—1949）》，《延安大学学报（社会科学版）》2018年第4期。

32．宋进：《论中国共产党对马克思诞辰的纪念活动》，《马克思主义理论学科研究》2018年第6期。

33．魏法谱：《马克思主义早期传播的地方性样本研究——〈广东群报〉与马克思主义在广东的早期传播》，《贵州社会科学》2019年第6期。

# 后　记

年逢庚子，初春二月。论文即将付梓，四年的博士生涯即将画上一个圆满的句号。回首四年来，夙夜伏案，奋笔疾书，终于苦尽甘来，此时此刻仍然心潮澎湃，激动万分。这篇论文既是过去学术生涯的一个阶段性成果，也是我学术生涯的一个新的开端，。

2008 年，怀着对学术的无尽憧憬，我考入华中师范大学，师从郭圣福教授，攻读中共党史专业的硕士研究生，敲开了学术大门。由于天资有限，学术之路崎岖坎坷。虽然从事了与学术研究有关的工作，但总是感觉蜻蜓点水，浅尝辄止，无法真正登堂入室。参加工作近十年，学术水平仍然无法令自己满意。心中一直渴望能够进一步提升自己，步入学术殿堂。在省委党史研究室领导的大力支持下，经过充分准备，我考取了华南师范大学的博士研究生。

承蒙恩师陈金龙先生垂青，我得以投入先生门下攻读博士学位，继续追求我的学术梦想。先生作为长江学者，早已誉满华夏，学术功底深厚，且待人诚恳，特别是对我一个在职攻读博士学位的后辈关爱有加。从入学那天起，先生就结合我的专业背景和工作实际，帮我明确了论文研究方向，也将我带入马克思主义传播这个对我来说全新的研究领域，拓展了我的研究视野和研究范围。最终，我确定将马克思主义在广东的早期传播作为论文的选题。整个博士论文框架的设计、谋篇布局乃至写作、修改的整个过程都离不开先生的悉心指导，凝聚了先生的智慧和心血。在此，我对先生的关怀表示衷心感谢。

感谢华南师范大学马克思主义学院的诸位老师：霍新宾教授在课上的倾囊相授，让我得到了搜集文献资料的好方法，使我在论文的撰写和研究中如虎添翼。张泽宇教授在我每次请教问题时，都热心回答，让我倍感温馨。感谢王宏维教授、刘卓红教授、傅玉能教授、冯夏根教授、周连顺副教授等诸位老师，他们在授课中给了我研究方法与视野的启示。在此，还要特别感谢湖北大学田子渝教授，他为我提供了马克思主义早期传播中的许多重要文本，让我一个在时间与金钱方面都非常有限的后辈能够足不出户而获得大量一手文献。在他的关怀下，我还参与到《马克思主义在中国早期传播文本选编（1920—1927）》的项目中，担任分卷主编，令我受益匪浅。

论文撰写过程中，为查找有关资料，在充分挖掘现有材料的基础上，我还先后赴国家图书馆、上海市图书馆、海南省档案馆、广东省立中山图书馆、广东省档案馆、广州市图书馆、华南师范大学图书馆、中山大学图书馆、暨南大学图书馆等查找资料。尽管过程比较辛苦和曲折，但终于有所收获，为论文撰写找到了比较翔实的依据和一手资料，保证论文能够有依有据，血肉丰满。

感谢省委党史研究室杨建伟主任的支持，让我能够继续学术梦想。尤其要感谢刘敏处长对我论文的关切，让我能够安心于博士论文撰写。感谢各位同窗、同门，大家一直互相鼓励，互相打气，不断学习交流，让我获益良多。

最后，还要感谢我的父母，没有他们的鼎力支持，我的论文将无法顺利完成。特别是读博期间，小儿尊麒出生，照顾小孩的责任落在了他们头上。感谢我的妻子颜媛媛，没有她在背后支持，我将难以按时完成博士论文，她还帮我完成了论文校对工作。也感谢女儿清熙的包容，少了很多陪伴时间，但她从来没有怪罪于我。

博士论文的结束同时也是一个新的学术之路的开启，我将以此为契机，继续开展马克思主义传播相关问题研究，争取更大成绩，不辜负恩师的期望，也算是对自己的一种鞭策。尽管学术之路铺满荆棘，但我将一往无前，只争朝夕，不负韶华。当汗水和辛苦过去，随之而来的一定是怒放的学术之花。

由于作者水平所限，书中错漏之处在所难免，敬请各位批评指正。

魏法谱

2020 年 2 月于广州寓所